台湾研究系列

史海撷英：
台湾历史研究 续编

李祖基 著

Continuation of the Research on Taiwan History

九州出版社
JIUZHOUPRESS

**图书在版编目（CIP）数据**

史海撷英：台湾历史研究续编 / 李祖基著. -- 北
京：九州出版社，2018.10
　　ISBN 978-7-5108-6095-9

　　Ⅰ．①史… Ⅱ．①李… Ⅲ．①台湾－地方史－研究
Ⅳ．①K295.8

中国版本图书馆CIP数据核字(2018)第228833号

**史海撷英：台湾历史研究续编**

| | |
|---|---|
| 作　　者 | 李祖基　著 |
| 出版发行 | 九州出版社 |
| 地　　址 | 北京市西城区阜外大街甲 35 号（100037） |
| 发行电话 | (010)68992190/3/5/6 |
| 网　　址 | www.jiuzhoupress.com |
| 电子信箱 | jiuzhou@jiuzhoupress.com |
| 印　　刷 | 北京九州迅驰传媒文化有限公司 |
| 开　　本 | 720 毫米 ×1020 毫米　16 开 |
| 印　　张 | 20 |
| 字　　数 | 260 千字 |
| 版　　次 | 2018 年 10 月第 1 版 |
| 印　　次 | 2018 年 10 月第 1 次印刷 |
| 书　　号 | ISBN 978-7-5108-6095-9 |
| 定　　价 | 52.00 元 |

# 前　言

记得前一段时间媒体上有个比较热门的话题，就是恢复高考四十周年。我也是一位"三届生"，于1977年12月参加了"文革"之后的第一次高考并被录取，成为厦门大学历史系七七级新生中的一员。真正使我与台湾历史结缘的是大学四年级，那一年系里面的老师给我们开设了很多门的选修课，其中有系主任陈碧笙教授开的《台湾地方史》，使我对台湾历史产生了比较浓厚的兴趣，于是就报考了陈碧笙老师的研究生，当时的专业是"中国地方史"（后改为"专门史"），研究方向是"台湾历史"。结果十分幸运被录取了，成为当时刚成立不久的厦门大学台湾研究所的首届研究生（当时陈碧笙老师也兼任台湾研究所的首任所长）。

1984年底，研究生毕业之后，我就留在厦大台湾研究所从事台湾历史的研究工作。当时的所长是陈在正教授，之后接任的是陈孔立教授，二位先生都是我在历史系十分熟悉和敬重的老师，为人和蔼热情，又都是做历史研究的，其严谨的治学的理念与治学的方法为我们树立了良好的榜样。而二位先生对晚辈的提携、鼓励与督促，更是不遗余力，率领我们外出参加重要的学术会议，指导我们完成学术课题。如果说我在学术研究的道路上有什么值得称道的成绩或收获的话，那么，首先应该感谢的就是陈碧笙老师、陈在正老师和陈孔立老师。

时间过得真快，今天距我进入台湾研究所已经三十余年了，当年的年轻小伙子也成了年近古稀的老人，加上健康的原因，学术研究对于我来说，已经是心有余而力不足了。本书所收集的大部分是我近十多年发表的论文，分为六卷。卷一为清代前期的台湾历史，共有五篇文章，分别探讨了施琅《台湾弃留利弊疏》的背景与动机、雍正年间台湾"番"地开垦的政策、台湾道与台湾船政、清代台湾的科举移民以及迁台移民与福建祖籍原乡、原族的关系等问题；卷二为晚清台湾历史，共有四篇文章，分别讨论了同治初年戴潮春的起义、1874年日本出兵侵台事件、丁日昌的治台政绩以及晚清台湾电报的创办等问题。关于晚清台湾电报的创办，以往的论著多有提到，但对1895年台湾割让后中日双方对闽台海底电报线的交涉，世人很少关注，这也是本文写作的初衷之一；卷三为光复初期的台湾历史，共有两篇文章，均与二二八事件有关。我的导师陈碧笙教授原来为闽台建设协进会的成员，光复初期即为台湾的建设奔走呼号，建言献策。二二八事件发生之后，又偕同闽台各界代表乘军机飞赴台湾调查慰问，所以《记二二八前后的闽台建设协进会》一文的撰写也隐含有纪念先师的意义在内；卷四为台湾民间信仰，共有三篇文章。妈祖和保生大帝信仰之所以在台湾广泛传播，地方官员的推动功不可没，其中即包括首任诸罗县令季麒光在内。另外，清代对于妈祖加封"天后"一事记载不详，加之原始档案的缺失，不少学者对妈祖加封"天后"的时间有所误解。本卷通过权威史料进行考证，还历史以本来面目；卷五为台湾地方文献，也有三篇文章。本人之前除了曾参与整理蒋毓英的《台湾府志》之外，近些年来也陆续发掘整理出版了《台湾志略》《巡台录》《蓉洲诗文稿》《东宁政事集》《行间纪遇》《清威略将军吴英事略》等尘封湮没达二三百年之久的台湾珍稀文献史料，尽管与我的学兄陈支平教授整理出版的动辄几十册乃至上百册的大型文献资料相比，这只能算是小打小闹，甚至连小打小闹也谈不上。不过，看到经过努力寻觅之后，尘封湮没已久的文献资料得以重见天日，从而推动相关方面的研究进一步深入发展，心中还是甚感欣慰的；卷六为附录，三篇文章中，前两篇虽然都是参加相关学术研讨会的论文，但与台湾历史无关，最后一篇《大陆台湾史研究三十年的回顾与感想》虽与台湾历史的研究有关，但却不是正式论文，故将此三篇作为附录收入。

最后值得一提的是，上述文章中有若干篇是我历次受邀参加中国社会科学院台湾史研究中心举办的学术研讨会所撰写的论文，这些文章得以在学术研讨会上宣读，向与会的专家学者交流请教，并进一步得到充实，谨借此机会向中国社会科学院台湾史研究中心表示以衷心的感谢。

2006 年本人在台海出版社出过《台湾历史研究》的论文集，故本书以《台湾历史研究》续编名之。

本论文集承蒙九州出版社慨允出版，郝军启和肖润楷二位编辑在出版过程中付出了辛勤的劳动，其一丝不苟的精神令本书增色不少，谨此一并致谢。

因本人学识所限，书中如有舛误疏漏之处，尚祈读者不吝指教为盼。

李祖基

戊戌年夏月

于厦门大学海韵北区

# 目　录

卷一　清代前期台湾历史

# 论施琅《台湾弃留利弊疏》的背景与动机

## ——兼谈清初台湾的官庄及武职占垦问题

康熙二十二年六月，握有专征之权的福建水师提督施琅率兵从福建铜山出发，在澎湖歼灭了明郑水师主力。郑克塽等见大势已去，纳土归降。清政府虽然消灭了明郑政权这一数十年的对手，但对于台湾如何处置，或弃或留，众说纷纭，康熙皇帝也举棋不定。最后，施琅力排众议，上《台湾弃留利弊疏》，详细陈述台湾应留的理由，明确表达台湾应留的主张，指出台湾"弃之必酿成大祸，留之诚永固边围"。[①]施琅的意见得到朝中大臣的支持，并为康熙皇帝所采纳，决定在台设立一府三县，派兵驻守。在康熙皇帝统一台湾的过程中，施琅走上了重大的作用，对此，学术界多给予积极和肯定的评价，认为最后让台湾成为大清版图的一部分，施琅自有其不可磨灭的功绩。

不过，也有学者持不同意见。台湾成功大学历史系的石万寿在《台湾弃留议新探》一文中就对施琅上疏的动机提出质疑，认为施琅平台后在台湾强占了大量的田产，施琅上《台湾弃留利弊疏》，力主收台湾为版图，派兵驻守的真正用意乃是"为维护其在台湾庞大田产，以及其他利益"，[②]因而对其持批评态度。台南师范学院语文教育学系的林登顺也认为施琅攻下台湾后，占有大量田园，掌控海上贸易，收取规费。施琅之所以上《台湾弃留利弊疏》，驱使他力留台湾，建设台湾的，"可能就是贪婪之心下的自己利益，而非国家民族的大情操"。[③]

---

① 施琅:《台湾弃留利弊疏》(康熙二十二年十二月二十二日)，《靖海纪事》，福州：福建人民出版社，1984年，第120—124页。

② 石万寿《台湾弃留议新探》，《台湾文献》，第五十三卷第四期。

③ 林登顺:《施琅弃留台湾议探索》，《南师学报》，第三十八卷第一期。

那么，施琅上《台湾弃留利弊疏》，力主留台，到底是为国家还是为私利？施琅在台湾到底私占了多少田产？何种评价较为公正允当？笔者认为要回答此一问题，首先必须对《台湾弃留利弊疏》中认为台湾当留的理由进行一番分析和考察，看看这些理由是符合实际的情形，真实有据，抑或是虚饰捏造，无中生有之辞。

## 一、对《台湾弃留利弊疏》所提台湾当留理由之分析

施琅在《台湾弃留利弊疏》中强调台湾当留的第一个理由是台湾在中国海防上重要的战略位置。疏中称："台湾地方，北连吴会，南接粤峤，延袤数千里，山川峻峭，港道迂回，乃江、浙、闽、粤四省之左护。"[①] 实际上，早在明代台湾就已成为中国的海防要地，嘉靖以降，明朝官军曾多次到台湾岛上追剿海人私人武装集团及入侵的倭寇。[②] 尽管明朝军队当时尚未在台湾岛上长期固定驻防，但台湾已正式列入明朝军事防区，成为中国海防的战略要地则是不争的事实。万历四十五年成书的《东西洋考》称"东番"为"门外要地"，"不在东西洋之数"。[③] 即使当时中国的藩属琉球国也认为鸡笼山是闽海居地的"咽喉门户"，[④] 当闻知日本正在造战船五百余只，准备协取鸡笼山等处时，琉球国中山王尚宁立即派遣通事蔡廛前来中国，向福建地方官员报警。[⑤] 对于台湾作为我国东南海防要地的战略意义，明朝官员也有深刻的体认。福建巡抚黄承玄在《题琉球咨报倭情疏》及《条陈海防事宜疏》等奏折中也一再强调台澎地位重要，不容外人侵犯的立场。[⑥] 明末莆田人周婴《东番记》中载："泉、漳间民，渔其海者什七，薪其岭者什三。语言渐同，嗜欲渐一……疆场喜事之徒，爰有郡县彼土之议。"[⑦]

---

① 施琅：《恭陈台湾弃留疏》（康熙二十二年十二月二十二日），《靖海纪事》，第120—124页。

② 传瑛：《台湾——明代中国的海防要地》，《光明日报》2000年9月1日理论版；李祖基：《台湾历史研究》，北京：台海出版社，2005年，第20—25页。

③ 张燮：《东西洋考》，北京：中华书局，1981年，第104、108页。"东番""北港"均为明代对台湾的称呼。

④ 黄承玄：《题琉球咨报倭情疏》，《明经世文编选录》，台湾文献丛刊第298种，第226页。

⑤ 同上。

⑥ 黄承玄两奏疏见《明经世文编选录》，第225—229页、第236—250页。

⑦ 周婴：《东番记》，《远游篇》卷十二，厦门大学图书馆古籍室藏抄本。

　　十五世纪新航路开辟以后，西方殖民者开始东来。明万历三十二年，荷兰东印度公司舰队司令韦麻郎率舰侵入澎湖，要求互市，遭到福建巡抚的断然拒绝，并派都司沈有容前往澎湖谕退荷兰人。天启二年，荷兰殖民者再次入侵澎澎，并在那里筑城，妄图久占。福建巡抚南居益在要求荷兰人退出未果后，发兵攻打，于天启四年夏将荷兰人逐出澎湖。荷兰人在退出澎湖后又乘机占领了台湾。

　　由于"彭湖为漳、泉之门户，而北港（明代对台湾的称呼之一）即彭湖之唇齿，失北港则唇亡而齿寒，不特彭湖可虑，漳、泉亦可忧也"。[①] 所以对于荷兰人占领台湾，明朝当局自然不会听之任之。1624 年冬，即荷兰人入据大员后不久，诏安乡官沈鈇即上书福建巡抚南居益，指出"夫大湾去澎湖数十里，虽称裔区，实泉、漳咽喉也。沿海商民捕钓贸易，往来必经"，[②] 建议移檄暹罗，共同把红夷从台湾逐出。

　　施琅在奏疏中高瞻远瞩，进一步明确把台湾的地位提升到"江、浙、闽、粤四省之左护"，即中国东南海防之屏障的战略高度来认识，这在历史上是第一次。对于"粗鲁武夫，未尝学问"的施琅而言，这确实是十分难能可贵的。[③] 而施琅的这一观点也为后人普遍所接受。

　　雍正年间，被后人誉为"筹台巨匠"蓝鼎元也在多种场合提到台湾战略位置的重要，称："台湾海外天险，治乱安危，关系国家东南甚巨。其地高山百重，平原万顷，舟楫往来，四通八达。外则日本、琉球、吕宋、噶啰吧、暹罗、安南、西洋、荷兰诸番，一苇可杭；内则福建、广东、浙江、江南、山东、辽阳，不啻同室而居，比邻而处，门户相通，曾无藩篱之限，非若寻常岛屿郡邑介在

<hr>

　　① 顾祖禹：《读史方舆纪要》卷九十九，福建（五），见董应举：《崇相集选录》附录六，台湾文献丛刊第 237 种，第 133 页。

　　② 沈鈇：《上南抚台移檄暹罗宣谕红裔书》，康熙《诏安县志》卷十二。闽南语"大湾"与"台湾"读音相同，"大湾"即"台湾"。

　　③ 据《清圣祖实录》卷 116：康熙二十三年秋七月二十二日（丙戌），召问学士席柱曰："朕前日未曾问及提督万正色、施琅，伊等品行若何？"席柱奏曰："陆路提督万正色为人忠厚和平，居官亦优。"上曰："万正色前督水师时，奏台湾断不可取。朕见其不能济事，故将施琅替换，令其勉力进剿，遂一战而克。万正色、施琅二人今相睦否？"席柱奏曰："二人阳为和好，阴相嫉妒。"上曰："施琅何如？"席柱奏曰："施琅人材颇优，善于用兵；但行事微觉好胜。"上曰："粗鲁武夫，未尝学问，度量褊浅，恃功骄纵，此理势之必然也。"

可有可无间。"① 乾隆二年，内阁学士兼礼部侍郎吴金在台湾建省的奏折中也称："台郡孤悬域外，虽弹丸一府，而控制外洋，近则为江浙闽粤之保障，远则为燕齐辽口之应援。南北万里，资其扼要"。② 不过，清初之后，由于台湾之乱率自内生，鲜有外至，人们对台湾的海防战略地位渐渐淡忘。同治末年，日本以琉球船民被杀为借口，出兵台湾，中国出现了空前的海防危机。事平之后，朝廷上下展开了一场关于海防问题的大讨论，对台湾在海防上的战略地位有了重新的认识。钦差办理台湾等处海防兼理各国事务大臣沈葆桢指出："年来洋务日密，偏重于东南，台湾海外孤悬，七省以为门户，其关系非轻。"③ 两江总督李宗羲在奏折中也指出："台湾一岛，形势雄胜，与福州、厦门相为犄角，东南俯瞰噶啰巴、吕宋，西南遥制越南、暹罗、缅甸、新加坡，北遏日本之路，东阻泰西之往来，实为中国第一门户。"④ 陕甘总督左宗棠也认为台湾、定海如人之左右手，"皆亟宜严为之防；以此始者以此终，不可一日弛也"。⑤

施琅所提台湾当留的第二个理由是台湾若弃而不守必将重新沦为郑氏残部及海上私人武装集团的巢穴。其疏中称："其地若弃为荒陬，复置度外，则今台湾人居稠密，户口繁息，农工商贾，各遂其生，一行徙弃，安土重迁，失业流离，殊费经营，实非长策。况以有限之船，渡无限之民，非阅数年难以报竣。使渡载不尽，苟且塞责，则该地之深山穷谷，窜伏潜匿者，实繁有徒，和同土番，从而啸聚，假以内地之逃军闪民，急则走险，纠党为祟，造船制器，剽掠滨海；此所谓藉寇兵而赍盗粮，固昭然较著者"。⑥ 施琅的主张可以由明代的历史得到印证。明初沿元代之制，在澎湖设巡检司，隶晋江县。洪武二十年一度

---

① 蓝鼎元：《复制军台疆经理书》，《鹿洲全集》，蒋炳钊等点校，厦门：厦门大学出版社，1995 年，第 551—556 页。雍正五年，其在上皇帝的奏疏中又再次强调："台湾一府，屹立海外，高山百重，平原千里，舟楫四通八达，外则东洋、南洋、西洋诸番，片航可渡；内则闽广、江浙、山东、辽阳，不啻同室而居，无阃阈之隔，实为国家东南沿海之要地，非寻常岛屿可比也。"《鹿洲全集》，第 804—807 页。

② 吴金奏折，张伟仁主编：《明清档案》，台北"中央研究院"历史语言研究所，1987 年，第 71 辑。

③ 沈葆桢：《请移巡抚折》同治十三年十一月十五日，《福建台湾奏折》，台湾文献丛刊第 29种，第 4—5 页。

④ 《十一月辛亥（十二日）两江总督李宗羲奏》，《同治甲戌日兵侵台始末》，台湾文献丛刊第 38 种，第 257—266 页。

⑤ 左宗棠：《上总理各国事务衙门》，《左文襄公奏牍》，台湾文献丛刊第 88 种，第 99—106页。

⑥ 施琅：《恭陈台湾弃留疏》（康熙二十二年十二月二十二日），《靖海纪事》，第 120—124页。

下令裁撤巡检司，并将岛上居民迁回内地。明政府此举的目的原是要坚壁清野，防止倭寇及海盗等从海上得到接济，但结果却事与愿违。巡检司裁撤，居民内迁之后，倭寇以及海上铤而走险之徒乘虚而入。顾炎武《天下郡国利病书》记道："澎湖一岛在漳、泉远洋之外，邻界东番。……国初徙其民而虚其地，自是只为盗贼假息渊薮，倭奴往来停泊取水必经之要害。""嘉靖四十二年，流寇林道乾扰乱沿海，都督俞大猷征之，追及澎湖，道乾遁入台，大猷侦知港道纡回，水浅舟胶，不敢逼迫，留偏师驻澎，时哨鹿耳门外岛。"① 万历二年十月又有福建海贼林凤"自澎湖往东番魍港，总兵胡守仁、参将呼良朋追击之，传谕番人夹攻，贼船煨烬，凤等逃散。巡抚刘尧海赏赉有差"。②

至于施琅当时率领清军虽已攻下台湾，但明郑武装力量并未被完全消灭，明郑将领不愿降清而流亡海外或藏匿台湾山区待机而动者甚多。其中据刘国轩云，伪礼武镇总兵杨彦迪一队船艔在广南、柬埔寨；伪水师二镇总兵周云隆船艔在舟山；房锡鹏一队船艔在浙江乌洋。③ 另外还有郑将黄进流亡至琉球，为大将军。立寨东波，闽督招抚之，不至。④ 康熙二十四年，黄进又率所部至广南，与杨彦迪会合。虽然杨彦迪因妻子皆在台湾，后被施琅招降。但黄进代领其余部，入垦美湫。康熙二十四年三月十三日，施琅在奏折中还提到"惟南之柬埔寨尚有伪镇杨彦迪下余孽黄进聚艘百余号，北之浙江乌洋尚有房锡鹏残党及抚而复叛之刘会集艘数十只游移海洋。"⑤ 清廷若将台湾弃守，郑氏残部复聚其地乃是必然之事。

施琅提出台湾不能放弃的第三个理由是荷兰殖民者会卷土重来，占领台湾。疏中说道："此地原为红毛住处，无时不在涎贪，亦必乘隙以图。一为红毛所有，则彼性狡黠，所到之处，善能鼓惑人心。重以夹板船只，精壮坚大，从来乃海外所不敌。未有土地可以托足，尚无伎俩；若以此既得数千里之膏腴复付依泊，必合党伙窃窥边场，迫近门庭。此乃种祸后来，沿海诸省，断难晏然无虑。至

① 范咸：《重修台湾府志》卷1"封域"，《台湾府志三种》，北京：中华书局出版，1985年，第1363页。

② 《明神宗实录》卷30，第6页。

③ 《十月丙寅（二十九日）命严察海寇余党》，《清代官书记明台湾郑氏亡事》，台湾文献丛刊第174种，第33页。

④ 叶舒颖：《闽中即事》，《台湾关系文献集零》，台湾文献丛刊第309种，第31页。

⑤ 施琅：《海疆底定疏》（康熙二十四年三月十三日）《靖海纪事》，第132—135页。

时复动师远征，两涉大洋，波涛不测，恐未易再建成效"。[①]

实际上，荷兰殖民者自 1662 年被郑成功赶出台湾之后，念念不忘卷土重来，多次派出舰队，主动提出与清军联合，希望借助清军的力量，消灭郑氏，以达到自己的目的。[②]1662 年 6 月，荷兰东印度公司令海军提督巴尔塔沙·波特率领由 12 艘夹板船和 1284 人组成的远征舰队，从巴达维亚出发，于 8 月 14 日抵达闽江口，"各船上均竖有大纛旗，纛上书有'支援大清国'字样"，声称"前来协助大清国征剿郑逆"，并要求准予来船停泊内海。[③]9 月 10 日，波特又写信给福建总督，声称对"郑军以及一切清廷之敌人作战有万全之准备，惟应以准许自由贸易、恢复台湾为条件"。[④]期间荷兰人还派遣商务员康士坦丁·诺贝尔（Constantine Nobel）等到京朝贡，并"请助师讨台湾"。[⑤]由于清朝方面对荷兰人的要求未给予明确答复，此次荷清联合征郑并未达成实质结果。康熙二年春，波特不得不率领舰队返回巴达维亚，临行前与闽安镇总兵韩尚亮约定，"待入夏后，率领舟师前来助剿"。[⑥]

1663 年 7 月 1 日，波特再次率领由 16 艘夹板船和 2600 人组成的舰队从巴达维亚出发，于 9 月 5 日驶抵闽安镇。此次荷兰人赴闽受到清方的热情款待，并邀荷舰驶往泉州会齐，准备进攻在金、厦两岛的郑经军队。10 月 15 日，荷舰驶入泉州湾。清荷联军草签了一份有十一个条款的协议，其中第八条规定："克服金、厦两岛后，荷人必要时，得在两者之间择取其一或其他地点，以驻舰队，以防海贼攻击"；第九条规定："克服金、厦两岛后，联军应驶往台湾。攻取此岛后，清军应将该岛及一切城堡物件交与荷人，以供荷人居住"。[⑦]协议签订之后，11 月 18 日起，清荷联军兵分三路从泉州港、海澄港和同安刘五店向

① 施琅：《恭陈台湾弃留疏》（康熙二十二年十二月二十二日），《靖海纪事》，第 120—124 页。

② 关于荷兰人联合清军进攻郑军的过程，参见邓孔昭：《郑成功与明郑在台湾》，厦门：厦门大学出版社，2013 年，第十五章"清政府与荷兰人对郑氏的联合进攻"。

③ 《明安达里等题为荷船来闽求助攻郑军事本》（康熙元年十二月二十五日批），厦门大学台湾研究所、中国第一历史档案馆编辑部：《郑成功档案史料选辑》，福州：福建人民出版社，1985 年，第 452—456 页。

④ 转引自赖永祥：《清荷征郑始末》，《台湾风物》，第四卷第四期。

⑤ 赵尔巽等：《清史稿》第二册，北京：中华书局，1976 年，第 169 页。

⑥ 《沙澄题报荷兰国夹板船抵闽助攻郑军事本》（康熙二年九月二十日），厦门大学台湾研究所、中国第一历史档案馆编辑部：《康熙统一台湾档案史料选辑》，福州：福建人民出版社，1983 年，第 19—20 页。

⑦ 转引自赖永祥：《清荷征郑始末》，《台湾风物》，第四卷第四期。

金、厦的郑军发起海上攻击。荷兰船只凭借船高炮多，"横截中流，为清船藩蔽"。[1]20日，荷兰夹板船仍在上游牵制郑军，清军各路水师齐头并进，向厦门发起总攻击。郑军寡不敌众，被迫退往铜山。清军攻下金、厦后，一面对郑军诱降，一面准备进攻铜山，并邀荷兰船助剿。然而，荷兰人对进攻铜山并不感兴趣，反请清军"派船兵进取台湾，伊等相助"；并建议清方"行文招降台湾兵民，伊等可派船协助运回闽省"。[2]无利不起早。荷兰人帮助清军征剿郑军的最终目的在于重新夺回台湾。耿继茂等的奏折也指出："外夷禀性贪利，察其来意，一则以欲取台湾，二则以图通商。"[3]1664年2月，波特率领荷军舰队向台湾进发，先占领了澎湖，后因听闻清郑交涉有所进展，寄希望清方遵照协议将台湾移交，故又率舰队返回巴达维亚。

1664年7月7日，波特率领12艘舰船第三次驶往中国，8月20日，在澎湖打败守岛郑军。27日，又占领了台湾北部的鸡笼港，作为舰队的临时集合地。9月27日，波特率领部分舰船抵达闽安镇。耿继茂等与其约定："九月二十日至围头取齐，于十月上旬往澎湖攻贼巢，候风便进取台湾。"[4]1665年5月7日，巴达维亚殖民当局通过决议称"如果鞑靼人成为大员和福摩萨的主人并让我们占有其地，就由商务员诺贝尔接收。"[5]5月29日，给诺贝尔的训令中又称"当鞑靼人向我方移交大员时，在此次出航的八十名士兵之外，应从鸡笼的守军中尽量增拨兵力，担任守卫"。[6]虽然此次联合攻台最后因荷军人数不足而作罢，但从上述史实中可以看出荷兰殖民才被郑成功赶出台湾后并不甘心，千方百计想卷土重来。清政府若弃而不守，荷兰殖民者重新占领台湾岛，乃是毋庸置疑的。直至雍正年间，蓝鼎元还屡屡对此提出警告，称："台湾山高土肥，最利垦辟，利之所在，人所必趋。不归之民，则归之番、归之贼。即使内患不生，野番不作，又恐寇自外来，将来有日本、荷兰之患，不可不早为绸缪者也"；[7]"台湾海

---

① 阮旻锡：《海上见闻录定本》，福州：福建人民出版社，1982年，第51页。
② 《耿继茂等题报荷兰船助攻出力并窥伺台湾本》（康熙二年十一月二十日），厦门大学台湾研究所、中国第一历史档案馆编辑部：《康熙统一台湾档案史料选辑》，第20—21页。
③ 同上。
④ 康熙三年冬十月初八日（丙寅），靖南王耿继茂疏报，《清圣祖实录选辑》，台湾文献丛刊第156种，第25页。
⑤ 荷兰东印度公司：《巴达维亚城日志》，厦门大学郑成功历史调查研究组编：《郑成功收复台湾史料选编》，福州：福建人民出版社，1982年，第297页。
⑥ 荷兰东印度公司：《巴达维亚城日志》，同上书，第298页。
⑦ 蓝鼎元：《平台纪略总论》，《鹿洲全集》，蒋炳钊等点校，厦门：厦门大学出版社，1995年，第233—235页。

外天险，日本、荷兰素所朵颐之地。东南风顺利，十余日可至关东。此齿唇密迩之区，未可以遐荒海岛目之"。①

施琅提出台湾不能放弃的第四个理由是台湾土地肥沃，物产丰富，交通便利，是上天赐予的不多得的宝地。疏中称："臣奉旨征讨，亲历其地，备见野沃土膏，物产利溥，耕桑并耦，鱼盐滋生，满山皆属茂树，遍处俱植修竹。硫磺、水藤、糖蔗、鹿皮，以及一切日用之需，无所不有。向之所少者布帛耳，兹则木棉盛出，经织不乏。且舟帆四达，丝缕踵至，饬禁虽严，终难杜绝。实肥饶之区，险阻之域"。②

台湾自然条件之优越，物产之丰富，世所共知，素有"糖谷之利甲天下"的美誉。荷据之时，从大陆引进甘蔗种植，17 世纪 30 年代，蔗糖已成为重要的出口商品。台湾统一之后，台糖的销路更广，销量大增，价格上涨，甘蔗种植面积连年成倍增长。康熙三十一年任台厦道的高拱乾即指出：台湾民间"偶见上年糖价稍长，惟利是趋。旧岁种蔗，已三倍于往昔；今岁种蔗，竟十倍于旧年"。③三十六年到台湾采硫的郁永河在《台湾竹枝词》也描述道："蔗田万顷碧萋萋，一望茏葱路欲迷；捆载都来糖廓里，只留蔗叶饷群犀。"④从中可以看到台湾蔗糖业发展的盛况。到康熙末年，"三县每岁所出蔗糖约六十余万篓，每篓一百七八十觔；乌糖百觔价银八九钱，白糖百觔价银一两三四钱。全台仰望资生，四方奔趋图息，莫此为甚"。⑤

台米的生产在统一之后也有飞跃性的发展。康熙末年，首任巡台御史黄叔璥对此曾有具体的描述，即每当晚稻丰稔，大有之年，"千包万箱，不但本郡足食，并可资赡内地，居民只知逐利，肩贩舟载，不尽不休"。⑥雍正年间，福建总督郝玉麟也指出，"向来台粟价贱，除本地食用外，余者悉运至内地接济。……漳、泉一带沿海居民，赖以资生，其来已久。若台粟三五日不至，而漳、泉米价即行腾贵。……台粟之丰绌，实有关内地民食也"。⑦据估算，自从雍正三年"台运"开始以后，每年自台湾输往闽省的米谷，包括兵米、眷米，

① 蓝鼎元：《台湾水陆兵防第三》，《鹿洲全集》，蒋炳钊等点校，第 807—808 页。
② 施琅：《台湾弃留利弊疏》（康熙二十二年十二月二十二日），《靖海纪事》，第 120—124 页。
③ 高拱乾：《禁饬插蔗并力种田示》，《台湾府志》，台湾文献丛刊第 65 种，第 251 页。
④ 郁永河：《裨海纪游》，台湾文献丛刊第 44 种，第 14 页。
⑤ 黄叔璥：《台海使槎录》，台湾文献丛刊第 4 种，第 21 页。
⑥ 同上书，第 51 页。
⑦ 《福建总督郝玉麟奏折》，"国学文献馆"主编：《台湾研究资料汇编》，台北：联经出版事业公司，1993 年，第一辑第十三册，第 5326—5327 页。

以及拨运福州、兴化、漳州、泉州的平粜米，加之大小商船定例所带之米，"通计不下八九十万（石）"。[①] 台米不仅供给闽省民食，而且"可资浙之镇海、乍浦，江之上海"，[②] 遇有凶年饥荒，甚至还调运华北京、津一带。[③] 台湾实际上成了"内地一大仓储"。[④]

最后施琅还提出不能"仅守澎湖，而弃台湾"，因为澎湖孤悬汪洋之中，土地单薄，界于台湾，远隔金厦，将受制于人，而无法居住。是守台湾则所以固澎湖。台湾、澎湖，必须一守兼之。如此则"沿边水师，汛防严密，各相犄角，声气关通，应援易及，可以宁息"。[⑤] 其实，这点也是当时有识之士的共同观点，所谓"英雄所见略同"。康熙六十年台湾发生了朱一贵起义，事平之后，闽浙总督觉罗满保在筹划台湾善后事宜中提出"迁民划界"的主张，并欲裁减台湾的驻军，将台湾镇总兵撤出台湾，移往澎湖。蓝鼎元就对此就据理力争，予以反对，称："澎湖不过水面一撮沙堆，山不能长树木，地不能生米粟，人民不足资捍御，形胜不足为依据；一草一木，皆需台厦。若一二月舟楫不通，则不待战自毙矣"；"澎湖至台，虽不过二三百里，顺风扬帆，一日可到；若天时不清，台飓连绵，浃旬累月，莫能飞渡。台中百凡机宜，鞭长不及。以澎湖总兵控制台湾，犹执牛尾一毛欲制全牛，虽有孟贲、乌获之力，总无所用。……台湾一去，则泉、漳先为糜烂，而闽、浙、江、广四省俱各寝食不宁，山左、辽阳皆有边患"。[⑥]

由上所述说明施琅在奏疏中所提台湾当留不当弃的种种理由与相关历史背景以及当时的实际情形完全吻合，是确有事实根据的，并非虚饰捏造，无中生有之辞。

## 二、施琅与清初台湾的官庄

既然施琅在奏疏中所提台湾当留不当弃的种种理由与当时的历史背景完全

---

① 《户部副奏》，《台案汇录丙集》，台湾文献丛刊第 176 种，第 169—171 页。

② 陈淑均：《噶玛兰厅志》，台湾文献丛刊第 160 种，第 195 页。

③ 《户部为内阁抄出直隶总督蒋攸铦奏移会》，《台案汇录丙集》，台湾文献丛刊第 176 种，第 191—193 页。

④ 周凯：《厦门志》，厦门：鹭江出版社，1996 年，第 146 页。

⑤ 施琅：《台湾弃留利弊疏》（康熙二十二年十二月二十二日），《靖海纪事》，第 120—124 页。

⑥ 蓝鼎元：《论台镇不可移澎书》，《鹿洲全集》，蒋炳钊等点校，第 561—562 页。

吻合的，是确有事实根据的，并非虚饰捏造，无中生有之辞。那么是不是可以说施琅上《台湾弃留利弊疏》的动机是完全为了国家民族的大计，是完全出于公忠体国之心，没有丝毫的私心杂念和个人利益牵涉其中呢？揆诸相关的史实，笔者认为也并非完全如此。

首先，我们来看看施琅关于台湾弃留态度的变化。

在清军攻克澎湖，郑克塽等投降之后，第一个明确提出台湾应守不应弃的官员是福建总督姚启圣，其在康熙二十二年八月十七日的奏疏中提出："今幸克取台湾矣，若弃而不守，势必仍作贼巢，旷日持久之后，万一蔓延再如郑贼者，不又大费天心乎？故臣以为台湾若未窃作贼巢，则剿亦不应剿，守亦不必守，此自然之理也。今既窃作贼巢矣，则剿固不可少，而守亦不可迟，此相因而至之势，亦自然之理也。查粤东之琼州、江南之崇明，均系孤悬海外，今俱入版图者，追想前人，亦不过为消弭后患之计耳。但自今为之，则似创似异，若至相沿之久，不过如琼如崇，亦极平常之事矣。况台湾广土众民，户口十数万，岁出钱粮似乎足资一镇一县之用，亦不必多费国帑，此天之所以为皇上广舆图而大一统也，似未敢轻言弃置也。查澎湖系泉州府晋江县所属地方，明季提标每年委游击一员，带兵一千六百名，轮班防守。今亦应踵而行之，以成唇齿辅车之势。容臣亲赴台湾、澎湖，与提臣施会商调度，另疏题报"。[1]

反观施琅对台湾弃留问题，则迟迟未表示明确意见。在六月二十六日的《飞报大捷疏》中，除了奏报克取澎湖的战绩之外，仅说："澎湖为台湾咽喉，今澎湖既已克取，台湾残贼必自惊溃胆落，可以相机扫荡矣。但二穴克扫之后，或去或留，臣不敢自专，或请皇上睿夺。或遴差内大臣一员来闽，与督臣商酌主裁，或谕令督、抚二臣会议定夺，俾得以遵行"。[2]

七月十五日，郑克塽派冯锡珪等赍送降本稿来澎湖军前回话，同意明郑官兵遵制削发，移入内地等安排。施琅于二十四日的《台湾就抚疏》疏中又称："第查台湾土地千余里，户口数十万。地在夐海之表，或去或留；伪官兵户口繁多，当作何安辑？事关重大，所当亟请皇上迅赐睿裁，敕差才能户、兵二部迅速前来，会同督抚主裁料理，安置得宜，毕此大事。俾臣得即勾当班师，从此

① 姚启圣：《题为舆图既广请立洪远规模事本》（康熙二十二年八月十七日），厦门大学台湾研究所、中国第一历史档案馆编辑部：《康熙统一台湾档案史料选辑》，第300—301页。

② 施琅：《飞报大捷疏》（康熙二十二年六月二十六日），《靖海纪事》，第80—90页。

金瓯永固，玉烛常调，可无虞南顾矣。"① 也未见施琅对台湾弃留的态度。

八月十三日，施琅率领舟师抵鹿耳门，十九日上《舟师抵台湾疏》，奏报郑克塽、刘国轩、冯锡范等削发受降经过。第三次就台湾去留之事向朝廷请示："惟臣舟师今抵台湾，细阅港道纡回，地势窄狭，波涛湍急，可谓至险至固。……又阅土地肥饶，出产五谷，沃野千里，人民土番杂处，甚为稠密，应去应留，臣经具疏题请，未奉敕旨，仰冀迅赐睿夺，俾得钦遵奉行。"② 仍然未见施琅对台湾应守应留提出明确的主张。

然而，同年十一月二十五日，施琅自台湾班师西渡，奉旨与朝廷派来的礼部右侍郎苏拜、福建巡抚金鋐等会商台湾弃留之议时，态度有了明显的变化。其时，姚启圣已经去世，在会商之中，虽然施琅自称"不敢遽议轻弃"，且"谆谆极道"，力主留台，但因部臣、抚臣等"未履其地"，"耳目未经，又不能尽悉其概"，故"去留未敢决进"，③ 而导致此次会商未能达成共识。所以施琅不得不于会议具疏之外，"不避冒渎，以其利害自行详细披陈"，于十二月二十二日上《台湾弃留利弊疏》，直接向康熙皇帝陈述台湾应留的理由，极力主张留台，并大声疾呼："台湾一地，虽属外岛，实关四省之要害。勿谓彼中耕种，尤能少资兵食，固当议留；即为不毛荒壤，必藉内地挽运，亦断断乎其不可弃"，"弃之必酿成大祸，留之诚永固边圉"。④

施琅的态度之所以会有如此大的变化，乃是其在台湾勾留的一百天内，"阅历周详"，对台湾的土地、民情有了全面、深入的了解。同时在此期间，施琅利用郑氏投降，其文武官员遣送回内地安插，台湾处于朝代更替权力真空的机会，私占了不少田产。⑤ 为了保住这些既得利益，施琅乃一改以往或弃或留，模棱两可的态度，上疏力主留台。所以，笔者认为施琅上《台湾弃留利弊疏》的动机乃是公私兼顾，其中既有为国为公的成分，也有为个人私利的意图。

① 施琅：《台湾就抚疏》（康熙二十二年七月二十四日），《靖海纪事》，第100—103页。
② 同上书，第109—112页。
③ 施琅：《台湾弃留利弊疏》（康熙二十二年十二月二十二日），《靖海纪事》，第120—124页。
④ 同上。
⑤ 另外，施琅在台时间，自康熙二十二年八月中旬起，至十一月下旬止，正是台湾晚稻收成，田赋租谷缴纳之时。在八月二十日发布的《谕台湾安民生示》中，施琅规定，当年官佃田园（该田园属于明郑政权所有）"应纳租谷，十分酌减其四，准赴州官输纳六分，以供伪延平王课税"（《靖海纪事》，第113—114页）。但是郑氏投降之后，包括郑克塽在内的明郑文武官员已陆续配船载入内地安插，所以当年九千七百多甲（一甲约等于十一亩）官佃田园60%的田赋，二万多甲文武官田园（即郑氏文武官员私人的田产）的全部租谷，以及营盘田的收成，应该是由施琅来接收的。这笔收入有可能最终也落入施琅的私人腰包。

关于这一时期施琅在台湾私占田产行为，以往学术界，包括台湾学者在内，主要是根据道光《重纂福建通志》中季麒光的两则资料。其一："乃将军以下，复取伪文武遗业，或托招佃之名，或借垦荒之号，另设管事照旧收租。在朝廷既宏一视之仁，而佃民独受偏苦之累，哀冤呼怨，县官再四申请，终不能补救。且田为有主之田，丁即为有主之丁，不具结，不受比，不办公务，名曰'荫田'。使贫苦无主之丁，独供差遣。"[①] 其二："自将军以下各自管耕督垦，即为'官田'，其数已去台湾田园之半。今使之急公办课，不特事难势格，仰触忌讳，即佃丁、管事亦非县令所能制。"[②] 近年笔者在新发掘的季麒光《蓉洲诗文稿》《东宁政事集》等台湾早期历史文献中发现有不少与施琅私占田产相关的史料，从中我们可以看到施琅是如何倚仗权势，纵容属下，巧夺豪取，为所欲为的。兹将相关资料摘录如下：

　　视事以后，里民男妇老幼皆称将军（指施琅）管事叶虔等将新化里民田冒指营盘，横征租粟，不论上中下则，每甲收一十八石，往来络绎，民佃不堪受其诛求，纷纷具控。如陈四、徐虎等八十六人为冒献血业事，寡妇王氏、郑氏等为噬寡吞孤事，张旭、林盛等四十一人为釜鱼乞命事，潘治、董寅等二十六人为吞占殃民事，郑吉、林叔等一十五人为究还民业事，郑再、黄秋等十人为混献占夺事，其余李文起、薛云、曾庄氏等陆续投诉者，案积如山。此辈冤民，环呼望救。卑职审讯得实，将叶虔等责惩，断给归民。复将各案情形并营盘田数绘图缮册，痛哭上书于将军。且卑职地方如大竹排、下加冬、铁线桥、茅港尾、急水溪等处，皆系垦熟营盘，不下二三千甲，不报册，不输粮。詹高、陈贵等自称督垦管事，倚伪时名号，登堂抗礼，田数多寡，不容查核。差官陈钦、颜亲等十有口人奉将军令牌，勒限征租，擅拨车夫。县官亦无从诘其真伪，莫可如何。但卑职自责惩叶虔之后，南北两路管租副使曾蜚、郑耀星及蓝瑶、林明等皆有田园、蔗车，侧目于卑职。[③]

　　台湾新辟版图，人民原非土著。伪郑归诚之后，所存苋苋佃丁不过十之二三。卑县等以丁饷亏悬，多方招徕，因而册有续增之丁口，野有新垦之田园，

---

① 《康熙中诸罗县知县季麒光条陈台湾事宜文》，道光《重纂福建通志》，卷五十。
② 《豫计糖额详文》，道光《重纂福建通志》，卷五十。
③ 季麒光：《密陈营盘累民文》，《蓉洲诗文稿选辑·东宁政事集》，李祖基点校，香港：香港人民出版社，2006年，第201—203页。季麒光，江苏无锡人，原为福建闽清县令，康熙二十三年简调台湾，任诸罗县首任县令，于同年十一月初八日到任视事。

庶使披荆带棘之区，有负丰授廛之户。乃何以按册有丁，按户则无丁，家甲之牌，视同故纸，不具结，不应役，甚至拖欠丁粮。揆厥所由，皆因新附之民自将军以下就所有之田即为佃丁另立管事，督垦收租，不受制于县官，所辖佃丁不办公务，名曰"荫佃"。使荒瘠之田，贫苦之丁，无主可投者，独当差遣。卑县等目击心伤，有监门之图不能绘，而徒切长沙之痛哭者，台湾佃丁与民丁之分也。夫田粮丁赋皆县官职掌，今身居民上，而法不行于管事，令不及于佃丁，上误国课，下累贫民。况又借招垦为名，鸠集匪类，卑县不得过而查之，亦无从问其入册与否也。①

由于当时施琅位尊权重，气焰如日中天，又屡干预地方事务，福建巡抚且每事屈从，其衙役棍徒恃势横虐，季麒光作为微员末吏更难以将之一一责罚，有时只好徒叹奈何。到最后忍无可忍之时，季麒光不得不上书施琅，一则以规劝，二则以陈情，其书曰：

职一介鲰生，半通下吏，谬膺简拔，调补海疆，得从员属之班瞻拜君侯于幕下。接君侯之丰神谈笑，因知丰功大烈，有所自来，何敢以蠡见蛙鸣，仰参高朋之万一乎？然自幼读书稽古，从来履满席丰者，或以贪渎而败，或以跋扈而败，或以结纳而败，或以狗马声色骄淫而败。如上林苑之沁水园之争，上则起震主之嫌，下则贻青史之讥，诚可鉴戒。

今台湾之地，皆君侯所辟之地也；台湾之民，皆君侯所生之民也；台湾之文武员属，皆君侯药笼之参芩也。在君侯之身，正如泰山沧海，人谁与让？况君侯泉人也，以泉之人镇泉之地，台湾虽阻重洋，皆君侯梓里之余也。宽其所有，而抚恤其民人，正君侯今日之事也。乃何以职等视事以来，问出水，则曰"君侯之兵眷"也；问田亩，则曰"君侯所垦辟"也；问蔗车，则曰"君侯所竖立"也；问佃丁，则曰"君侯所荫免"也。嗟此小民，始为身家计，纷纷具控。及见君侯之员佐持君侯之符，宣君侯之命，縶系棰击，声言提解。嗟此小民，又为性命计，皆依徊隐嘿，使县官无从定断。则小民之情事，亦甚可怜；而员佐之声灵，更非职等之所能问矣。②

① 季麒光：《荫丁漏粮文》，《蓉洲诗文稿选辑·东宁政事集》，李祖基点校，第205—206页。
② 季麒光：《上将军施侯书》，《蓉洲诗文稿选辑·东宁政事集》，李祖基点校，第203—205页。

必须说明的是施琅平台后，由于郑氏宗党、文武官员、丁卒被遣还内地，及各省难民相率还籍，近有其半，人去业荒，势所难免。在此情形之下，台湾文武官员或收取明郑遗业，或招佃开垦，设立官庄，乃是一种十分普遍的现象，并非施琅、吴英等人所独有。

《陈清端公文选》记道："台地之有官庄，皆因荡平之初土广人稀，版籍未定，文武官家身念重，各招佃垦种为衣租食税之计"。①

福建布政使高山在奏折中说道："台湾府属之台湾、凤山、诸罗、彰化四县，于康熙年间，文武各员出资召佃开垦田园，官收租息，名曰'官庄'"。②

《重修凤山县志》记道："台疆初辟，地广人稀，官斯土者置田园、糖廊，召佃开垦，踞为己业，名曰'官庄'"。③

就连季麒光本人也曾招佃开垦，离台时将园二十七甲捐于台南天妃宫，"永为常住执持之业"。④

要之，所谓官庄乃指清康熙年间文武官员在台湾任上所创置的产业，他们从中收取租息，以补贴自己的开支和费用。蓝鼎元曾有"台湾旧有官庄为文武养廉之具"的说法。⑤官庄的由来据有关史料概括主要有下列几种，其一，有遗自郑氏者。季麒光所说的"乃将军以下，复取伪文武遗业，或托招佃之名，或借垦荒之号，另设管事照旧收租"，指的就是这种情形；其二，有无人之田业由官垦设者。水师提督蓝廷珍的蓝兴庄即属此一类型；其三，有绅民请归者。所谓"请归"，其实就是投献，巡台御史诺穆布等人在奏折中所言："台属各县官庄田园，向系业户私垦不报，投寄文武衙门，荫免徭役"，⑥指的就是这种情形。据《重修福建台湾府志》记载，台地官庄共有一百二十五所，⑦这一数字应该是包括了康熙年间创立的大部分官庄。其分布的范围以凤山和诸罗两县为主，

---

① 陈瑛:《陈清端公文选》，台湾文献丛刊第116种，第19页。

② 《乾隆九年十二月十八日福建布政使高山为台属官庄租息请照民间额减征收事奏折》，《历史档案》，1987年第一期。

③ 王瑛曾:《重修凤山县志》，卷四，田赋志，（附）官庄。

④ 季麒光:《天妃宫僧田小引》，《蓉洲诗文稿选辑·东宁政事集》，李祖基点校，第130—131页。

⑤ 蓝鼎元:《与吴观察论治台事宜书》，蓝鼎元:《鹿洲全集》，蒋炳钊、王钿点校，厦门：厦门大学出版社出版，1995年，第51页。

⑥ 《巡台御史诺穆布等为陈台湾官庄赋重宜照民则减收事奏折》，《历史档案》，1987年第一期。

⑦ 刘良璧:《重修福建台湾府志》卷八，户役。

"各里庄俱有"，① 分别为五十二所和六十五所，台湾县则比较少，仅有八所。②
官庄除了田园之外，还有糖廍、蔗车、牛磨、鱼塭等各种不同的形式。

当时官庄一般都以实物地租为主，即水田种稻征粟，旱园插蔗征糖。官庄
的租粟与民间私租的性质相同，而且租率也是有重有轻，参差不一。闽浙总督
喀尔吉善等曾指出："查此项官庄租息，乃昔年台地文武各官私产，向来各官专
事朘削苛取，是以额租较民租为重；又有本系民人开垦，投献势豪荫庇者，故
亦有较民租稍轻之处。"③官庄与普通民间产业虽然性质相似，但也有若干不同。
如有的官庄田园未报课升科，因而也无须输粮纳赋。如彰化县属的绕平庄、永
定庄及柴坑仔庄等三所官庄，据县志所载均为未升科田园；④而蓝廷珍所置蓝兴
庄在归公前也是"原未升科，只取佃租，并无供赋"。⑤官庄与民业的另一不同
之处是官庄虽系各官"私产"，但实际上乃属于各官衙门所有，官员逢有升迁或
奉调内地时，一般并不把官庄变卖，而是将其"递受"于后任官员。⑥当然，此
种情形以文官衙门较多。

官庄自一开始就饱受世人的诟病，如前所述季麒光者。另一位对官庄持反
对意见的是陈瑸，陈瑸于康熙四十一年至四十三年曾任台湾县知县，四十九年
再由四川督学调任台厦道。陈氏两任台湾，对地方情况十分稔熟，又是位极有
名的清官，对各官自设官庄，收租取息，剥削百姓的行为深恶痛绝，所以任台
厦道后，即先将自己衙门各所官庄"自行呈报，其历年变卖各租银两，俱发台
湾府库收贮"，⑦"凡官庄岁入，悉以归公，秋毫不染"。⑧五十三年春，陈瑸又上
《革除官庄详稿》，指陈官庄为害地方的十种情形，并提出了革除台地官庄的具
体建议："伏查台澎水陆各营官兵俸饷岁多不敷，每年两次会委文武员弁赴库请
领，如将台地文武官庄出产，不论稻粟糖斤等项，尽数充入俸饷项下，可岁省
动支司库之二三。且官庄名色一除，则田皆公家之田，民皆公家输赋税供力役

① 王瑛曾:《重修凤山县志》，卷四，田赋志，（附）官庄。

② 刘良璧:《重修福建台湾府志》卷八，户役。

③ 《乾隆十二年三月二十日闽浙总督喀尔吉善等为请将多征官庄租息银两酌减事奏折》，《历史档案》，1987 年第一期。

④ 周玺:《彰化县志》，卷六，田赋志。

⑤ 福建巡抚钟音《奏复议订立彰化县蓝兴庄充公田园租赋则例折》（乾隆二十一年三月二十日），台北故宫博物院印行《宫中档乾隆朝奏折》第十四辑，第 20 页。

⑥ 周钟瑄:《诸罗县志》，卷六，赋役志；陈文达《凤山县志》，卷之六，赋役志。

⑦ 陈瑸:《陈清端公文选》，台湾文献丛刊第 116 种，第 19 页。

⑧ 刘良璧:《重修福建台湾府志》，卷十五，名宦；丁宗洛:《陈清端公年谱》，台湾文献丛刊第 207 种，第 74 页。

之民，地方有司且得一体稽察，随事休养，以令则行，以禁则止，绝无有势豪龃龉其间，而向所谓十害者不崇朝而已去，是国与民两利也"。[①] 最后在六十年朱一贵起义平定之后，奉旨清查，将官庄地亩尽报归公。

所谓归公，实际上乃是收租权的转移，即原来由各衙门或官员私人收取的租息改归由地方政府征收。归公后官庄从原来由各官委派管事进行经营管理改为由官府遴选佃首或委派胥役来"承办"，[②] 其主要的任务为租息的征收。据台湾府志记载，归公后官庄每年所征收的青白糖、租粟、芝麻、廊饷、蔗车、牛磨、鱼坞等共折银三万零七百三十九两之多。[③] 由于官庄的收益是"租"，不是"赋"，所以它不列入正供项下，而是作为一种地方性的收入专款造册奏销。在题报归公的最初几年，官庄租息款项主要是作为划兑台湾兵饷之用，这与陈瑸在《革除官庄详稿》中的建议是完全一致的。至雍正七年时，因福建省的耗羡不敷支应各官养廉，即将此项官租拨补养廉项下。[④]

## 三、武职官庄及乾隆九年的清查

根据相关史料，雍正初年奏报归公的应以文职官员的官庄为主，而许多武职官员的庄产不仅未奏报归公，而且还在继续经营。乾隆九年，新任福建巡抚周学健办理案件时，发现台郡民"番"因侵占垦地，互相告讦者甚多，且皆有干涉前任武职大员之处，乃留心密察，得知台郡从前地广人稀，土泉丰厚，物产颇饶。凡彼处镇将大员无不创立庄产，遣丁召佃，开垦草地，遂为己业；或因客民承垦草地，与"番"界错杂，易启争端，势孤力弱，恐不能敌，投献武员，承租占种。诸如此类，不一而足。周学健认为镇将大员不许在任所置立产业，例有明禁。在内地犹然，况海外番黎交错之地。本处武职大员立庄垦种，纵无占夺民产之事，而家丁佃户倚恃声势，凌虐番民，影占余地，实所难免。而且台郡历任武职大员创立庄产，几相习为固然。非彻底清厘，严行禁绝，其

---

① 陈瑸：《陈清端公文选》，台湾文献丛刊第116种，第19页。
② 丁绍仪《东瀛识略》，台湾文献丛刊第2种，第17页。
③ 刘良璧：《重修福建台湾府志》卷八，户役。
④ 关于官庄问题，请参阅拙文：《清代台湾之官庄》（上、下），《台湾研究集刊》，1992年第三、四期。该文收入台海出版社2006年出版的《台湾历史研究》一书。

风不能止息。[①]遂于乾隆九年二月十六日上疏建议："凡历任武职大员创立庄产，查明并无侵占番地及与民番并无争控之案者，无论系本人子孙管业及转售他人，均令照旧管业外，若有侵占民番地界之处，秉公清查。系民产归民；系番地归番。至此后凡系台郡武职大小各员，创立庄产，开垦草地之处，永行禁止。倘仍有托名开垦者，一经发觉，本官交部严加议处，地亩入官。该管官通同容隐，并行议处。庶使番境宁帖，官民不相参扰，似亦镇静海疆之要道"。[②]

　　疏上之后，立即得到乾隆皇帝的首肯，于三月初十日下谕，着闽省督、抚派布政使高山前往台湾，会同巡台御史等一一清厘。凡历任武职大员创立庄产，查明并无侵占番地，及与民番并无争控之案者，无论系本人子孙及转售他人，均令照旧管业外，若有侵占民番地界之处，秉公清查，民产归民，番地归番。不许仍前朦混，以启争端。并谕示："此后台郡大小武员创立庄产，开辟草地之处，永行禁止。倘仍有托名开垦者，将本官交部严加议处，地亩入官。该管官通同容隐，并行议处。"[③]十月二十七日，高山渡海到台会同巡台御史六十七、熊学鹏遵旨将台郡历任武职大员创立庄产，凡有侵占民番地界及恃势投献，与民番争控之案，檄饬地方官将从前来历逐细查明，分晰开列，造册呈报，以凭会勘清查。同时又遍行出示晓谕该官吏番民人等咸使周知，如有民间已垦之产，或番社应管之业，被从前职官占夺侵界，以及客民争占番地，投献势豪据为己有者，许各开列土名甲数、四至户名，同争控原卷，据实呈告。经清查，历任武职庄产现在本人子孙管业者、历任武职庄产今已转售他人者以及历任武职族亲在地置有庄产者，其中并无侵占、投献情弊，亦无民番争执等情仍令照旧管业者，共有24所。现表列如下：

　　① 周学健：《台湾原任将军施琅等官庄占垦之弊请清查敕禁》（乾隆九年二月十六日），中国第一历史档案馆、海峡两岸出版交流中心编：《明清宫藏台湾档案汇编》，北京：九州出版社，2009年，第20册，第191—197页。

　　② 同上。

　　③ 乾隆九年三月十日上谕，台湾史料集成编辑委员会编：《清代台湾关系谕旨档案汇编》第一册，台北："行政院文化建设委员会"、远流出版事业股份有限公司，2004年，第86页。

### 表 1 历任武职庄产现在本人子孙管业类

单位：甲

| 地 点 | 户 名 | 田园面积 | 来 历 |
|---|---|---|---|
| 台湾县 | 施 宏 | 146 | 靖海侯施琅出资垦买 |
| 凤山县 | 施 宏 | 605 | 靖海侯施琅招佃垦荒 |
| | 许永隆 | 66 | 副将许云置买 |
| | 张攀龙 | 185 | 副将张国置买 |
| | 李承业 | 111 | 副将李日（左火右呈）出资佃垦 |
| | 陈国超 | 60.5 | 千总许翰冲置买 |
| | 魏丁杨 | 65.8 | 副将魏大猷置买 |
| 诸罗县 | 施 宏 | 9 | 靖海侯施琅佃垦 |
| | 蓝匡赞 | 46.5 | 提督蓝理之弟蓝瑶招垦 |
| | | 41.7 | 提督蓝理之子蓝国庭置买 |
| | 许永隆 | 35.8 | 副将许云置买 |
| | 倪洪义 | 57.6 | 副将倪兴置买 |
| 彰化县 | 潘长兴 | 31 | 总兵潘诚嘉之子潘俊置买 |
| | 魏潘诚 | 25 | 副将魏大猷之孙魏廷伟置买 |

资料来源：福建布政使高山奏折：《查办台湾武职庄产》（乾隆九年十二月十八日），中国第一历史档案馆、海峡两岸出版交流中心编，《明清宫藏台湾档案汇编》，九州出版社，2009 年，第 21 册，第 383—403 页。"甲"为台湾的地积单位，一甲约等于大陆十一亩三分一厘。

### 表 2 历任武职庄产今已转售他人类

单位：甲

| 地 点 | 户 名 | 田园面积 | 来 历 |
|---|---|---|---|
| 凤山县 | 张攀龙 | 65 | 副将张国招垦，卖于廖中起管业 |
| | 张开运 | 76 | 守备张骐招垦，卖于沈赟管业 |
| 诸罗县 | 吴 贵 | 827 | 提督吴英招垦，卖于林附栢等管业 |
| | 董 助 | 16 | 副将董芳报垦，卖于苏黄为业 |
| | 张攀龙 | 24 | 副将张国报垦，卖于林和等管业 |
| | 西港埔 | 43 | 总兵欧阳凯买置，后舍入僧庵 |
| 彰化县 | 阿束等庄 | 122 | 现任提督王郡向番暵垦，卖于施海颐管业 |

续表

| 地 点 | 户 名 | 田园面积 | 来 历 |
|------|------|---------|------|
| 淡防厅 | 施茂原 | 388 | 提督施世标买置，卖于林天成管业 |

资料来源：同表1。

表3 历任武职族亲在地置有庄产类

单位：甲

| 地 点 | 户 名 | 田园面积 | 来 历 |
|------|------|---------|------|
| 凤山县 | 三块厝庄<br>新甲社凤山庄以及<br>大竹桥港、东港、<br>西半屏山等处 | 13.4<br>1231 | 副将董芳族人董大新自置<br>靖海侯施琅族人施世魁等14户自行佃垦 |

资料来源：同表1。

除此之外，本次还清查出武职大员私立庄产，或诱买番地，越界侵垦；或合伙分占，以致番黎争控不休；或原系民业，投献武员旋经弃置，后复开变图占者计共四案。

其一为原任提督苏明良之管庄朱泮被彰化县番蛤肉控告越界占垦、开圳一案。雍正十一年，陈林李用银200两诱买彰化番蛤肉番地，越界占垦。嗣恐该番控告，以苏明良为武职大员，势可压制，倍价转售。时番亦不敢置喙。迨苏明良死后，番始出控。经查苏明良止用价银400两，现管熟地4900余亩，而蛤肉从前得价仅200两，难以输服其心。高山等判令将越界占垦之瓦窑厝、摆育沟二处丈出熟园300余甲，给还蛤肉等管业，番地归番。

其二为原任总兵张国之子张嗣徽与原任提督之子蓝天秀被控占田霸租一案。缘总兵张国与蓝廷珍先后合伙佃垦大肚社番猫雾捒荒埔一所，雍正五年将垦熟田园照三股均分，其中蓝廷珍分得二股共491甲（后奏请充公）；张国分得一股共210甲。因佃垦之时原有毗界之密滕、辘牙二处给番自行耕种，后被张嗣徽等将二处地亩仍行占垦，以致众番控争。本次清查时将所有毗界之密滕、辘牙二处实系占垦之番地丈出垦熟田园共448甲，计4928亩，照议画界，还番耕管。

另外两案均与靖海侯施琅有关。

一为台湾县民黄赞等控告靖海侯施琅投献田园永归民管案。缘大穆降庄林外等 408 户，共田园 465 甲，原系民业，旱地居多。初入版图，杂派较多。于是各庄民陆续投献靖海侯施琅名下，荫免差徭，兼修埤岸，以资灌溉。每年施姓议收租粟每甲四石至一石六斗不等，通庄合计年得租粟一千余石。迨康熙五十二年，埤岸崩陷，施姓不修，庄民只得自行鸠资修筑。而施遣家丁林叶发恃势勒租，众佃不服，争控无已。雍正五年，经台湾县知县徐焜审系投献情真，埤岸又系佃筑，何得妄取租粟，令各庄民自行立户输粮。后庄民复续垦田园 31 甲报升无异。迨至乾隆三年，施世范乘旗员外省置产，准令变卖之文，复将前项田园指开变价，以致庄民惶惑，叠控不休。高山等复行确勘，查得此项田园实系庄民自垦祖业，于康熙二十二年间开台之始陆续投献武职大员施琅，原非施姓出资佃垦及自行置买之产。从前各户之所以投献纳租者，原为荫免差役徭及藉筑埤岸灌田起见。现在已无杂差，而埤岸倾圮又系各庄民自行修筑，业经立户输粮，讵肯仍纳租粟？因判令将前项新旧开垦田园 5450 余亩，永为民业，此后施姓子孙不得过问。俾从前投献武员之民产，仍复归民，永免后累。

另一案件与此类似。缘凤山县观音山等六庄共田 805 甲，原系明郑时民人赴台开垦，均属许赐等各庄民祖父垦管之业。因台地初入版图，各户佃民散而复聚，遂投献武职大员施琅名下，荫免差役，得为己有。而每年租额照旧甚轻，所得之粟，仅足以完正供。各佃不肯加租，施姓一无所利。嗣于康熙四十年间陆续听民自行完课，已置此田于不问。施姓虽不复收租，但管事之人犹于租簿之内开列此六庄名色，未将已经听佃输课缘由登注，以致施姓子孙施世范在京开为旗产，欲行变卖，以致各庄物议沸腾。旋因施姓籍隶泉州，尚有子孙在籍，荷蒙恩免。高山等经过核查，认为此六庄共 8800 余亩之地，先为靖海侯施琅庄产，实系民业投献，旋即弃置，听民自收。今庄民既恐日后施氏子孙执从前开变部案，复起争端。相应将此投献踞有之产，永归民管，俾得民产归民，以杜争执。[①]

以上各案查出武职侵占及投献踞有之业共 2049 甲，计田园 22539 亩，内民产归民者共田园 14311 亩；番地归番者共田园 8228 亩。[②] 内中涉及施琅的最多，

---

① 以上各案见福建布政使高山奏折：《查办台湾武职庄产》（乾隆九年十二月十八日），中国第一历史档案馆、海峡两岸出版交流中心编：《明清宫藏台湾档案汇编》，第 21 册，第 383—403 页。
② 同上。

为 14250 亩，占 63% 强。经过此次清查，并无侵占、投献情弊，亦无民番争执等情仍由施琅后代照旧管业的庄产仅有台湾县施宏户下的 146 甲、凤山县施宏户下的 605 甲以及诸罗县施宏户下的 9 甲，共计 760 甲，这应该就是以后"施侯租"田产的面积。福建布政使高山奏折中注明，此庄产系施琅出资垦买及招佃垦荒，非恃势强占或民业投献。

石万寿根据伊能嘉矩《台湾文化志》的资料，认为施侯租有田庄五十六庄，"北至三叠溪，即今北港溪南，南至高雄市前镇区篱仔内，如此广大土地，实非跑马四日所能得到的土地。因之，施琅实利用朝廷未派官员治理台湾以前，肆意掠夺的结果"。① 目前台南县将军乡林金悔主编的《靖海侯施琅督垦文献辑》保存有 30 件左右道光至光绪年间"施侯勋业租"收据，每件收据所载租额都不大，多的一二石，少的仅升斗而已。② 另外，《清代台湾大租调查书》中也收有三件与施侯租有关的古文书，此三件文书中其租额分别为谷一斗二升、四斗二升七和零石九斗零七勺，③ 这些收据和契约说明施侯租土地零散，面积不大。因此，伊能氏所说五十六庄仅是指施琅田庄分布的范围，还是此五十六庄的田地全属施琅所有，殆不无疑问。同时，石万寿又根据日据时期临时台湾旧惯调查会编的《台湾私法》之记载，称："施琅的施侯租于日治时期的'嘉义厅管内约有二百零九甲，盐水厅管内约有一千五百七十六甲，凤山厅管内有一千二百余甲'，共约三千甲。而此三千甲之地，仅为施琅当年所占五十六庄勋业的十分之四而已。因早在道光年间，施侯租就已出售六成产业，只剩四成田产，可见施琅所占的田园至少有七千五百甲左右。"④ 林登顺在《施琅弃留台湾议探索》一文中也持完全相同的观点。⑤

经查，《台湾私法》中关于"施侯租"的记载全文为：

康熙二十二年，清将施琅征讨郑氏有功，朝廷封为靖海侯，给与广阔埔地，施琅则招徕移住民开垦成田后收取大租，并称此租为施侯租。其租额据说每甲田二石至三石，园二元至三元。最初在凤山、嘉义两地区有施侯租馆十所，年

① 石万寿：《台湾弃留议新探》，《台湾文献》，第五十三卷第四期。
② 林金悔主编：《靖海侯施琅督垦文献辑》，台南县政府文化局、台南县将军乡公所出版，2002 年 10 月。
③ 《清代台湾大租调查书》，台湾文献丛刊第 152 种，第 1109—1111 页。
④ 石万寿：《台湾弃留议新探》，《台湾文献》，第五十三卷第四期。
⑤ 林登顺：《施琅弃留台湾议探索》，《南师学报》，第三十八卷第一期。

收大租谷六千石、银二千余两，抽出部分缴纳正供。道光年间施琅的后裔将六所租馆的大租权出售，并出瞨凤山县观音上下里、半屏里及嘉义县下湾里四所租馆所辖的大租权，置管事收租，每年将扣除管理费及正供的余额银一千六百余两送到北京施家。光绪年间清丈时由施琅的后裔领单承粮。日据后由于此等人不住于台湾，遂将该租地编入官有，并由各厅征收租金。后来土地调查的结果，在嘉义厅下约有二百零九甲地，盐水港厅下约有一千五百七十六甲地，凤山厅下约一千二百余甲地，因其性质均属于大租，后来废之。

据说，施侯租地之中有并非招佃开垦，而利用权力霸占的郑氏时期田园。[①]

以上资料记载，道光以前在凤山、嘉义两地区有施侯租馆十所，年收大租谷 6000 石、银 2000 余两。租额每甲田 2 石至 3 石，园 2 元至 3 元。今以田每甲租额平均为 2.5 石，园每甲纳银平均 2.5 为元计算，可得出施侯租地有田 2400 甲，有园近 1000 甲。两者相加，施侯租田园的总面积约为 3400 甲，与石万寿所推算的 7500 甲相去甚远。另外，施侯租田园均为康熙年间所开垦，其赋率为较重，[②] 即使按最低的下则园的赋则每甲 2.4 石计算，7500 甲的施侯租田园，也需要 18000 石谷子来交纳正供，而上述十所施侯租馆年仅收大租谷 6000 石、银 2000 余两，根本不敷完纳。故石万寿等人推算施侯租田园为 7500 甲，能否成立，实在是一个很大的疑问。再者，石万寿还认为施琅后裔靠五十五馆田租的收入，"富甲全台"。[③] 然而，据上列资料记载，道光年间施氏后裔将六所租馆的大租权出售后，余下四所租馆所辖的大租权，每年扣除管理费及正供的余额银后，纯收益仅为 1600 余两。按此推算，在道光年间六所租馆的大租权未出售时，这十所租馆的纯收益也只有银 4000 两左右。说区区 4000 两银左右的年收入，就可以"富甲全台"，恐怕也是令人难以置信的。

---

① 临时台湾旧惯调查会第一部调查第三回报告书：《台湾私法》第一卷，陈金田译，台湾省文献委员会编印，1997 年，第 253 页。

② 清初台湾田园赋则为上则田每甲征粟 8.8 石，中则田 7.4 石，下则田 5.5 石；上则园每甲 5.0 石，中则园 4.0 石，下则园 2.4 石（蒋毓英《台湾府志》，卷之七，赋税）。雍正九年改则后，台湾田赋才有较大幅度的减轻，参见拙文：《清代前期台湾的田园赋则》，《台湾研究集刊》，1991 年第 2 期。

③ 石万寿：《靖海侯施琅督垦文献辑序》，林金悔主编：《靖海侯施琅督垦文献辑》，第 6 页。

# 四、结语

康熙统一台湾不仅是清代历史上的大事，而且也是中国历史上影响深远的重大事件。施琅先是率兵在澎湖击败刘国轩率领的郑军水师主力，迫使明郑政权纳款归降。之后，当清廷因台湾"留恐无益，弃虞有害"而举棋不定之时，又力排众议，上《台湾弃留利弊疏》，条分缕析，陈说利害，促使康熙皇帝将台湾收入版图。在康熙皇帝统一台湾的过程中，施琅是起了重大作用的，其历史功绩，应当予以肯定。当然，施琅在平台后也利用各种手段占有了不少的田产，不能排除其上疏留台有为私人利益考虑的动机。不过郑氏投降，易代之际，人去业荒，势所难免。当时台湾文武衙门、武职大员招佃开垦，设立官庄者，比比皆是，相当普遍，并非施琅所独有。雍正初年，台湾官庄奏报归公，乾隆九年又对武职占垦进行清查，民产归民，番地归番。施氏庄产中原系民业投献的部分，被判归还民管。余下的施侯租地系由施琅招佃开垦而来，其租权性质与台湾一般垦首的大租权一样，并无本质的差别。当然，对施侯租及其规模大小等问题应该根据相关史料进行客观、全面、科学的研究和考察，既不要刻意回避掩盖，也不应人为的肆意夸大。本文限于篇幅，无法对此问题作进一步的深究，容待以后另文探讨。

——本文于 2013 年 8 月在兰州举行的
《康熙统一台湾三百三十周年国际学术研讨会》上宣读
原载《史学月刊》2014 年第 1 期

# 论雍正年间台湾"番"地开垦和
# 移民渡台政策的变化

## ——以《巡台录》为中心

　　康熙二十三年（1684 年），明郑政权投降之后，清政府在台湾设立一府三县，派官治理，成千上万的闽粤移民渡海东来，胼手胝足，垦荒拓殖，台湾的开发进入一个新的时期。自 17 世纪后期到 19 世纪中叶，台湾人口由数万增至二百五十余万，原来麋鹿成群、野兽出没的蓁莽之地，成为"糖谷之利甲天下"的鱼米之乡。以往学术界普遍认为清代台湾土地开发完全是依靠民间的力量进行，政府的政策和官员的态度是消极的，不仅"未给以支持协助，且多方留难限制。官未辟而民已辟，民辟既不得官之助，辟后复迟迟不加认可，直至不得已时，始行设官治理。"[①] 诚然，这种观点的提出自有其一定的史实根据。不过，这种情形并非自始至终一成不变。在清代的不同时期，随着主客观因素的变化，官方也曾经对台湾土地开垦政策及大陆移民渡台政策进行过较大的调整。本文以《巡台录》为中心，对雍正年间台湾土地开垦及移民渡台政策的变化作一考察与探讨。

## 一、张嗣昌及其《巡台录》

　　《巡台录》的作者张嗣昌，山西省平阳府浮山县人，贡生出身。雍正六年（1728 年），任厦门海防同知，雍正八年十一月，擢升兴化府知府，第二年改调

---

① 郭廷以：《台湾的开发和现代化（一六八三——八九一年）》，薛光前、朱建民主编：《近代的台湾》，台北：正中书局，1977 年，第 136 页。

漳州府知府。张嗣昌因谨慎和平，才具练达，且对台湾地方的风土、民情素所知悉而得到福建总督郝玉麟的赏识。雍正十年，举荐其接替因性情偏执，与同僚不睦，且不得兵民之心而遭解职的倪象恺任分巡台湾道。[①] 十三年任满，调补四川盐驿道。[②] 乾隆四年七月（1739 年），升福建按察使。六年六月，任福建布政使。

张嗣昌在分巡台湾道任上的时间为雍正十年秋至十三年冬，共三年余，任满报竣之时，张氏将其三年所行，撮其大概，辑成一编，曰《巡台录》。全书分上、下二卷，上卷二十五篇，下卷三十五篇，凡六十篇，主要内容为张嗣昌在三年台湾道任上地方施政方面所作所为的直接记录，其中保存了不少雍正年间台湾历史的资料，十分珍贵。乾隆年间，范咸《重修台湾府志》、余文仪《续修台湾府志》及王必昌《重修台湾县志》等艺文志中对《巡台录》均有著录，但其后二百多年间湮没无闻。20 世纪周宪文所编《台湾文献丛刊》及近年陈支平所编《台湾文献汇刊》均未收录。目前已知仅北京大学图书馆和中国科学院文献情报中心（原中国科学院图书馆）藏有此书。近年出版的《续修四库全书》将《巡台录》收入史部政书类，并根据中国科学院图书馆所藏刻本影印。2005年，笔者对《巡台录》进行标点、校注整理，与尹士俍的《台湾志略》一道交由香港人民出版社一并刊出。

## 二、康熙年间官员对台湾"番"地开发的消极态度

### （一）周钟瑄等提出"清革流民以大甲溪为界"

在大陆汉人大规模进入台湾之前，岛上到处分布着大大小小的"番"社，所以，清代台湾土地的开发，基本上也可以说就是"番"地的开发。康熙二十二年，郑克塽政权投降之后，清廷虽然在台湾设立郡县，派驻军队，命官治理，但对台湾开发与建设并无任何积极长远的规划和目标。除了季麒光等少数人曾

---

① 《署福建总督郝玉麟恭请圣裁折》，雍正十年八月二十八日，《雍正硃批奏折选辑》，台北：台湾大通书局，1984 年，第 236—237 页。

② 刘良璧：《重修福建台湾府志》，台北：台湾大通书局，1984 年，第 353 页。许毓良：《张嗣昌〈巡台录〉的史料价值》一文称张嗣昌乾隆四年（1739 年）调补四川盐茶道（《台湾文献》第五十五卷第三期，第 166 页），时间有错误。

经提出"召集丁民"开辟台湾旷土之外，[①] 大多数的官员都是抱着不求有功，但求无过，"为防台而守台"的思想，对台湾"番"地的开发持消极的态度。如康熙四十年前后，大陆移民渡台开始增多，流移开垦之众已越过斗六门以北。四十九年，为了防范洋盗陈明隆，清廷设淡水分防千总，增大甲以上七塘。此时期移民开垦的速度十分迅速，数年间流移开垦之众，又渐过半线大肚溪以北，乃至南日、后垅、竹堑、南嵌，所在多有。当然土地开发的迅速推进也引发社会治安方面的问题，出现聚众行凶、拒捕夺犯，乃至巧借色目以垦"番"之地、庐"番"之居、妻"番"之妇，收"番"之子，从而引起民"番"冲突等事件。诸罗县令周钟瑄对此并未积极筹谋应对之策，反而认为大甲以上地方辽阔、塘汛寡弱，无事空抱瘴疠之忧，有事莫济缓急之用，提出"清革流民以大甲溪为界"的主张；[②] 北路参将阮蔡文也建议"淡水一汛、七塘官兵请咨部撤回"。[③]

### （二）台厦道陈瑸的禁垦"番"地说

尽管周、阮二人的主张与建议并未成为现实，但当时不少台湾地方官员对开垦"番"地持反对意见。康熙四十九年任台厦道的陈瑸就提出"禁冒垦以保番产"的主张，他认为："内地人民，输课田地，皆得永为己业而世守之，各番社自本朝开疆以来，每年既有额饷输将，则该社尺土皆属番产，或艺杂籽，或资牧放，或留充鹿场，应任其自为管业。且各社毗连，各有界址，是番与番不容相越，岂容外来人民侵占？诚恐有势豪之家，贪图膏腴，混冒请垦，县官朦胧给照，致滋多事，实起衅端，应将请垦番地，永行禁止，庶番得保有常业，而无失业之叹"。[④] 尽管陈瑸禁止请垦"番"地的目的是为了保护"番"产，但是，这种政策一旦实施，台湾岛上的土地开发无疑就要完全陷于停顿，这与当时地方社会经济发展的情势是格格不入的。

### （三）闽浙总督觉罗满保的"迁民划界"说

康熙六十年，台湾爆发了朱一贵起义，命官被戕，郡城被占。福建水师提

---

① 《条陈台湾事宜文》，季麒光：《蓉洲诗文稿选辑·东宁政事集》，李祖基点校，香港：香港人民出版社，2006年，第178页。

② 周钟瑄：《诸罗县志》，台北：台湾大通书局，1984年，第110页。

③ 同上书，第110—111页。

④ 《条陈经理海疆北路事宜》，陈瑸：《陈清端公文选》，台北，台湾大通书局，1984年，第16页。

督施世骠、南澳总兵蓝廷珍带兵渡台，很快就控制了局面，平息了动乱。闽浙总督觉罗满保在筹划台湾善后事宜中却接二连三发布谕令，提出"迁民划界"的主张。先是要裁减驻扎台湾的军队，将台湾镇总兵撤出台湾，移往澎湖；接着又要求对"罗汉门、黄殿庄，朱一贵起事之所，应将房屋尽行烧毁，人民尽行驱逐，不许往来耕种。阿猴林山径四达，大木丛茂，宽长三四十里，抽藤、锯板、烧炭、砍柴、耕种之人甚多，亦应尽数撤回，篷厂尽行烧毁。槟榔林为杜君英起手之处，郎娇为极边藏奸之所，房屋、人民，皆当烧毁、驱逐，不许再种田园，砍柴来往"；[①]最后又提出更加严厉的措施，要求将"台、凤、诸三县山中居民，尽行驱逐，房舍尽行拆毁，各山口俱用巨木塞断，不许一人出入。山外以十里为界，凡附山十里内民家，俱令迁移他处；田地俱置荒芜。自北路起，至南路止，筑土墙高五、六尺，深挖壕堑，永为定界。越界者以盗贼论。如此则奸民无窝顿之处，而野番不能出为害矣"。[②]

这种消极的政策与当时民间如火如荼的开发行为相比完全是一种倒退行为，遭到蓝鼎元等人激烈反对。另外也由于这一需要修筑一千五百里界墙，挖掘一千五百里壕堑，耗费钱粮不下十万两的迁民划界的工程实在太过艰巨，难以实施，[③]最后只在"沿山各隘立石为界，禁民深入"。[④]不过南路郎峤一带的开垦却遭到禁止，垦民被逐出，原来垦熟的良田又被抛荒。[⑤]

## 三、《巡台录》所载台湾"番"地开垦及移民渡台相关政策

如上所述，《巡台录》为张嗣昌雍正十年至十三年在分巡台湾道任上地方施

---

　　①　《复制军经理台疆书》，蓝鼎元：《鹿洲全集》，蒋炳钊等点校，厦门：厦门大学出版社，1995年，第551页。

　　②　同上书，第556—557页。

　　③　蓝鼎元《复制军迁民划界书》中谓："台地自北至南，一千五百余里……其隘口不止百计。每口伐木挽运，百夫亦须三、五日。计用人夫，不下三、五万。……一千五百余里之界墙，一千五百余里之壕堑，大工大役，海外仅闻；计费钱粮不下十万两。将给之自官，则无可动支之项；将派之于民，则怨声四起，必且登时激变；而且迁出的数万户居民也难以安置。

　　④　连横：《台湾通史》，北京：商务印书馆，1983年，第49页。

　　⑤　《番俗六考》之南路郎峤十八社附载云"郎峤诸社隙地，民间多种植田亩，今有司禁止，悉为荒田"。黄叔璥：《台海使槎录》，台北：台湾大通书局，1984年，第158页；又王瑛曾：《重修凤山县志》卷三"风土志"载"郎峤社乔木茂盛，长林蓊荟，鱼房海利，货贿甚多。原听民往来贸易，取材采捕。六十年台变，始议：地属窎远，奸匪易匿，乃禁不通"，台北：台湾大通书局，1984年，第65页。

政方面所作所为的直接记录，其中保存了许多"番"地开垦方面的史料及大陆移民渡台的政策，将其与康熙时期相比，可以看出此一时期台湾"番"地开垦和移民政策已经发生了十分明显的变化。以下举其大端，作一论述。

（一）大甲西社"番变"后，采取措施，抚绥流民，恢复秩序，重建家园

雍正九年十二月，大甲西社发生"番变"，淡水同知张弘章走免，居民多被戕毙。次年"番变"扩大到沙辘、牛骂等社，围攻彰化县治，百姓奔逃，络绎于道。七月，福建陆路提督王郡与巡台御史觉罗柏修带兵入台镇压，北路一带备受战火摧残。彰化县治以南，居民房屋，十去七八；县治以北，自大肚、猫雾捒直抵竹堑等处，几成灰烬。百姓寄聚于县治内外者，十之六七；散处于府市各处者，十之三四。事变中被焚房屋约有八千余间；被杀百姓约有二百余人；义民、衙役约三十余人。① 就持续的时间与规模而言，此次动乱显然远远超过康熙末年的朱一贵事件，不过福建省督抚等官员的反应却与朱一贵事件之后迥然不同。雍正十年十一月，地方甫平，即檄令新任台湾道张嗣昌前往北路对被难民番，予以安抚绥辑。张氏于十一月二十八日轻车简从自郡城出发，十二月初二日抵达彰化之后，当即檄吊府库银二千两并县库前赏番银三百余两，对难民予以赈济。被焚房屋每间赈银二钱；被杀百姓每人赈银一两；义民、役衙每名赈银二两。② 对于被害最惨的猫雾捒一保、半线半保以及淡属奇仑口各庄，省宪官员檄令开仓，按月赈给口粮。"每大口每月赈粟六斗；每小口每月赈粟三斗"，③ 使难民"糊口有资，种子有赖，不至于失所"。④ 在对难民进行安抚赈济的同时，还一再发布告示，晓谕难民，尽速回庄，恢复生产，重建家园。兹引录相关告示如下：

照得彰化各庄社遭番肆虐，致尔等良民家被焚而身被杀，弃业逃难，散处郡城别邑地方，殊堪怜悯。兹幸大师征剿，凶番就擒，地方已获安堵，业经本道出示劝令归庄安业在案。兹本道恫念甫集哀鸿，亟宜绥辑，日来亲临邑治，见尔民番尚有未尽归庄，播迁流离，托身无地，更属可怜。除被杀兵民，现在

① 《报明难民》，张嗣昌·尹士俍撰：《巡台录·台湾志略》，李祖基点校，香港：香港人民出版社，2005 年，第 8—10 页。

② 同上。

③ 《饬行遵照》，《巡台录·台湾志略》，2005 年，第 10—11 页。

④ 同上。

捐银设醮超度，以慰幽魂；其房屋被焚，父兄、子弟被杀者，业经檄吊府库银两，并饬该厅、县查造数册，俟本道北巡回县之日，按间按名赈给，俾尔等归庄盖屋，栖身埋葬，以免流离失所外，合再示谕。为此示仰各难民人等知悉，尔等务须仰体婆心，遵照叠示，速赴本道行辕，领给银两，立刻回庄。整理安居，休养元气，永乐太平。切勿观望迟延，以致失时废业，有负皇上爱惜元元之至意。各宜禀尊毋违。①

诸如此类鼓励难民恢复生产，重建家园的积极措施，与觉罗满保在朱一贵事件之后提出的"迁民划界"主张不啻有天壤之别。

### （二）福建及台湾地方官员劝垦"番"地的若干措施

从《巡台录》张嗣昌呈复其上司的禀文以及所提到的"特奉院宪严谕招耕"等字句中可以看出当时开垦"番"地的政策是由福建督抚等官员首先提出。其中一项所谓"宪发八则"的"番"地开垦方案主张：（一）开垦番地，每甲荒埔，承买之人给银五钱，官即给照为业；（二）开垦番地，分别社之大小，丁之多寡，每口给地一甲，将临山归番，近海归民；（三）已垦熟之地，于五钱之外量增价值；（四）开垦之后禁植竹果，令其照园纳租；（五）社饷应除、镖箭当追；（六）土番垦园请照民间下则田园之例，减半纳银；（七）社饷既免，革去通事，举充社长；（八）番埔广阔，于每十里募设饭店，栖宿店民等，并饬令张嗣昌与台湾府、县、厅官员会议答复。②

对于省宪上司的招垦谕令，张嗣昌等台湾地方官员均能予以认真贯彻，屡颁告示，晓谕民众，以推动垦务的进行。兹将其中一则告示引录如下：

照得富国必先于富民，富民莫大于辟野。若野无旷土，则民用恒舒，仓廪因此而盈；兵糈亦藉此而裕。……本道查台、凤、诸、彰四邑并淡防一厅，虽渐次举报开荒，然未垦之地尚多。究其不垦原委，有小民无力者；有业主互争者；更有地属番界，欲垦而不得者。以致肥沃之地，任其抛弃，甚属可惜。除严谕该府、厅、县留心区画，实力劝勉外，合行示晓。为此示仰所属士庶人等知悉，尔等有从前请荒，因彼此争界致未开垦者，许照前请四至，各赴县指禀，

---

① 《再行晓谕》，《巡台录·台湾志略》，第7页。
② 《饬行会议》，《巡台录·台湾志略》，第30—33页。

勘明定界，立可招耕。如有无力开垦者，不论业主小民，许尔赴厅、县，借给牛种籽粒，收成之后，照数还项。或有无主荒地，果查询确实，准赴厅、县禀垦。倘地属番界，可向该社通事、土官会全番众，指定界址，或银或物，议定若干，务使番众心愿，立契成交，贴与番粟，然后全通事、土官赍契赴县投税，立界请照开垦。照同安则例升科之后，除去社饷。苟非熟番界内之地，则不便妄请。至于前项无碍荒地，其可田者田，可园者园，必须因其地之所宜，毋使弃沃壤于荒芜。庶田野辟而民用足，方不负圣天子与院宪谆谆劝垦至意。各宜凛遵毋违。①

当然，台湾地方官员的劝垦努力并不仅仅停留于发布告示，晓谕百姓之上，而是有其实际具体的行动。针对台湾居民"多系内地而来，其中有力者，固不乏其人；而贫穷无措之户，比比皆是。即欲遵示开垦，牛种籽粒无所从出，势必坐视，仍然抛弃"的实际情况，张嗣昌本人以身作则，带头"倡捐银三百两，以助贫民家本之需"。②同时对"绅士、富民中或有好义乐善之人情愿捐资报垦者，计其数之多寡，详请旌叙，以示鼓励，以劝垦举"。③在张嗣昌等人的倡导之下，一时"报垦报捐，源源不绝"，④其田园共报垦近三万亩数，而官绅民所捐之银共有二千四百余两，谷共有五千九百余石。⑤其中籍隶龙溪县寄居台湾之贡生王绶，慨然捐谷三千石，以助贫民农事之用。⑥张嗣昌除将所捐谷石，饬行台湾府转移淡防厅收贮，以资拨给外，还详请上宪具题议叙，予以表彰。同时出示晓谕，"凡有请荒正实贫民，许其赴该承给衙门具领，买备牛只、农具、籽种，及时开垦，勿使别处花费，亦勿使该厅、县胥役捏饰扣尅"，⑦并责令台湾府督同厅、县须实心实力倡率劝导，以收实效，并将劝垦顷亩、发给资本、各花户缘由，不时具文报查。

---

① 《特行劝垦》，《巡台录·台湾志略》，第55页。
② 同上书，第57—58页。
③ 同上。
④ 《折复宪批》，《巡台录·台湾志略》，第67—68页。
⑤ 同上。
⑥ 《特筹劝捐》，《巡台录·台湾志略》，第60—61页。
⑦ 同上。

（三）在"番"地招垦中，顾及民"番"双方利益，力求公平合理，以利开垦

雍正年间，彰化县、淡防厅以及诸罗县等所垦，皆系社"番"之地，非鹿场，即系牛埔。张嗣昌认识到如"番"情不愿，竟行招垦，势必滋生衅端，所以在"番"地招耕中，持慎重态度，一再强调"总使番、民两无偏枯，业佃均受利益，以垂久远"。<sup>①</sup>对其上司所提的不甚合理的规定，也能因地制宜，据实直抒己见。如对"宪发八则"所提的"开垦番地，每甲荒埔，承买之人给银五钱，官即给照为业"，张氏就认为："番社荒埔原有肥瘠不同，而价之高低视焉。计每甲之地垦田一十一亩，仅给价银五钱，勿论非番所愿，且启奸民强买之端。而肥瘠迥异，价值不分，亦非持平之议"，因此提议"凡有可垦之地，不必官为定价，听民自向番黎照值议价，两相甘愿，开明四至，呈官印契，给照报垦，庶得易于遵从"。<sup>②</sup>

对于"开垦番地，分别社之大小，丁之多寡，每口给地一甲，将临山归番，近海归民"，则认为"土番衣食惟田是赖，自应酌留地亩以资俯仰。但筹之目前，尤当谋于永久。若每口给地一甲，在现今数口固可有资，而将来生育繁衍，保无日给不足。况附山近海分别立界，在依山之番社可以照行。如台湾县之新港社，平坦近海，居民相错；凤山县之武洛、上下淡水等社，一派平阳；诸罗县之萧垄、湾里、麻豆、打猫、他里雾、柴里等社、彰化县之猫儿干、南社、三林、大突、马芝遴、阿束等社逼临海边，离山颇远，又焉能令其舍自有之业，而驱于无可归之山耶"？提议"为筹经久之策，莫若按其社之大小，人之多寡，酌留该番附近可耕可种之地，宁予有余，毋使不足，以裕将来生齿繁多之计。余仍听该番自行觅受。要在当官税契立石为界，不许侵占，均无庸执定临山近海之分，庶于汉番两得其宜"。<sup>③</sup>

对于"已垦熟之地于五钱之外量增价值"，则认为"已垦番地，有番黎自用工资垦熟者，有现瞨汉民垦熟者。若照荒埔每甲五钱之外纵使再增五钱，是一十一亩之熟田，仅得价银一两，不特无如许贱田，且致势豪兜买，攘为利薮，似非善策"，提议："应请将该番已垦熟田，如有愿卖者，照依时价售卖。其前瞨与汉民垦熟之地，听令议找买价若干，即作绝卖，当官税契入册，给与为业。

---

① 《折复宪批》，《巡台录·台湾志略》，第67—68页。
② 同上书，第30—33页。
③ 同上书，第30—33页。

以杜业户借瞨耕名色，致滋揸占之弊。总使番汉情愿，庶可两无争执"。①

另外，清代沿用明郑"瞨社"旧例，对"番"社征收社饷，其后，"番"民将鹿埔瞨于汉民，承瞨之户，每年既贴纳社饷、社粟，又行输纳正供，是"一牛两皮"，实负两税之苦。张嗣昌提议："欲开垦其荒地，以增国赋，须当讴除其社饷，以服番心"；"无论番民，或田或园，并已经卖瞨、未经卖瞨，一概去其鹿饷名色，请照例升科，则汉人无重纳之鹿饷，番人有征粟之科则。……番知有催征之条，势必尽力南亩，以供课粟。自耕之外，余地间旷，或瞨卖汉人，或招佃开垦，悉听其便。则荒芜之地，不数年不迫之开而自尽开矣"。②"至汉人以后欲瞨卖番人之业，并从前承瞨番地，既无贴纳鹿饷，应听其向番愿议瞨卖，凭官立界税契为业。仍行出示晓谕，以甲化亩，准照同安则例输纳，则群乐首报升科"。③

另外，清初台湾土地开垦中，由于种种原因，田园的欺隐现象十分严重。浙闽总督高其倬曾经指出："台湾初定之始，止台湾一县之地原有人户钱粮，故田土尚为清楚，其诸罗、凤山二县，皆系未垦之土，招人认垦。而领兵之官，自原任提督施琅以下皆有认占，而地方文武亦占做'官庄'，再其下豪强之户，亦皆任意报占，又俱招佃垦种取租。迨后佃户又招佃户，辗转顶授，层层欺隐。按其赋税，每田一甲不过内地之十余亩，而纳八石有余之粟，似种一亩之田而纳十亩之粮，类若田少赋多；然究其递相欺隐亩数，则种百亩之地不过报数亩之田，实系田多粮少"。④巡台御史索琳、尹秦也说："开台之后，地方有司即照租征粮，而业户以租交粮，致无余粒，势不得不将成熟之田园，以多报少，欺隐之田竟倍于报垦之数"。⑤对于欺隐之田园，张嗣昌亦建议："出示立限一年，令其自行首报，宽其罪愆，免其以往之税，则百姓自不肯甘蹈陷匿。如此鹿饷一除，荒芜尽开，欺隐俱首，民食足而国赋增，于地方民番皆有裨益"。⑥

在当时"番"地开垦之中，汉"番"业佃之间经常因瞨垦土地而产生各种纠纷，如何维护双方的合理权益，公平公正地处理此类纠纷案件，是保证"番"

---

① 《饬行会议》，《巡台录·台湾志略》，第30—33页。

② 同上书，第18—19页。

③ 同上书，第18—19页。

④ 《浙闽总督高其倬奏闻事折》，雍正四年十一月初八日，《雍正硃批奏折选辑》，第112—114页。

⑤ 《巡台御史索琳、尹秦访陈台郡田粮利弊折》，雍正五年八月十二日，《雍正硃批奏折选辑》，第42—44页。

⑥ 《饬查地利》，《巡台录·台湾志略》，第18—19页。

地开垦能否顺利持续进行的关键。《巡台录》记载了张嗣昌审理汉"番"之间因承瞨土地产生纠纷的一个案例。

该案缘监生陈国辉之兄陈赞于康熙五十二年用银五十两，契买大突社番孩斗里等西北势荒埔一所，及赞故，由国辉承管，越二十年并未照台例贴纳社粟。至雍正十年始报出升科田十甲五分，计一顷十五亩五分。其余有已经开成田者，有未经开成者。雍正十一年，孩斗里等见从前所卖草地，顷亩过多，四至广而价极轻，又未议及贴纳社粟，遂赴彰化县以欺愚强占等事具告国辉。经彰化县令陈同善查讯，所执契内未载有贴纳社粟，又无土官图记，随以为假契而断令原价取赎，饷银移入孩斗里名下输纳。而陈国辉不愿领银。后适有巡台御史觉罗柏修北巡，孩斗里等沿途赴控，随批彰化县查报。该县录案呈详，仍批照断令陈国辉领银还业。各番以察院批定，即招林华、宋琼、吴振纶等承瞨，立契公议正价银六百两，并贴纳社粟，将业付管。国辉以田已开成将半，不肯轻舍，随渡海赴宪辕以权吏枉民等事具控，即批由台湾道查报。张嗣昌即饬令彰化县将所争田内已垦若干，未垦若干，不堪垦者若干，共有若干，丈勘明白，绘画图形，并提解犯、证人等，验明契券，查阅图册，细加研讯。发现陈赞当日所瞨之契原无假伪，但以当日之草地甚广，番性愚昧，陈赞仅用五十两之价而即瞨六千亩之埔，又无贴纳社粟。近来番黎知识渐开，各不甘心。及验转瞨林华等契券内，连猫士埔一所共载价银六百两，北势之地估银五百两，又定载第一年贴粟二百石，北势之地应估一百六十石；第二年四百石，北势之地应估三百四十石；第三年六百石，北势之地应估五百石。以后俱照五百石，按年贴纳。质之卖主、中见，俱众口一词。而贴纳番粟亦全台番社之通例。张嗣昌认为彰化荒埔每顷以该县前详定价银十五两计算，此项埔地共有六千余亩，除不堪开垦外，其有已垦成、未垦成并建房牛埔共四千余亩，约值银一千余两，即俱作荒埔算，亦值六百余两，适与林华等所用之价所多无几。即判令陈国辉除从前原价银五十两外，再缴出银四百五十两，发还孩斗里，并凑县库存银五十两，共五百两，付还林华等原价，其业仍归陈国辉掌管。番粟照前估数目每年五百石，自十一年为始，按年交纳。至陈国辉除十年报升十甲五分外，尚有一百零二甲九分未报。张嗣昌认为若不惩一儆百，无以劝将来，遂将国辉发学戒饬，以为海外欺隐者戒，并责令即行照亩额年数升科。其未垦处所，饬令速垦呈报，不得丝毫隐漏。如此则银业均不致两空，而番黎亦有资生。经张嗣昌当堂明白示谕，俱各伏首称愿，并无不平之鸣。①

### （四）雍正年间大陆移民渡台政策的变化：开放搬眷入台

清初定例：闽、粤人民往台垦种者，所有妻眷，一概不许携带。此一规定造成台湾汉人人口结构性别比例的严重失衡，经常引起社会动荡，而在台垦种的移民只能于岁终卖谷返回内地，置产赡家，春初又复之台，岁以为常。这种春季往耕，秋成回籍的候鸟式迁徙，不利于台湾的开发和社会财富的积累，不利于社区的重建和经济的发展。闽、粤两省官员常常将此一情形向朝廷反映，引起了雍正皇帝的关注与重视。鉴于"台湾人民携带家口与否，历来众论不一"，雍正皇帝谕令新任福建总督高其倬到闽后详慎酌量，定议具奏。雍正五年七月，高其倬上疏称："台湾府所属四县，查得台湾一县之人原有家眷。其凤山、诸罗、彰化三县之人系新经迁徙，全无妻室；是以户口不滋，地多旷土。就臣浅昧之见，若令全不搬眷，固非民愿；若一概搬眷，岁增日益，又将有人满之患：均非长策。请嗣后住台人民，其贸易、雇工及无业之人全无田地，一概不准搬眷往台；若实在耕食之人，令呈明地方官，查有垦种之田并有房庐者，即行给照，令其搬往安插。至佃户之中，有住台经五年而业主又肯具结保留者，准其给照搬眷。其余一概不准"。② 然而，高其倬的建议经九卿会议之后遭到否决。

雍正十年，张嗣昌由漳州知府升任台湾道。在其到任后，第一次给闽省督、抚的禀文中再次提起台民搬眷一事。张氏认为雍正五年七月高其倬题请台湾民搬眷，虽然为九卿会议所不准。但雍正皇帝在谕旨中称"台湾民人带眷一事应行与否，历来众论不一，再候酌量"，显示朝廷并未将搬眷的大门完全关死，还有一定的转圜余地，于是建议闽省督、抚"查阅部咨原案，似应再奏，尤望酌裁"。③ 同年，广东巡抚鄂弥达再次奏请台民凡有妻子在内地者，许呈明给照，搬眷入台，编甲为良。此建议经廷议后，终于得到批准。规定在台民人"有田产生业，平日安分循良"，又情愿携眷来台入籍者，可由地方官查实给照，准其回原籍，搬移入台。④

对于准许台湾民众搬眷入台这一移民政策的变化，《巡台录》也有详细的记

---

① 《权吏枉民》，《巡台录·台湾志略》，第58—60页。
② 《清世宗实录选辑》，台北：台湾大通书局，1984年，第19页。
③ 《折复事宜》，《巡台录·台湾志略》，第3—5页。
④ 《明清史料》戊编第二本，台北："中研院"历史语言研究所，1953年，第107页。

载。当奉旨准许民人搬眷的公文颁发之时，"台民俱各欢声动地"。<sup>①</sup>当时公文"内开止许搬取妻子几口，但未经指出是何名目"，是以有的地方官止许在台移民搬其妻子，其余未敢擅专，恐干滥给之愆。对于此种做法，张嗣昌表示了不同的意见，认为"若拘泥遵循，止许带其妻而挈其子，则台民籍居内地，间有年老父母以及儿媳幼孙幼女，家无亲戚堪托，碍无名目，又难全其共载，致原籍老父老母无依；儿媳女孙无恃。是枝附叶联，缠绵莫解，又人人所不能免者也"。<sup>②</sup>并向闽省督、抚提出建议"以后民人请照，内地或有父母年老并无次丁侍奉，以及儿媳幼孙与幼女未经出嫁者，许其据实呈明地方官查实，申详道府，附填照内，移原籍地方官查实，仍报明院司，填给路引，准其来台，其余不许携带。如有捏报，查出照例治罪。如此则民无内顾之忧"。<sup>③</sup>

张嗣昌这一合情合理又极具人性化的建议理所当然得到福建省官员的支持。这次开放搬眷除了使在台移民家庭成员得以团聚，改善台湾的人口结构之外，对于大陆移民在台定居，对于移入地社区的建设和社会经济发展也有着重大而深远的意义。而这一切对于当时台湾土地开发的积极影响更是不言而喻的。张嗣昌的继任者尹士俍在其编纂的《台湾志略》中记道："自奉旨搬眷，郡城内外居民多有父母妻子之乐。凤、诸两邑颇拟郡治。即彰化、淡水僻在北壤，亦差异于昔。且遵旨开垦，田土日辟，民尽得周于利，渐皆安土重迁，为守分编户之氓矣"。<sup>④</sup>

当时除了行政部门的督、抚和台湾道、府、县等文职官员之外，连游击等普通的武职官员有时也参与对台湾土地开发及移民政策的议论，建言献策。《巡台录》中记载了福建督、抚将一员游击的建议发给台湾地方官员，令其议复的事。该游击在关于移民渡台设立官渡的建议中称："台湾虽处海中，界连三省，延袤千有余里，地土广大，人民可聚，故每多愚民偷渡过台。切思台地广阔，正可需民辟垦，稠密之后，添设府县，断然可为。与其冒险偷渡，曷若设立官渡，如内地某县人呈明本县，或就近赴厦防厅，愿往台湾某县地方依傍亲友某人耕种生理。本县给文移交某县查明安插，编入保甲，许带妻子同过，每人纳官渡税银一两。一年之间，可得数千万两充饷"。<sup>⑤</sup>虽然张嗣昌以"今厦船

---

① 《恭请宪示》，《巡台录·台湾志略》，第21—22页。
② 同上。
③ 同上。
④ 尹士俍：《台湾志略》，第43页。
⑤ 《遵批禀复》，《巡台录·台湾志略》，第33—36页。

赴台者俱属商民空船，非系偷渡，附搭甚易，每人船租不过几钱，随时可以开驾。若设官渡，则船只不多，重洋风信难定，必须集至百余人或数十人方可解缆，芘芘小民何堪此久候之苦。况每年修船之费用、舵水之工食，甚至风涛不测，船必另造，在在需费，究亦无益于国帑，而实不便于民人"等理由对此建议予以否定，<sup>①</sup>但当时社会上对台湾土地开发及移民相关政策议论气氛之热烈及关注程度之高涨于此可见一斑。

关于雍正十年朝廷准许在台移民搬眷一事，以往论著中均称系由广东巡抚鄂弥达所奏请，但《巡台录》的记载则透露出若干不同的信息。如上面提到雍正十年，张嗣昌到台抵任后，即禀请闽省督、抚，对台湾移民搬眷一事，似应再奏。另在《遵批禀复》一文中又称："本道莅台一载，凡地方民情颇悉大概。如历年来议论当行而未定者，则开垦、加兵、建城、搬眷数大事，俱蒙宪恩条奏，奉旨准行"。<sup>②</sup>根据以上两则记载，福建省督、抚等官员在奏准台民搬眷一事中也似乎曾经出过力，并不单单是粤抚鄂弥达的功劳。

## 四、雍正年间台湾"番"地开垦及移民渡台政策变化的原因

雍正年间台湾"番"地开垦及移民渡台政策的变化并非一时的偶然，而是有着一定的历史原因的。这一历史原因既有主观的，也有客观的。

### （一）雍正年间台湾"番"地开垦及移民渡台政策变化的主观原因

雍正年间台湾"番"地开垦及移民渡台政策变化的主观原因，应该说与最高统治者的决策有直接关系。康熙时期，长年征战，对台湾的认识极为有限，以致郑克塽投降之后，朝中还出现了所谓的"弃留之争"。后虽采纳了施琅的建议，在台置府设县，派官治理，但对台湾的开发却并无长远规划，甚至将台湾的开发视为一种负担。康熙五十四年，闽浙总督范时崇及福建巡抚觉罗满保以"台湾应否开荒"具折请旨时，康熙皇帝在批示中却说："台湾地方多开田地，多聚人民，不过目前之计而已，将来福建无穷之害俱从此生。尔等会同细商，

---

① 《遵批禀复》，《巡台录·台湾志略》，第33—36页。

② 同上。

毋得轻率。"①最高决策者的态度既然如此,福建省及台湾地方的官员在台湾土地开发方面采取因循、保守的举措,乃至在朱一贵事件之后提出"迁民划界"等倒退的主张也就不足为奇了。

雍正年间,政局稳定,国家经过数十年的休息生养,人口繁多。开垦土地,发展农业生产,增加粮食供应已经成为朝廷的当务之急。雍正是一位极为重视农业生产的皇帝,在位期间实行了许多重农务本的政策。雍正二年二月,即举行已经停办达五十余年之久的耕耤礼。后来更下令推广,命各府州县设立先农坛,备置耤田,每年仲春亥日地方官举行耤田礼,使官员"存重农课稼之心",农民"无苟安怠惰之习"。②同时,下令各州县官择老农之勤劳俭朴者,岁举一人,给以八品顶戴,以示奖励。③对于垦荒,雍正皇帝最为重视,登基不久即发布垦荒令:

朕临御以来,宵旰忧勤。凡有益民生者,无不广为筹度。因念国家承平日久,生齿殷繁,地土所出,仅可赡给,倘遇荒歉,民食维艰。将来户口日滋,何以为业?唯开垦一事,于百姓最有裨益。但向来开垦之弊,自州县以至督抚俱需索陋规,致垦荒之费浮于买价,百姓畏缩不前,往往膏腴荒弃,岂不可惜?嗣后,各省凡有可垦之处,听民相度地宜,自垦自报,地方官不得勒索,胥吏亦不得阻挠。至升科之例,水田仍以六年起科,旱田以十年起科,著永为定例。其府州县官能劝谕开垦地亩多者,准令议叙。督抚大吏能督率各属开垦地亩多者,亦准议叙。务使野无旷土,家给人足,以副朕富民阜俗之意。④

垦荒令下达后,各地陆续推行。雍正二年批准的"福建台湾各番鹿场闲旷地方可以垦种者,令地方官晓谕,听各番租与民人耕种"⑤的新规定,以及此后福建和台湾的地方官员开垦"番"地的种种积极措施与雍正皇帝的奖励垦荒政策有着直接关系。雍正七年再颁谕旨,劝令民间凡属闲旷未耕之地,皆宜及时

①《闽浙总督范时崇奏谢御批台湾开荒并丁粮入亩事折》,康熙五十四年五月十一日,《康熙朝汉文朱批奏折汇编》第六册,北京:档案出版社,1985年,第192页。

②《十通·清朝通典》,卷44,"礼吉·耤田",台北:新兴书局,1965年,第2270页。

③ 中国人民大学清史研究所编:《清史编年》第四卷雍正朝,北京:中国人民大学出版社,1991年,第61页。

④《清世宗宪皇帝实录》(一),雍正元年四月二十六日乙亥,北京:中华书局影印,1985年,第137页。

⑤《清会典台湾事例》,台北:台湾大通书局,1984年,第43页。

开垦，以裕养育万民之计；并着令各省督、抚各就本地情形，细加筹划，转饬有司作劝导之法。"其情愿开垦而贫寒无力者，酌动存公银谷，确查借给，以为牛种、口粮，俾得努力于南亩。俟成熟之后，分限三年，照数还项；五、六年后，按则起科。……务使田畴日辟，耕凿惟勤"。[①]

除此之外，雍正年间还实行了一项对台湾土地开发有极大鼓励作用的措施，即减轻台湾田园的赋则。

清初台湾上田每甲征粟八石八斗，中田七石四斗，下田五石五斗；上园每甲征粟五石，中园四石，下园二石四斗。此一科则，"计亩分算，数倍于内地之粮额"，[②] 而为世人所诟病。雍正九年，福建总督刘世明以台属田园旧例按甲征粟，比内地科则较重为由，题请户部，要求把台湾田园照内地同安县地亩官、民、盐等则之例，按亩征收。后经户部议准：台湾报垦田园及自首升科者，俱以雍正七年为始，化甲为亩，照同安则例，分别上、中、下征收。上田每甲征粟二石七斗四升，中田二石零八升，下田一石七斗五升；上园照中田，中园照下田，下园每甲征粟一石七斗一升。[③] 新则实行之后，自雍正七年报垦及自首升科的田园征纳的田赋尚不及旧垦田园的三分之一，业户的负担大为减轻，投资回报率增加，大大刺激了人们对土地拓垦的积极性。台湾许多有名的垦号在这一时期内相继组成，许多大型的水利工程在这一时期开凿修筑，台湾土地开垦以前所未有的速度推进，有的地区甚至出现了"竞垦"与"竞凿"的现象。[④]

## （二）雍正年间台湾"番"地开垦及移民渡台政策变化的客观原因

台湾自入清之后，经过移民四十余年的辛勤开发，到雍正年间已经成为内地一大粮仓。每当晚稻丰稔，大有之年，"千箱万包，不但本郡足食，并可资赡内地。居民只知逐利，肩贩舟载，不尽不休"。[⑤] 尤其是福建漳、泉二府，人多地少，向资台湾之米，以济民食。雍正年间定例，"凡正、二、三、四、五等五个月，每月从台湾拨米一万石，运赴漳、泉接济。……台米一到，价必渐落"。[⑥]

---

① 《谕劝开垦》（雍正七年），刘良璧：《重修福建台湾府志》，台湾文献丛刊第74种，第27—28页。

② 《巡台御史索琳、尹秦访陈台郡田粮利弊折》，雍正五年八月十二日，《雍正硃批奏折选辑》，第43页。

③ 尹士俍：《台湾志略》，李祖基点校，北京：九州出版社，2003年，第32页。

④ 李祖基：《清代前期台湾的田园赋则》，《台湾研究集刊》，1991年第2期。

⑤ 黄叔璥：《台海使槎录》，台北：台湾大通书局，1984年，第51页。

⑥ 《福建巡抚毛文铨奏闻事折》，雍正四年二月初四日，《雍正硃批奏折选辑》，第7页。

除此之外，又应碾运兵眷米一万二千余石，又应碾运厦门提标、金门镇标兵米二万一千余石，合计应运米八万三千余石。[①]照一米二谷算，每年定例从台湾运至厦门的稻谷达到十六万六千余石，这其中还不包括民间运贩的数量。不仅福建本省仰赖台湾之米，有时邻省受灾，也需频频从台湾拨运米谷，平粜接济。如雍正元年冬季，浙江受旱，宁波等处民食维艰，闽省方面拨动福州、台湾二处米，三次共三万七千石，运往浙江平粜。二年春，浙江台州、温州等处食米不足，福建方面又派人委官往台运米二万石分送浙江缺米地方平粜。同年冬，浙江沿海被灾，闽浙总督等恐江西、湖广之米一时未能接济，遂先拨闽省仓谷碾米二万石，台湾仓谷碾米三万石，由海运赴宁波、绍兴二府，以应民食。[②]雍正十一年春，浙江台州府虫灾，米价腾贵。福建总督郝玉麟等调拨台湾凤山县仓谷十万石，运至厦门，以备浙商采买运赴台州粜卖，接济民食。[③]

由上可知，至少在雍正年间，台米已经成为闽、浙两省民食的重要接济来源，为了保障台米的供应，鼓励民众开垦"番"社旷地，扩大作物种植面积，当然是一种最为有效的办法。

又清初规定大陆移民渡台必须申领照单，禁止无照偷渡。然而，漳、泉内地无籍之民，无田可耕、无工可雇、无食可觅，一到台地，上之可以致富，下之可以温饱，一切农工商贾以及百艺之末，计工授直，比内地率皆倍蓰。大陆移民往往不顾禁令，采用种种方式渡海赴台。而且沿海内地，在在可以登舟；台地沙澳，处处可以登岸，守口官兵防不胜防。雍正七年，署台湾知府沈起元曾指出："夫民之渡台，如水之趋下，群流奔注，而欲以轻法止之，是以只手而障崩堤，必不能矣"。[④]与康熙中相比，来台湾开垦的大陆移民人数已经大大增加，至雍正后期约有四十万人左右。[⑤]面对如此庞大的人群，大甲西社"番"变发生后，相关官员当然再也不可能像康熙年间那样采取封禁、驱逐等"划界迁

---

① 《署福建总督吏部左侍郎史贻直奏酌通福兴泉漳四府之积谷以免泡耗以实仓储折》，雍正七年八月初二日，《雍正硃批奏折选辑》，第219—221页。

② 关于雍正元年、二年福建拨运台米赴浙江平粜之事，请参见《雍正硃批奏折选辑》，第18—23页福建巡抚黄国材的相关奏折。

③ 《福建总督郝玉麟、福建巡抚赵国麟拨运仓谷接济邻省折》，雍正十一年三月初二日，《雍正硃批奏折选辑》，第245—247页。

④ 沈起元：《条陈台湾事宜状》，《清经世文编选录》，台北：台湾大通书局，1984年，第2—6页。

⑤ 尹士俍《台湾志略》载乾隆初年台湾各厅、县汉人共有53915户，男女454899丁口。参见李祖基：《论尹士俍〈台湾志略〉的史料价值——以社会经济史为例》，台湾《台湾文献》（南投），第五十四卷第四期，第1—30页。

民"的方法来处理了。而开放台湾民人搬眷入台，解除台民的后顾之忧也是官方不得不行的一种顺势而为的做法。

# 五、结语

从《巡台录》中可以看出雍正年间官方对台湾"番"地开垦及移民渡台的政策是相当积极的；与康熙时相比，有了明显的变化。以往学界认为官方在清代台湾土地开发中持消极态度，对于民间的开垦不仅未给予支持协助，且多方留难限制的观点，并不完全符合历史事实。

当然，我们也必须看到，雍正年间台湾"番"地开垦及移民渡台政策的变化主要与雍正皇帝所实行的重本抑末政策和奖励垦荒等相关举措有很大关系，相对于台湾"番"地的开垦则并未制定长远的规划和明确的目标。在人治为主的封建社会，存在着人在政在，人去政息的可能。实际上，到乾隆年间台湾"番"地开垦政策又有新的变化。乾隆十年，福建布政使高山上疏，提出"民垦番地之宜永行禁止"的建议。对当时台湾生齿日繁，各"番"尚有余地——如烧羹寮、东方木、楠仔仙等处，议者以为"番"地置之无用，不若任民佃垦，以为生聚之资。高山却认为"断不可行"！[①] 其理由有以下几点：其一，台湾一岛海外孤悬，聊为边界藩篱，倚作东隅屏障；原非欲驱内地游手之民，而使之就食于彼也。官斯土者，止宜令静谧安全，初不必为辟草开阡之计；其二，以土番有尽之地，供汉民无厌之心，得尺得寸、日垦日侵，不特番与民争，且将使民与民争；不特台地之民与民争，且将使内地之民日与台民争。盖始以民为番佃，而熟番之地民多占争；迨熟番之地既开，势必渐入生番地界，而民多戕杀；其三，垦令一行，台民俱相趋而谋佃种。海外之民方争夺无已，而内地之民闻风踵至，偷渡觊觎，有何底止！安能遍给！是垦获之利无多，而争竞之害甚大。况利犹俟诸异日，而害恐即在目前；未得其利，先受其害：夫岂宁辑番民之道乎！其四，就令番地尽报升科，亦无补于国家之经费；而况无穷之衅由此而生，是民垦番地之于国计民生，均非至计。[②] 高山因而提出将民垦"番"地"永行禁止"，并建议饬令台湾地方官于各社"番"地详加查勘；除已经报垦

---

① 高山：《陈台湾事宜疏》，乾隆十年，《清奏疏选汇》，台北：台湾大通书局，1984 年，第 39—44 页。

② 同上。

之地亩外，其余未垦草地无论多寡及现系何"番"掌管，均应听该"番"将来渐次自行耕种。总不许佃民再膜开垦，以杜争端。①

究其实质，高山主张将民垦"番"地永行禁止，主要是担心引起争竞，影响社会治安，不便于官方的管理，颇有因噎废食之嫌。

从《钦定大清会典事例》的相关内容来看，高山的这一题请似乎很快就得到朝廷的批准，该会典"户部·田赋·开垦"条下载："十一年题准：闽省台地绵亘二千余里，近山有水之处皆属膏腴，人力易施，种植之获，倍于内地。嗣后内地民人如有私买番地者，告发之日，将田归番，照律计亩治罪；荒地减一等，强者各加一等。其有潜入生番界内私垦者，照律严惩。"②雍正年间台湾"番"地开垦的一些积极政策至此终于划上了句号。

——原载《台湾研究集刊》2010 年第 3 期

---

① 高山：《陈台湾事宜疏》，乾隆十年，《清奏疏选汇》，台北：台湾大通书局，1984 年，第39—44 页。

② 《清会典台湾事例》，第 44 页。

# 分巡台湾道"兼督船政"考

## ——兼答林文龙先生

　　《台湾志略》是分巡台湾道尹士俍于乾隆初年编纂完成的一部"非典型"台湾府志，在尘封湮没达二百五十载之后，被发掘出来，经过点校、整理，由九州出版社于 2003 年 3 月重新出版发行，引起了海峡两岸学者的浓厚兴趣与热烈关注。①《台湾文献》季刊于 2003 年第四期推出【尹士俍《台湾志略》】专辑，发表了海峡两岸学者的四篇论文，从史料价值及编纂体例等不同角度对该书进行了深入的探讨和研究。②

　　尹士俍在台任职达十年之久，由同知而知府，由知府而巡道，在志书编纂的过程中，除了充分利用官方的文书档案之外，还注重实地调查。莅台之初，就"于全台事宜并形势、风俗，时加咨询"；又于公务旅行的途中，"采之父老，问之番黎，悉心焉志之"，③因而"书中记载，大多具有较高之史料价值，亦不乏相当珍贵者"。④如在上卷"文员定制"中记道："巡道一员，旧系台厦兵备道，今专巡台湾，以资弹压，兼督船政"。台湾学者林文龙先生认为："清代台湾巡道'兼督船政'一事，前所未闻，似为'兼督学政'之误；……此处一字之差，

---

　　① 关于尹士俍《台湾志略》的发掘、整理及出版的详细情况，见李祖基：《尹士俍与〈台湾志略〉》，载《台湾研究》，2003 年第 3 期。

　　②【尹士俍《台湾志略》】专辑的四篇论文分别为：李祖基：《论尹士俍〈台湾志略〉的史料价值——以社会经济史为例》、许毓良：《雍正朝的台湾——以尹士俍所著〈台湾志略〉为中心的讨论》、郑喜夫：《尹士俍〈台湾志略〉之体例与史料价值举隅》及林文龙：《〈台湾志略〉点校本的若干商榷。内容详见《台湾文献》第五十四卷第四期。

　　③ 尹士俍：《台湾志略序》，《台湾志略》，北京：九州出版社，2003 年，第 1 页。

　　④ 郑喜夫：《尹士俍〈台湾志略〉之体例与史料价值举隅》，《台湾文献》，第五十四卷第四期，第 53—86 页。

关系甚大"。<sup>①</sup> 经笔者核对乾隆刊本，原文即是"兼督船政"，并非点校本之误。实际上，自雍正五年起，清廷已下旨将原属台湾道兼理的"提督学政"一职改归巡台汉御史兼管，一直到乾隆中后期巡台御史被裁撤为止，所以，这期间台湾道不可能"兼督学政"。另外，尹士俍本人于雍正十三年至乾隆三年间任分巡台湾道，对于自己所履行的职责，断不会无中生有或误记，因此，《台湾志略》关于台湾巡道"兼督船政"之记载的正确性毋庸置疑。其他文献从未提到台湾巡道"兼督船政"一事，则更显现出尹著《台湾志略》的史料价值。不过，从林文龙的"前所未闻"一语也可以反映出此前历史文献中对台湾道"兼督船政"的记载十分罕见，人们对台湾道"兼督船政"一事知之甚少，本文拟根据相关史料，对此一问题作一番考察与探究，同时兼就林文龙先生的质疑作一回答。

## 一、台澎水师战船的设置

台湾巡道"兼督船政"一事缘于台澎水师战船的设置。

康熙二十二年郑克塽投降之后，清廷即于第二年（1684）在台湾设立一府三县，并派水陆官兵驻守。其中陆师由台湾镇总兵统辖，下设中、左、右及北路、南路共五个营，每营兵力一千员。水师则分为台湾水师与澎湖水师两个部分，各由副将（又称副总兵官）一员统辖，归福建水师提督节制。台湾水师协镇驻安平，下辖中、左、右三营，每营兵力一千员，配大小战船一十六只，三营共船四十八只。澎湖水师协镇驻妈宫，下辖左、右二营，每营兵力一千员，配大小战船一十六只，二营共船三十二只。<sup>②</sup> 两地计共有大小战船八十只，这是台澎水师战船最初的配备情形。

十年后，台澎水师战船的配备数量有了增加。据高拱乾《台湾府志》记载，台湾及澎湖水师每营的战船配备各为一十八只，<sup>③</sup> 五个营战船的总数达到九十只。

后来台澎水师战船的数量继续扩增，其中台湾北部淡水营新设水师战船六只，台湾水师中营、右营又各增加战船一只，台澎水师战船的总数达到九十八

① 林文龙:《〈台湾志略〉点校本的若干商榷》,《台湾文献》,第五十四卷第四期,第87—91页。

② 蒋毓英:《台湾府志》,陈碧笙校注,厦门:厦门大学出版社,1985年,第98—101页。

③ 《台湾府志》三种,北京:中华书局,1985年,第561—572页。

只。① 乾隆十二年，裁淡水营战船四只。二十五年，裁澎湖水师左营战船一只、右营战船二只。台湾水师中营、右营又各减战船一只。台澎水师战船总数为八十九只。② 三十三年，奉旨查明闽、广、浙江海口战船，并酌量进行裁改。台湾协标中、左、右三营裁汰战船八只，统计台澎水师实共战船八十一只，各营具体配备如下：

台湾协标中营：赶缯船十只、双篷艍船三只，编为"平"字号；
台湾协标左营：赶缯船八只、双篷艍船三只，编为"定"字号；
台湾协标右营：赶缯船十只、双篷艍船四只，编为"澄"字号；
澎湖协标左营：赶缯船十只、双篷艍船七只，编为"绥"字号；
澎湖协标右营：赶缯船十只、双篷艍船六只，编为"宁"字号。③
淡水营：赶缯船二只，编为"波"字号；
另台湾协标中、左、右营并有杉板头哨船八只。④

嘉庆以前，赶缯船和双篷艍船一直是福建省外海战船的主力，前者以面阔底深身长，利涉外洋；后者面狭底浅身短，利驶内洋。两者相互配合，内外接应，缓急相济，远近咸宜，各适其用。

乾隆后期，蔡牵等私人武装集团（文献中称为"洋盗"）开始在东南海上活动，声势很大，清军水师围追堵截，疲于应付。六十年，署理闽浙总督长麟以赶缯、双篷艍等船笨重，出洋缉捕，驾驶不甚得力，奏请择其已届拆造、大修及将届拆造、大修者，仿照同安梭商船式，分别大小一、二、三号，通省改造八十只。嘉庆四年以后，复令将未改造各船，陆续改造成同安梭式。⑤ 此后，同安梭遂取代了赶缯和艍船成为闽海水师的主力战船。

嘉庆九年，蔡牵海上武装集团数度从海上进攻台湾。为了加强防卫力量，闽浙总督玉德于十年奏请添募水兵，增强台湾水师兵力，并由内地福州省厂添造"善"字号大同安梭船三十只，"与台湾营兵船联帮战守，分派台协中、左、

---

① 尹士俍：《台湾志略》，李祖基点校，北京：九州出版社，2003 年，第 20—22 页。
② 余文仪：《续修台湾府志》，武备（一）。
③ 道光元年奉文避讳，改为"巩"字号。
④ 《钦定福建省外海战船则例》，台湾文献丛刊第 125 种，第 9—14 页。
⑤ 周凯：《厦门志》，厦门：鹭江出版社，1996 年，第 118 页。

右三营承管"。<sup>①</sup>十三年，福州将军赛冲阿奏准将台协水师三营应行造补梭船十七只裁汰，另拟改造梁头二丈三四尺大船八只，以为追捕"洋匪"之用。次年秋，蔡牵集团被清军歼灭，海上形势渐趋平静。十五年，闽浙总督方维甸、福建巡抚张师诚会奏大船八只，毋庸建造，并请将历次攻盗击坏及在洋遭风失水之"善"字号船二十一只裁汰。另议添造守港平底船、八桨快船各十六只，分拨台湾、鹿港、淡水三口配用。船式由福建水师提督王得禄亲自拟定，于十九年间兴工建造，至二十一年完竣。平底船十六只，编为"知"字号；八桨快船十六只编为"方"字号。以上三十二船，派归台协中、左、右及淡水四营，每营分管"知"字号四只，"方"字号四只，统计台、澎、淡各营哨船总数达到一百零五只。<sup>②</sup>

道光六年，台湾道孔昭虔以台地港门淤浅，"知""方"两字号三十二船及前次裁剩之"善"字号九船，配用不甚得力，详请闽浙总督孙尔准奏准裁汰，台澎各营实剩战船六十四只。同时，为了弥补缺额，又另议改造一、二号白底艍船三十二只，分拨台、鹿、淡三口，仍归各营配用。据道光年间陈寿祺所纂《福建通志》所载，台澎水师战船总数为九十六只，其中台湾协标中营十九只，左营十四只，右营十六只；澎湖协左营十七只，右营十六只，艋舺营十四只。<sup>③</sup>

道光以降，随着西方列强的东来，中国的海防形势出现了严重的危机。两次鸦片战争期间，清朝水师旧式的木质风帆战船在与英、法海军舰船的对抗之中，不堪一击，劣势尽显。在列强的坚船利炮面前，魏源等有识之士提出了"师夷之长技以制夷"的主张。同治年间，江南制造局、福州船政局等近代军工企业相继开办，旧式的战船逐渐为新式的蒸汽舰船所取代而退出历史舞台。

## 二、台澎水师战船的修造

清代前期水师战船均为木质帆船，为了保持驾驶之安全，必须按期小修、大修或拆造。康熙十三年，定限各省战船，三年小修，五年大修。二十九年题准：自新造之年为始，届三年准其小修，小修后三年大修。再届三年，如船只

---

① 《台湾采访册》，台湾文献丛刊第55种，第183页；《清仁宗实录选辑》，台湾文献丛刊第187种，第55—56页。

② 同上。

③ 《福建通志台湾府》，台湾文献丛刊第84种，第336页。

尚堪修理，仍令再次大修；如不堪修理，由督、抚等题明拆造。[①] 此外，战船海上遇风漂没，或冲礁击碎之事故也时有发生，亦需及时补造。至于修造限期，原定小修限三个月完工，大修、拆造限四个月完工。雍正六年，九卿议定，小修展限四个月，大修、拆造展限六个月完工。

台澎水师战船，初俱分派通省内地厅员修造。康熙三十四年，改归内地州县，令其通省按粮议派，台属三县亦在匀派之内，分修数船。三十九年，复又议闽省船只匀派通省道、府承修，乃将台澎九十八船内派台湾道、府各十八只，余俱派入内地。[②] 四十七年，闽浙总督梁鼎饬令将台澎战舰九十八只内，派定七十七只由台湾府与福州府对半分修，余船二十一只令台厦道承修。[③] 然而，台湾僻在海外，修船所需桅木、大吉、杉木等料并钉、铁、油、麻、丝、网纱、篾片、篷叶等均须远购于福州，重洋迂回，运费不赀。虽然樟枋、厚力木为台湾所产，但在凤山、诸罗内山，鸟道羊肠，涧溪阻隔，雇匠砍锯，雇夫肩运，动辄经月，雨天泥淖尤难计日。况其地逼近"野番"，最易启衅。其次，台郡工匠稀少，遇三、两船犹可足用，如船只数多，势必远募内地。如漳、泉各府有同时届修之船，则虽有重价，恒苦应募无人。其三，每遇修船，将备兵目恣意苛求，或将完固勒令修改，或稍有损裂故行残毁，或将板木藏匿，致累多费工料。兴工时，又于配定丈尺，将大斫小，将长截短；又于修整合式之工搜剔拆换，逼使加添；又或押船赴修之兵，乘夜伺隙偷窃料物。则是台地修造战船既苦办料、募匠之难外，又苦弁兵之扰累。部定战船修造经费，小修自三十两至一百五、六十两，大修自四十两至二百三十余两，拆造自五十两至三百六十两不等，[④] 不足银两，由地方协贴。"台地船工领价贴运，必赔贴两倍而后得竣"。[⑤] 修造战船成为台湾地方的一项沉重负担，每逢船只届期修造，相关官员便叫苦不迭。

康熙四十八年，台湾知府周元文情愿于部价津贴之外，以每只船另捐贴银七十两，通共贴银八百四十两的代价，将台厦道衙门承修之船十二只，"以同寅

① 《钦定福建省外海战船则例》，台湾文献丛刊第125种，第5页。
② 黄叔璥：《台海使槎录》，台湾文献丛刊第4种，第37页；李元春：《台湾志略》，台湾文献丛刊第18种，第64页。
③ 周元文：《重修台湾府志》，台湾文献丛刊第66种，第332—333页。关于此次改制的时间，周元文《重修台湾府志》记为"康熙四十七年"，黄叔璥《台海使槎录》记为"康熙四十四、五年间"，当以周元文所记为准。
④ 黄叔璥：《台海使槎录》，台湾文献丛刊第4种，第34页。
⑤ 同上书，第37—38页。

之谊，暂烦福州府代为修葺"。<sup>①</sup>四十九年，又有届期应修造战船四十五只，周氏又提出情愿将拆造船每只帮贴银八十两，大修船每只帮贴银六十两，小修船每只帮贴银四十两，共银一千三百六十两，将其中应由自己承修的二十三船，"或归并福府，或令福府厅员，或闽、侯二县代为修理"。同时还提出：嗣后台湾道、府应修之船，每岁无论有无承修，帮贴在省代修之员一千两。内台厦道出银三百两、台湾府出银三百两；台湾县地方窄小，出银一百两；凤山、诸罗二县各出银一百五十两，每岁夏季解赴藩宪衙门转发代修之员承领。<sup>②</sup>

康熙六十年，台湾知府高铎上任后，又详请闽浙总督，"请查照往例，将船身朽烂者内厂补造，尚堪驾驶而应修者驾赴内港兴修，其尚可修整而不堪驾驶者留在台湾交营兴修；文员仍遵例监视，将府庄递年所收官租为津贴修船之资"。<sup>③</sup>对此方案，首任巡台御史黄叔璥认为"不惟节费，且易于集事，重工务而保残疆，实于台地有益"，<sup>④</sup>予以充分肯定。

康熙以后，战船承修制度又有变更。为了鸠工办料较为省便起见，雍正三年，两江总督查弼纳题准设立总厂于通达江湖、百货聚集之所，岁派道员监督，再派副将或参将一员一同监视。部价不敷银两，向来州、县协贴者，仍应如旧。<sup>⑤</sup>同年，闽浙总督觉罗满保疏称："福、浙二省设厂之处，福省自南澳起北至烽火镇下门，延袤二千余里，地方辽阔，已蒙圣鉴，不便设立一厂；今福州府、漳州府二处地方俱通海口，百货云集，应于此二处各设一厂，将海坛镇标二营等营战船归于福州厂，委粮驿、兴泉二道轮年监督修造；将水师提标等营战船归于漳州厂，委汀漳道监督修造。其两厂监督之副、参将，每年酌量挑选派委报部。所有台湾水师等营战船，远隔重洋，应于台湾府设厂，文员委台厦道，武员委台协副将会同监督修造"。<sup>⑥</sup>台澎战船九十八只，就台湾设厂，令台湾道监修，遂为定例。<sup>⑦</sup>可以说台湾道"兼督船政"正是从此时开始的。

---

① 周元文：《三详文稿》，《重修台湾府志》，台湾文献丛刊第66种，第332页。

② 周元文：《四详文稿》，台湾文献丛刊第66种，第334页。

③ 黄叔璥：《台海使槎录》，台湾文献丛刊第4种，第38页。

④ 同上。

⑤ 谢金銮：《续修台湾县志》，台湾文献丛刊第140种，第255页；周凯：《厦门志》，厦门：鹭江出版社，1996年，第119页。

⑥ 《闽浙总督郝玉麟题本》，《明清史料》戊编第七本，第614—616页。又见《台案汇录戊集》，台湾文献丛刊第179种，第5—6页。按："台厦道"于雍正六年改为台湾道。

⑦ 谢金銮：《续修台湾县志》，台湾文献丛刊第140种，第255页；李元春：《台湾志略》，台湾文献丛刊第18种，第65页。

由于福州船匠不多，经常调派泉州府属船匠帮修，道远不便。雍正七年，福建总督高其倬题改"分金门、海坛二镇战船五十三只，另在泉州设厂，专委兴泉道承修"。[①] 乾隆元年，闽浙总督郝玉麟以泉厂兴泉永道承修五十三只，漳厂汀漳道承修九十九只，二厂多寡不均。且兴泉永道久经改驻厦门，亦为百货聚集之区，原有旧厂可以修整，奏请应将水师提标中、右二营战船二十六只改归泉厂。同年旧厂修复后，泉州军工战船厂遂移设厦门。[②]

台湾的军工战船厂，设在郡治之小北门外。乾隆十七年王必昌编纂的《重修台湾县志》"城池图"在府城外水门的北侧，标有台湾军工战船厂的位置。[③] 旧时仅建小屋二进，规模卑陋；不但贮物无地，而且验船时文武官僚竟无托足之所。乾隆四十二年，护理台湾道蒋元枢"捐资建造头门一进、大堂一进；堂之左右环建厢房十四间，以为钉、铁、油、麻诸库。堂后建屋一进，计七楹，为司稽察厂务者住宿之所。厂在城外，向无关闭；兹绕厂另建木栅并设厂门一座，拨役以司启闭"。[④] 经过此一番修葺与扩建，原来简陋的厂房成为"规模宏敞、锁钥严密"的军工重地。[⑤]

# 三、台湾道"兼督船政"的几个实例

凡补造或修造任何战船，按例先由督、抚查明该船长阔丈尺，一面估报应需工料银数，一面支给船厂购料，限期兴工。报竣之后，再由督、抚专案题报，经工部核销。雍正十年议准：凡届修造之年，各该营于五月前将小修、大修之船分析呈报该上司照例题咨，由承修官照额定小修、大修及拆造价值，备具册结支领。江南、江西、福建、浙江、湖广、广东等省于届修两月之前领银备料；台湾、琼州路途较远，于四月前领银备料。各该营均于届修前一月底将船驾赴厂所，承修官即于次月兴工，依限报竣。[⑥]

根据上述有关规定，台湾道"兼督船政"的主要职责与任务，是承领银两，

---

① 周凯：《厦门志》，厦门：鹭江出版社，1996年，第120页。

② 同上。

③ 王必昌：《重修台湾县志》，台湾文献丛刊第113种，第5页。

④ 《鼎建台郡军工厂图说》，蒋元枢：《重修台郡各建筑图说》，台湾文献丛刊第283种，第42页。

⑤ 同上。

⑥ 《清会典台湾事例》，台湾文献丛刊第226种，第161页。

购备材料，招募工匠，监督修造过程以及竣工后的验收等等。雍正十年起任台湾道的张嗣昌在其撰写的《巡台录》中记载了自己"兼督船政"的几个事例，[①]笔者又从清宫档案中找到了其继任者尹士俍承修战船的两个文件，透过这些具体的事例与文献，我们可以对雍乾之际台湾道"兼督船政"的整体工作有一个较为全面的认识。

### （一）"入山采料"事

"入山采料"是张嗣昌写给省宪上司的一篇报告。张氏在报告中提到"厚力一树多产凤山，其性辛，其肉坚。故自设厂以来，凡修造战舰悉用是木为水底"。但其产地接近"生番"，深山溪涧，挽运维艰，工力繁费。省宪上司对此问题也相当关切，建议"将应用船工木植，令督理船之官，逐一开明长短、尺寸、围圆，派一巡检或典史同本汛千总，先与通事，令其入山与番人讲明何等木料若干，给何等赏项若干，运交一宗木料，即同所派文武三面交给一宗赏项，令番人亲自领回，可沾实惠"。[②]张嗣昌虽称此"洵为有益军工，保全民命之良策"，但又认为"船工木料内外俱要坚实，长短务求合式。生番实在不谙斧斤，又未能相木取材，且其性亦不愿得此劳苦之利，若徒委之于彼，恐致转有贻误"。故提出"莫若于产木之社，择番性颇良者，即委诚实通事为匠首，令其招募诚实小匠数名，照例开报花名册，发县会营给与腰牌，仍于小匠中择一善能相木者，与通事为帮理，复买备番物，照宪谕委巡检一员，千、把一员，协同该通事、小匠入山看木，与番议明量值，给番赏项。在通事熟知番性自然得番之心；在生番无砍运之劳又有实得物件莫不欣从。如遇厂料紧迫之时，即可饬该员弁催该通事督匠办应，当不至迟误生端。"张嗣昌在报告中还提到了红柴及樟木等其他木料采伐的情况，称："红柴椗舵等木出在谢不一与大龟文等社，查此两处虽属内山，但归化日久，与熟番无异，自办料以来，并无生事。其含檀、鹿耳樟木等料多出于诸邑内山，椗舵亦有时采之彰化外山，取办以来，亦无生事。照

---

　　① 按张嗣昌于雍正十年至十三年间任台湾道；尹士俍继张氏之后于雍正十三年至乾隆三年间任台湾道。

　　② 张嗣昌、尹士俍撰《巡台录·台湾志略》合订本，李祖基点校，香港：香港人民出版社，2005年，第46—47页。

旧着诚实匠首，同该社土官、通事备物与番贸易，亦委员弁监查，更为妥协。"①

### （二）"具禀饬换"事

张嗣昌在"具禀饬换"中提到"绥"字四号战船（属澎湖水师左营）前届在福厂拆造时新换桅木有砍伤三处，然系在山当日本有之痕，伤在木皮，而无深入。桅头之孔夹在鹿耳之内，俱无害于事。三年后在台厂小修时，张嗣昌"同台协将原桅细行查看，果系良木，惟桅尾镶帮之内木皮注水处稍有微朽。即令船匠削去朽皮，仍然坚固，实属堪用。然所用原帮乃系檬木，恐不耐久"。张嗣昌于是"不惜重费，将购到桅材三七开作两片，将七分督匠制帮，欲配该船之用，时把总陈捷与管队龚春均称'堪用'"。讵料在修工将竣之时，该把总、管队"以旧伤为嫌，胶执勒换"，其时"厂中又无额外之桅可换，以致搁延莫能竖交"。②

另"宁"字九号战船大修时，据看修把总陈捷同管队江清称："原桅坚实，自愿配用"。张嗣昌"照依制配完固，孰意临竖之顷，又捏禀不堪，必勒换新。致澎协详镇移咨到道"；张嗣昌"再令该弁目细验，又曰：'堪用'，始将原桅配竖。似此一桅，忽而堪用，忽而不堪，又忽而堪用，反复三次，方得竖起"。③

### （三）"酌改艍船"事

张嗣昌在"酌改艍船"的请示中提到有澎湖协水师双篷艍船一十三只，要求"请照提督奏请龙骨每丈配含檀三尺六寸之法更改"，以此计算，则"艍船之阔、深皆与大赶缯船同，而长各皆减丈余"。张嗣昌认为："艍船之设原为港道纡浅，赶缯船遇潮退不能出入，故制艍船以为退潮涉浅之用。今若加阔加深，似非艍船，又非赶缯船，恐内港不能涉浅，外洋不能破浪，将欲何用？"但张嗣昌又无法贸然拒绝澎湖协水师营的要求，只好"将十三船更改与赶缯船同阔减长之处，逐船注明造册，同确估十三船更改加阔加深工料册一并妥议，详请

---

① 张嗣昌、尹士俍撰《巡台录·台湾志略》合订本，李祖基点校，香港：香港人民出版社，2005 年。按：含檀、鹿耳为船上重要部件，用以夹竖大桅，用樟木制作；红柴即赤皮木，用以制作舵碇、舵牙、金植、舵栗等，樟木及赤皮木皆产于台湾。见周凯《厦门志》卷五船政略"船工需用木料名色"。

② 《具禀饬换》，见张嗣昌、尹士俍撰《巡台录·台湾志略》合订本，李祖基点校，香港：香港人民出版社，2005 年，第 50—51 页。

③ 同上。

宪裁，……批示遵行"。[①]

以上二事均与战船修造过程中交备弁兵的恣意苛求和刁难有关。

### （四）造补台协右营"澄"字六号赶缯船事

台湾水师右营"澄"字六号赶缯船一只，派拨赴厦，渡载福州城守班兵九十一名，于乾隆元年十一月二十八日放洋，至三十晚驶至外洋，将到西屿头洋面，突遭飓风，冲礁击碎。此次海难共造成班兵三十六名、台协水兵三名，共三十九名溺毙（其中一名系重伤后死亡）。其余班兵五十五名，并水兵二十二名，扶板得生。所有各兵配执器械及防船军械，俱各沉失。事后除了按例给予溺毙、受伤及生还的士兵相应的抚恤、赏给外，还应动支钱粮对台湾水师右营"澄"字六号赶缯船补造。该赶缯船，长七丈二尺，阔一丈八尺，援照经制船只不敷等事案内，康熙三十四年间造补水师提标前营"年"字二号赶缯船长七丈、阔一丈八尺，准销工料银五百九十二两五钱六分二厘之例，就于库贮乾隆二年分地丁银内照数支给台湾道、协承领，移令作速购料成造补额，依限赶竣，交营领驾，取具兴竣日期，造册详送题销。续后据台湾道尹士俍报告称："会同台湾协副将高得志造补台协右营'澄'字六号赶缯船一只，遵即公同召匠购料，于乾隆三年正月二十二日兴工，星夜趱造，至乾隆三年七月初九日完竣，交营领驾巡防"。[②] 从尹氏的报告中，我们知道台湾船厂新造一只赶缯船的大约需要将近半年的时间；而且，从其"星夜趱造"一语中，我们也感觉到修造战船确实不是一件轻松易举的事。

### （五）福建巡抚王恕参奏尹士俍承修战船延误事

尹士俍在台湾道任内承修台厂乾隆二、三两年届修战舡共九十一只，除陆续依限完竣竖桅交营外，惟估报三十四只案内台协中营大修平字六号、又估报三十六只案大修台协中营平字二号、定字二号、淡水营定字七号、定字八号、右营澄字二号、拆造澎湖协右营宁字五号、宁字九号、又估报一十一只案内台协左营大修定字一号、又估报二十五只案内澎湖左营小修绥字三号、拆造绥字五号、右营大修宁字四号、又奏请酌改案内澎湖协右营改造宁字十五号共一十三舡虽已修竣，因无桅木，尚未配舡交营领驾。士俍即先报完工，领咨赴部引

① 《酌改艍船》，同上书，第51—53页。
② 《闽浙总督郝玉麟题本》，《明清史料》戊编第七本，第614—616页。

见，补授湖北安襄郧道抵任，仅留家人在厂办理。嗣后因民人周佳失火延烧，料厂所贮杠棋等物悉为灰烬，士俍先遣家丁携银赴台料理。至乾隆六年四月内士俍丁忧离任，亦亲自来闽购桅办料，俱于未奉饬审之前陆续修竣竖桅，照例会验，将平字六号、宁字四号、九号、十五号四舡于乾隆六年十月初三日交营。澄字二号、宁字五号二舡于六年十二月初十日交营。定字一号、七号二船于乾隆七年三月初七日交营。平字二号、定字二号、八号三舡于七年四月初八日交营。绥字三号、五号二于七年六月十二日交营。①

尽管如此，尹士俍承修战船延期已是事实。乾隆七年二月初九日，福建巡抚臣王恕对此予以参奏，称："前任台湾道调任湖北省襄郧道尹士俍于乾隆二三等年承修战船内有十三只未修竣，互相捏报题销，即赴新任。至乾隆六年，尹士俍丁忧离任复来闽办理。迄今尚有'平'字二号、'定'字一号、二号、七号、八号、'绥'字三号、五号七船未竣。自捏报竣工之后，计今复延搁二三载，又届修期，玩误军工莫此为甚"；"相应据实参奏请旨，将承修之前任台湾道、今丁忧湖北省襄郧道尹士俍革职，以便严审有无侵蚀情弊。臣等一面动拨银两，委员赶修交营，所用银两，仍着落尹士俍名下追出归款。其协修澎湖协副将高得志、台湾协水师副将王清并请交部严加议处。前任署福建布政使乔学尹、前督臣郝玉麟、德沛、抚臣王士任等既捏报于前，又不查参于后，殊有不合"。②乾隆七年三月初五日，奉硃批："该部严察议奏。钦此"。③

查《钦定大清会典事例》规定：凡修造战船不能坚固，未至应修年限损坏者，著落承修官赔修六分，督修官赔修四分；仍将承修官革职，督修官降二级调用。如承修官将未经修完之船捏以完工转报，承修官革职，督修官降二级调用，督抚降一级调用。如承修官申报未完，督修官作完申报者，督修官革职，承修官照限议处；如承修、督修官申报未完，督、抚捏报完工者，督、抚革职，承修、督修官照限议处。④而且此案又经过乾隆皇帝亲自批示，有关方面自然不敢掉以轻心，最后查处的结果是除台湾协水师副将王清已经病故毋庸议外，协修之澎湖水师协副将高得志照例降二级调用。查高得志任内有恩诏加一级军

① 闽浙总督那苏图：《揭明参革原任台湾道尹士俍捏报舡工一案查无侵蚀等情》（乾隆七年拾月初六日），国学文献馆主编：《台湾研究资料汇编》第一辑，第9382—9424页。

② 《福建巡抚王恕参奏前任台湾道尹士俍等请革职事》，国家清史工作资源库《军机处录副奏折》，档案号：03—0067—031。

③ 同上。

④ 《清会典台湾事例》，台湾文献丛刊第226种，第34—35页。

功纪录二次，应销去加一级军功纪录二次抵降二级，免其降调；丁忧布政司乔学尹照例于补官日，降二级用；巡抚王士任、总督郝玉麟、德沛均照例降一级调用。查郝玉麟已补刑部右侍郎，又经休致，应降去顶戴一级。德沛已调两江总督，应于现任内降一级调用。王士任已经革职，应照例降一级注册。郝有加七级，应销去加一级，抵降一级，免其降去顶戴。德沛有纪录四次，抵降一级，免其降调。至王士任身为巡抚，于未经修竣战船捏报题销之后，不能早为参奏，亦属不合，应将福建巡抚王士任比照州县官干没侵欺，督抚预先不行查出，罚俸一年例，罚俸一年。王已奉旨解任来京，应于补官日，罚俸一年。有纪录八次，应销去纪录二次免其罚俸。①

至于本案的主要当事人尹士俍则被当作侵吞公款的嫌犯，接受台湾县、府及福建司布政司会同按察司的层层审查，最后由闽浙总督那苏图亲加研讯，虽查"无侵蚀情弊"，但因承修战舡，捏报完工，还是受到革职的严厉处分。②

## 四、结语

分巡台湾道"兼督船政"一事最早由尹士俍的《台湾志略》所记录，所谓"船政"，主要是承担台澎水师战船修造的任务。以后修纂的台湾方志，如刘良璧的《重修福建台湾府志》及范咸的《重修台湾府志》等均沿用尹士俍的记载，在"职官""分巡台湾道"条下注上"兼督船政"字样。乾隆中叶以后，分巡台湾道修造战船的资料渐渐多了起来，单《台案汇录戊集》三、四卷所载的相关档案就有六七十件，且船政制度也迭有变更。如修造经费大幅提高，台厂修造工料银在部价、津贴之外，再加津贴银，还再加上二成的运费；后来，为了节省费用，船只修造的年限也更有弹性。因篇幅所限，此类问题于兹不赘，容后另文论述。

——原载《台湾研究》2007 年第 6 期

---

① 闽浙总督那苏图：《揭明参革原任台湾道尹士俍捏报舡工一案查无侵蚀等情》（乾隆七年拾月初六日），国学文献馆主编：《台湾研究资料汇编》第一辑，第 9382—9424 页。

② 同上。

# 冒籍：清代台湾的科举移民

　　清康熙中叶至嘉庆年间是大陆闽粤两地向台湾移民的高峰期，迁台移民中既有因天灾人祸、土地人口压力而不得不渡台谋生的生存型移民，也有在原籍衣食无忧而为了寻求更多发展机会的发展型移民。在发展型移民中，以求取功名为目的而赴台冒籍应试的科举移民占了相当的一部分。

## 一、清初台湾学额的设置与漳、泉移民在台冒考

　　康熙二十二年夏，施琅征台，郑克塽投降。第二年，清政府采纳施琅等人的建议，将台湾收入版图，在派官设治之后，也开始在台湾推行与内地相同的科举考试制度，设立府、县学，开科取士。康熙二十五年经福建督、抚题准入学定额，台湾府学岁进文武童各二十名，科进文童二十名，廪膳二十名，增广如之。岁贡一年贡一人。台湾、凤山、诸罗各县县学岁进文武童各十二名，科进文童十二名，廪膳十名，增广如之。岁贡二年贡一人。并以台厦道兼理学政，主持相关的科举考试。[①] 由于台湾土地新辟，文教初开，二十六年，礼部又允准福建陆路提督张云翼之题请，照甘肃、宁夏例，为台湾生员参加乡试设立保障名额，规定台湾一府三县生员于闽省乡试中另编字号，中额一名。[②] 雍正元年又议准新设立的彰化县学"岁进文武童各八名，科进文童八名"。[③] 雍正十三年，经福建巡抚卢焯奏准，乡试中，台湾举人的保障名额又增加一名，共计两名。[④] 另按照定例，台湾府额定举人二名，乡试应录送科举人数二百名。乾隆

---

① 范咸：《重修台湾府志》卷八学校，《台湾府志三种》（中），北京：中华书局影印，1985 年。
② 高拱乾：《台湾府志》卷之十艺文，《台湾府志三种》（上），北京：中华书局影印，1985 年。
③ 范咸：《重修台湾府志》卷八学校，《台湾府志三种》（中），北京：中华书局影印，1985 年。
④ 《清世宗实录选辑》，台北：台湾大通书局，1984 年，第 51 页；尹士俍：《台湾志略》，李祖基点校，北京：九州出版社，2003 年，第 42 页。

八年，巡台御史熊学鹏以"台湾孤悬海外，与内地不同"为由，奏请增加台湾府录送科举的人数，"以示鼓励"。经礼部议复，允准台湾录送科举，可在定额二百名外，"择其文理清通者，酌量宽余录送；而内地不可援以为例"。①

清初台湾一府三县的汉人总数不过三万余人，与台湾府、县各学所设进学名额相比，显然是人少额多。②而乡试中设定的保障名额对于有志于科举的士子而言更是十分有利。无怪乎康熙三十一年由泉州知府升任台厦道的高拱乾会觉得台湾"读书之子，特设台额，获登贤书，较内地之人多额少者，其难易不同"。③

然而，清初台湾草莱初辟，文化教育比较落后，读书的人并不多。大部分的人"非商贾则农耳，以士世其业者，十不得一焉。儿童五六岁亦尝令就学，稍长而贫，易而为农矣、商与工矣，或吏胥而卒伍矣，卒业于学者，十不得一焉"。④由于读书人少而学额相对就比较多，录取的比例较大，这就给"人多额少"而屡困科闱的内地学子提供了一个获取功名的机会。康熙五十六年成书的《诸罗县志》记道："此邦视学之途为迂而无用。内郡不得志于有司者，群问渡而东焉。科、岁两试，此邦人拱手而让之"；"诸罗建学三十年，掇科多内地寄籍者。庠序之士，泉、漳居半，兴、福次之，土著寥寥矣"。⑤

雍正五年，闽浙总督高其倬也指出："台湾府、县各学所有生童岁、科二试，历来俱系台湾道考试。向因台地新辟，读书者少，多系泉、漳各处之人应试"。⑥

这种情形一起延续到乾隆年间，并无多大改观。乾隆初年，台湾道尹士俍在其编纂的《台湾志略》中记道："台地旧日郡邑之中颇知读书，乡僻鲜能力学，其作为文章，又多因陋就简，无甚色泽。故每逢应试，他郡之人得以冒籍侥倖"。⑦

乾隆二十九年，御史李宜青在巡视台湾之后的奏报中也指出："台湾四县应

---

① 《清高宗实录选辑》，台北：台湾大通书局，1984 年，第 32 页。

② 蒋毓英：《台湾府志》卷之七户口记载：台湾府"实在民口三万二百二十九。男子一万六千二百七十四；妇女一万三千九百五十五"。《台湾府志三种》（上），北京：中华书局影印，1985 年。

③ 《初至台湾晓谕兵民示》，高拱乾：《台湾府志》卷之十艺文，《台湾府志三种》（上）。

④ 周钟瑄：《诸罗县志》卷五学校志，台北：台湾大通书局，1984 年。

⑤ 同上。

⑥ 高其倬：《奏闻台湾各学寄籍诸生宜归本籍折》，《雍正硃批奏折选辑》，台北：台湾大通书局，1984 年，第 144—145 页。

⑦ 尹士俍：《台湾志略》，李祖基点校，北京：九州出版社，2003 年，第 42 页。

试，多福、兴、泉、漳四府之人，稍通文墨，不得志本籍，则指同姓在台居住者认为弟侄，公然赴考；教官不及问，廪保互结不暇详，至窃取一衿，辄褰裳以归。是按名为台之士，实则台地无其人"。①

从现存的族谱资料中，我们仍可以发现不少屡困科场的漳、泉学子东渡台湾冒籍应考的事例。如泉州府晋江县石壁乡的林宏训，屡试不中，于三十五岁时，"往游东宁，蒙学道吴昌祚取入诸罗学第五名"；②其族弟宏礼也是"屡试晋水，久困莫售"，爰喟然叹曰："何不遨游东宁，聊托一试？"于是"登堂拜别，羁迹台湾，凡御史观风月课，以逮府、县两试，其夺矛试艺，几于累牍"，最后终于如愿以偿，"由文宗吴昌祚岁取入泮"。③另一位族人林际则之父亲早年在籍亦致志于举子业，"学既有成，蒙本邑考取第二，而竟不遇于督学"，也辞别其母"往东宁，幸逢督学张湄观风取入海东超等第一名，岁试取进彰化县学第一名，科试又蒙冠军，遂食饩于彰化邑"。④

泉州府晋江县湖中乡的张士箱于康熙四十一年冒籍进永春学，后因遭人检举揭发而被除名。于是，他就转而东渡台湾，另谋发展。张士箱抵台之初，寄籍凤山县。次年入凤山县学，后拨入台湾府学成为府学生员。康熙四十八年补增生，五十二年补廪生，雍正十年成为岁贡生。⑤

另外，泉州府南安县诗山霞宅村的陈慰萱"多学能文，壮时累困科场，中年始游东都，志在掇藻荣归"，"同治甲子补壬戌科岁试，丁道台取进嘉义县学第七名"；⑥另一位陈氏族人陈宝璋"甫弱冠列本邑前茅，未获见售宗匠，而功名念急，遂买棹东游"，后蒙张道宪取进台湾县学第七名。⑦

漳州府也有不少类似的例子。

如南靖县书洋乡的刘益显，少年苦读，后往台湾，于乾隆二十三年科试时，

---

① 《乾隆二十九年遵旨议奏台湾冒籍》，道光《福建通志台湾府》，台北：台湾大通书局，1984年，第8—9页。

② 《玉山林氏宗谱》，庄为玑、王连茂编：《闽台关系族谱资料选编》，福州：福建人民出版社，1984年，第31页。

③ 同上。按：吴昌祚，正黄旗人，雍正二年任台厦道，六年升山东按察使。故林宏训、林宏礼二人渡台照冒籍应试应在雍正二年至六年间。

④ 同上书，第440页。

⑤ 尹章义撰述《台湾鉴湖张氏族谱》，张士箱家族拓展史研纂委员会印行，1985年，第27页、第110—111页。

⑥ 《武荣诗山霞宅陈氏族谱》，庄为玑、王连茂编《闽台关系族谱资料选编》，第242页。

⑦ 同上书，第251页。

考取台湾府学第一名。① 据现存谱牒资料粗略统计，清代单单南靖一县科举移民到台湾求学进泮登第的，就有 25 人，其中冒籍应试者自然不在少数。②

另原籍福州的陈开夫，生于康熙五年，"少游台郡，补弟子员，食廪饩"。③

当然，并不是每位来台冒籍应试的大陆学子都可以如愿以偿顺利获取功名。不过，清初的台湾是一个新开发的地区，各种发展的机会远较内地为多，那些问渡而东又不得志于台地有司者，还可以找到其他的谋生途径。《诸罗县志》载："内地稍通笔墨而无籍者，皆以台为渊薮，或训蒙草地或充吏胥。辍八比未久者，科、岁犹与童子试。其奸猾而穷无依者，并为讼师"。④

## 二、粤民在台应试的规定与粤籍科举移民

清代台湾粤籍移民以潮、汕及嘉应州为最多，其入台时间略迟于漳、泉二府的闽南人。因系"隔省流寓"，最初粤民未能获准在台应试，当然也就没有科举移民。乾隆六年，经巡台御史杨二酉奏请，准许粤童另编字号，在台应试。乾隆三十六年，发生了一起粤籍童生在台冒考而被查处的案件。

### （一）粤籍移民在台应试的规定

台湾统一之后，福建水师提督施琅曾"严禁粤中惠、潮之民，不许渡台"。⑤所以，当时文献所载皆称台湾多漳、泉人，未见有提到粤籍移民的。⑥康熙三十五年施琅去世后，"渐驰其禁，惠、潮民乃得渡越"。⑦康熙五十六年周钟瑄所修的《诸罗县志》中开始有不少粤籍移民的身影："佃田者，多内地依山之犷悍无赖下贫触法亡命，潮人尤多，厥名曰'客'；多者千人、少亦数百，号曰'客庄'"。⑧五十九年成书的《台湾县志》也记载："客庄，潮人所居之庄也。北路自诸罗山以上、南路自淡水溪而下，类皆潮人聚集以耕，名曰'客人'，故庄亦称'客庄'。每庄至数百人，少者亦百余，漳、泉之人不与焉，以其不同类

---

① 林嘉书：《南靖与台湾》，香港：华星出版社，1993 年，第 22 页。

② 同上书，第 20—22 页。

③ 《颖川陈氏族谱》，庄为玑、王连茂编《闽台关系族谱资料选编》，第 447 页。

④ 周钟瑄：《诸罗县志》卷八风俗志。

⑤ 黄叔璥：《台海使槎录》，台北：台湾大通书局，1984 年，第 92 页。

⑥ 李祖基：《施琅与清初大陆移民渡台政策》，[台]《历史》月刊 2000 年第十期。

⑦ 黄叔璥：《台海使槎录》，第 92 页。

⑧ 周钟瑄：《诸罗县志》卷八风俗志汉俗。

也"。① 雍正初年，蓝鼎元在与台厦道吴昌祚《论治台湾事宜书》中也说："广东饶平、程乡、大埔、平远等县之人，赴台佣雇佃田，谓之'客子'，每村落聚居千人或数百人，谓之'客庄'"。② 凤山县是当时粤籍移民较为集中的地区，康熙后期，镇平、平远、嘉应州、大埔等州、县粤籍移民已在下淡水溪流域分十三大庄、六十四小庄，列屋聚廛，别成村落，后来还组成万余人的"六堆"义民组织，协助清军镇压朱一贵起义。③

虽然闽浙总督高其倬在雍正五年就已奏准现住台地之人只要有田有屋，入籍既定取具里邻结状，即准予送考；而且粤民在台，年久入籍者，台属四邑均有户册可稽，其父兄虽只事耕耘，而子弟多有志诵读。然因高其倬原疏内并未声明闽、粤一体字样，遂以粤人为隔省流寓，恐占闽童地步，故攻揭惟严，一直不许在台就试。④ 既然粤籍移民无法在台参加科举考试，自然也就不会有冒籍的现象出现。

对于"粤民之精通文艺者，格于成例，奋进末由"，兼理学政的巡台汉御史杨二酉殊觉可惜，遂于乾隆五年上疏奏请勅谕闽省督、抚，令台湾府县"详查粤民见居台地有田产家室编入户口册籍者，准其另编字号，即附各该县府应考，送学臣汇试取进数名，附入台湾府学管辖。……再台籍生员乡试，向编'台'字号，额中二名。今粤人既入台籍，应否一体编入'台'字号，或另编字号，作何取中之处，伏祈勅部议覆"。⑤ 礼部在奉旨议复杨二酉奏疏时称："更定籍贯以及编号、加额、入学、取中等事，俱关考试大典，理宜详慎。今粤民入籍台郡，应先将见在居住台郡例合考试者，确查人数多寡，并与该处士子是否彼此相安，不至将来有滋事之处，逐一查核，据实题明，始可将应否另编字号，及廪增乡试如何酌定之处，分晰定议"。⑥

据台湾府转饬台湾、凤山、诸罗及彰化四县确查，"台湾县考送粤童共一百一十七名，凤山县考送粤童共四百四十四名，诸罗县考送粤童共五十三名，彰化县考送粤童共九十八名"。⑦ 闽浙总督德沛认为粤民流寓台属四邑，年久入籍

---

① 陈文达：《台湾县志》舆地志一，风俗，杂俗，台北：台湾大通书局，1984年，
② 蓝鼎元：《鹿洲全集》，蒋炳钊等点校，厦门：厦门大学出版社，1995年，第49页。
③ 王瑛曾：《重修凤山县志》卷十人物志，义民，台北：台湾大通书局，1984年。
④ 《闽浙总督德沛题本》，《台案汇录丙集》，台北：台湾大通书局，1984年，第209—214页。
⑤ 同上。
⑥ 同上。
⑦ 同上。

堪以应试者共有七百余名，人数已多，相应准其一体与试，遂于乾隆六年四月奏请"于岁、科两试，将粤童另编新字号应试，四邑通校，共取进八名，附入府学。俟应试数次后取进人数渐多，再将廪、增并出贡之处题请定议。其乡试，暂附闽省生员内；数科后数满百名，另编字号取中一名"。同年七月，经礼部议准施行。①

### （二）粤籍童生在台冒考

伴随着粤童可以另编字号，在台应试，粤民在台冒籍科考的行为也开始出现了。乾隆三十二年台湾科试，发生了粤籍童生梁谟、谢荣、赖济及刘麟游等冒籍应试的案件。

梁谟、谢荣、赖济均籍隶嘉应州，梁谟于乾隆二十三年七月内由厦门偷渡过台。谢荣有叔谢朝瑞，赖济有表兄邓允敏，各在台生理。谢、赖二人于乾隆二十七、八年先后由厦门偷渡前往，俱在台训蒙。适乾隆三十二年台郡科试，梁谟等以粤民入籍台湾，有编列新字号考试定例，遂起意冒考，各凭赖钦书、林元辰认保，赴台湾道衙门考试。与嘉应州人伍逢捷、冯徽烈、镇平县人刘麟游、吴明、大埔县人黄骃，一共八人，均取入台湾府学。赖、梁、谢三人先后于乾隆三十三年、三十五年赴省乡试，不第，各回粤。后州民梁达五等与梁谟因控争祖遗尝租，究出梁谟等偷渡台湾，冒考入学等情。两广总督李侍尧、广东巡抚德保当即饬司提犯赴省讯究。李侍尧等认为，"梁谟等均系粤省俊秀，不思在籍肆业，以期进取，胆敢违禁偷渡，冒行险侥倖，实属不安本分之徒。若仅照偷渡、冒考各本例问拟重杖，不足示惩"，遂将梁谟、谢荣、赖济三人均"比照越渡缘边关塞律，各杖一百，徒三年"。②同时咨会福建督、抚，查明梁谟等人入学年份，斥革除名；其同考入学之伍逢捷等是否系入籍应考之人，与失察偷渡、滥准收考应参各该地方官，均由闽省就近详查明确，分别办理。③

福建巡抚余文仪接到咨文后即行委台郡各县提齐应审人犯，会同质讯。经查刘麟游、黄骃、伍逢捷、冯徽烈，均系粤民。刘麟游之祖刘尔爵、父刘俊升先后于康、雍年间来台，在凤山县垦耕，嗣因回籍身故。刘麟游于乾隆二十七

---

① 《清高宗实录选辑》，第 24 页。

② 《两广总督李侍尧等为查明粤省偷渡童生冒考事奏折》，乾隆三十六年八月二十四日，《历史档案》2000 年第 4 期。

③ 同上。

年领照来台，其在台虽有产业，但本身入籍年例不符，且坟墓、家属俱在内地。黄驷之祖黄应岐于康熙年间来台，住彰化县地方，乾隆二年垦耕张振万即张达京田业。乾隆十二年，其父黄元茔带伊来台。十四年，其父将应分之业典与胞弟黄秀锡，旋即回籍身故，黄驷即住居台地。吴明之祖吴从周、父吴子贤，于康熙年间来彰化县垦耕官庄田五甲，年输粮银六两零，户名吴启汉，入籍台地，生长吴明。伍逢捷本姓李名嗣长，自幼依寓母家伍姓抚养，未从其姓。乾隆三十二年四月，甫来凤山地方，旋往诸罗县，冒顶伍逢捷姓名。冯徽烈之祖冯玉魁、父冯若纪于康熙、雍正年间寄寓凤山县，父祖回籍身故。冯徽烈于三十年来台。乾隆三十二年十二月内，台郡科试生童，刘麟游、冯徽烈冒入凤山县籍。刘麟游浼生员刘朝东认保，冯徽烈浼已故生员林魁章认保。伍逢捷冒诸罗县籍，浼生员张东汉认保。吴明、黄驷入彰化县籍，浼生员廖新、黄培骅认保。同梁谟、赖济、谢荣赴前台湾道张珽衙门应试，均蒙取进，拨入府学。①

最后审讯结果，除吴明系在台生长、坟墓、家族、产业均在台地，并非冒籍，同保结之生员廖新，应毋庸议外，刘麟游在台虽有产业，但本身入籍年例不符，且坟墓、家属俱在内地；黄驷，祖在台耕种，随父至台虽已二十余年，但田产已典与胞叔承管；俱非入籍既定之人，与入籍二十年以上之例不符，应照冒考例，各杖八十，革去衣顶。李嗣长顶名冒考，俟提到另结。冯徽烈与保结赖济、冯徽烈之生员林魁章，已经病故，毋庸置议。保结梁谟、谢荣之生员赖钦书，保结刘麟游之生员刘朝东，保结黄驷之生员黄培骅，保结伍逢捷之生员张东汉，虽并无受贿，但不遵照定例，确查来历，冒昧混保，均照冒保例杖八十，各革去衣顶。另与本案相关的官员，如原台湾县知县赵爱、原凤山县知县谭垣、原诸罗县知县陶浚、原彰化县知县韩琮以及原台湾府知府邹应元等，均照混行收考降一级调用例，降一级调用。②

这是目前笔者从档案史料中见到的唯一一件在台冒籍应考而被查处的案例。此案中，乾隆三十二年台湾府学取进的粤籍全部八名生员中，冒籍应考者竟然占了七名，其比例之高，远超一般人的想象。虽然不能说每次考试都是如此情形，但一叶知秋，可以断定，直至乾隆中叶大陆人士在台冒籍应考的现象仍然十分普遍，未有减少迹象。另此案中的刘麟游，其祖父康熙四十六年就过台湾，住在凤山县埤仔头庄，向施姓业户垦田七甲零。雍正年间，其父也来台帮

① 《吏部题本》，《台案汇录丙集》，第214—218页。
② 同上。其中原台湾县知县赵爱因已病故，免予追究。

耕。乾隆元年，祖父因年老回籍，于七年去世。其父是二十九年死在台湾，后搬运骸骨回籍。其祖、父在台置有产业，已经年久，并不是偷渡冒籍。只是其本身是二十七年来台，家眷现在大陆，与例稍有不符，其被查处多少有点"冤枉"的感觉。其在供词中称"总是粤人，在台应试，原是客籍，但要实有产业，就算有根底入籍的了，大家都许考试，从不攻击，所以里管族邻都肯出结，就是地方官也无从查察的"。① 这与乾隆二十九年巡台御史李宜青在奏疏中所说的"福、兴、泉、漳四府之人，稍通文墨，不得志本籍，则指同姓在台居住者认为弟侄，公然赴考；教官不及问，廪保互结不暇详"的情形其实是十分相似的。若不是因为梁谟中式后回籍与梁达五等控争祖遗尝租，这一粤籍移民冒考的案件也不会被究出。

## 三、官方与民间对台湾科举移民的态度

冒籍考试属于违法行为，法令有明文禁止，相关官员对此也负有稽查之责。不过，由于各自所处地位以及考虑问题角度不同，台湾地方官员与福建督、抚两者之间对科举移民的态度有着明显的差异。而台湾本地学子则是冒籍应试的直接受害者，所以，台湾民间对科举移民一直是予以坚决反对的。

### （一）地方官员对冒籍的态度与措施

对于冒籍考试的行为，最初台湾地方官员态度暧昧，有的甚至持默许、鼓励的态度。如康熙年间诸罗县令周钟瑄在论及该县学额大多为内地寄籍者所占时就公开提倡："寄籍不必杜，藉其博雅宏通，为土著之切磋可也"；"内地寄籍者隆其礼，土著未入庠序者复其身"。② 说得明白一点，就是要借吸引大陆科举移民来提升当地文化教育的水平。乾隆初年，台湾道尹士俍也认为只要能使台湾风气渐开，家塾党庠，课诵不辍，人才奋兴，则冒籍之弊，将不禁自息。③ 又据《续修台湾县志》记载，时邑试多冒籍，台湾府城宁南坊食饩生刘应黑"欲清之，偕众上舍生以状请于台湾道"。然而，台湾道故畏事，阅状后不但不给予

---

① 《吏部题本》，《台案汇录丙集》，第214—218页。

② 周钟瑄：《诸罗县志》卷五学校志。

③ 尹士俍：《台湾志略》，第42页。

支持，反而指责秀才家不务安静，而轻构衅。<sup>①</sup>从这一事例可以看出台湾地方官员对于清查冒籍应试显然是十分消极的。

尽管科举移民冒籍应试在一定条件下可能有助于提升台湾地方的文化教育水平，但其毕竟是一种违反考试条例的行为，不能不引起相关方面，如福建省督、抚及巡台御史等高层官员的关注。乡试中另编字号，设立保障名额本来是对台湾士子的一种鼓励，但"中式者皆系内地冒籍之人，本籍并无一人中式"，<sup>②</sup>显然已经大失原来立法之本意。康熙三十七年，闽浙总督郭世隆于是奏准撤去另号，通省一体匀中。<sup>③</sup>这种釜底抽薪的办法固然可以有效遏止乡试中的冒籍行为，但也等于断绝了真正已经入籍台湾的士人中举之路，在此后三十一年十二科乡试中，台地再无中举者，可谓是利弊参半。另外这一措施并无法触动大陆学子冒籍在台湾参加岁、科两试，考取生员的行为。

雍正五年七月初八日，浙闽总督高其倬上《台湾各学寄籍诸生宜归本籍折》，从疏导、堵禁及清理等方面三管齐下，对存在已久、饱受诟病的台湾冒籍考试与科举移民问题提出综合性的治理意见。<sup>④</sup>疏上之后得到雍正皇帝的肯定与支持。同年经礼部议准："台湾岁、科两试，饬令该地方官查明现住台地置有田产入籍既定之人，取具邻里结状，方许送考。如有冒籍台地入学者察出，将该地方官题参议处，本童照冒籍例治罪。至从前已经冒籍进学之文武诸生，限两月内具呈自首；该地方官会同教官逐一查明，俱令改归原籍考试。如过期不行呈首，一经发觉，黜革治罪"。<sup>⑤</sup>

台湾地属新辟，原无土著，居民均为从闽、粤两地陆续迁徙而来。<sup>⑥</sup>如完全按照《学政全书》的规定："凡入籍二十年以上，坟墓、田宅确有印册可据者，方准考试"，在执行上确实有较大难度。所以《会典》仅规定"查明现住台地置有田产入籍既定之人，取具邻里结状"，即准与考，对入籍的年限和时间不作要求，这是新政策中疏导的一面。其次，对于今后如有冒籍台地入学者被查出，除了本童照冒籍例治罪外，还要将相关的地方官题参议处，这是一项比较严厉

---

① 郑兼才、谢金銮纂修《续修台湾县志》卷三学志，台北：台湾大通书局，1984年。

② 《陈台湾学校事宜疏》，夏之芳：《奏疏稿略》，乾隆丁丑年刻本，第10—13页。

③ 朱仕玠：《小琉球漫记》，台北：台湾大通书局，1984年，第51页。

④ 浙闽总督高其倬：《奏闻台湾各学寄籍诸生宜归本籍折》，《雍正硃批奏折选辑》，第144—145页。

⑤ 《清会典台湾事例》，台北：台湾大通书局，1984年，第98页。

⑥ 本文所指不包括平埔族、高山族居民。

的堵禁措施。其三，则是对从前冒籍进学的诸生进行清理，限期让其自首，查明后改归原籍。如过期不行自首，一经发觉，黜革治罪。此次台湾冒籍生员改归本籍的行动还带动了福建全省各府、县对冒籍生员的大清理。①

在对台湾冒籍生员进行清理之后，雍正七年，巡察台湾兼理学政御史夏之芳与福建巡抚刘世明奏称台湾"今冒籍者俱已改归本籍，海外诵读之士竞切观光；请仍照旧例另编字号，于闽省中额内取中一名，以示鼓励"。经礼部议准，恢复了台湾府在福建乡试中的保障名额。②

另巡台御史对清查台湾冒籍也颇为尽力。乾隆六年，张湄巡察台湾时，主岁、科两试，"严稽冒籍，校士公明"。③

乾隆二十八年，满御史永庆、汉御史李宜青巡台时，"面谕道、府、县严禁冒籍"。④

### （二）台湾民间对冒籍的态度

台湾学政原由台湾道兼管，雍正五年，上谕将学政交与派往台湾巡察之汉御史管理，永着为例。⑤在巡台御史的整顿与努力之下，台湾文风蔚起，各学宫、书院均有学租、义田以为师生膏火之资。凡文理通顺者，即赴书院肄业，观摩砥砺。而且随着土地开发的进展，经济的繁荣以及大陆移民在台定居人数的增加，到乾隆中期，台湾地方文化教育事业与以往相比已经有了较为长足的进步。当地学子对学额为冒籍所占，而土著进取为艰的情形甚为不满，开始对冒籍行为进行抵制与斗争。乾隆二十年，诸罗县文庙竣工落成之际，阖邑绅士针对普遍的冒籍行为，自发订立了《严禁冒籍应考条例》，并在文庙前立碑明示，规定："一、过继最易给□，嗣后以娶妻为入籍已定者，准与试。一、新娶限□年，户册可凭，为入籍已定，方得与试。一、内地搬眷限□年，户册可凭，为入籍已定，方得与试。一、过县迁移，限三年，户册可凭，方

---

① 雍正八年议准：福建省各郡、县冒籍生员，照台湾改归之例，该地方官会同教官以部文到日，限两月内许其自首，改归原籍，以便就近稽察。过期不首，黜革治罪。其廪、增改归者，俱改为候廪、候增；俟改归后考居优等，准其与原籍诸生一体按名次帮补，仍照原食饩年分挨次出贡。见《清会典台湾事例》，第98—99页。

② 《陈台湾学校事宜疏》，夏之芳：《奏疏稿略》，乾隆丁丑年刻本，第10—13页；余文仪：《续修台湾府志》，台北：台湾大通书局，1984年，第458页；《清世宗实录选辑》，第30—31页。

③ 范咸：《重修台湾志府》卷三职官。

④ 朱仕玠：《小琉球漫记》，第51页。

⑤ 《清世宗实录选辑》，第20页。

得与试。"① 同时公议将庙外圹地甲余，瞨佃耕作，年收税银，充作清厘冒籍顶考的公费。每年议举二人，专司收税公用，上下轮流，不得混冒。②

又元记派下韩姓三房为鼓励族中子孙立志读书，联捷科甲而设立"捷记"书田，在《书田约字》中规定，自取进生员起，文武一体，历年每名准分一份，收作乡试诸费；举人则准分两份，收作会试诸费；进士则准分三份，收作殿试诸费；《约字》中还特别规定："一切军功捐纳及监生、俇生并冒籍越考虽至出仕，亦不得与分"。③ 从中也可看出台湾民间对冒籍的不屑与抵制。

自雍正五年，高其倬奏请台湾各学寄籍诸生宜归本籍之后，对台湾冒籍现象进行了大清理，立法非不严密，但日久渐至废弛，冒籍的现象又卷土重来，愈演愈烈。自乾隆癸酉（十八年）至壬午（二十七年）凡五科乡试，共额中十名内，惟癸酉科中式谢居仁一名系凤山人，余俱属内地。④ 这种情形理所当然引起台湾民众，尤其是士绅的极大不满。乾隆二十八年，满御史永庆、汉御史李宜青至台巡察时，"台地绅士以额中虚冒其名，联名进词，愿撤去另号，一体匀中"。⑤ 此事对二位巡台御史震动甚大，当即"面谕道、府、县严禁冒籍"。⑥ 回京后李宜青又在《条陈台湾事宜折》中提出考校生童应首严冒籍及枪手顶替等弊。二十九年，经部议复准，勒下福建"督、抚及台湾道转饬地方官查明的系入籍二十年以上，并无原籍可归者，方准考试；如有冒籍赴考者，除将本童及廪保照例治罪外，地方官一并查参议处。至现在已经冒籍入学各生，亦应照乾隆二十一年清查顺天冒籍之例，勒限一年，改归原籍。如地方官奉行不力，该督抚即行指明参处"。⑦

冒籍与考直接损害了台湾本地士子的切身利益，所以他们是冒籍行为最为坚决的反对者。如上文提到台湾府城宁南坊食饩生刘应黑偕众上舍生上书台湾道，要求清查冒籍，虽未得到台湾道的采纳，但此后刘应黑"食饩十余年，不与保结事"，⑧ 以自己的行为对冒籍应试进行抵制。

---

① 《台湾南部碑文集成》，台北：台湾大通书局，1984 年，第 384—385 页。其中"□"系字迹风化，无法辨认者。

② 同上。

③ 《台湾私法物权编》，台北：台湾大通书局，1984 年，第 1670—1674 页。

④ 朱仕玠：《小琉球漫记》，第 51 页。

⑤ 同上。

⑥ 同上。

⑦ 《台案汇录丙集》，第 319—320 页；《清会典台湾事例》，第 99 页。

⑧ 郑兼才、谢金銮纂修《续修台湾县志》卷三学志。

## 四、结语

　　冒籍应试这种古代科场作弊的行为，不仅在台湾，在全国其他地方也广泛存在。[①]当今边远地区屡禁不止的高考移民实际上就是古代冒籍应试的延续和翻版。清代前期台湾是一个典型的移民社会，此一时期的科举移民是在特定的社会历史条件下出现的一种特殊的现象，这一现象反映了海峡两岸人民之间除了地缘、血缘的关系之外，在文化教育等方面也有极为密切的关系。其他地区的科举冒籍者在中式之后，一般都回到原籍，与冒籍的地方没有任何关系。而闽粤内地赴台的科举移民则有较大的不同，其中固然有人"窃取一衿，辄褰裳以归"，但也有不少人中式后留下来，在台湾定居，上文提到广东的刘麟游、黄骊以及福建泉州的张士箱等即属此一类型。科举移民在一定程度上提高了台湾地方人口的文化素质，改善了台湾地区人口的文化结构。有的科举移民及其后代甚至还参与当时台湾的土地开发和文教设施的建设，在促进当地社会经济的繁荣和文化教育事业的发展中做出自己的贡献。[②]这也是台湾地方官员为何会对冒籍持默许、甚至鼓励态度，而不肯对科举移民进行有效查禁的主要原因了。

　　不过，冒籍毕竟是一种违反科场法规的作弊行为，官方对其进行查禁，理所应当，但这在清代前期台湾移民社会中仅是一种被动的、治标的做法，当然成效不彰。真正积极的、治本的做法应该是增加当地的文教设施，发展当地的文教事业，培养更多的文化人才，提高社会民众的文化水平和竞争能力。这样

---

　　① 参见中国第一历史档案馆编：《乾嘉时期科举冒籍史料》，《历史档案》2000年第4期。

　　② 张士箱于康熙四十一年冒籍入永春学被发现而遭除名之后，转而东渡赴台寄籍凤山。次年入凤山县学，后拨入台湾府学，成为府学生员。康熙四十八年补增生，五十二年补廪生，雍正十年成为岁贡生。乾隆二年出任漳州司训。其儿子也颇有建树。长子方高自幼随其赴台，二十岁进诸罗县学，后为府学廪生、贡生，乾隆三年出任福建建宁县学训导。康熙五十九年，台南孔庙重建工程告竣，方高与其父的名字双双铭刻于《重建府学大成殿记》；次子方升二十一岁进台湾县学，后拨入府学，二十三岁成为廪生，二十八岁即成为拔贡生；三子方远曾获得"由贡生即用分县"的资格；四子方大二十一岁入台湾县学，因乡试不第，在彰化县捐纳出贡。虽未出仕，但热心参与文教公益事业，如捐资倡修彰化文庙，鼎建白沙书院，重修彰化县学等等。乾隆二十五年至三十五年的十年间，张士箱的孙子及曾孙共有六人相继考中举人，科名鼎盛，冠甲全台，传为佳话。张士箱家族除了从事举业之外，还在台湾参与土地开发，修建水利工程，在台湾中部和北部拥有大片田园，在台湾和泉州两地都创置了庞大的家业，成为大陆科举移民中最成功的例子。参见尹章义：《张士箱家族移民发展史（一七○二——九八三）》，台湾省文献委员会，2001年；王连茂、叶恩典：《张士箱家族及其家庭文件概述》，《张士箱家族文件汇编》，福州：福州人民出版社，1999年，第1—72页。

才能做到"冒籍之弊，不禁自息"。

实际上，随着土地开发的深入，商业经济的繁荣，到嘉庆年间台湾地方的文化教育已经有了较大的发展，人文日盛。台湾府属四县应考文童，册报多至三千余人，较之内地大中各县应试童生，不相上下。有志于应乡试者，不下千百余人。[①]道光以后，台湾文风更盛，新的书院纷纷设立。光绪初年，台湾北部的淡水、噶玛兰两厅，岁、科童试厅考时，童生人数分别多达六、七百人和四、五百人。[②]自咸丰元年至光绪二十年，全台中举人者106人，中进士者21人。甚至出现了同一家族父子或兄弟皆有功名者。与此同时，冒籍的科举移民则渐少，很难在文献记载中再觅其踪影了。

——原载《厦门大学学报》（哲学社会科学版）2011年第1期

---

① 闽浙总督阿林保等奏（嘉庆十二年），据《礼部奏折》，《台案汇录丙集》，第219—221页。
② 沈葆桢：《台北宜建一府三县折》（光绪元年六月十八日），《福建台湾奏折》，台北：台湾大通书局，1984年，第55—59页。

# 迁台移民与福建祖籍原乡、原族之关系

闽粤两省是迁台移民的主要祖籍地，其中又以福建籍的居多，根据日据时期1926年的户籍统计，台湾汉族居民中祖籍为福建省的占83.1%。这些移民来台之后，乃至在台湾定居之后，与大陆祖籍原乡、原族的关系如何，本文试根据相关的资料作一些分析，谬误之处，敬请指正。

## 一、叶落归根，回归故里

康熙二十三年开始，台湾正式归入大清版图的一部分，大陆人民渡台耕种拓垦、佣工谋生，就如当今中西部内地省份农民工前往东南沿海经济发达地区打工一样，最初并没有抱着要在台湾移民定居的目标，而是在开垦有成，或经营获利后返回家乡，这在早期禁止移民携眷渡台时尤其是这样的。《诸罗县志》风俗志载："今佃田之客，裸体而来，譬之饥鹰，饱则飏去，积粜数岁，复其邦族矣"；[①] "男多于女，有村庄数百人而无一眷口者。盖内地各津渡妇女之禁既严，娶一妇动费百金；故庄客佃丁稍有赢余，复其邦族矣"。[②] 蓝鼎元也谓："广东潮、惠人民，在台种地佣工，谓之客子，所居庄曰客庄，时闻强悍，然其志在力田谋生，不敢稍萌异念，往年渡禁稍宽，皆于岁终卖谷还粤，置产赡家。春初又复之台，岁以为常"。[③]

在族谱资料中，我们亦常常可以见到渡台民人经营有成后回归故里的记载，如《白石丁氏古谱》载："二十一世捐赀光裕名仁，讳锡靖，字品石，……以乐善好施为心，遂弃举子业，经营于东宁，克勤克俭，创造基业以遗子侄，毫不

---

① 周钟瑄：《诸罗县志》，台湾文献丛刊第141种，第139页。
② 同上书，第292页。
③ 蓝鼎元：《鹿洲全集》，蒋炳钊、王钿点校，厦门：厦门大学出版社，1995年，第236页。

为私。族人来投，皆善遇之，故族人皆称其德。归来家置蒸尝以供祭祀，乡有义举皆乐成之"；①"二十七世乡大宾讳上林，字玉玑乳名攀，清馥公长子，品石公孙也。自品石公往贩东宁，建基贻谟，至上林，少有壮志，经营辛苦而光大之。……族人有到东宁相投者，皆善遇之，有能者因材任之。归家建置……小宗一座，以祀清馥公，置祀田，春秋祭祀。又建书田，以鼓励子孙读书，……乡有义举皆乐成之"。②又南安霞宅陈姓十四世温良，"往台经营，历尽风霜雨露，渐得微利，图归梓里。泊乎中年，广置田园，择锦庭而建屋。……生乾隆廿四年，卒道光四年，葬（本乡）尾岭山"；③十四世豪光，"中年赴台经商，获利甚浩，因而荣归梓里，建华屋，置良田，复增开典铺，以济人之急"。④漳州南靖梅林简氏"十二世克才，往台湾获利回家建业"；⑤金山吴氏"十二世秉忠，字瑞玉，壮年往台湾图大业，以绘画见长，蒙翁家以女喜配，加以财富巨万奉送，及回里自置'怀德堂'，财产甚多，田税一万三千余石"。⑥

祖籍南靖和溪的徐维煌则完全是因为祖宗祭祀之事而从台湾搬回老家的。据《和溪徐氏族谱》记载：维煌，"十七岁……身带五百文铜钱，惣然而往台"，先替人牧牛，继治田圃，后"交易于乡，于彰化县内开一原泰号绸缎布店，交农易圃，五谷通商，与厦门台地铺户互相往来，交关不绝，十余年堆积数万金，娶妻生子。后因祖宗庙宇俱在唐地，春秋祭祀不能登堂而拜跪，清明节届未得到坟而锄扫，故乾隆三十四年（公元1769）八月初一日，自彰化县枋树脚庄，将家眷搬回唐地"。⑦

有的大陆移民在台湾不幸亡故，其亲人后裔也历尽艰辛，千方百计将其归葬原籍原乡，表现出强烈的叶落归根，魂归故土的传统观念。在漳州南靖县魏、简、刘、赖、林、曾、张、萧等姓氏的族谱中均有迁台族人归葬祖地之记载。如梅林魏氏迁台族人有7位过世后归葬于梅林祖地：十四世阿焕、十六世鹤林归葬在梅林九龙埔；十七世双泰、十八世增顺及增顺子柳章、十八世六顺与八

① 《白石丁氏古谱》，转引自陈在正：《台湾海疆史》，台北：扬志文化事业股份有限公司，2003年，第560页。

② 同上。

③ 庄为玑、王连茂编：《闽台关系族谱资料选编》，厦门：福建人民出版社，1985年，第378页。

④ 同上。

⑤ 林嘉书：《南靖与台湾》，香港：华星出版社，1993年，第23页。

⑥ 同上。

⑦ 《和溪徐氏族谱》，转引自林嘉书上揭书，第23页。

顺从台湾归葬于梅林下车田眉。其中六顺因在台寻无原墓，是以造银牌接灵的方式归葬的。

还有如河坑张氏十三世志卫，迁台后，康熙年间逝世，由台湾大竹排归葬河坑祖地大唐桥仔头。

梧宅赖氏第九世士华之子国顺，名愿，字德和，娶石氏，生子考、经、宦，在台。雍正十一年十月初八日，愿卒，归葬梧宅。

葛竹赖氏十四世士标，在台逝世，归葬葛竹。

斗山派十三世大升，在台考取彰化学第五名，死后归葬书洋内坑，等等。[①]

## 二、木本水源，共修族谱

然而，由于海洋的阻隔和时局的变动，在经过了一段时间以后，特别是雍正至乾隆年间的历次开放移民搬眷渡台之后，大量的大陆移民渐渐告别了"春去秋回"的候鸟式的迁移生活，正式入籍台湾，在台安家立业定居下来。不过对于现居地的认同，并未影响移民对原籍、原乡和大陆族人的眷恋之情。他们往往以祖籍的地名来作为现居地村庄或聚落的名称，如东石村、郭岑寮、安溪寮、同安寮、诏安厝等等，这就是迄今仍存的台湾为数众多的冠籍地名的由来。即使他们在台湾修建新的祠堂或家庙也基本上是按照祖籍祠堂的称号来命名的，有的甚至连建筑的形式也模仿祖籍祠堂。如分派于鹿港的晋江县（今晋江市）永宁鳌西林氏族人所建的"林厝祠堂"、彰化粘厝庄的晋江衙口粘厝埔的粘氏族人所建的"恒忠堂"以及台北长泰县江都连氏族人所建的"瞻思堂"等均属此种类型，[②] 这是迁台移民对原籍、原乡的怀念之情的历史见证。

为了不数典忘祖，不少在台的移民后代仍沿用大陆原族的世系昭穆。林嘉书搜集的南靖县四十余种家族昭穆中，据其本人调查考证，有三十余种是南靖与台湾两地族人共用的。[③] 又如晋江东石蔡姓于清代移居嘉义县的布袋、新塭、东石、郭岑寮、虎尾寮等处，至今已繁衍达四五万人。两地族人自九世起共用他们的大宗昭穆："诒书芳自远，树德世尤长；崇尚斯承志，创垂冀克昌。簪缨

---

① 以上资料转引自林嘉书上揭书，第31页。
② 庄为玑、王连茂编：《闽台关系族谱资料选编》，福州：福建人民出版社，1985年，第22页。
③ 林嘉书：《南靖与台湾》，香港：华星出版社，1993年，第179页。

遗燕翼，创述绍仪容；万派朝宗委，千秋裕后祥"。[①]笔者所认识的一位来自嘉义布袋港在大陆经营水产生意的蔡姓台商就是"尚"字辈的。

族谱的修纂是在台族裔保持与大陆祖籍乡族联系的一个重要途径，闽南地方是台湾人主要的祖籍地，所以漳、泉地区许多乡族的修谱活动，往往会有台湾族裔的参与，他们提供在台族裔的资料，将其载入族谱之中。据庄为玑、王连茂在编辑闽台关系族谱资料时发现，清咸丰年间续修的《东石汾阳郭氏族谱》、1914年续修的《玉山林氏宗谱》、1925年重修的《锦江林氏五房宗谱》、1931年重修的《武城曾氏重修族谱（新市派）》、清光绪九年重修的《东石玉井宫西蔡氏长房三延科公派家谱》及清光绪十二年重修的《安溪参内二房黄氏族谱》等，均相当完整地把分派于台湾各地的族人记入族谱，[②]这应该就是海峡两岸族人通力合作的结果。

不少在台族人还为原乡宗族修谱提供经费。如《玉山林氏宗谱》载：嘉庆二十五年晋江石壁村玉山林氏修谱时，在台湾淡水经商的族人林正心"曾积多满千，公鸠佛银，交入行中，言念宗谱未修，以为修谱之用。又恐不充，自独加捐以补足"。[③]南安《蓬岛郭氏家谱》郭腾蛟传中也有类似的专门记载："公名腾蛟，字治角，周遍公之曾孙也。援例为国学生。自其祖徙居台湾苗栗郡苑里庄猫盂，公生长其地，与蓬岛祖居远隔万里，生平言行事业，尚未能闻其详。惟当光绪庚寅年，我族三修谱牒，公亲率其子若侄，越重洋归来相视，并为其一派先灵填还冥库，虽云聊从俗例，亦属孝子顺孙所用心。今家乘四修，其孙木火又能慷慨赞成，捐银二百元以助经费，可见公虽在海外，而其水源木本之念，实相传勿替。"[④]

当然，由于重洋的阻隔以及各种客观条件的限制并不是所有的居台族人都能参与祖家的修谱，兼之时局的动乱和变迁，有的居台族人失去了与原乡家族的联系，但其对祖家的眷念之情则始终不渝。1931年定居台湾桃园的陈丁父子致函漳州南靖龙山埔顶村宗亲，迫切希望能与家乡族人恢复联系，寻求族谱，连上世系，就是一个十分感人的例子。该信函略云：

---

① 《东石玉井宫西蔡氏长房三延科公派家谱》，见庄为玑、王连茂编：《闽台关系族谱资料选编》，福州：福建人民出版社，1985年，第115页。

② 庄为玑、王连茂编：《闽台关系族谱资料选编》，福州：福建人民出版社，1985年，第20页。

③ 同上，第21页。

④ 南安《蓬岛郭氏家谱》，见庄为玑、王连茂编：《闽台关系族谱资料选编》，福州：福建人民出版社，1985年，第21页。

阿祺、阿可：

启者：昨年领到来信，诸事情已悉，但水陆之途诚难归乡，……老身少壮之年别离故土到台，耕农为活，今年岁已八十，安亦六十九。……一家亦有二十余人，所耕作水田十数甲，现一家居二处，一住观音庄塔仔脚，一住大园双溪口。但二庄境界隔离甚近，所以分作二位耕作。……二位贤侄，若得……前来台湾一游，即老身甚幸矣。咱祖上之族谱，望侄儿托人抄录一部，方可传给子孙之观览，切意寄来。……①

一直到台湾光复后的 1947 年，台湾桃园陈氏家族族人才与南靖祖家的宗亲恢复联系，陈丁的儿子陈海成再次写信给南靖埔顶村的亲人，信中说：

复启者：去日承得水鸡兄来信，已知悉咱宗亲之来历也。因愚父亲陈丁自民国二十八年农历二月初二日申时别世，是年父亲亡于八十六岁。听父亲生前所言三十八岁时渡台，来台约七、八年间，日本来占领以后，国人若要归回祖国者是要种种手续，十分为难。所以愚人农夫亦不能运动，将在台娶妻传下子孙也。

我父亲在……日本占领台湾以后，因为回大陆受限制，经常思念不已，至六十多岁时还与祖家有暗通书信，我父亲便十分喜悦。此信存至于前七八年日本争中国……恐惊发现，全数烧化，所以父亲别世之时不明祖厝宗亲地址，致无通讯。请水鸡兄若有意相探来台湾一游。

现时我父亲传下我三兄弟，各家同家同所，长海成（五十岁），次德金（五十岁），三德顺（四十七岁）。

我父亲族谱辈世未知何世次，请给通知。若接信再请回信。……②

在信中，台湾宗亲对家乡族人的深厚感情以及对族谱的迫切渴求溢于言表。实际上，两岸族人联手编修族谱，或借谱、抄谱是很常见的事。在清末民初之际，南靖涌山派萧氏等也曾应台湾宗亲的请求，通过邮路将族谱寄给台湾宗亲

---

① 《陈丁父子致祖地亲人信札两通》，见林嘉书：《南靖与台湾》，香港：华星出版社，1993 年，第 175—176 页。

② 同上。参见陈支平：《从碑刻、民间文书等资料看福建与台湾的乡族关系》，《台湾研究集刊》，2004 年第 1 期。

抄续，往返经年后再寄回祖家。

1949 年以后，由于政治的原因，两岸交往再次隔绝，台湾宗亲与福建祖籍地家族间的联系被迫中断了近四十年，但是到了 20 世纪 80 年代后期开放探亲以后，台湾宗亲纷纷回到阔别多年的大陆原籍原乡，掀起了一个探亲寻根谒祖的高潮。

## 三、购置祭田，充为族产

祖先崇拜是千百年以来形成的传统文化中的一种根深蒂固的观念，所以参与对原籍本族先人的祭拜也是许许多多的迁台移民及其后裔保持与大陆原籍宗亲密切联系的一种重要形式。但因海洋阻隔，交通不便，在台的宗亲要经常回乡祭祖是有一定的困难，于是有的台湾族人就购置了祭田族产，以其收益供祭祀祖先之用，时至今日我们还可见到不少这方面的资料。如清代道光十六年（1836 年）漳州府南靖县刘氏家族的祭祖业田碑，就是为居住台湾嘉义的族人回乡设置祭田而刻立的纪念碑，碑文如下：

> 赏思木有本，水有源，而能不忘源本有鲜口。我珊图住台之人实繁，有徙于嘉义县翻龙路共建祠宇名曰世德堂宗祠，均保祖分十撰，与唐之高山大宗如一辙焉。嘉庆年间裔孙盛兴、天庆等闻唐大宗祭费未饶，爰将世德堂余租银寄回二百元，充在叙伦堂，置祠田焉。道光癸未天庆率孙奠邦、侄利贞、深池回视坟祠，增买祭租共银三百余。丙申春奠邦、玄乞等复带银三百余再买祠田。二十余年间台之公银三至共以千，非不忘源本安能若是哉。宜勒石以美其事，并镌所置田段税额，以垂不朽云。
>
> 一段在大宗楼后，税八石。
>
> 一段在大枋洋，税十三石。
>
> 一段在大宗后过林，税三石四斗。
>
> 一段在西牛潭高土敬，税十石。
>
> 一段在吾宅头，税四石四斗。
>
> 道光十六年四月裔孙奠邦、玄乞立[1]

① 《嘉义刘氏祭祖业田碑》，见林嘉书：《南靖与台湾》，香港：华星出版社，1993 年，第 200 页。

现存于漳浦县赤湖镇后江村吴氏家族祠堂内的碑文之一，则是清代乾隆十五年和三十三年台湾族人回乡购置祀田的记录，碑文如下：

祠宇之设，上以奉列祖之灵，下以尽孙子之心。自衣冠功德而外，孰得进而右享于旁哉。我族五房仕光，英年有志，自后江而远寓诸罗，历数十年，而丘首之仁未尝一日置诸其怀也，爰于乾隆庚午年置小屿苗田以广祀事，设几案神龛用光俎豆，虽其家道殷饶，可以不吝所有，亦由立心远大，故能创此特举也……①

乾隆庚午年菊月谷旦阖族立

台湾族人在福建家乡设置族田、祭产，由于各个家族的社会经济状况不尽相同，故规模也大小不一。有些经济势力比较雄厚的台湾家族，在福建家乡购置的祭产数量是颇为惊人的。如清代乾隆年间祖籍泉州府晋江县的张氏家族在台后人张源俊兄弟在祖家设置的祀田，一次就集资二千余圆银。《分岱公捐建祀田记》记载了祀田的情况：

岁辛巳，先君子分岱公，佐伯父成王父志，重建房祖硕庵公祠，新庙奕奕矣。退私自念曰：庙貌维新，祀事尤重。吾祠旧有蒸尝□，然入未敷出。或遇歉岁，辄形绌支。……丁亥春，源俊偕诸弟源价、源志、源清，谨遵遗训，捐圆银二千有奇，购良田一百三十九石零，以岁所输稻谷，充裕祀费，而以其赢贮存公用。由兹而岁时之从略者，备祭扫之未举者，修霜露益虔，豆笾益肃，即值祭之从容，卜先灵之歆享，而先君之志遂矣。是役也，族人义之，晋先君子分岱公神主于祠之左寝，用崇功德。呜呼！视向者王父之念祖不忘，洵济美焉。夫有善不知，知而不传，人子之耻也。其敢不垂示后世欤？爰揭诸石，而详列其田界租额如左。

乾隆四十有七年壬寅冬裔孙源俊识陈宗方刻

（以下田界租额从略）……②

---

① 王文径编：《漳浦历代碑刻》，闽新出（漳）内书刊第90号，1994年印刷，第245页。

② 王连茂、叶恩典整理：《泉州·台湾张士箱家族文件汇编》，福州：福建人民出版社，1999年，第385—386页。

以上三例台湾族人在福建原乡设置族田、祭产，是由于台湾族人顾念祖先，踊跃捐资送回福建家乡添置家族共有产业。而在另外的一些场合，则是福建原乡家族从事家族、乡族共有事业修建缺乏资金，选派家族、乡族中德高望重者前往台湾募捐，漳州府南靖县王氏家族的祭田就属此类情景。据《南靖梅林王氏家族祭祖簿》记述："七世法瑄公派下五大房第三房于嗣孙往台东，……道光间之时于宜信公往台东都干，有承公派下之嗣孙，有出龙佛银若干，交付宜信公带回长山。宜信公之本身后踏出水田一段，坐址在于本处土名曰雷藤坑下，逐年载租税谷，则将此租谷逐年以作清明之资，崇此批炤"。[1]

清雍正年间，汀州府武平县南岩定光古佛寺庙——均庆寺建造佛楼及重装佛像时选派主持僧盛山、得济、远铎等人赴台募捐也属类似的事情。此次募款得到汀籍在台移民的热烈响应，大家慷慨解囊，踊跃捐输。2002 年在均庆寺出土了两方碑刻——《募叩台湾乐助碑记》和《台湾府善信乐助建造佛楼重装菩萨碑》，碑文所载的捐款人姓氏多达 60 余姓。[2]

## 四、修建宗祠，尊祖敬宗

宗祠，又称"家庙""祠堂"，是安放祖先神灵牌位，举行宗族祭祀的场所，在闽南乡村姓氏家族的聚居地一般都建有自己的宗祠家庙。出钱出力，参与原乡宗祠的修建，也是台湾族人尊祖敬宗，回报家乡的一种重要途径。而福建原乡家族、乡族也往往将台湾族人的义举载入族谱，甚至勒石树碑，予以褒扬表彰，所以，族谱及地方碑刻中关于台湾族人捐修祠堂家庙的资料相当丰富，兹举数例如下：

漳浦县赤湖镇后江祠堂碑记载清乾隆年间吴姓居台族人回乡参与祠堂修缮之事，碑文曰：

凡物本乎天，人本乎祖，亘古莫易也。我后江吴姓，自均代公开基衍派，五房并处，瓜瓞绵矣。……今者目睹祠宇之圮坏，讵忍不深水木之思，动霜露之感，急起而更新之哉。戊子秋，阖族父兄弟侄咸聚于堂，谋为修饰。适五房孙日时举、时兴者，仕光出也，寓居东宁，乡试旋梓，相与定议，而缮修之

---

① 《南靖梅林王氏家族祭祖簿》，复印件藏厦门大学历史研究所，转引自陈支平上揭文。

② 刘大可：《闽西客家人迁台与定光古佛信仰》，《台湾研究》2003 年第 1 期，第 86—91 页。

功起焉。悉心经划，数月告成。……宗灵有赫，享俎豆于千秋。用撷数言，以垂不朽。

乾隆三十三年鸿月谷旦　阖族立[①]

《南靖梅林王氏家族祭祖簿》记载清同治己巳年（1869）台湾宗亲捐资修建祖祠光裕堂事：

光裕堂派下第三房嗣孙在台湾府牛埔仔庄安居，同治己巳年观练叔祖往台湾捐银重修光裕堂祖祠，缘簿芳名抄录列后：十七代元通叔祖派下偕侄文砖、孙朝辉捐银四十元，阿锡捐银八房公用一十二元，阿世捐银一十二元，椒夏捐银六元，椒树捐银六元，新良捐银四元，清飔捐银六元，清沟捐银一十元，澄清捐银六元，五美捐银四元，新环捐银一元，九兴捐银一元，三全捐银一元，定瑞捐银一元，欓生捐银一元，铁炉捐银一元，先进捐银一元，叭芝兰蓝庄秉仁公派下十七代嗣孙名基山叔公捐题银三十二元。[②]

立于漳州云霄县马铺乡（原属平和县青宁里）何地何氏家庙右侧的《和地大宗重修众裔孙捐金名碑》也记载了捐资重修宗祠的台湾宗亲芳名：

虹五房住台天静捐龙银六百大员，又石眉、石窗全付

虎长房住台能近捐龙银六百大员

虹五房住台永芳捐金票二百大员

虹五房住台阿枚间金票二百大员

虹五房住台水盛捐金票一百大员

虎长房住台学诗捐金票五十大员

虎长房住台兴化捐金票五十大员

台澳庄住深坑诸人全捐银五十员

虹五房住石码廷谐捐龙银十二大员

虹五房住坂仔益官捐龙银十二大员

---

① 《后江祠堂碑》，见王文径编：《漳浦历代碑刻》，闽新出（漳）内书刊第90号，1994年印刷，第245—246页。并参见陈支平上揭文。

② 《南靖梅林王氏家族祭祖簿》，复印件藏厦门大学历史研究所。参见陈支平上揭文。

和地十房捐银合计六千二百七十大员

中华民国十年岁次辛酉孟冬谷旦重修立碑[1]

1926 年，台湾桃园吕氏宗亲回福建漳州南靖祖家参与祠堂的修建，南靖祖家祠堂不忘台湾宗亲的义举，把捐资芳名勒石树碑于祠堂之内。该碑文如下：

民国丙寅年芳园祠重修

台湾桃园郡列叔姪喜捐芳名列左

睦基公派下：

新建喜出龙银一百圆又添出龙银三十圆

光辉喜出龙银一百圆又添出龙银三十圆

火旺喜出龙银七十圆又添出龙银三十圆

友顺喜出龙银伍拾圆又添出龙银贰拾陆圆

阿昧喜出龙银伍拾圆又添出龙银贰拾陆圆

石同喜出龙银伍拾圆又添出龙银贰拾陆圆

文口喜出龙银伍拾圆又添出龙银贰拾陆圆

成佳喜出龙银贰拾圆又添出龙银拾大圆

中等喜出龙银四拾圆

梅山喜出龙银四大圆

振贵喜出龙银拾贰圆

文章喜出龙银拾大圆

炎土喜出龙银拾大圆

天和喜出龙银四大圆

祯祥溪井荣树番婆各出龙银伍圆

廷玉公派下喜出龙银壹佰圆

董事水涌、植怀同立[2]

---

[1] 周跃红主编：《台湾人的漳州祖祠》，厦门：国际华文出版社，2002 年，第 241 页。

[2] 《吕氏芳园祠台湾宗亲捐资碑》，转引林嘉书：《南靖与台湾》，香港：华星出版社，1993 年，第 189—190 页。

# 五、设立义庄，赈济族人

如上所述，不论是台湾族人主动捐资，还是有福建祖家派人前往台湾募捐，其祭田、族产的购置，大部分是在福建祖家地进行的，而且，这些购买来的产业一般都委托给祖家的宗亲代为管理。但也有一部分台湾族人是在台湾购置产业，其租银、租谷收入指定作为福建原乡家族的祭产或者其他家族、乡族用途的财产。台北板桥林家于嘉庆二十四年（1819年）创立的"永泽堂林氏义庄"，就是在台湾购置田产并将其收益用来赡济福建龙溪县祖地家族贫乏族人的。由于板桥林家在台湾和福建两地有着良好的社会影响力，所设立义庄的田产数量也比较多，板桥林家特地向台北地方官府和漳州地方官府申请立案，并且由福建漳州府正堂颁立义庄碑，以彰义举。该碑文略云：

福建台湾府北路淡防厅徐为置立义庄叩恩详咨立案等事。嘉庆二十四年七月二十二日据漳州府龙溪县童生林国栋呈称：窃栋父林平侯弱冠来台寓居治下兴直堡新庄街，克勤克俭置田业，迨强壮之年力图报效，遵例捐纳同知……嘉庆二十年解组回籍。伏读圣谕广训有曰：笃宗族以昭雍睦置田以赡贫乏，钦遵圣谕化民励俗之至意，愿将在淡水自置海山保水田四十三甲八分四厘，充为原籍本族义庄，年收佃租除完供耗谷外，实收谷一千六百石，按年寄回内地龙溪县白石保吉上村潭头村，赡给同宗族人贫乏之用。延请族中诚实心正俩人经理其事。第是自己之业，充为本族义田则属公产，欲垂久远，应禀请地方官将所充义田另立永泽堂户名注册，俾得永远充粮，以杜族人外人侵欺、私人典卖。而栋世世子孙亦毋得藉祖产擅典私售。为此，谨遵父命，备陈下情，叩恩俯赐，据情分别详咨台湾道府宪、原籍漳州府暨龙溪县，出示立案，并饬房照契注册。……计缴承买田业印契十四纸并粘规条清单一纸。据此查该员将自置田租一千六百石捐作合族义田以赡贫乏，殊属仗义可嘉，未便壅于上闻，自应详请立案以彰义举。……

福建漳州府正堂加五级纪录十次

嘉庆二十四年八月 ①

---

① 《永泽堂林氏义庄碑》，抄件藏厦门大学历史研究所；转引自陈支平上揭文。

台湾板桥林家自嘉庆年间设置义田以来，每年把租谷所入寄回大陆祖籍地，赡济族人。义庄建在龙溪白石保过井村（今龙海市角美镇），据现存角美镇的《义庄碑记》刊载："在淡水海山堡水田四十三甲八分四厘二毫（每甲合十一亩三分多）。充原籍本族义田，年收佃租，除完供耗谷外，年实收谷一千六百石，按年寄回内地龙溪县白石保吉上村、潭头村、赡给同宗族人贫乏之用。延请族诚实公正两人，经理其事"。林平侯去世后，其子林国华、孙林维源、曾孙林尔嘉等人继续经营义庄，使义庄的财产有所发展，一直到1937年抗日战争爆发，两岸交往不便，义庄的赡赈才告停止，先后维持了一百余年。[①]

林氏义庄至今仍保存完好，1987年列入龙海县第二批文物保护单位。1988年林本源家族的后裔推举林尔嘉之孙林梁为代表，回祖籍地考察，1994年又回祖籍地维修义庄和林维源坟墓。

## 六、兴办教育，造福乡梓

除了上述与家族内部有关的各种活动外，不少居台族人还热心于祖籍地的其他社会公益事业。如1928年南靖书洋萧氏书山派彰化族人出资数千银元，在家乡书洋赤州村兴办了一间学堂，命名为"壁斋"，聘请先生教学，为祖籍地方培养人才。[②]上面提到的台湾板桥林家也于民国年间在祖籍创办"莆山学堂"（后改为"埔尾小学"），为发展家乡的教育事业尽力。[③]

宣统元年（1909），九龙江山洪暴发，冲毁堤防。林尔嘉出面从台湾族人处募得银30000多两，用来修复南靖县靖城镇边的九龙江防洪堤的数十丈决口，为当时财政匮乏的地方政府解了燃眉之急，使沿江数万亩良田和数万百姓的生命财产得到及时的保护。[④]

① 欧阳宸：《林氏义庄及林平侯一家》，载《龙海文史资料》第二辑。周跃红主编：《台湾人的漳州祖祠》之《杨厝林氏义庄》，厦门：国际华文出版社，2002年，第52—56页。

② 林嘉书：《南靖县向台湾移民的谱牒文献调查研究》，载厦门大学台湾研究所台湾历史研究室编：《海峡两岸首次台湾史学术交流论文集》，厦门：厦门大学出版社，1990年，第240—268页。

③ 庄为玑、王连茂编：《闽台关系族谱资料选编》，福州：福建人民出版社，1985年，第363页。

④ 林嘉书上揭文。

# 七、结语

综上所述可以看出，基于同宗同祖的乡族观念和血浓于水的同胞情谊，大陆迁台移民及其后裔即使在台湾定居后也仍然长期与大陆的祖籍地、原乡、原族保持密切的联系，而且时至今日，这种联系仍然还在延续着。史明、彭明敏等所谓的"移民来台，放弃中国，不愿接受中国的统治"；"是带着和中国断绝关系的心情移民台湾"；[1] 移民"被当政者放逐于中国社会之圈外，而和中国大陆完全断绝了关系"等等的说法，[2] 纯粹是"台独"分子用来欺骗人民百姓的谎言，完全不符合历史的真相。

——原载王岳红主编《谱牒学论丛》第一辑，

山西古籍出版社 2006 年

---

[1]　彭明敏：《自由的滋味》，台北：台湾文艺出版社，1987 年，第 250 页。

[2]　史明：《台湾"不是中国的一部分"》，台北：前卫出版社，1992 年，第 36 页。

卷二　晚清台湾历史

# 同治初年戴潮春的八卦会起义

清代台湾社会动荡不安，素有"三年一小反，五年一大反"之说，其中规模较大的有康熙年间的朱一贵起义和乾隆年间的林爽文起义。咸丰三年与同治初年，受大陆太平天国革命运动的影响，台湾又先后爆发了李石、林恭的起义以及戴潮春领导的八卦会起义。尤其是戴潮春起义，前后历时三年以上，为台湾地方持续时间最长的一次起义。

## 一、起义的原因与背景

### （一）烟毒为患，经济萧条，民生艰困

《南京条约》订立之后，鸦片烟毒的问题不仅没有解决，反而随着通商口岸的开放更加严重，东南沿海及台湾地区受害最深。据咸丰年间台湾兵备道徐宗干估计，"台地贵贱贫富良莠男女约略吃烟者，不下数十万人，以五十万计之，每日即耗银十万两矣"。[1] 烟毒泛滥使白银大量外流，导致台湾出现银贵钱贱问题。同时期，外商贩运大量吕宋、泰国洋米到大陆沿海地区，"内地食洋米而不食台米"，导致台米滞销，"日积日多，望丰年乎，贱更甚矣；抑待歉年乎，贱如故也"。[2] "每石价不过六七角"；[3] "易谷十石，才五六元"。[4] 谷价下跌，钱贱银贵，大大加重了普通百姓的负担，"一年所入，除各色费用外，不足

---

① 徐宗干：《请筹议备贮书》，丁曰健：《治台必告录》，台湾文献丛刊第 17 种，第 281—286 页。

② 同上。又咸丰年间，台湾府学训导刘家谋《海音诗》注："英吉利贩吕宋诸夷米入于中国，台米亦多贱售"。《台湾杂咏合刻》，台湾文献丛刊第 28 种，第 7 页。

③ 刘家谋：《海音诗》，《台湾杂咏合刻》，第 7 页。

④ 徐宗干：《请筹议备贮书》，丁曰健：《治台必告录》，第 281—286 页。

以供赋"；① "商为亏本而歇业，农为亏本而卖田"。② 台湾地方经济萧条，每况愈下，"十年前不如二十年前也，五年前不如十年前也，一二年前不如五六年前也"；③ "富民贫，贫民益贫"。④ 民间的不满情绪因之滋长。

## （二）吏治败坏，军纪废弛

经济的盛衰与社会风气息息相关。"台商困则台民敝，台民敝则台吏穷"，而"穷生贪，贪生酷"。在台为官者，当然也就无暇来讲求吏治，整顿风俗了。台湾兵备道徐宗干曾指出："各省吏治之坏，至闽而极；闽中吏治之坏，至台湾而极"。⑤ 贪墨之辈，比比皆是。台湾班兵，亦由内地调戍，然营伍废弛，窝娼设赌，开小押烟铺，司空见惯。甚至占住民房，设立私庙公厅，恃众生事，贻害闾阎。"止见兵来扰民，未见兵去杀贼"，⑥ 原为卫民，却为民害。以上二端造成官与民、民与兵之间关系的紧张甚至对立。

## （三）农民起义，风起云涌

第一次鸦片战争后，全国阶级矛盾加剧，社会动荡不安，人民起义，风起云涌。洪秀全创立"拜上帝会"，于道光三十年十二月初十日（1851 年 1 月 11 日）在广西金田村发动起义，建号太平天国，吸引了大量贫苦农民加入，起义队伍迅速壮大。第二年年底太平军突破了清军的围剿，冲出广西，进入湖南、湖北。1853 年 1 月攻占武昌，接着又顺长江而下，于 3 月攻占南京城。改南京为天京，正式建都。后又分兵北伐和西征，范围波及 18 个省份，历时十余年，给清朝统治者以沉重的打击。在太平天国革命的影响之下，全国反清斗争不断高涨。1853 年 5 月福建海澄发生了黄威领导的小刀会起义，连克漳州、同安、厦门等到地。同年 9 月上海发生了刘丽川领导的小刀会武装起义，杀死县官，占领上海县城。1854 年广东也发生了大规模的天地会起义，起义军攻占顺德、香山、东莞、清远、英德等十数州县，并围攻广州，全省震动。北方则发生了张洛行领导的捻军起义。在大陆地区形势的影响之下，台湾地方各种反清斗争

---

① 刘家谋：《海音诗》，《台湾杂咏合刻》，第 7 页。
② 同上书，第 9 页。
③ 徐宗干：《请筹议备贮书》，丁曰健：《治台必告录》，第 281—286 页。
④ 同上。
⑤ 徐宗干：《答王素园同年书》，丁曰健：《治台必告录》，台湾文献丛刊第 17 种，第 349 页。
⑥ 徐宗干：《请筹议备贮书》，丁曰健：《治台必告录》，台湾文献丛刊第 17 种，第 284 页。

也遥相呼应，此起彼伏。台湾兵备道徐宗干给闽浙总督的报告中称："近年剿办竖旗匪徒，几成年例。每次骈戮，多至数百人。……而旋灭旋起，……根株未净，萌蘗又生"。[①]咸丰三年，台湾发生了李石、林恭的反清起义。

咸丰三年夏四月，台湾县人李石借闽南小刀会占领厦门之机，与杨文爱、林清等在湾里街树旗响应，以"兴汉灭满"为号召，从者甚众。知县高鸿飞率兵往讨，中伏被杀。二十八日，林恭率众冲入凤山县署，杀死知县王廷干、典史张树春等人，占据凤山县城。五月，林恭又分众进攻郡城。分巡台湾兵备道徐宗干命署台湾县事张元杰率兵围剿，七月，林恭、李石先后被捕遇害，起义失败。[②]同治元年，台湾爆发了戴潮春领导的八卦会大规模起义。

## 二、起义的爆发

### （一）八卦会的蔓延

戴潮春，字万生，彰化县四张犁人，祖籍漳州府龙溪县。戴潮春家素裕，世为北路协稿识。其兄万桂，以田租为阿罩雾人所占，与张水诨号五股水者召集股户为八卦会，立约有事相援。咸丰十一年冬，知县高廷镜下乡办事，戴潮春执庄棍以献，而北路协副将夏汝贤对其心怀猜疑，兼又索贿不从，将戴革退伍籍。时万桂已死，戴潮春既家居，乃召集旧党为八卦会，其头目称"香主"，入会者谓之"过香"，每名纳银半元，以"洪英兄弟"相称。[③]过香之事皆在夜间举行，环竹为城，城分四门，守门神将称韩平、韩福、郑田、李国昌。中设香案三层，谓之花亭，上供奉五祖神位。北门外立一香案，书戴潮春长生禄位，冠以"奉天承运天命大元帅"等名号。旁别设一几，奉朱一贵、林爽文等人为先贤。凡先入会者，谓之"旧香"，首包红布，披发跣足，在场执事。其将入者

---

① 徐宗干：《上刘玉坡制军论治书》，丁曰健：《治台必告录》，台湾文献丛刊第17种，第335页。

② 连横：《台湾通史》，北京：商务印书馆，1983年，第609—611页。

③ 林豪《东瀛纪事》、吴德功《戴施两案纪略》及蔡青筠《戴案纪略》均记载戴潮春召旧党立"天地会"；而连横《台湾通史》"戴潮春列传"则记载乃集旧党立"八卦会"。然林爽文起义之后，清廷对天地会曾严厉查禁，参与者均为"斩立决"或"绞立决"。戴潮春世为北路协稿识对此不会不知，且其立会的目的原本系为了保产，拒贪官之索贿，似无必要以"天地会"之名自干律令，故当以立"八卦会"为是。参见《台湾省通志》卷九革命志拒清篇第三章拒清运动"戴潮春之役"及邓孔昭：《台湾八卦会和戴潮春起义》，《台湾研究集刊》1984年第4期。

谓之"新香"，十数人为一行，叩门而入。问："何来？"答："从东方来"。问："何为？"又答："将寻兄弟"。红巾者导新香跪于案前，斩鸡立誓曰："会中一点诀，妻子不能说。若对人泄漏，七孔便流血"。宣示戒约，然后出城，牵白布为长桥，由桥下穿出。红巾者问："何不过桥？"则应曰："桥头桥尾俱有大兵把守，不得出"。问："今何能出？"又应曰："五祖化小路一条，导我逃生"云云。最后，授以八卦及会中隐语，方出。途中遇强劫，若隐语相符，皆免。其时内地太平天国革命运动方兴未艾，台湾亦人心惶惶，郑玉麟、黄丕建、戴彩龙、叶虎鞭等同谋举事，转相招纳，南北两路不逞之徒多聚党以应之，入会者渐多，以致富户挟巨资始得入会过香，到后来"总计过香上簿者多至十余万"，[①]声势大增。

### （二）攻占彰化

台湾地方官平时文恬武嬉，无所防备，及见会党势力肆蔓扩张，地方动摇，又心生恐惧，思以武力镇压。同治元年三月初九日，台湾兵备道孔昭慈驰赴彰化，檄令淡水同知秋曰觐来彰会办。秋曾任彰化县令，威武素著，闻会众声势浩大，思作擒王散党之计，毅然偕北路协副将林得成、守备游绍芳带兵千余名出战；金万安总理林明谦保荐林日成，即"戆成"，带勇四百名，阿罩雾林奠国带勇六百名随军剿办。林日成与奠国虽为同宗，但尝分前后厝械斗，有切齿之恨；而秋任彰化县时曾捕日成下狱，故与曰觐亦有隙。十五日，至东大墩，与戴潮春部下大股会党交战，林日成于阵前突然反戈相向，官兵大败。林奠国退归雾峰之本居地，官兵退驻民间竹围，极力抵抗，会众环攻甚急。秋曰觐企图突围逃出，为其跟丁所杀。守备郭得陞、把总郭秉衡战死。北路协副将林得成被执，囚于林日成家。

戴潮春得知秋曰觐东大墩之败亡，乃挟战胜之余威，于十七日分饬郑玉麟、黄丕建、戴彩龙、叶虎鞭等首领率众围攻彰化县城。其时彰化城中仅有老弱营兵三百余名，兵备道孔昭慈命都司胡松龄、千总吕腾蛟防守堵御，令金万安总理林明谦派各街铺勇助守，并令鹿港人施九挺回鹿召勇，但并无一人应援。时义军占据八卦山，居高临下，俯瞰城内，炮如雨下。二十日拂晓，义军得城内会党之内应，攻占彰化县城。清兵皆脱号褂，投兵器以降。戴潮春自称大元帅，

---

① 吴德功：《戴施两案纪略》，台湾文献丛刊第47种，第4页。

迅即入城安抚，百姓皆具香案鼓乐以迎。各官被执者，囚禁金万安局。兵备道孔昭慈仰药自尽，南投县丞钮成标、幕友姚兹被郑玉麟所杀。北路协副将夏汝贤以贪酷激变，被全家处死。对前任知县高廷镜、马庆钊，戴潮春则书"清官放回"四字，送之鹿港。知县雷以镇也任其持斋入菜堂（佛堂），得以不死。守备游绍芳、千总吕腾蛟均陆续释回鹿港。①

戴潮春入城后居北门外妻兄许慕舍家。以戴彩龙为二路副元帅，郑玉麟为大将军，麟兄郑猪母为都督，城内人卢裕为飞虎将军，郑大柴为保驾大将军。以陈在据梧栖港，称镇港将军。黄丕建、叶虎鞭、林大用、陈大戆、戴老见、戴如川、戴如璧皆称将军。丕建父黄小脸称老元帅。设宾贤馆以处文士，令岁贡生董大经为宾贤馆大学士。以陈有福为殿前参谋大国师，相士董阿狗为副国师，外甥余红鼻、乌鼻为左右丞相兼管刑部，乌鼻弟为礼部尚书，黄秋桐为户部尚书，李炎为兵部尚书。设应天局于书院，以蔡茂猪为伪备粮使司，办理局务兼内阁事务。以魏得为内阁中书。②同时送黄马褂及令印与林日成，冀其相助。其时，北路协副将林得成尚被羁留于林家，则劝日成杀戴潮春立功；族之殷户欲鸠巨金与日成，使助官。日成犹豫未决。③彰化人江有仁，曾率台勇赴内地剿太平军，积官至蓝翎守备，说日成曰：天下十八行省，已乱十三省，"内地粤寇未平，必无暇及此，不若乘机举大事"。④日成然其说，谋遂决。令其党刺字于面，自称大元帅，封江有仁为军师，何守为扫北大将军，卢江为粮官，王万、何有章及弟狗母各称将军。林猫皆为中军，掌其帅印，每事倚任之。

戴潮春攻占彰化县城后，各处会党皆揭竿而起，杀汛弁响应。小埔心巨族陈弄，诨号哑狗弄，称大将军，召集"罗汉脚"，树旗响应。茄投大姓陈鲋，亦称元帅，与将军陈梓生、陈狗母、赵戆、刘安等据茄投大肚溪响应。水沙连殷户洪欉，家北势湳，山溪险僻，戴潮春封其为元帅。关帝厅萧金泉称三元帅。牛骂头蔡通称西保元帅。葫芦墩纪番仔朝称满汉将军。南门外三十五庄大姓张赤、西螺廖谈、涑东廖有誉、廖安然、内山刘参筋、林海、吴文凤、海峰仑邱阿福、康江中皆为将军。嘉义则有牛朝山严办，潜往彰化领会党令旗，召集民众入会，称征南大将军。柳仔林黄猪羔、大仑吕仔梓称将军。鳗鱼寮黄丁称大

---

① 林豪：《东瀛纪事》，台湾文献丛刊第8种，第4—5页。
② 同上书，第5页。
③ 同上书，第6页。
④ 同上；吴德功：《戴施两案纪略》，台湾文献丛刊第47种，第16页。

都督。廉厝沟许丰年称大总制。赖厝廊赖阿矮称伪先锋。新港东朱登科、坤堵罗猪羔、湖仔内罗昌、台斗坑林忠厚、大溪厝赖猪羔、青埔庄何钱鼠、何万基、水窟头黄猪、八掌溪黄番仔、覆鼎金宋田市、石榴班张窍喙、张公毅等，凤山则有许夏老、刘来成等，郡治有萧垄庄陈盖、杨毛等，淡水则有大甲王九螺、王和尚、陈再添、王江龙、庄柳及粤籍李阿两、钟阿桂等。时彰化一邑，股首有名号者三百六十余人，其领簿为小头目者更不计其数。[①]

## 三、起义的进展

### （一）进攻鹿港

鹿港，距彰化邑治二十里，西临大海，为台湾三正口之一。樯帆林立，舟车辐辏，街衢纵横，人烟稠密，商业繁荣。与泉州一水之隔，海上交通便利，战略地位十分重要，为会党必待攻略之地。但鹿港及附近地方以泉州人居多，与漳州人素不相容。"泉人若反，漳人则助官以平之；漳人若反，泉人则扶官以平之"。[②]戴潮春为了和衷共济，免致分类之变，起事之先与各首领有"联和二属，不相欺凌"之约定，然而未能切实贯彻执行。在攻进彰化城后，营兵多泉州人，凡挐见戴潮春者，皆释之；凡挐见郑玉麟者皆杀之。且"百姓挈眷逃乡，漳人通行无碍；泉人出则被掠，仅得身免"，[③]引起泉籍首领叶虎鞭、陈大戆及林大用等人的不满。

戴潮春自攻占彰化后，先后命粤籍的黄丕建及泉籍的林大用到鹿港安抚，但均不得要领。四月，陈弄率万人之众围鹿港，分三路进攻，鹿港士绅蔡德芳、林清源、黄季忠等率众拒之，互有胜负。适三十五庄陈大戆、二十四庄叶虎鞭因漳、泉互不相容，相率叛离，知鹿港围急，各率数千人来援。陈弄等连攻三日，因腹背受敌不支，乃无功而退。

五月三十日，清军总兵曾玉明（泉州人）率兵六百由鹿港登岸，一面接见士绅，一面招抚各庄义民，饬叶虎鞭、陈大戆随营听差，所部留鹿助守。更采纳二十四庄总理陈捷魁"北联和美线、泉州厝等庄，南联二十四庄及社口等三十五庄以为左右臂"的建议，鹿港的防备益形巩固。

---

① 林豪：《东瀛纪事》，第6—7页。

② 吴德功：《戴施两案纪略》，第15页。

③ 蔡青筠：《戴案纪略》，第7页。

六月十九日，戴彩龙、郑玉麟、李炎等往燕雾庄派饷，于茄苳脚遭陈捷魁率二十四庄丁壮截杀，二百余人或被杀，或被俘，损失惨重。

六月二十一日，戴潮春闻戴彩龙及郑玉麟被杀，大举复仇。二十三日，分队进攻口庄与白沙坑，不克。七月十九日，林日成以万人之众，猛攻二十四庄。戴潮春别遣林大用另分一股由中寮牵制嘉宝潭陈耀，使不得相救，遂连占柑仔井、浦仔庄，并以破竹之势，席卷北境竹仔脚番社，西至和美街数庄，如入无人之境。曾玉明闻报，急命蔡廷元偕叶虎鞭、陈大懋引兵由顶廖庄来援，陈快往新港招募丁壮二百五十名亦赶来助守，并使用新运到之大炮遥轰。会党无奈退回彰化。

八月十六日，林日成于彰邑大圣王庙歃血祭旗，集会众二万余人，分三路再攻二十四庄。林日成率林猫格由大岸头攻白沙坑；郑知母独攻口庄；王万同江有仁由福人坑山路攻虎山岩，杀声震天地。陈捷魁与陈宗文率众分御，阵前督战。铅子如雨，双方血战竟日，皆无少辍。忽叶虎鞭率部由口庄竹巷横截杀出，各庄前来避难之丁壮数千人，亦来助战。会日夕，鸣金收兵。越日再战，不利。林日成见白沙坑路径丛杂，守御得法，未易得手，与江有仁议退兵。独郑知母曰："今兹再退，何日能拔？且此劲敌不拔，终为肘腋之患。"林日成从之，又连攻四日，不克，始退回彰化。是役，会众死四百余人，伤者千余人，损失颇重。[①]

叶虎鞭遂进驻秀水，曾镇六进驻安东，并别令陈毓恩守备分驻仑仔顶，与会党相持。日成自危，乃率黄丕建进攻秀水，虎鞭死守三日，以众寡悬殊，曾、陈又为别股所绊，乃引众出战，力竭负伤；黄丕建本与叶结生死之盟，佯为追逐，阴纵之逸，二十四庄旧勇来救，会党始退。闰八月，都司衔金门左营守备黄炳南率金厦水师四百名及兴化守备练锋带兵二百名抵鹿港。十七日，会党攻番婆庄，炳南应援，进袭四庄及柑仔井、刺桐乡，扫通道路。九月，复进屯口庄。二年正月，叶虎鞭、黄炳南拔乌瓦厝，进屯十四甲，会党亦于枋寮、浦尾、后港仔结营相持。迨三月，记名总兵北路协副将曾元福率台勇千名抵鹿港，清军的防卫更加稳固，会党再也无法攻破。

---

① 蔡青筠：《戴案纪略》，第28页。

### （二）四围大甲

大甲地扼台湾北部之要枢，城低而狭，仅一土堡，居民稀少而贫瘠，且饮水困难，难守易攻。会党如攻占大甲，则可长驱直入，席卷台北一带。同治元年四月，大甲会首王和尚侦知彰化城破，便与会党庄柳、陈再添、王九螺等树旗响应，大甲城原有守备与巡检，均先后弃城遁逃。淡水绅士郑如梁、翁林萃、郑秉经、陈绪熙等得悉秋日觐在东大墩失利的消息后，立即推举候补通判张世英（绍兴人）权视淡水厅事。张世英又与诸绅联名禀请福建巡抚徐宗干，举荐淡水绅士、在籍道员林占梅总办台北军务。占梅接檄后联络各庄社，出家资，备器械，招募乡勇，设保安局于竹堑城中，以蔡宇为勇首，官军在台北的部署略有规模。和尚等占领大甲后，争权夺利，各不相服。戴潮春乃派蒋马泉前往坐镇，然军纪败坏，勒逼铺户，苛派乡民。马泉既不加管束，又不知设防，仅倚和尚为耳目，致为清军所乘。五月五日端午节，林占梅派遣勇首蔡宇、岁贡陈绪熙率勇四百名乘虚自东门攻入，会党措手不及，弃城奔逃。

初六日，和尚等侦知官军不多，复纠众回攻，并断绝水道，练勇环城固守，双方相持于大甲城下。蒋马泉逃回彰化，戴潮春责其不先期告急，抄斩全家。十三日，林占梅檄召翁仔社绅士罗冠英、廖世元会合千总曾捷步、把总周长桂、林盛率师随同代理淡水同知张世英来援。城中蔡宇、陈绪熙开门出击，内外夹攻。会党大败，阵亡三百余人，会首戴瑞必等十二人被擒遇害。大甲遂解围。

二十一日，戴潮春复命扫北大元帅何守率同戴如川、江有仁、陈鲋、刘安、陈在、庄柳、陈梓生、赵懋、杨大旗等二十七营，共万余人，再度围攻大甲，复断绝水道，居上风轰击，城内官军几不支。忽大雨反风，濠边草屋失火，会党据其中者皆惊溃。张世英登城击鼓，罗冠英开城袭击，大甲复解围。

十一月初十日，戴潮春命林日成三度围攻大甲，南埔庄及附近十八庄皆起而响应。官军在水汴头接仗，大落败，下大安庄正黄腰、吴算被会党擒杀，退守城内。十一日，会党攻脚踏等庄。十二日会党诈退，埋伏水尾溪，另以一支由顶店直窥北门，守备郑荣遣勇出城追杀，中伏，勇首柯宗茂等多人阵亡。十四日，罗冠英由翁仔社来援；十七日，林占梅派千总曾步捷带兵勇、铅药至大甲。十八日，会党分三路围攻，曾步捷、郑荣带兵出东门，黄定安、陈此出西门，罗冠英合海口庄丁出中路以拒，双方大战于水汴头。林日成在牛骂头遣藤牌军骤至，横冲直撞，势如狂风暴雨。官兵东西两路皆溃，罗冠英被困中央，危急中得柯九、柯兴死力冲杀，方突重围收兵，死伤甚多。是夜罗冠英回翁仔社，谋再募兵，留柯兴带兵屯社尾，柯九屯营盘口，陈此屯顶店以拒守。会党亦据四甲、横圳、溪洲以相持。二十六日，会党以火箭从南门射入，城内大火，乘势攀登，适雨至，官兵冒雨堵御。十二月初一日，郑荣带兵五百攻会党松仔脚营地，会党以六十余人迎战，官军失利，退至柯九营前，九分兵出援。会党复分路由水汴头而来，何守、江有仁、王和尚皆黄罗青盖红伞帅旗，指挥作战。噶玛兰生员黄某带屯番三百名与保安军夹击于水尾坑，会众乃退。自是日日血战。初十日，会党倾巢北上，以千余人进攻脚踏庄。其水汴头之会党自溪埔直趋南门；另一股由东南袭顶店营，径捣东门，至西时方退。十一日，会党于途中截杀竹堑总局派运铅药的兵勇，并断水道。十二日，兵勇往通水道，会党邀战于铁砧山东，新埔兵勇先溃，各队皆不支。会党蚁集西、南二门，悉力攻扑。遭屯番开炮轰击，乃退。十三日，罗冠英、廖廷凤等带生番、乡勇千余名分别由大甲溪、六分崎二路来援大甲。时城外会党进驻新社，攻顶店营甚急。冠英与会党邀战于新厝仔，并大安庄丁合攻溪州、水汴头会党营地。城中官军闻炮声，分道出城接应，顶店会党乃退。廷凤督生番冲入，与冠英会合。日暮，犹冒雨进，会党势败，大溃。十四日，庄丁列队于城外，冠英合队围剿；会党伤亡颇重，尽退过溪，大甲解围。

同治二年正月，林日成复率其精锐第四次围攻大甲。十三日，候补同知王桢率林盛、陈瓶至磁磘庄，林日成率会党掩至，势如骤雨，官军不敌。王桢几为所获。日成进驻磁磘庄后，督众填平水道，并连日分股攻城，四面合围，城内大困。不料会首镇北将军与大甲有密约，缚箭书射入城内，嘱勿惊溃。十八日，林日成登铁砧山，复与官兵战于水尾庄，忽中炮折其两齿，大惊，乘夜绕道鳌头山后回四块厝疗伤，何首乃乘机率众撤退。

自同治元年五月至二年正月，会党四次围攻大甲，但最终未能攻下。

### （三）斗六歼灭战

斗六之形势，东南一带雄负高山，前有东螺溪，南有虎尾溪，距嘉义县治四十余里，民俗强悍，乾隆二十六年始设巡检以分治近山。同治元年五月，戴潮春以彰化城让与林日成之后，亲自南下行籍田之礼，以笼络民心。时水沙连、嘉义等地会党皆领红旗，据地响应。庄天赐乘机献计于戴曰：当今声势日炽，当先取斗六门，进攻嘉义，以围台南，戴潮春从之。①五月，戴潮春率万人之众攻略斗六门，因无城垣，官兵结垒自固。都司汤得陞并遣镇标右营千总蔡朝荣引兵出战，被会党包围，马倒被杀；适副将王国忠举兵来援，会党乃退。

六月，清军台湾总兵林向荣既解嘉义之围，即计议与曾玉明会师攻彰化，奈粮饷不足，且沿途所经村庄，均在会党势力范围之内，知难遽达，拟向就近富户捐派，再联海口泉人村落为声援，以策安全。而兵备道洪毓琛则听信蜚语，谓林向荣勒捐百姓，忌之，飞檄促令出师。林向荣不得已，洒泪进兵。会党二万余人在严办、陈弄、许丰年等率领之下，沿途截杀。石榴班会首张窃嘴、张公毅复率众四千余人来助攻。林向荣不支，遂退守斗六门，就街中都司衙门屯扎。七月，戴潮春复遣会党数千助战，遂将斗六门重重包围。官军外援断绝，副将王国忠率部冲杀数次，均不得出。洪毓琛迭令土库绅士陈澄清带庄勇数百前来增援，嘉义绅士王朝辅等亦遣兵护运粮饷来救，均不得入。

林向荣以数千之众，坐困孤城。粮绝则逐日杀战马、采树子、煮鞋皮为食；弹尽则掘土壁煮硝、烧木柴为炭，制为火药，以救燃眉之急。屯番把总潘永寿与会党潜通，于九月十三日秘密纵火为应，街闾为烬，守军无可栖止，林向荣乃退守土城，遣弟向皋突围求救，转战至海丰仑，力屈被擒。十七日，王国忠率所部勇士三十二人突围，亦被会党包围全歼。是夜潘永寿率所部二百余人投降，插香为号，引会党入土城。官兵枵腹多日，已不能抵御，林向荣仰药自杀。另粮台同知宁长敬、镇标游击颜常春、署斗六都司噶玛兰守备刘国标、建宁营守备石必得、北中营千总沈登龙、右营千总王光春、安平水师千总郑添禄、台协左营千总赵基英及把总黄忠泰、李朝华、李青、林朝来、殷得寿、外委孙朝荣、郑朝龙等官员三十余人暨守城弁，皆力战衰竭而亡，死伤狼藉。

林向荣身为台湾总兵，乃全台三军之司命，在斗六被全歼，大大鼓舞了会党的斗志。九月底，陈弄、严办乘斗六门战胜之余威，率师进驻土库，中绅士陈澄清的缓兵之计，遭袭击，未能立足。严办与向朝江遂率众转攻盐水港。盐水港距郡城仅五十里，会党如能得手，即可乘势以窥郡城。然该地富户甚多，先已未雨绸缪，深沟厚垒，守备严密。会党连攻二日，不下。麻豆义首李成龙、李朝魁、查某营举人刘达元各率精兵驰援，遂相夹攻。向朝江为李成龙所杀，会党乃退。

---

① 吴德功：《戴施两案纪略》，第18页。

### （四）包围嘉义

嘉义为台湾南部扼要之区，如夺取嘉义，则台南随手可得，但嘉义城坚而峻，居民殷实而众协，故林爽文之役，彰、淡俱占领，仅嘉义巍然独存，未能攻下，终至功亏一篑，不无影响也。

同治元年三月，总兵林向荣闻戴潮春起事，令安平协副将王国忠回本居地嘉义防堵，游击颜常春带勇百余名先行，至柳仔林遭会党黄猪羔截击，不敌；王国忠率水师五百人驰至，始得冲出，沿途转战入嘉义城固守。会党攻城甚急，矢石如雨，颜常春以火药猛烈还击，浃旬围始解。

四月，黄猪羔复纠合埤堵罗猪羔、湖仔内罗昌、柳仔林黄万基、黄大鸾会同戴彩龙、陈弄、严办等率会党万余人再来围攻。埤堵、湖仔内及柳仔林为嘉义附县要隘，三庄响应会党，南北声息不通，嘉义便又遭围困。初七日，林向荣统兵三千出郡救嘉义之围，以都司陈宝三为统带，同知凌长敬为粮台。初九日，军次枋堵，闻会党据南靖厝、后寮仔等处，不能前进，遂结五大营相犄角。双方相持于八掌溪交界，各有胜负。二十八日，会党增兵来援，分据白沙墩，截断盐水港粮道；官兵前后受敌，颇有伤亡，水师左营守备蔡安邦、把总周允魁、外委李连陞、周德荣落水死。自是青寮、后壁寮尽为会党所占。五月，兵备道洪毓琛派千总龚朝俊带番兵五百名，从九品陆晋带勇二百名护饷来援。初五日至安溪寮途中，向朝江率会党淹至，陆晋被其勇所杀，分银而逃。龚朝俊转战至安溪寮扎营。初七日，会党乘胜攻击林向荣大营，官军溃散，兵器粮弹尽为会党所获。朝俊分兵应援，救林镇于荒野，仅剩二卒，乃相与退守安溪寮。初九日，移驻盐水港，收集溃众。洪毓琛赶造军械，源源接济。而林向荣堂弟林向日适自厦门募精兵五百名来救，官军势复振。加以柳仔林黄猪羔、店仔口吴墙见会党惟知骚扰地方，毫无计划，相率降官。会党实力削弱，压力大减。六月初，林向荣以嘉义被围已三阅月，弹尽粮绝，危在旦夕，遂选精锐八百名，以林有才、王飞琥为先锋，守备龚朝俊、把总宁长泰、外委柯必从等分道赴援，把总段得寿亦引屯番三百人前来会攻。陈弄、严办与之连战数日。初八日，股首黄房、王新妇于阵前被擒，遇害。官军乘胜直薄城下。城内绅士王朝辅、陈熙年率勇出击，内外夹攻，会党溃退，嘉义再度解围。

迄九月，会党攻陷斗六门，清军精壮丧失，南路空虚，洪毓琛急遣候补未入流姚僮募南路粤勇五百名，并添调屯丁五百名驰赴嘉义，协助知县白鸾卿、参将汤得陞合力守御。时会党议攻嘉义，刘仔匿谓戴潮春曰："斗六既破，各处丧胆，若悉锐鼓行而南，郡城必望风瓦解，郡城既得，据中枢以号令全台，嘉义不攻自破，今以全力攻一小邑，嘉义城坚而众协，急切未易下也。"[1] 戴潮春未予采纳，于是，令陈弄、严办、吕仔梓、廖有誉、廖谈、洪花等第三次围攻嘉义。黄猪羔见势复投入会党，加以北路何守、陈鲋皆率众前来助攻，拆毁民居，环筑土围，数十步立一炮台，高与城楼等，以瞰城中虚实。严办、廖谈、洪花等妻妾皆立阵前督战，逐日攻击，志在必得。城内绅士王朝辅、陈熙年、总理蔡鹏飞等设联义局，抽市厘，派民兵，全力死守。

十二月，署水师提督朴勇巴图鲁吴鸿源统兵三千来台后，即蒐集各方军报，计议进取之策。同治二年正月十日，进驻进盐水港，以店仔口会党降将吴墙为向导，并令同知张启煊、盐大使秦培恩、守备徐荣生与苏吉良率员一千名，镇中游击洪金陞、镇标左营游击叶得茂带兵四百名进屯鹿仔草。十五日，洪、叶二游击及守备徐荣生带兵四百人，复由鹿仔草转进至埔心之南靖厝，后寮会党由后包抄，大仑、二重沟会党纷起袭击，叶得茂及千总林茂生战死，把总吴祯祥与荣生据险邀击，引军徐退。迄二月十二日，提督吴鸿源得诸军已攻克上树庄头并进军马稠后庄事军报，遂命洪金陞分札白沙墩，同知张启煊、通判杨兴邦进驻水堀头街以为掎角之势。自以吴墙为向导，亲统游击周逢时、守备苏吉良进发，攻占后寮仔庄，会党元帅、先锋十八名被俘。马稠后庄为官军救嘉义必经之路，会党守军王禄拔三面受敌，始慌乱，求救于陈弄，又得林向荣旧属陈吉生之反间诈报："彰化已失，令各营三更尽撤"。王禄拔大惊，弃军而逃。陈弄闻拔败，又闻彰化失守之谣，亦仓皇撤退，遗辎重器械无算。吴鸿源遂长驱进驻嘉义，围乃解。

# 四、起义的转折

## （一）清军反攻，夺回牛骂头、梧栖

同治二年元月，林日成围攻大甲时中弹，回四块厝养伤。戴潮春率众转移南部，全力围攻嘉义，东北方面防卫单薄。林占梅指挥清军趁隙乘虚，发动反攻。元月下旬，在当地绅士蔡怀斌的接应下，游击陈捷元、勇首蔡宇率勇五百名攻下牛骂头。二月初四日，蔡宇乘胜进攻梧栖，会党守将镇港将军陈在拥兵

---

[1] 林豪：《东瀛纪事》，第27页。

巷战不退，绅士杨清珠率乡勇夹击，陈在最终不支，败走，梧栖又为官军所得。牛骂头、梧栖两汛为通海要港，被清军夺回，对会党军需弹药的接济与补充有很大影响。

与此同时，淡水同知张世英亦遣罗冠英、廖廷凤先后攻占马公厝、新广庄。十六日，克壩仔庄，进迫戴潮春之根据地四张犁。张世英屯兵翁仔社，据四张犁之上游，先断其水道，使四张犁横亘二十里内涓滴不通，以动摇其军心。时戴潮春已往嘉义督战，留守陈梓生指挥会众据铳柜楼死守，官军连攻数次，死伤甚多。双方鏖战至二十七日夕，官兵掘地道深入铳柜楼爆破，始在混乱中攻入四张犁，获旗帜器械粮弹甚多；旋出兵收复四周村庄及附近据点。林日成闻四张犁之失，迅即率陈狗母、廖安然等死力来争，惜为时已晚，无功而退。各地会党闻梧栖及四张犁之失，士气大为沮丧，加以清廷派兵遣将，陆续来台增援，双方强弱之势，悄然开始转变。

林日成回四块厝养伤后，彰化城遂交由江有仁、陈梓生、郑猪母、卢江及刘安等防守。鉴于四张犁、梧栖等地之失，宾主之形，已经易位，会党遂转取守势，加强彰化外围据点，尤其对鹿港方面的防御工事。如后港仔庄、浦尾庄、大岸头以及待人坑等处，皆有竹围，岸高如墙，密箐编排如城，且遍埋竹签，挖掘陷坑，围内再筑高墙，四周各架设望楼，莿竹坚硬如铁，刀斫不断，火烧不透，比城墙更加坚固。其时，新署台湾挂印总兵曾玉明由鹿港进驻秀水，发起攻势。官兵以草把卷其竹签，肉搏而过；会党于铳楼发射，以大钉补钉之。官军造"孔明车"，上蒙湿水棉被，下伏兵士，迫近攻击；会党以铜铳子以油炒之，且制如两头尖，射透棉被及"孔明车"，官兵死三十余人。官军又造土堡高四丈余，以安大熕击之，然命中率不高，会党又挖土坑以避之。①

截至四月，双方对峙数月之久，各不相下。闽浙总督耆龄复派督委游击萧瑞芳、守备陈启祥解运大炮十门，由冲西抵鹿港；再命记名总兵北路协副将曾元福（泉州晋江人）带兵千人，由鹿港登陆，经旬日之整顿，即进驻白沙坑。官兵观音山之前锋，距彰化城仅四五里，会党踞守大岸头及浦尾以拒。曾元福遂分兵二路进攻：一由虎山岩后扩底以攻待人坑；一由乌瓦厝以攻大岸头，令五品蓝翎梁辰、把总林逢照、林清辉分别督战。又约曾玉明进攻后港仔及浦尾，以分其势。另二十四庄绅士陈捷魁、李文华、陈宗文亦各引庄兵助战，连攻数

---

① 蔡青筠：《戴案纪略》，第44—45页；吴德功：《戴施两案纪略》，第38页。

日，仍不能下。萧瑞芳以大炮轰击，奈竹围甚密，虽中弹，只折其半，反而倒垂转护铳柜楼之墙，故猛轰多发，亦不奏效。

南路方面，提督吴鸿源自二月中旬解除嘉义之围后，乃遣苏吉良、徐荣生进攻刘厝庄、小定厝、上塗沟、下塗沟等数十庄，旨在扫清沿途会党，疏通道路，然后移师会攻彰化，免蹈林向荣中途被围之覆辙。五月，兵备道洪毓琛又轻信蜚语，认为二重溪吕仔梓一竹围之地，何以连攻两月之久尚不能下，责以"拥兵滞逗"之罪。吴鸿源愤而班师，遂罢职。督宪檄令曾元福接代水师提督之缺，曾即纡海道至麦寮港登陆，接篆视事。兵备道洪毓琛亦于六月，因病卒于任所。

此后数月，双方攻防仍有接触。六月，陈捷三、陈云龙与会党战于浊水溪及攻略南投、放厝坪等地；七至八月，攻夺集集之拉锯战；九月罗冠英、廖廷凤之攻克东大墩、石岗仔、枋寮、土牛以及新庄仔、乌铳头、番仔寮等地并打开通往阿罩雾的道路，可谓为清军肃清彰化外围，攻击彰化城邑之序幕战。是月，会党镇北将军中寮人林大用（泉州籍）见大势已去，向曾玉明军营投降。彰化城守将陈梓生、陈鲌、王万等得悉中寮沦落敌手，距城不满三里，知难久守，遂将贵重财物潜运四块厝，由林日成死守其根据地，思所以持久抗拒官兵之计。仅江有仁、林猫等留守彰化城邑。

### （二）丁曰健、林文察渡台增援

正当守城会党与官兵相持不下之际，在籍道员林占梅向福建巡抚徐宗干陈述进兵之要，称："我军前后进剿，非不能战，乃迄久未克者，诚以诸军皆由鹿港进兵，贼已备悉虚实，若得省垣遣一大员由淡水登陆，沿途招兵选勇，以壮声势。然后，某统练勇，同时南下，一路剿抚并行，贼闻风胆落，将不战自下。"[1]徐宗干遂会同闽浙总督左宗棠奏准以丁曰健补授台湾兵备道，督办全台军务，调度各路官兵。丁曰健接奉谕旨之后，即挑省兵四百名，由参将田如松总带，于九月初四日配船先发；自己督同亲军人等另驾轮船于九月初七日由省城罗星塔登舟，初九日，在淡水之沪尾登岸。初十日驰赴艋舺。[2]丁曰健早先曾先为嘉义县令，后任淡水同知，颇有威望，即召集故吏门生，旧时部曲，选

---

① 林豪：《东瀛纪事》，第27页。
② 丁曰健：《由省对渡添调丁勇迅筹剿办折》，丁曰健：《治台必告录》，第425页。林豪《东瀛纪事》、吴德功《戴施两案纪略》及蔡青筠《戴案纪略》均将丁曰健渡台时间误为十月。

勇三千余名至竹堑厅治，会同林占梅克期进兵。

另八月初三日，清廷亦以署福建陆路提督林文察为台湾阿罩雾人，熟悉情形，准左宗棠所奏，令其拣调得力将士渡台督攻。[①] 林文察由泉州蚶江对渡麦寮港，登岸后纤道迳回本居地阿罩雾，号召旧部，联络绅团，以壮兵势。

### （三）官军夺回彰化

十月初八日，丁曰健由大甲抵牛骂头，与诸路官兵会合，令张世英、陈捷元、罗冠英由拣东攻林日成根据地四块厝，以资牵制；绅士蔡怀斌、蔡鸿猷、杨清珠等以乡勇攻福州厝、水返脚，会党蔡通、杨大旗等投降。十六日，林占梅率绅士翁林萃、陈尚惠等督勇首蔡宇、林忠艺、林南山、郑义等引兵三千，进扼山脚庄，并以"保顺安良"招抚庄民。时陈鲋据茄投，赵憨据大肚溪，何守据水师寮凭借竹围铳楼，顽强固守。官军于二十六日迭次猛攻，仍不能下。二十七日，林占梅偕乡勇蔡怀斌、蔡鸿猷复绕道梧栖分三路进攻水师寮及何厝庄。别令王祯、郑荣协攻海埔厝。何守（泉州人）遂于军前投降，水师寮、何厝庄皆为官军所得。赵憨、陈鲋仍拼死拒战。忽蔡宇、郑荣、王祯引兵从后路冲杀，始率残部撤回彰邑。

十一月初一、初二日，曾玉明、丁曰健率军猛攻彰化城，林占梅也督团助战。会党虽极力相拒，"城上枪炮雨下"，[②] 但势已不支，大多数皆有降意。江有仁则力持不可，声言明日当悉锐攻鹿港及后港仔军营。然曾玉明已派绅士蔡鸿猷、杨清珠等觅线民混入彰化城内，初二日半夜，官军再次攻城，线民乘机纵火，打开城门，曾玉明督军由西门而入，丁曰健督军由北门而入。陈鲋、陈梓生、陈在、刘安、赵憨、卢江、陈狗母诸首领从东门逃入四块厝。江有仁、陈卯、余茂胜、林宝、黄旭等被擒，遇害。初三日，官军克服彰化城。[③]

---

① 《清穆宗实录选辑》，台湾文献丛刊第 190 种，第 49 页。

② 丁曰健：《会师克服彰化暨猫雾地方并各要隘折》，《治台必告录》，第 440 页。

③ 官军克服彰化县城，吴德功《戴施两案纪略》及蔡青筠《戴案纪略》均误为十二月初三日，现据林豪《东瀛纪事》及丁曰健《治台必告录》予以更正；又林豪《东瀛纪事》记官军克服彰化县城乃林占梅先入，而丁曰健《治台必告录》及吴德功《戴施两案纪略》则均载曾玉明先入，且吴德功"亲见其事，是日亦偕伯父入城，故知之甚详"（吴德功：《戴施两案纪略》，台湾文献丛刊第 47 种，第 47 页），当以此为准。

### （四）戴潮春、林日成战败遇害

彰化城邑及附廓外围经清军安抚肃清之后，台澎兵备道丁曰健即檄请诸将会攻斗六门，连日猛攻，戴潮春死力拒守，不下。林文察继至，经观察认为附近各庄接济不断，故难以攻破。乃遣四品军功洪廷贵赍檄驰赴彰、嘉交界之处招抚，百二十余庄闻风归附。许丰年、黄猪羔、张窍嘴见势穷日蹙，皆降。林文察复令其弟副将林文明引兵截断水沙连之路，他里雾、溪洲各庄亦来归附，长围之势渐合。十一月十八日夜，参将关镇国、游击白瑛等率军攻下斗六，附近村庄，多被毁平。[①] 戴潮春则乘隙逃脱，与北投股首洪欉派来支援的会众千余人集聚于张厝庄，仍行抵抗。官军由参将关镇国、游击林鹏程等率领自十二月初五至初八日分五路围剿，先扫清外围大小四十余庄，初九日，将张厝庄焚毁。戴潮春率残部数百名冒烟突火，撤往芊寮仔庄，凭借"该庄坚固濠深，抵死困守"；官军"四面环攻，屡因庄内伏铳乱发，军士多有伤亡"。[②] 十一日至十七日，丁曰健令关镇国、徐荣生饬兵勇不分日夜轮放大炮，会党被轰死甚多。主事周懋琦带领亲军并鹿港局勇，将省解炸炮亲督施击，"庄内屋舍、仓房、铳楼、枪柜先后被大炮、炸弹轰塌焚毁。"[③] 十八日，丁曰健统所部自彰化抵达，官军合力围攻，庄内会党，铅药罄尽。各路兵勇一齐跃壕突围而入，戴潮春"身穿黄衣，绕遁于竹林之内"，被陈朝思、林文光、曾登贵、勇首林得胜等擒获，后为丁曰健所杀；同日被捕遇害的还有会首戴印、陈鸣和等三十二人。[④]

丁曰健、曾元福等人在率军追捕戴潮春的同时，即妥议由家住阿罩雾的署陆路提督林文察统率所部并督其弟参将林文明之团练围剿林日成四块厝根据地。三年春正月，林文察进攻四块厝，以王世清为左翼，以林文凤为右翼，督其弟文明以兵蹑其后，自以精兵直捣中坚。林日成以弟林狗母率陈鲋、刘安、陈梓生等守外寨，以王万、林猫皆等保内寨拒战。官军连攻三日不克；五品军功林赤中铳阵亡。林狗母力战，为林文凤所杀，会党士气大沮，军心涣散，已无斗志。俄报外寨已破，内寨亦危，日成自知不免，令人点放火药自焚，爆声如雷，

---

① 丁曰健：《克服彰城斗六并攻克山路抗庄拟即移师赴嘉搜捕到郡接印折》，《治台必告录》，台湾文献丛刊第 17 种，第 446 页。

② 同上书，第 451 页。

③ 同上。

④ 同上书，第 452 页。按：林豪《东瀛纪事》、吴德功《戴施两案纪略》及蔡青筠《戴案纪略》均载斗六破时，戴潮春絜眷及死士数十人逃投七十二庄张三显家中，张劝其自首，并将潮春执送北斗丁曰健营中。与丁曰健奏折所载有较大不同。

日成与妻及王万等会党二十四人皆血肉横飞，壮烈成仁。会党丞相庄天赐、将军黄丕建也分别被捕，为林文察所杀害。[①]

## 五、起义的余波

在清军优势兵力的镇压下，起义的首领戴潮春及林日成相继被害，但其余的会党并未就此放下武器，束手就擒，而是在各地继续坚持抗争。

### （一）七十二庄张三显

张三显世居七十二庄，以雄武霸一方。陈梓生、陈鲋等自四块厝逃出，冀图东山再起，乃劝三显复出，挂青旗为号，大肚陈狗母、赵憨、北势湳洪欉及会党余众陈在、叶中、叶青、王寿等皆引众前来响应。三月二十七日，会党数千人据八卦山及市仔尾，俯攻彰化城。时清军初退，城内空虚，知县凌定国闻变即命五品衔吴登健缒城奔二十四庄讨救，并派四城总理率民兵登城固守，自引亲兵数十人分巡各地，未敢出战。旋二十四庄民兵一千三百余人先至，会党与之战于八卦山脚，相持不下。越二日，林文察方攻小埔心未下，闻报，急抽兵回攻市仔尾。同知蔡廷元及林大用也分别引军杀来，诸路夹击。会党因临时聚集之众，见败，遂四散奔逃，三显为其族人捕获，解献丁曰健，遂被杀。

### （二）小埔心陈弄

陈弄退回小埔心后，严密布置，死力拒守。夏四月，林文察率总兵曾元福、同知张世英、游击王世清等各军进攻，不能遽下。官兵遂以大炮轰击，弄开地道以避；官兵复引水灌之，遂不能支。弄妻素勇悍，"每出阵在军前指挥，斗六、嘉义之战，无役不从"。[②]陈弄欲降，妻不从。十九日，罗冠英引勇士廖廷凤、林豹等悉力攻打，弄妻诈降诱之，趁罗不备，用鸟铳横扫，将罗冠英击毙。亲近急救，复被击毙二十余人，官兵大乱。把总王荣升亦死于阵中。[③]林文察援兵大集杀到，弄妻始率众退守旧寨。时寨内粮弹垂尽，林文察复督各军猛攻，罗冠英之弟罗坑复统其兄旧部报仇，拼命夹击，遂失陷，弄妻自焚，壮烈殉身。

---

① 吴德功：《戴施两案纪略》，台湾文献丛刊第47种，第49页。

② 同上书，第52页。

③ 同上；蔡青筠：《戴案纪略》，第56—57页。

### （三）北势湳洪欉

洪欉亦会党中之枭雄，"素与戴潮春、林日成契密，声势煊赫"。[①] 及戴、林败，余众王春、吴金龙、李万禄等皆逃归之，凭借该处与番界接壤，地势险恶以拒守。冬十一月，兵备道丁曰健亲自督军入山剿办。官军步步为营，占据铳柜数座，屡施炮火，击中房屋，倒塌颇多。初十日，洪欉被官军炮轰震毙。[②] 其余会众仍抗拒如旧，十九日，乘官军收兵，大股会众来扑营，铳伤守备郑荣腿部。后双方相持，各有伤亡。至十二月二十一日，官军利用开挖地道，爆破攻入。会众被擒杀三百余名，死于火焚炮击者，不计其数。

### （四）二重沟严办与吕仔梓

严办为会党中能力最强者之一，前围攻嘉义时，北路会党数万齐集，所需粮秣军需皆严办一人策划支给，故为戴潮春所倚重。同治四年三月，严办与吕仔梓复树旗于二重沟，召集青、红旗会党兄弟，欲应漳州之太平军，冀图复起。前将军王新妇之母招新妇旧部起而响应，旗书"为子报仇"；前将军郑大柴之妻谢秀娘，亦称"为夫报仇"，引众来应。"王新妇之母尤悍泼，挺十八斤长刀作旋风舞，壮士二十人不能近"；"同时有女将甚多，皆骁勇胜男子"。[③] 兵备道丁曰健遣知县白鸾卿、参将徐荣生、都司叶保国引兵四千分三路前来围讨，会党亦分三路抵御。吕仔梓首选出阵挑战，徐荣生在左，叶保国在右，白鸾卿居中，猛勇迎击。吕仔梓佯败，先令会众假官兵旗号埋伏要害，乘机截杀，官兵不辨真伪，大骇，阵伍遂乱，严妻侯氏引会众尽力追杀，官兵死四百余人。[④] 越三日，官兵大集，四面环攻；严办死拒铳楼。官兵以大炮炸倒铳楼，肉搏而进，严办阵亡。严妻侯氏力竭被擒，被寸磔。吕仔梓偕妻子奔布袋嘴，四月，逃漳州途中被蔡沙诱擒，沉于海。王新妇之母，勇武过人，于截杀援军林文明前锋林乌狗时，众寡不敌，力战阵亡。独谢秀娘冲杀血路逃出，不知去向。

此后会党余众虽仍有零星的活动，但亦已近尾声。之后，分巡台湾兵备道吴大廷于同年上任之后，更严令查缉八卦会余党，历时多年的起义始告平息。

---

① 蔡青筠：《戴案纪略》，第 57 页。
② 丁曰健：《亲赴彰化内山督军剿灭全股踞逆折》，《治台必告录》，第 480 页。
③ 蔡青筠：《戴案纪略》，第 58 页。
④ 同上书，第 59 页。

# 六、起义失败的原因

## （一）缺乏一个强有力的领导指挥核心

天地会，或八卦会此种会党组织本身较为松散，各股会众之间互相独立，没有隶属关系，各行其是，甚至争权夺利。如大甲王和尚闻知彰化城破之后，率党人庄柳、陈再添、王九螺等竖旗响应，但后来会首"互争利权、各不相报"，致为官兵所乘，大甲得而复失。在主要的领导人之间也是如此。戴潮春在起事之初虽然利用在会党中的地位与威信，成为"大哥"，但林日成等自恃族大丁多，并不将其放在眼里。攻下彰化城后，便争权夺利，互不相容，并演变成戴、林各不相下之局面，最后戴潮春不得不将彰化城让出。两人后来各行其是，自始至终未能形成一个稳固的领导核心，当然也就没有统一的指挥和统一的行动了。

## （二）未能贯彻"联和二属"的既定方针

台湾为移民社会，不同祖籍的居民往往因各种利益的争夺而造成矛盾甚至械斗，有漳泉械斗，闽粤械斗等，从而在不同祖籍的民众之间留下宿仇。"泉人倡乱，则漳属起而攻泉；漳人倡乱，则泉属起而拒漳。粤之于泉、漳也亦然。"[①] 官方对此常常加以利用，以收渔翁之利，这在之前的林爽文和陈周全起义中都曾留下惨痛的历史教训。[②] 为了避免历史的悲剧重演，戴潮春在起义之初就提出"联和二属，不相欺凌"的方针，可惜未能切实贯彻执行，在攻克彰化城后发生了郑玉麟滥杀泉籍兵民以及漳州人藉势欺凌泉州人之事。另外，会党在攻略泉籍人聚居之地鹿港上也有欠妥之处，其结果无异于为渊逐鱼，为丛驱雀，导致叶虎鞭、陈大戆、林大用及何守等泉籍首领的不满，而相继投入官兵阵营，为敌所用，许多泉籍村庄也起而抗击会党，对双方力量的消长及最后的胜负影响颇巨。

---

① 林豪：《东瀛纪事》，第16页。

② 吴德功：《戴施两案纪略》载："林爽文之反也，相国福康安由鹿港登岸，泉人为之接济舟师，卒能削平巨乱，得膺懋赏，则泉人林振嵩也。陈周全之反也，中军焦光宗在八卦被执而为之负匿家中，终能恢复岩邑，得受优任，则漳人林国泰也。"见该书第15页。

### （三）军纪废弛，战斗力不强

戴潮春起义以秘密结会相号召，一哄而起，在短时间内便拥有会众十余万，其间成分复杂，组织松懈，既缺乏严格的训练，又没有严明的纪律，战斗力不强，缺乏攻坚战的能力。在攻阿罩雾、围大甲等战役中，皆是拥有优势兵力，以众击寡，但却未能取胜，结果贻误战机，导致形势逆转。另会党军纪废弛，如戴潮春遣蒋马泉至大甲，百姓皆具香案迎接，会党随后者争攫案上器物。王、陈大姓倚势以压良民，民皆厌苦之。[①] 会党在征战中未能提出与百姓利益相关的纲领或口号相号召，只是徒事骚扰，引起一般民众的反感。而以林占梅为代表的士绅团练则乘机打出"保顺安民"的旗号，谓"归顺者保全之，良善者安抚之"，不少村庄因而竖白旗，倒向官军。[②]

### （四）地方士绅的攻击

与大陆太平军的最凶恶的敌人是曾国藩的湘军一样，戴潮春起义中会党所受到的威胁不是绿营兵，而是地方士绅所组织的团练。由于文教的发展，晚清之际台湾科举中式的人数比以前大增，士绅已经取代了原先的垦首等豪强之士成为社会的领导阶层。戴潮春起义动摇了封建社会的纲常秩序，这些士绅纷纷挺身而出，捍卫自己的既得利益。这些人有鹿港绅士黄季忠、蔡马湖、林清源、生员杨清时、贡生蔡廷元、举人蔡廷魁兄弟；彰化举人陈肇兴、邱位南、沙连举人林凤池、生员陈熙朝、北投堡举人简化成、沙仔仑廪生陈贞元；嘉义城内绅士王朝辅、岁贡生陈熙年；淡水生员陈其英、举人陈维英、绅士郑如梁；茄苳脚拔贡生陈捷魁；土库绅士陈澄清；牛骂头绅士蔡怀斌、杨清珠；加宝潭举人陈宗潢之子陈耀；东势角罗冠英；翁仔社廖廷凤、廖细元、林传生等。他们或固守自保，以遏会党进兵之路；或出赀备械，设团练，募乡勇，随官兵作战，攻击会党。其中特别是竹堑的在籍道员林占梅，奉命总办台北军务，设保安总局于淡水厅治，以生员郑秉经、贡生陈缉熙、职员翁林萃董其事，先守住大甲，扼住会党北上之路；继又夺回由会党所占的梧栖、牛骂头等要汛；后又随官军克服彰化城，给会党造成很大威胁。

---

① 林豪：《东瀛纪事》，第19—20页。
② 同上书，第38页。

# 七、结语

同治初年的戴潮春起义是台湾历史上持续时间最长的一次起义，目前虽无资料证明戴潮春起义与太平天国有直接的联系，但它明显地受到太平天国运动的影响，在封爵、蓄发等方面模仿太平天国的一些形式。戴潮春起义杀死了一些平日鱼肉百姓的贪官污吏，沉重打击了清朝的封建统治，牵制了清军的一些兵力，对太平天国的斗争客观上起到了配合作用，是中国近代反封建斗争的一个重要组成部分。

戴潮春起义的一个显著特点是不少妇女参加了起义，且英勇善战，发挥了重大作用。如陈弄妻陈氏、严办妻侯氏，"临敌决战，有勇有谋，刀临颈上，至死不悔"；[1]"悍厉实胜健男，有百折不挠之概。二妇每遇败阵，必亲统死士殿后"。[2]还有前面所说的王新妇之母，为子报仇；郑大柴之妻谢秀娘，为夫报仇。廖谈之妻蔡迈娘则更是"誓死于红旗之下而目始瞑"，[3]在台湾地方反封建斗争的历史上写下了可歌可泣的一页。

——原载《闽台缘文史集刊》2017年第三期

---

[1]　林豪:《东瀛纪事》，第52页。
[2]　蔡青筠:《戴案纪略》，第58页。
[3]　吴德功:《戴施两案纪略》，第55页。

# "牡丹社事件"

## ——1874 年日本出兵侵台始末

1868 年日本实行明治维新，在政治、社会及经济等方面进行改革，国力渐强，开始对外扩张。同治十三年（1874），日本以征讨杀害琉球船民的台湾"番民"为借口，悍然派兵在台湾南部琅峤地方登陆，攻打牡丹社和高士滑社（又作高士佛社），并企图在台久踞，中国海疆出现了重大危机。清政府一面任命沈葆桢为钦差大臣渡海赴台，加强防卫；一面在外交上展开对日交涉。经过艰难的折冲樽俎，中日双方于当年九月在北京签订了《互换条约》，"牡丹社事件"终于落下帷幕。

## 一、事件的起因：琉球船民被害

"牡丹社事件"的发生与琉球有关。明太祖统一中国之后，于洪武初年开始遣使诏谕琉球，中山王察度即臣服我国。永乐二年，其子武宁嗣位，接受明成祖册封。自是琉球奉明正朔，习明法度，二年一贡。每当新王即位，必来请册，我国必遣使往封，形成了稳定的宗藩关系。清代除了沿明之例外，更在福州设琉球馆，作为琉球贡使之公廨。

同治十年，琉球宫古岛太平山、八重山岛民各乘船二艘，装载方物，到中山府纳贡。事竣之后，于十月二十九日自中山府启椗返回，在十一月初一夜突遇飓风，帆桅折断，船只随风漂流。其中除太平山船一艘顺利回到故里，八重山一艘不知所终外，另一艘八重山船于十一月十二日漂到台湾洋面一小岛，遇台民获救，船上头目松火著、夷官马依德及跟丁、舵手、水手等四十四人登岸，经打狗港李成忠以船接回，将其一行送至凤山县衙门，再转送至台湾府，后又有同船二人获救，亦送至台湾府，由官府发给衣食钱文。其中一名永森宣者患痘身故，由台湾府给棺收敛。

另一艘太平山船于十一月六日漂至台湾东南岸八瑶湾，触礁船破，船上共六十九人，三人溺水死亡，余六十六人凫水登岸。一行为寻找人家而徘徊，恰遇当地二人，告以若向西行，则将遇大耳人，必将被害，遂带其向南走。因日暮，且离人家犹远，指其路旁岩穴暂宿。琉球漂民不听，且疑此二人属盗贼之类，教其向南行似有诈，遂告别二人，径自转向西行，深夜时宿于路旁小山。七日，继续行路，忽见南方山旁有人家十五六户，有男女居住，其有耳粗而垂至肩者，即高士佛社。社民以小贝壳盛饭与六十六人食，是夜宿于该社。半夜有一人左手握薪火，右手持刀，推门而入，剥取二人之内衣而去。八日晨，该社男子五六人各携小枪，来告知琉球漂民说将去打猎，应等其归来。琉球漂民见该社之人行为怪异，心生疑惧，乃二三人一伙，分散逃出。至离社里许处聚合，并在小溪旁暂歇，此时见有男女七八人跟踪追来，众人又涉溪奔逃。见路旁有五六户人家，内有一老翁名刘天保，字老仙，粤籍，系居住该处与番民贸易者，琉球漂民遂上前求救。刘天保一面领其众人入屋，一面与追来之社民交涉。不料追来之人愈聚愈多，将琉球漂民团团围住，拔刀啁啾作语，剥取漂民衣饰，并分批将漂民带出门外。忽一人裸身奔回，谓皆被杀矣！众漂民闻言惊恐，四散奔逃，其中仲本、岛袋等九人潜藏于刘天保家，幸免于害。九日，天保之婿来告知此地甚危，不可留，乃邀其九人至其家。其父杨友旺为保力庄庄主，遂又率其子阿告、阿和偕刘天保入石门至双溪口漂民被害之处，见无头尸体累累，知为牡丹社人所杀。另有二漂民从林丛中出来拼命求救。时牡丹社人追来又欲加害，刘、杨等尽词慰解，连同前救九人合计十一人，约以番银及酒牛猪布等交换。继又闻有一人为高士佛社人掳去未死，杨氏兄弟等又赴该社以酒食等赎出。又以酒肉布等赎回被害人之头颅，与尸体合葬于双溪口边。为救出琉球漂民，杨友旺等共付给社"番"番银四十余元、酒十瓮、水牛一头、猪数头、布十余匹。

被救护的琉球漂民在杨家居留四十余日，十二月二十二日由杨氏兄弟等护送离庄，于二十六日抵达凤山县衙署，得到官方的接待，并发给每人棉衣一件。二十九日又由衙役护送至台湾府城，与前获救的八重山人会合。漂民中署名张谢敦、充得秀二人且向台湾地方官员呈递陈情书，报告海难被害及获救经过，请求配船送至福建寓馆，俾早得回国，云云。①

同治十一年正月十日，两批获救琉球漂民由官役护送，乘轮船离台，十六日抵达福州，寓琉球驿馆，妥为照顾。福州将军兼署闽浙总督文煜、福建巡抚王凯泰将事件经过具折上奏，称："查琉球国世守外藩，甚为恭顺。该夷人等在洋遭风，并有同伴被生番杀害多人，情殊可怜，应自安插馆驿之日起，每人日给米一升、盐菜银六厘。回国之日另给行粮一个月，照例加赏物件，折价给领，于存公银内动支，一并造册报销。该难夷等船只倾覆，击碎无存，俟有琉球便船，即令附搭回国。至牡丹社生番见人嗜杀，殊形化外，现饬台湾镇、道、府认真查办，以儆强暴而示怀柔。"②

当年六月初二日，琉球获救船民始顺信风搭船自福州起航回国，六月七日抵达那霸。

## 二、日本侵台之策划与准备

琉球虽然在永乐年间就与中国形成了封贡关系，但万历三十七年（1609）日本萨摩藩主岛津义久发动"庆长之役"，入侵琉球，虏其王尚宁，干涉其财政，规定其世子年满十五岁必游鹿儿岛之例，并从琉球与中国的朝贡贸易中获取利益。所以琉球与日本关系的历史虽不如中国之深久，但亦受日本的影响与控制，形成两属关系。明治维新之后，日本实行"版籍奉还""废藩置县"，将琉球编入鹿儿岛县管辖，派驻日本官吏。

同治十一年（1872）七月，琉球漂民在台湾被害的消息传到日本，鹿儿岛县参事大山纲良于二十八日即向日本政府上建言书，声称要向台湾兴问罪之师，"直指彼巢窟，歼其渠魁，上张皇威于海外，下慰岛民之怨魂"。③ 在地的旧萨摩藩士族熊本镇台鹿儿岛分营营长桦山资纪闻讯也急忙赶赴东京，向参议西乡隆盛及其弟陆军省少辅西乡从道和副岛种臣等游说发动征台。

---

① 琉球漂民被害及获救经过，见［日］伊能嘉矩：《台湾文化志》（中译本）（下）台湾省文献委员会编译，1991年，第79—82页有关"生存者仲本筑登上、岛袋筑登上之笔录"；《福州将军兼署闽浙总督文煜、福建巡抚王凯泰奏》，王元穉：《甲戌公牍钞存》，台湾文献丛刊第39种，第1—2页。

② 《福州将军兼署闽浙总督文煜、福建巡抚王凯泰奏》，王元穉：《甲戌公牍钞存》，第2页。

③ ［日］伊能嘉矩：《台湾文化志》（中译本）（下），台湾省文献委员会编译，1991年，第79页。

众所周知，日本很早就对中国领土怀有野心，而台湾孤悬海上，更是首当其冲。1592 年丰臣秀吉侵略朝鲜时就曾有出兵台湾的传闻，其后的村山等安的侵扰以及滨田弥兵卫等事件莫不是日本企图染指台湾的表现。德川幕府末期，日本感受到西方列强的压力，国内舆论即提出以攻为守的策略。佐藤信渊在其《防海策》中即提出应积极经略日本的南方各岛，"使之与琉球国互为犄角，进而出其不意攻占吕宋与巴剌卧亚二国，……再以此二国为南进基地，出动船舶经营爪哇、渤泥以南各岛。或与之修好，以收互市之利；或派遣舟师，趁其脆弱而兼并之。然后驻兵要津，则可耀武扬威于南海"。① 佐藤信渊的构想是近代日本南侵论的嚆矢，其中虽未直接提到台湾，但台湾位于琉球与吕宋之间，无疑也是其构想中应该掌控之地。

19 世纪 50 年代末第二次鸦片战争英法联军侵华之际，鹿耳岛藩主岛津齐彬企图趁火打劫，提出占取福州、台湾说，称："法既得志于清，势将转向而东，先发制人。以今日之形势论，宜先命将出师，取清国之一省，而置根基于亚东大陆之上，内以增日本之势力，外以昭勇武于宇内，则英、法虽强悍，或不敢干涉我矣。夫清国沿海诸地，关系于日本国防者，惟福州为最，取而代之，于国防有莫大之利焉"；② 并强调"早日取得福州和台湾及朝鲜，以强化日本国防，乃是当前之要务"。③ 而吉田松阴在其所著《幽囚录》论保日本之道中更明确提出向外扩张的目标，称"今急修武备，舰粗具，炮略足，则宜开垦虾夷，封建诸侯，乘间夺堪察加、鄂霍次克；谕琉球朝觐会同，比内诸侯；责朝鲜纳质奉贡如古盛时。北割满洲之地，南收台湾、吕宋诸岛，渐示进取之势"。④ 琉球漂民在台湾被害一事对日本而言无疑是一个很好的借口，外务卿副岛种臣赞成兴"问罪之师"，出兵台湾。日本政府开始为此进行一系列的策划与准备。

---

① ［日］佐藤信渊：《佐藤家の全集》下卷，"防海策"。转引自梁华璜：《甲午战争前日本并吞台湾的酝酿及其动机》，《台湾文献》第 26 卷第二期。

② 林子侯：《牡丹社之役及其影响》，《台湾文献》第 27 卷第三期。

③ ［日］岛津齐彬：《齐彬公史料》，第 193—194 页，［日］杉浦明平、别所兴一编：《明治期の开明思想》，社会评论社，1990 年。转引自藤井志津枝：《甲午战争前与日本大陆浪人的思想与行动》，台湾师范大学历史研究所历史学系编印：《甲午战争一百周年纪念学术研讨会论文集》，1995 年。

④ ［日］吉田松阴：《吉田松阴全集》第一卷，第 596 页，转引陈丰祥：《甲午战前的日本大陆政策》，《历史学报》第 13 期；参见自梁华璜：《甲午战争前日本并吞台湾的酝酿及其动机》，《台湾文献》第 26 卷第二期。

（一）实施"琉球处分"方案，为出兵台湾制造借口

如上所述，近代以来琉球虽然为鹿耳岛县所控制，但仍与中国保持宗藩关系。为了切断中琉宗藩关系，副岛种臣拟定"处理琉球之三条"，实行并吞琉球的计划。同治十一年八月十二日（1872 年 9 月 14 日），日本天皇利用琉球伊江王子尚健赴东京晋见，呈递琉球王奏文和献贡之机，册封尚泰为日本的藩王，并叙为华族。① 琉球王被夺王位，列为与日本旧藩王相等的华族身份，日本达到琉球处分的第一步。副岛又继续提出"对琉球藩王具体五条"，包括赏赐尚泰三万日园、贵族衣冠、东京宅邸等。接着又在琉球设立外务省那霸分部，派外交官四人驻琉，代办一切外交事宜。同时照会各国公使，声称琉球已归日本，将琉球与美、法、荷三国所订条约改为日美、日法、日荷条约。此既为日本并吞琉球的开端，也是其借口保护本国人民出兵侵台计划的第一步。

（二）高薪延聘李仙得作为侵台帮手

日本虽定下出兵的计划，却苦于对台湾相关的情况了解不多。外务卿副岛种臣得知美国海军曾与台湾"生番"作战，乃向美驻日公使德朗（C.E.DeLong）查询经过，并商借美国海军所有的台湾内山及港湾地图。其时正好美国驻厦门领事李仙得（Le Gendre 又译作李让礼）因与美国驻华公使镂斐迪意见不合，请假回国，途经日本，李氏携有整套的台湾地图和照片及多种有关资料。德朗正为无法满足日本人要求而苦恼，闻讯大为兴奋。李仙得除透露他曾与"生番"订有救护遭难美商船员协定，"生番"历经照约行事，以及中美之间关于台湾的其他谈判，目前仍无结果外，并表示如果日本采取行动，亦可从"生番"方面取得同一性质的保证。德朗认为李仙得既愿协助，正好借此机会提供日本政府以最有用的详细情报，以促进驻日公使与日本的密切关系，增进美国的重大利益，因而要求李仙得暂行留居日本，并于九月二十三日（10 月 24 日）将其向副岛种臣作了推荐。

副岛听了关于李仙得的经历及其在台湾活动经过的介绍后，如获至宝，迫不及待于次日立即在横滨接见李仙得，德朗及其秘书等人列席。副岛就台湾"番"地理形势、各社人种数目及其相互关系、"生番"对中国政府态度、台湾要地、港口及附近岛屿概况以至于各地物产产销情形等问题向李仙得做了深入

---

① ［日］伊能嘉矩：《台湾文化志》（中译本）（下）台湾省文献委员会编译，1991 年，第 83 页。

的询问。李仙得则一一作了答复并提出建议。其要点为：一、中国政府对"生番"行为以及"番"社内部事务，无力过问。此次琉球人被杀，传闻中国政府曾下令惩办凶手，地方官憚于"生番"凶悍，不敢采取行动；二、台湾内山十八"番"社头目卓杞笃前经协议救助遭难外国船员，但不包括中国人在内，此次琉球船民被害，实由其容貌与中国人类似，致为"生番"误会；三、美船人员被害之处，中国政府虽认为归中国管辖，究为王化所不及之地，实则该处土地人民均属善良，如经适当交涉，由美国人居住，中国人未尝不可退出。四、当美船人员被害案办结之时，中国政府曾在台湾南端设立炮台，留置兵员守卫，随时救护遭难船员，但数月后即告废弃，另允在原处建立灯塔一所，迄未实行；五、此次琉球人被害，目前处理办法，应先商请台湾官府建立灯塔，随时保护，如不照办，美国并不欲取得该处土地，日本政府如有意统辖该地，可与中国政府交涉，迳在该处建立炮台，派兵守卫，自行保护遭难船员。①对于李仙得所提供的资料及建议，副岛完全是大喜过望。据日本外务少丞郑永宁所撰《副岛大使适清概略》的记载，副岛对于这次会谈的感想是"共话半日，而相见恨晚！"②

九月二十六日（10月27日），副岛再度与李仙得会晤，李仙得逐项陈述，指出台湾官府建立灯塔的计划似乎已无下文，全岛各地驻军稀少，往往有额无兵，岛上居民约二百万，海关收入颇为可观。在副岛的要求下，李仙得进一步提出建议：第一，此次琉球人在台湾被害，日本可与闽浙总督等交涉，声明出事地点未建炮台灯塔，中国政府并未尽到保护遭难船员的责任，依万国公法，日本政府可自行修筑，保护人民，惟应立约为据，以免中国政府反悔。第二，中国遇有外国诘问，往往视台湾为"化外之地"，"究属何国管辖，殊有问题"；日本为亚洲国家，如欲占领台湾，他愿尽力协助；且中国政府在台防卫力量薄弱，只需两千兵力，即可攻取。第三，日本如因出兵台湾，致与中国决裂，自非善策，但既经依照万国公法商请中国政府保护遭难外国人民，中国政府未能办到，日本自行设法保护，乃理所当然；且此一地区迟早必须开发，终有为人

① 《日本外交文书》，第七卷，副岛种臣与李让礼对话书，第5—8页。转引自黄嘉谟：《美国与台湾：一七八四至一八九五》，第七章"日军侵台与美国态度"。

② 郑永宁编纂：《副岛大使适清概略》，《明治文化全集》第六卷"外交篇"，第65页，转引自庄司万太郎：《一八七四年日本出师台湾时 Le Gendre 将军之活跃》，《台湾银行季刊》第十卷第三期。

攫取之一日。[①]

如上所述，日本早有侵台野心，德朗、李仙得力劝日本采取攻略台湾的政策，正中副岛下怀，双方臭味相投，一拍即合。副岛以李仙得熟悉台湾情况，能提供日本政府求之不得的情报，立即以上宾相待。此后副岛与德朗、李仙得不断接触会谈，随着对相关情况的了解愈益详尽，日本对于中国大陆、朝鲜和台湾的企图和计划也日趋成熟和明朗。就对外方面，日本自认为：第一，中国一向确认琉球为藩属，日本则已实行兼并，不再容忍中国的此种态度。第二，依照李仙得提供的情报，台湾分为"生番"、熟番和汉人等地区，中国只能统辖一部分，且其防卫力量薄弱。第三，琉球人在台湾被害之地，不属中国管辖，不必事先通知中国政府，即可以少数兵力径行攻取，一经占领，即难被驱离。第四，台湾在地理上的位置，可以控制中国海和日本海的进口，为日本亟欲占领的目标。第五，朝鲜曾向日本入贡，近年坚持无礼行为，日本政府已决定予以惩罚。第六，中日条约未经批准互换，而中国朝廷拒绝外使觐见，必须解决，否则应停止两国邦交，或进行战争。就对内而言，日本也认为中国国力次于日本，日本实行维新之后，兵额庞大，军备优良，且官兵均不愿徒事操练，而急于表现其作战的能力。日本政府认为与其容忍那些出身各藩的军人在国内滋事，还不如让他们到中国、朝鲜或台湾作战。因为这样不但可以解决琉球的归属问题，取得台湾，侮辱中国，且可以博得日本人民的信任，弭息内部纷争，可谓一举多得。[②]

然而，对外战争并非易事，德朗与李仙得又建议在采取武力行动之前，先竭尽外交的努力，才可有所借口，日本政府予以采纳。为要进行此项交涉，自有待于李仙得提供相关情报，如果诉诸战争，则尤须利用其军事经验及其对于台湾港口和道路的知识。副岛于是一再表示，希望李仙得留下，为日本政府服务。李仙得初时不肯，后经德朗一再诱劝，终于同意。

十月二十一日（11月21日），副岛随同日本太政大臣三条实美谒见天皇，天皇决定不顾任何反对实施上项计划，当晚副岛即于其寓所接见德朗、李仙得，并介绍他们与日本舰队首长会晤。副岛表示日本政府将任命李仙得为助理公使，

---

① 《日本外交文书》，第七卷，副岛种臣与李让礼对话书，第13—15页。转引自黄嘉谟：《美国与台湾：一七八四至一八九五》，第七章"日军侵台与美国态度"。

② C.E.De Long to Hamilton Fish ,Japan, November 22, 1872, USNA: MD, Japan, M-133, R-21. 转引自黄嘉谟前揭书，第七章"日军侵台与美国态度"。

随同日使前赴中国谈判，成功之后即由李仙得负责日本驻华使馆的馆务；如果谈判不协，则派李仙得为日本征台军的将领；如果日军占领台湾，继续统治，即以李仙得为总督，代表日本政府行使政权；并答应完全比照美国驻日公使的标准，付给李仙得每年银圆一万二千元的高薪。①十一日十八日（12月18日），副岛正式照会德朗，申述前日所议事项，略有不同的是拟授以李仙得"钦加二等官衔"，并确定年薪为一万二千元，并要求代为转达。"重赏之下必有勇夫"，十一月二十八日（12月28日），李仙得接奉日皇的敕命，受任为日本外务省二等官，并于两天后正式觐见日皇，表示效忠日本政府，尽力完成所担任的任务。此后李仙得果然陆续向日本政府提出了几十件备忘录（觉书）及许多意见书，积极为日本攻取台湾出谋献策。②

### （三）借换约及觐见之机套取征台"口实"

日本虽然从李仙得处获得不少极有价值的情报，但对中国政府的态度尚不了解，于是接受李仙得等人的建议，以互换条约，并祝贺同治皇帝亲政为名，派遣副岛种臣为特命全权大臣赴中国，刺探中国政府的态度，寻找出兵征台的"口实"。同治十二年二月十一日（1973年3月9日），日皇向副岛颁发了《为生番问罪委让全权》的敕旨，称："朕闻台湾岛之生番，数次屠杀我人民，若置之不问，后患何极？今委尔种臣以全权，尔种臣其往伸理之，以副朕保民之意。钦哉。"③另有《为生番问罪与中国交涉方法四条》的别敕，其内容为：

第一、清政府如果视台湾全岛为其属地，可接受其谈判，由其负责进行处置，应责成清政府为遭杀害者伸冤报仇。清政府必须给予罪人以相当之责罚，对于横死者之遗族给以若干扶助金，并保证今后不再有同样之暴虐事件发生。

---

① C.E.De Long to Hamilton Fish ,Japan, November 22, 1872, USNA: MD, Japan, M-133, R-21. 转引自黄嘉谟前揭书，第七章"日军侵台与美国态度"；《米人李仙得雇人准二等出仕达并副岛外务卿米国公使往复书》，日本国立公文书馆藏档：A03031117700，转引自李理：《李仙得为日本政府提出的"攻台计划"》，中国社会科学院台湾史研究中心主编：《割让与回归——台湾光复六十周年暨海峡两岸关系学术研讨会论文集》，北京：台海出版社，2008年，第11—38页。

② 李理：《李仙得为日本政府提出的"攻台计划"》，中国社会科学院台湾史研究中心主编：《割让与回归——台湾光复六十周年暨海峡两岸关系学术研讨会论文集》，北京：台海出版社，2008年，第11—38页。

③ ［日］伊能嘉矩：《台湾文化志》（中译本）（下），台湾省文献委员会编译，1991年，第84页。

第二、如果清政府认为政令所不及，不视其为属地，不接受上述谈判条件时，则应由朕来处置。

第三、清政府如以台湾全岛为其属地，却事托左右，不接受谈判，则辩明清政府已失政权，且责以"生番人"无道暴虐之罪；如不服所责，则如何处置，任朕之意见。

第四、上述谈判，除以上三条以外，另生枝节，则须注意遵守公法，不失公权而临机处理。①

从别敕内容可以明显看出副岛此次使华目的是"醉翁之意不在酒"，而在刺探中国政府的态度，为出兵侵台寻找"口实"。《副岛适清纪略》附言就明白指出："副岛适清，换约名也，谒帝亦名也，惟伐番之策分。"②副岛自己也说道："使外人之觊觎台湾者，不敢妨我王事；使清人甘让生蕃之地，开土地，得民心，非臣恐无成处；请赴清，藉换约，以入北京，说倒各国公使，绝其媚疾，因与清政府讨论谒见皇帝问题，告以伐蕃之由，正其经界，开拓半岛。"③

二月十三日（3月11日）副岛种臣偕副使柳原前光、翻译官郑永宁由横滨启程来华，李仙得作为代表团顾问随行。代表团一行于三月二十四日（4月20日）抵达天津，之后会晤李鸿章，完成换约手续。四月十一日（5月7日）日本代表团抵达北京，与相关官员接触，于六月五日（6月29日）觐见同治皇帝。

虽然日本代表团此行的主要目的是台湾"番"地问题，但为了避免引起西方列强的猜疑及中国方面的戒备，副岛种臣在先前的外交谈判中绝口不谈台湾事件，不送照会，不亲自交涉，而是在整个行程即将结束之际于五月二十七日（6月21日）匆匆派副使柳原前光与郑永宁会见总理衙门大臣毛昶熙和董恂，先旁敲侧击询问澳门的地位及朝鲜实际独立的程度等问题，最后提到台湾"生番"杀人的话题。中方官员答称："番"民之杀琉民，既闻其事，害贵国之人则未之闻。琉球系我藩属，彼时已将幸存者，妥为救护，并已送还其国。柳原

① 《副岛外务卿へ生番问罪ノ为メ清国应接振四个条别敕》，日本国立公文书馆藏档：A03031118600。参见李理前揭文及［日］伊能嘉矩：《台湾文化志》（中译本）（下），台湾省文献委员会编译，1991年，第84页。

② 《单行书·副岛使清纪略》，公文书馆藏档：A040171196800，转引自李理前揭文。

③ 郑永宁编纂：《副岛大使适清概略》，《明治文化全集》第六卷"外交篇"，第65页，转引自庄司万太郎：《一八七四年日本出师台湾时 Le Gendre 将军之活跃》，《台湾银行季刊》第十卷第三期。

又问：贵国既言已救护琉人，何不惩治台湾"番"民？中方官员答称：台湾之"番"民有生、熟两种，从前服王化者为熟"番"，置府县治之；未服王化者为生"番"，故且置之化外，未便穷治。并称中方所以对"生番"未加穷究，系因政教所不及。然有闽浙总督救护琉人之奏报，待再查阅后，再作答复。柳原知道中方不可能在书面材料中有任何漏洞，便以副岛大使急于束装归国为由，表示不想等待以后的任何答复，总署官员亦未与之深论。[①]

日方借由与中国官员非正式的接触，以及将中国官员疏忽的答话解释为中国政府就台湾"番"界地位所做的明确答复。就在双方会谈的当晚，副岛即迫不及待地向日本政府报告，称已从总理衙门方面获得原先想要的答复，即承认"番"地为中国政令及教化不及之地，任务已圆满完成。此行的目的既已达到，副岛一行遂于六月九日（7月3日）离开北京返回日本。

就在副岛出使中国的同时，台湾附近又发生一起船难。日本小田县备中州人佐藤利八等四人驾船运载盐、席往纪州尾和濑，售出后换回线粉香菇等物，回程时在纪淡海峡遭遇大风，于同治十二年二月十日漂至台湾东海岸卑南马武窟，船碎，物无一存，登岸求救，又遇土人围聚，惊恐之际，幸得卑南番目陈安生救护，在其家中居住三月余，然后由其送至旗后，再经郡城，至六月十二日乘轮船至福州。官府给予衣食零钱，备受优待，最后于二十六日（7月20日）搭轮护送至上海交日领事送回日本。时日本方面曾来函致谢。后日本出兵时竟诬称其难民遭"生番"劫掠，作为其侵台的另一借口。

### （四）派员到中国侦察，测绘地形，收集情报

同治十一年，桦山资纪赶赴东京游说时就向陆军省提出《探险台湾生番意见书》。作为侵台准备工作的重要环节，日本先后秘密派遣桦山资纪、黑冈勇之丞、福岛九成、儿玉利国、田中纲常、成富清风等人潜入台湾，旅行于南北各地，调查地理、风土、民情，收集有关情报，"各复命所见，献替征台之划策

---

① 关于柳原前光与总理衙门大臣谈话的内容《同治甲戌日兵侵台始末》卷一"三月辛未（二十九日）总理各国事务恭亲王等奏"中有提到，但较简略。本文参考［日］伊能嘉矩：《台湾文化志》（中译本）（下），台湾省文献委员会编译，1991年，第84—85页及连战：《台湾在中国对外关系中的地位（一六八三年——一八七四年）》（载薛光前、朱建民主编：《近代的台湾》，新北：正中书局，1977年）一文中有关中日双方会谈的内容。

［良］多"。①其中如同治十二年4月间留华学生黑冈勇之丞由上海赴淡水，经陆路侦察台湾南部地区，于5月底返回北京。另福岛九成伪装成画家，游历台湾。在车城与总理林明国、生员廖周贞会谈，"问此地方原来是否土著民自开而领之，或属台湾府之管辖纳付正供，而得知其为自垦自领之地，完全与官府无关系之言质笔记，后来为立证台湾之番地为中国之辖外一资料被提供"。②同年四月，副岛种臣命令在香港留学的水野遵到台湾探察情形，由于南部已有黑冈与福岛的调查，水野遵的主要调查范围以北部大科崁"番地"为主，于同月底离台赴京报告。

另在李仙得第一号备忘录确立后，日本"正院"（内阁）随即于1872年11月下了一个裁示，派遣桦山资纪前往台湾探察。第二年，桦山资纪和水野遵、成富清风、儿玉利国等于七月初一日（8月23日）经由福州抵达淡水，邀请精通台湾"番"情的英国领事馆馆员倍得逊会商研究。桦山等人此行的目的除了要对台湾东部"番"地进行调查外，还要接应与副岛种臣约定的十月末日军可能的征台计划。桦山于七月十四日（9月5日）由淡水出发，租用墨西哥籍人彼得（Peter）之帆船，由彼得驾驶，携带银盐布等物，经噶玛兰、苏澳至南方澳地区展开活动。后又利用平埔熟"番"为向导，登陆花莲，企图占有奇莱平原。③桦山在调查过程中将台湾地形、地貌与当地社会背景以及自己的感想等每天用铅笔写在随身的小手册上，内容相当详细。这就是后来被研究"牡丹社事件"的学者作为重要资料的《桦山日记》。八月二十五日（10月16日），桦山等自南澳回到淡水，然并未得到东京方面的消息，乃将台湾情报交由儿玉、成富二人带回，自己再往台湾府、打狗等地继续打探，于十月二十一日（12月10日）由打狗赴香港，结束了其首次侦察台湾的行程。

同治十三年日本侵台军队出发之前，桦山再次奉命赴台侦察，于正月二十一日（3月9日）持游历执照从打狗上岸，从正月二十七日（3月15日）开始至三月初七日（4月22日）与水野遵一道探查台湾南部恒春半岛"番"地。其间二人于二月初七日申刻由旂后到枋寮，称欲至柴城一带地方查看牡丹社、龟仔角等处山势形胜。初八、九两日因风大，未能起程。初十日，二人乘坐小舟

---

① ［日］伊能嘉矩：《台湾文化志》（中译本）（下），台湾省文献委员会编译，1991年，第85页。

② 同上。

③ 同上；台湾省文献委员会编：《台湾省通志》卷三政事志外事篇，1971年，第106页。

进抵琅峤，在柴城社寮地方延搁四天，又至大绣房看龟仔角山势，往返计程两天，共计六日，并绘有龟仔角山及沿海地图一幅。而牡丹社因高山远隔，未能看见，而无绘图。水野遵还带有李仙得上年所绘旧图一幅，沿途查对。[①]

桦山与水野二人探查完南部后，又从西海岸北上至淡水。桦山在转往鸡笼候风时恰遇日本攻台军舰"日进号"（上有谷干城、赤松则良），得悉日军已发动征台之役。该船因风浪过大，突然拔锚出港，桦山未及登船，只得从陆路赶路南行，于四月初四日（5月19日）到达打狗，水野亦于次日从水路到达，两人在打狗再度会合，然后一起加入日军对台湾南部"番"地的所谓"征讨"行动。

## 三、日本侵台军事行动之实施

副岛种臣结束使华任务，返抵东京后继续鼓吹征台事宜，与此同时，自明治维新以来日本与朝鲜之间的矛盾与争执，历经五六年的交涉，不仅未能解决，反而愈演愈烈，一时之间，日本国内"征韩论"甚嚣尘上。然而，此时赴欧美考察近二年的"岩仓考察团"于9月间返日，在以考察团为主的"内治派"与以留守阁员为主的"征韩派"的辩论中，"征韩派"败北，该派主要人物西乡隆盛、副岛种臣、后藤象二郎、板垣退助、江藤新平等阁员相继辞职，挂冠而去。[②]"内治派"获胜后推动改革，1873年11月10日设立内务省，大久保利通出任内务卿，推行殖产与兴业政策。

尽管国内政局发生了变化，但日本政府并未放弃侵台的企图，而且各项出兵的准备也从未停止过，只是为了避开外国公使的耳目，防止列强的干涉改采秘密的方式进行罢了。[③]而受挫的征韩派对政局不满，发生了企图暗杀岩仓具视的事件。接着又爆发了佐贺之乱。在平定叛乱之后，日本政府乃决定将准备已久的侵台计划付诸实施，以转移内乱的危机。1874年1月26日，大久保利通

---

① 《枋寮巡检王懋功、千总郭占鳌禀报》，王元穉：《甲戌公牍钞存》，第2—4页。

② "岩仓考察团"成员包括三分之一重要阁员，如岩仓具视、木户孝允、大久保利通、伊藤博文等人，另有一百多名赴美留学生随行，于1871年11月出发。主要目的在赴各国交涉1872年到期的不平等条约，但到了美国却不知有"全权委任状"，碰了一鼻子灰，自此乃改为考察各国典章制度，至1873年9月返日。

③ ［美］爱德华·豪士（Edward H.House）：《征台纪事》，陈政三译述，台北：原民文化事业有限公司，2003年，第31—32页。

和大隈重信被任命为台湾朝鲜问题调查委员，经过与儿玉利国及李仙得等人会谈之后，在2月6日的内阁会议中，大久保利通和大隈重信两人联署提出《台湾蕃地处分要略》，其内容为：

第一条　台湾土蕃部落为清国政府政权未逮之地，其证明在清国出版之书籍内亦明记为证，尤其去年前参议副岛种臣使清时，彼朝官吏之回答亦判然分明，故具备可视为无主地之道理。因此报复我藩属之琉球人民遭杀害一事，为日本帝国政府之义务，故讨蕃之公理于此可奠定深厚基础。但至于处分，则应以确实完成讨蕃抚民之役为主，以清国所生之一二议论为次。

第二条　应派公使赴北京，筹设公使馆，使之办理外交。清人若问琉球之所属，即准照去年出使之说法，谓琉球自古以来为我帝国之所属，并应明示现已更使其沐浴恩泽之实。

第三条　清官若以琉球向彼本国遣使献贡之故，而认为应为两国所属时，应不再回顾其关系，而以不回应其问题为佳。因为控制琉球之实权皆在于我帝国，且如果我方之目的在于处理完台湾问题后立即使其停止遣使献贡之非礼，故无须枉费力气与清政府辩论。

第四条　若清政府提起台湾处分之问题时，则应坚守去年之议点，收集政权不逮于蕃地之明显证据，使之无可动摇。若由于土地比邻之故，而提出可议论时，则应以和平方式解决。若其事件涉及非常困难之部分，可向本国政府请示。惟于推托迁延时日之间而成事且不失双方之和，此为机谋外交之一策略。

第五条　土蕃之地虽视为无主之地，但其地势与清国版图犬牙相连，因而发生邻境关系之纠葛时，则于属福建省之台湾港置领事一名，令其兼管淡水事务，并于征蕃时办理有关船舰往来之各项事务。除上述职掌外，令其担当有关台湾处分时与清国地方官应对，极力保持和好为长久之计。但应任命视察清国之福岛九成为领事。

第六条　领事无关蕃地之征抚，担任征抚者无关于两国之应对，盖明其分界，以维持和好是也。若事涉及极端重要，则可转达驻北京公使。

第七条　福州为福建之一大港，但处分台湾之方便路径是以台湾及淡水为要地，且福州有琉球馆，故应暂时置之度外，以避免嫌忌为佳。

第八条　应先派福岛九成、成富清风、吉田清贯、儿玉利国、田中纲常、池田道辉等六名至台湾，进入熟蕃之地，侦察土地形势，且令其绥抚怀柔土著，他日处分生蕃时，可使诸事便利。

第九条 侦察之要点为计划让军队由熟蕃之地琅峤、社寮港上陆，故应先注意此一带之地势及其他便利于停泊上陆之事宜。①

《要略》第一条显示，日本视台湾番地为无主之地，出兵讨"番"有理，征台在于获得"番地"为殖民地。第二、三条为其外交策略，力主琉球属于日本之说，若中国提出两属之说，则不加理会，待处分台湾后，再禁止琉球向中国朝贡。第五、六条指派福岛九成出任厦门领事，命其与台湾官员维持友好关系，并使领事事务与军事行动划分清楚以避嫌。第八、九条则为军事行动前的侦察要领，派福岛九成、成富清风、儿玉利国等赴台，进入"熟番"部落侦察（见上文）。

同日，内阁会议做出攻台决定。4月4日，日本政府设立"台湾蕃地事务局"，由大藏卿大隈重信出任"台湾蕃地事务局"长官；李仙得则以外务省二等出仕；陆军中将西乡从道任台湾蕃地事务都督，陆军少将谷干城与海军少将赤松则良为参军，陆军中佐佐久间佐马太与陆军少佐福岛九成为参谋。同时，任任命柳原前光为驻华全权公使，令其着重办理日军征台的交涉事宜。另根据李仙得推荐，高薪雇用了美国海军少校克些尔（Douglas Cassel，又译为克沙勒）和陆军中尉瓦生（Lientenant James Wasson）分别负责军事策划和指导建筑阵地工程。侵台兵员的组成，主要以熊本镇台军（明治政府在熊本地区的正规部队）为主体，另外又在鹿耳岛征募兵员，总数共3600余名。大久保利通还委托大仓喜八郎组建大仓组商会，负责军需运输的任务。另外又租借了英国商船"约克夏号"与美国商船"纽约号"来运送兵员与物资，以补充日本船只之不足。

4月9日，西乡从道率日进号、孟春号等军舰由东京湾品川港出发，前往长崎。日本出兵侵台的行动，引起列强驻日公使的强烈关注。英国驻日公使巴夏礼（Harry S.Parkes）鉴于英国在台湾各口重大的商务利益，于4月9日、13日、16日连续三次照会日外务卿寺岛宗则，诘问日本派兵赴台湾的确实地点与目的，对日本出兵的合法性提出质疑，并于13日声明局外中立，撤回受雇加入日本侵台军事行动的英国公民和船只。继而俄国、意大利、西班牙等也纷纷对日本的出兵提出质疑，宣布中立。美国新任驻日公使平翰（John A.Bingham）

---

① 牡丹社事件史料专题翻译（二）《处蕃提要》，黄得峰，王学新译，南投市"国史馆"台湾文献馆编印，2005年，第101—103页。

对美人员和船只加入日军侵台的传闻，反应迟钝。三月初二日（4 月 17 日），《日本每日前锋报》（Japan Daily Herald）批评平翰不但未严守中立，且默认或明许美船被日本雇用。平翰乃于次日照会日外务卿寺岛，诘问传闻是否属实，抗议日本雇用美国人员和船只从事战争行动。同日，《星期邮报》（Week Mail）再度抨击美公使，终于促使平翰向日本表明局外中立，同时禁止美国人员和船舶参加征台行动。①

除了列强的干预，文部卿木户孝允等亦对出兵持有异议，并于 4 月 14 日提出辞呈以示抗议。日本政府的信心有所动摇，拟中止出兵。4 月 19 日，太政大臣三条实美派权少内史金井之恭赴长崎，通知大隈重信暂停征台行动，但西乡从道以"陆海军士气高昂，恐难遏制"为借口，悍然拒绝接受，命"有功丸"搭载首任驻厦门领事兼台湾"番地"参谋福岛九成、克些尔、瓦生、纽约前锋报记者爱德华·豪士（李仙得之秘书）及由二百多名士兵组成的先头部队，携带西乡从道致闽浙总督李鹤年之《日军征台之通知书》于 27 日连夜启航驶往厦门。而李仙得则因顾虑各方的反对意见，不得不放弃原先随军出发的打算，返回东京。5 月 2 日，日将谷干城、赤松则良也率兵搭日进、孟春舰及运输船三邦丸、明光丸等组成的船队自长崎出发。

5 月 3 日，"有功丸"进入厦门港。② 日本原先雇聘的熟悉台湾南部地区，能说数种部落方言的英籍医师万松（Dr.Patrick Manson）已接到英驻华公使的警告函离厦回国。福岛九成向厦门同知李钟霖递交西乡从道致闽浙总督李鹤年的照会，称这次奉命统兵，深入番地的目的是对两年前劫杀琉球遭风人民的"土番"，"招酋开导，殛凶示惩"；并要求其"晓谕台湾府县、沿边口岸各地中外商民"，对日军"不得毫犯"云云，③ 而且不等闽浙总督复函，就匆匆驶离厦门，前往台湾。

同治十三年三月二十二日（5 月 7 日），日军先头部队所乘坐的"有功丸"抵达琅𤩹湾，次日，士兵登陆上岸。二十五日，谷干城、赤松则良率领千余名

① John A.Bingham to Tershima Munenori, Tokei, April 18 1874, USNA:MD,Japan,M-133,R-28,参见黄嘉谟：《美国与台湾》，第七章"日军台台与美国"；并参见［美］爱德华·豪士（Edward H.House）：《征台纪事》，陈政三译述，台北：原民文化事业有限公司，2003 年出版，第 35 页注 12以及李理前揭文。

② 本处时间据［美］爱德华·豪士：《征台纪事》，而福建水师提督咨报中则称三月十五日（阳历 4 月 30 日）有日本大战船一只寄泊厦港（见《三月辛未总理各国事务恭亲王等奏》，《同治甲戌日兵侵台始末》第 2 页），与前者所记稍有不同。

③ 王元稺：《甲戌公牍钞存》，第 7 页。

士兵乘坐日进号、孟春号驱逐舰及三邦丸、明光丸两运输船也相继抵达琅峤。日军采用李仙得的计划，先安抚琅峤地区的居民，使牡丹社、高士佛社孤立，再以军队攻讨之。5月15日，日军派遣赤松则良、克沙勒、瓦生、豪士及华裔美籍通译詹汉生（James Johnson）入山与头目接触。其时老头目卓杞笃已过世，由射麻里社的头目一色（Yisa）和老卓杞笃的幼子小卓杞笃与之会谈。日方借助李仙得的名义与头目建立了关系，并借由试放洋枪，展现武力，与头目达成某种协议。不过，琅峤居民对日军仍"抱持戒心和敌意，即使军营附近的村民，也面露仇视的眼神，……日军一开始即派人极力解释，试图安抚村民的情绪，但效果似乎有限"。①5月18日，日军的侦察部队在双溪口、四重溪一带巡逻，其中脱队的五六名士兵遭到埋伏于灌木丛中原住民的袭击，班长北川直征被馘首。与此同时，日进号军舰到东部海岸探测水域时也遭到岸边埋伏的龟仔角社战士的开火射击。5月20日，侦察部队在三重溪遭到牡丹社原住民的伏击，二名士兵重伤，原住民一人被杀。5月21日，另有日军侦察部队"往保力山巡哨，至石门洞，被牡丹番放铳伤毙六名"，②佐久间佐马太率大队日军赶往四重溪增援，双方在石门展开激战。石门两侧危崖耸立，直挺冲天，一边高约一百五十米，另边一百四十米，崖底仅宽九米。牡丹社人占据有利地形，进行射击。日军大部队难以展开，乃从石门背后之山腹攀爬而上，然后从崖顶居高临下与下面的日军首尾夹攻。牡丹社人不支撤入内山。是役牡丹社包括酋长阿禄父子在内十二人战死，被日军馘首，日方死者则有十四人。③

正当石门之役双方鏖战正酣之际，日本侵台军总司令西乡从道和参谋幕僚乘坐"高砂丸"抵射寮港，另有船舶共载来增援军队一千九百余名、大仓组工匠五百名。

四月十八日（6月2日），日军依军事会议决定兵分三路，对牡丹社进行总攻击。左翼由谷干城任指挥官，桦山副之，水野为通译，从枫港迂回进袭；中路自石门而入，以佐间久为指挥官，西乡偕克沙勒、瓦生、豪士等随行督师；

---

① ［美］爱德华·豪士（Edward H.House）：《征台纪事》，第83页。

② 《摘抄另纸探报》，王元穉：《甲戌公牍钞存》，第49页。

③ 关于石门之战双方伤亡人数各方资料记载不一，如［美］爱德华·豪士《征台纪事》载"生番"死十六人，日军有六名战死，近二十人受伤；中方委员周有基探报称日兵被"生番"铳杀七人，伤者十余人，"生番"被杀十三人。此处数字为林呈蓉据水野遵《台湾征蕃记》及桦山《日记》等资料所整理，见林呈蓉：《1874年日本的"征台之役"——以从军纪录为中心》，载《台湾风物》，五十三卷一期。第23—49页。

右翼自竹社口进攻，以赤松则良为指挥官。三路共有兵力一千三百余人，另有火炮多门，声势颇大。十九日，日军攻占牡丹社，原住民已事前逃离，不见踪影，遂放火将番社焚毁。为了安全和交通问题，日军遂撤出牡丹社，在双溪口设置分营，展开诱降行动。五月十八日（7月1日），周劳束酋长率领牡丹社、尔乃社、高士佛社等六社酋长，透过统领埔头人林阿九等人之中介，在保力庄杨天保家中与日军议和。

日军解决了牡丹社之后，便在枫港增驻一支营，在周劳束海岸派遣一小队把守番地入口，又在龟山等地盖建营房，设立"都督府"。此后还陆续从日本运来铁器、农具及果树苗木等，实行屯田、植树，以图久踞。

## 四、中国方面的反应与对策

中国政府一直认为琉球为中国藩属，台湾更是中国的领土，琉球船民被害应由中国自办，与日本无关，因而，完全未料到日本竟会以此作为侵台的借口，所以未做任何防备。

同治十三年二月初十日至十七日，水野遵与桦山资纪两人持游历执照，乘船进入琅峤地区进行勘探侦察，同时带有李仙得以前所绘该处旧地图一纸，沿途查对，并测绘龟仔角山及沿海一带地图。在地驻守的中国官员枋寮巡检王懋功、千总郭占鳌对日本人的间谍行为不仅未加以阻止，而且，二月初九日（3月26日）二人在枋寮拜访王懋功、郭占鳌时，见王懋功所持扇上画有琅峤一带地图，桦山乃请水野遵向王借扇临摹，毫无敌情观念的王懋功竟然答应将扇借予二人临摹描画。① 又二月二十九日（4月15日），台湾道夏献纶接到台湾口税务司爱格尔（Henry Edgar）来函，告知接阅香港新报内有日本国二月十一日该国兵部奉伊国主谕令，预备兵船，并调兵一万五千名要来台湾打仗的消息。当时台湾镇、道正忙于剿办彰化廖有富一案，各营勇弁俱随赴彰化，所以对日军侵台的消息甚感意外，称："查上年日本国人利八等四名，在台湾南山后遭风，当经救护，送回上海，交其领事官领收，曾据该国寄送礼物酬谢。又上年四月间，琉球人林廷芳等九名，在琅峤遭风，亦经救护送回均属毫无异言。兹何以

---

① 借扇之事据桦山日记记载，见［美］爱德华·豪士（Edward H.House）：《征台纪事》第47页注④；并参见林呈蓉：《1874年日本的"征台之役"——以从军纪录为中心》，载《台湾风物》，五十三卷一期。第23—49页。

忽有调派兵船来台之举？"①并将之与上年日本人欲报复琉球人被杀而征伐牡丹社的"谣传"联系起来，说"倘仍如上年之谣传，自可毋庸置议"；夏献纶甚至还说"牡丹社系属番社，彼如自往剿办，在我势难禁止"，②未对日军侵台采取任何有效的防范措施。

对日本派兵侵台的消息，清廷最先是从英使方面得知的。同治十三年三月初三日（4月16日），总理衙门接到英国驻华公使威妥玛（Thomas F.Wade）的信函称，据英国驻日公使电报，知日本运兵赴台湾沿海进东地方，有事"生番"；并询及"生番"居住之地，是否隶中国版图；东洋兴师曾向中国商议准行与否？总署函复答称：上年日本国使臣住京时，从未议及有派兵赴台湾"生番"地方之举。究系因何兴师，未据来文知照。台湾"生番"地方，系隶中国版图，且中国类此地方，不一而足，未能强绳以法律。③继英国公使的询问之后，总署陆续于初四、初五日接到英国汉文正使梅辉立、法国翻译官德微里亚、总税务司赫德、日国（即西班牙）使臣丁美霞等先后访问，询及日本派兵赴台查办"生番"之事。在得到总理衙门的答复后，列强很快做出反应，宣布采取局外中立的立场。但中国政府对日本的举动宜如何斟酌，却反应迟钝，既没有向日本提出质问，更没有想到用抗议阻止日本的侵略行为。后来，李鸿章、李宗羲又从江海关沈秉成抄送长崎电报得到另一消息，称日本为"生番"事件派人查问，并且在上海已有八名日本随员等候该国使臣，此消息与各国公使及赫德所述日本派兵赴台说法不符。李鸿章及总署对相关的情况进行了分析，认为：首先，各国兴兵之举，必先有文函知会因何起衅，或不准理诉而后兴师。日本甫经换约、请觐，和好如常，台湾"生番"一节，并未先行商办，岂得遽尔称兵？即贸然称兵，岂可无一语知照？此以理揆之而疑其未确也。其次，日本内乱甫平，其力似尚不足图远。即欲用武，莫先高丽。江藤新平请伐高丽，尚因不许而作乱，岂竟舍积仇弱小之高丽，而先谋梗化之"生番"？即欲藉图台湾，若中国以全力争之，未必遽操全胜，从自悖义失和。此以势度之而疑其未确也。再次近年东洋新闻百变，诈伪多端，巴夏礼与该国情好最密，代为虚张声势，故作疑兵，恐难尽信。④总之，于理于情，中国方面判断日本不宣而战出兵侵

---

① 《台湾道禀总督、将军》，王元穉：《甲戌公牍钞存》，第4—5页。
② 同上。
③ 《三月辛未（二十九日）总理各国事务恭亲王等奏》，《同治甲戌日兵侵台始末》，第1—3页。
④ 《总署复福州将军文煜函》，王元穉：《甲戌公牍钞存》，第18—19页。

台的可能性不大，故准备等日使柳原前光到达后，相机驳辩。不过，总理衙门也认识到"各国垂涎台湾已久，日本兵政寝强，尤滨海切近之患，早迟正恐不免耳"；并提出"勿恃其不来，恃吾有以备之"。①

中国方面最先对日本出兵台湾做出反应，要求日本退兵的是闽浙总督李鹤年。李鹤年于三月二十三日接到由厦门同知李钟霖转交的西乡从道的照会后，于二十六日复照，称："查台湾全地，久隶我国版图，虽其土著有生、熟'番'之别，然同为食毛践土，已二百余年，犹粤楚云贵边界猺獞苗黎之属，皆古所谓我中国荒服羁［縻］縻之地也。虽生番散处深山，獉狉成性，文教或有未通，政令偶有未及，但居我疆土内，总属我管辖之人"；并援引万国公法，认为"台湾为中国疆土，'生番'定归中国隶属，当以中国法律管辖，不得听凭别国越俎代谋"，指出日本政府"并未与总理衙门商允，作何办理，径行命将统兵前往，既与万国公法违背，亦与同治十年所换和约内第一、第三两条不合"；"琉球岛即我属国中山国疆土，该国世守外藩，甚为恭顺，本部堂一视同仁，已严檄该地方官，责成生番头人，赶紧勒限，交出首凶议抵。总之，台湾在中国，应由中国自办，毋庸贵国代谋。各国公使，俱在北京，必以本部堂为理直，应请贵中将撤兵回国，以符条约，而固邦交"。②不过福岛九成乘坐"有功丸"号的日军先头部队根本不等候李鹤年的照复就开驶赴台，李鹤年将这份照复送到台湾府，命台湾府派员赴瑯峤与日军理论；同时一面将情况向清廷奏报，一面严饬台湾镇、道，命其"按约理论，相机设筹，不可自我启衅，亦不可苟安示弱"。③

李鸿章经过连日与英翻译梅辉立、德翻译阿恩德、美副领事毕德格等会晤，证明各国所接电报实有日本图攻台湾"生番"之信，并称美国人李让礼带领陆军，又雇美国水师官某带领兵船，与其从上海接到的探报相同。于三月二十五日致函总署，提出对付日本侵台阴谋的若干办法：其一，根据掌握的情报，与美国公使辩论，要求美国遵照公法撤回李让礼，并严禁商船应雇装载日兵，迫使日本放弃侵台；其二，鉴于台地海防陆汛，无甚足恃，建议另调得力陆军数千，用轮船载往凤山瑯峤附近一带，择要屯扎，为先发制人之计。设日本兵擅自登岸，一面理谕情遣，一面整队以待，庶隐然劲敌，无隙可乘。同时推荐

---

① 《总署复福州将军文煜函》，王元稺：《甲戌公牍钞存》，第18—19页。
② 《日本外交文书》第七卷，第78—79页。
③ 《四月戊子（十六日）闽浙总督兼署福建巡抚李鹤年奏》，《同治甲戌日兵侵台始末》，第9页。

"管辖新造兵轮船，又系闽人，情形熟悉"的船政大臣沈葆桢为专办日军侵台事件的负责人，由他"会商将军、督抚，密速筹办"。①

李鸿章的建议立刻为清廷所采纳。三月二十六日（5月11日），总理衙门照会日本国外务省，提出抗议，并要求日方对出兵的原因提出解释。照会中称："查台湾一隅，僻处海岛，其中生番人等向未绳以法律，故未设立郡县；即礼记所云不易其俗、不易其宜之意，而地土实系中国所属。中国边界地方、似此生番种类者，他省亦有，均在版图之内，中国亦听其从俗，从宜而已。此次忽闻贵国欲兴师前往台湾，是否的确，本王大臣未敢深信。傥贵国真有是举，何以未据先行议及？其寄泊厦港兵船，究欲办理何事？希即见覆，是所深盼！"②二十九日（5月14日），又发布上谕，称："生番地方本系中国辖境，岂容日本窥伺！该处情形如何，必须详细查看，妥筹布置，以期有备无患。李鹤年公事较繁，不能遽离省城；着派沈葆桢带领轮船兵弁，以巡阅为名，前往台湾生番一带察看，不动声色，相机筹办"。③四月六日，清廷恐沈葆桢事务太多，应接不济，又谕令福建布政使潘霨"驰赴台湾，帮同沈葆桢将一切事宜妥为筹划，会商文煜、李鹤年及提督罗大春等，酌量情形，相机办理"。④

上谕发布之后，清廷又陆续接到各方传来的报告，称日本国兵船，于三月下旬，有驶进厦门海口者，有前往台湾者。由琅峤地方登岸，并无阻问之人。英国水师提督亦选调兵船往台湾迤南巡查。并闻日本购买轮船，装载军装、粮饷。法国及日本兵船，均已抵厦。日本兵共八营，俱在台湾东海旁起岸，欲攻"生番"。情势已十分严重，沈葆桢如以"船政大臣"身份赴台，"恐彼族以非办理各国事务官员，置之不理；且遇有调遣轮船、酌拨官弁等事，亦虑呼应不灵"，乃采纳总署的建议，于四月十四日（5月29日）下诏改授沈葆桢为钦差办理台湾等处海防兼理各国事务大臣，所有福建镇道等官，均归节制，江苏、广东沿海各口轮船，准其调遣。并令其驰赴台湾一带，"体察情形，或谕以情理，或示以兵威，悉心酌度，妥速办理"；同时强调"所有该大臣需用饷银，着文煜、李鹤年筹款源源接济，毋任缺乏。应调官兵，并着李鹤年迅速派拨，毋误

① 李鸿章：《论日本图攻台湾》（三月二十五日），《李文忠公选集》，第16—18页。

② 《给日本国外务省照会》，《同治甲戌日兵侵台始末》，第4—5页。该照会由总署雇用的英籍人士带往日本，但此人在上海耽误了近一个月，故于四月二十日（6月4日）才送达日本外务省，而寺岛宗则又故意拖延至六月二日（7月15日）才回复。

③ 《清穆宗实录选辑》，台湾文献丛刊第190种，第145页。

④ 同上。

事机"。①

## 五、沈葆桢渡台加强防务

沈葆桢是一位有胆有识、敢作敢为的政治家，接奉谕旨之后，即与福州将军文煜、闽浙总督李鹤年会筹台湾防备，于四月十九日（6月3日）联衔上奏，提出"防台四策"。其一、联外交。将递次洋船遭风各案，摘要照会各国领事。将日本不候照复，即举兵入境，并与"生番"开仗各情形，亦分次照会，借列强来公评曲直。日本如怵于公论，敛兵而退最好；否则，亦可辗转时日，为集备设防争取时间。其二、储利器。日本所以敢贸然侵犯，乃是窥中国军备不足，中国必须以深远之计赶紧着手军事现代化。建议将闽省存款，移缓就急，其不足者，暂借洋款，用以购买铁甲船、水雷、洋枪、巨炮、洋煤、洋火药、开花弹及火龙、火箭等西洋武器，作为外交谈判的后盾。尽管"所费不赀，必有议其不量力者，然备则或可不用，不备则必启戎心。乘军务未萌之时，尚可为牖户绸缪之计，迟则无及矣。"其三、储人才。沈葆桢除了自己专责赴台外，还奏调福建陆路提督罗大春、籍隶广东之前署台湾道黎兆棠和吏部主事梁鸣谦等人随其东渡，以期集思广益。其四、通消息。台洋之险，甲诸海疆。欲消息常通，断不可无电线。提出敷设由福州陆路至厦门，由厦门水路至台湾之电报线，使情报瞬息可通，事至不虞仓卒。②

五月初一日，沈葆桢一行由福州马尾出发，潘蔚乘伏波轮直放大洋，于次日抵达。沈葆桢与法籍军事顾问日意格（Prosper Giquel）、斯恭塞格（De Seonsac）等分乘安澜、飞云两轮船则沿各港口而行，途经兴化南日、泉州深沪，初三日抵澎湖，登岸踩勘炮台水口形势，于初四日抵安平，接见台湾镇、道，开始实地了解日军侵台的情形及台湾的防御情况。经悉心筹度后，沈葆桢提出"理谕""设防"及"开禁"三项防台措施。但"开禁"非旦夕所能猝办，必待外侮稍定，乃可节节图之。③ 所以沈葆桢先从"理谕"及"设防"二项着手。

在"理谕"方面，沈葆桢先派其帮办福建布政使潘蔚与西乡从道交涉。潘

---

① 《清穆宗实录选辑》，台湾文献丛刊第190种，第146页。
② 《五月壬寅（初一日）福州将军文煜、闽浙总督兼署福建巡抚李鹤年、总理船政前江西巡抚沈葆桢奏》，《同治甲戌日兵侵台始末》，第16—18页。
③ 《五月丙寅（二十五日）福州将军文煜、闽浙总督兼署福建巡抚李鹤年、办理台湾等处海防兼理各国事务沈葆桢奏》，《同治甲戌日兵侵台始末》，第26—28页。

蔚先前经过上海时已与日本公使柳原前光交涉，获得柳原给西乡"按兵不动，听候覈办"的文书。五月初八日，潘蔚偕台湾道夏献纶等抵达琅峤，递交给西乡从道的照会。沈葆桢在照会中声明："生'番'土地，隶中国者二百余年，虽其人顽蠢无知，究系天生赤子，是以朝廷不忍遽绳以法，欲其渐仁摩义，默化潜移，由生'番'而成熟'番'；由熟'番'而成士庶，所以仰体仁爱之天心也。至于杀人者死，律有明条，虽生'番'亦岂能轻纵？然此中国分内应办之事，不当转烦他国劳师糜饷而来"；[1]对于日本未经与中国商办擅自出兵台湾，提出抗议。并指出日本烧毁牡丹社，且涉及无辜之高士滑社，并传出将攻卑南社，显然与来文所称"殛其凶首"，"往攻其心者"不合，且有以德为怨之嫌。照会最后称"贵国方耀武功，天理不足畏，人言不足恤。然以积年精练之良将劲兵，逞志于蠢蠢无知之生'番'，似未足以示威。即操全胜之势，亦必互有杀伤。生'番'即不见怜，贵国之人民亦不足惜耶？或谓贵国既涉及无辜各社，可知意不在复仇。无论中国版图尺寸不敢以与人，即通商诸邦岂甘心贵国独享其利？"[2]表明了捍卫领土主权完整的决心。五月九日至十三日，潘蔚率同夏献纶，同知谢宝鼎及洋将日意格、斯恭塞格等针对其在上海与柳原会谈时提及所谓西乡奉敕限办三件事："第一、捕前杀害我民者诛之。第二、抵抗我兵为敌者杀之。第三、番俗反复难制，须立严约，定使永远誓不剽杀难民之策"，[3]与西乡从道，佐久间佐马太等进行多次会谈交涉。在五月九日上午的第一次会谈中，西乡始则一味推诿，声称自己只是奉命带兵打仗，与中国应接等事宜，一切由柳原公使交涉，若中国有事谈判，请向北京报告后，与当地柳原公使谈判，"届时请申述所见所闻，则公使必向我政府陈报，之后我政府若对余有所指示，余必遵照办理"云云。[4]对于四月间闽浙总督照会及钦差沈葆桢的照会，也推说"此应奏知朝廷，候朝廷有信与柳原再复，伊不能复"。[5]潘蔚问道："贵除杀害琉球人之牡丹社蕃地外，是否将着手处分其他蕃地？"西乡答称："无此打算。"潘蔚又追问道："处分结束后军队是否立即回国，抑或驻留此地？"西乡答称："此事应陈报我政府后，余将遵照政府命令行事"。[6]当天下午4时，西乡及佐久

---

① 《给日本国中将西乡照会》，《同治甲戌日兵侵台始末》，第31—32页。
② 同上。
③ 《柳原公使致福建布政使潘蔚函》，《处蕃提要》，第236—237页。
④ 《西乡都督陈报大隈长官有关清官来蕃之应对手续等数件》，《处蕃提要》，第274页。
⑤ 《帮办潘、台湾道夏赴日营会晤情形节略》，王元穉：《甲戌公牍钞存》，第77—78页。
⑥ 《处蕃提要》，第274—275页。

间等至车城潘、夏寓所拜访，潘、夏问其是否会对卑南派兵，西乡答称无此事。潘又问道对第三条中未来之处理方式有何高见？西乡称待牡丹社处分结束后再处理。潘问可否先告知其方法？西乡则称虽有某些概略腹案，但皆有待牡丹社之事结束后视后势而定，目前难以预告。潘、夏再三要求牡丹社应由中国处分，且后续处理亦应由中国为之，但为西乡所拒绝。①

初十日潘蔚、夏献纶派县丞周有基、千总郭占鳌等进入"番"社，传集各"生番"头目，至者共一百五六十人，皆谓日本欺凌，恳求保护。因谕令具结前来。次早，除牡丹等三社因日人攻剿，不敢出来外，到者共有十五社，均呈不敢劫杀状。潘、夏即以好言慰之，酌加赏犒，"番"目等皆欢欣鼓舞，咸求设官经理，永隶编氓。潘、夏将各社具结办妥后，即致函西乡，约定时刻会晤，不料西乡竟托病不见。

十二日下午及十三日上午，潘、夏等又赴龟山日营中与西乡交涉，双方就"番"地领土主权所属展开激烈辩论。潘蔚指出柳原第一条所云"捕前杀害我民者诛之"，查牡丹社虽害琉球国人，惟该处系中国所属，应由中国派兵办理，要求西乡按兵勿动。西乡则称其到此地，将施行处分，牡丹人埋伏于菁间，擅自狙击其斥候杀之，故不得已举兵进击，剿其巢窟，并不承认"番"地为中国版图。潘蔚则指出牡丹社实系中国版图，载在志书，岁完"番"饷，可以为凭。因系中国所管，故应由中国办理。并将带去《台湾府志》一本内开瑯峤十八社系属归化"生番"，交与阅看。西乡答称"生番"非中国所管，中外各国书中俱有记载，即英国、花旂、荷兰诸国人，亦皆有此说并有地图。潘蔚当即请其将地图及各书交出一看。西乡又复支吾，不能交出。最后，潘蔚就柳原所议三条提出处理办法：第一条，由中国官员令牡丹"番"出来谢罪，以后誓不剿杀，并将前年戕害琉球人尸身交出；第二条，"抗拒为敌者杀之"，现在各社均无此事，可毋庸议；第三条，"番俗反复难治，应立约使永远誓不剿杀"，现已传各社"番"头目出具切结，以后永远保护，不敢再有欺凌杀害抢夺情事。西乡对此初甚不悦，称此事中国不必与闻。潘蔚答称此系中国应办之事，乃云中国不必管，大不近理。并质问："舍中国有凭之志书，谓不足信，而硬派'生番'各社非我所管，譬如长崎系日本所管，我硬派非贵国辖境，有是理乎？"②其实，日本在台的军事行动，基本已告结束，所以后来西乡也就顺水推舟说：伊亦望

---

① 《处番提要》，第275—276页。
② 《帮办潘、台湾道夏赴日营会晤情形节略》，王元穉：《甲戌公牍钞存》，第82页。

此三事早为办定，即可完结；然而又提出这次日本"大兴兵师，耗费财物，折损兵员之处不在少数"，其费用赔偿之事，应由中方考虑。潘蔚问其究竟花费若干，意将何为？西乡称原共筹银二百一十万元，现已用去一百二十万元，要求贴补。① 潘蔚则表示："贴补兵费，是不体面之事，中国不能办理。既系贵国擅行兴兵前来，更无贴补之理"。要求西乡应先将各社之兵调回勿动，并知照其政府以后不必添兵前来。西乡应允。②

关于"设防"之事，沈葆桢认为"万不容缓"。③ 台地绵亘千余里，固属防不胜防，要以郡城为根本。沈葆桢计划在安平设立炮台，"仿西洋新法，于是处筑三合土大炮台一座，安放西洋巨炮，使海口不得停泊兵船，而后郡城可守。"④ 沈葆桢到台、澎实地踩勘时发现内地班兵已不可用，乃与台湾镇、道商议，将台、澎班兵疲弱者先行撤之归伍，用其旷饷招募本地精壮及习水渔民充补，以固边防。⑤ 南路迫近倭营，防务由台湾镇总兵张其光负责。该镇原有部勇一营，并内地调来二营，须增募五营，以遏冲突。北路淡水、噶玛兰、鸡笼一带物产殷阜，为台地精华。苏澳民"番"关键，尤为他族所垂涎。据噶玛兰通判洪熙恬报告，自上年以来苏澳一带常有倭人来往，今年五月初三日有日本船一只，驶往后山沿海而去，船内备有糖、酒、哗叽等物，企图与山"番"联合，在后山开拓兴业；又据淡水厅陈星聚报告，近有日本兵船载兵百余名，由台南绕后山一带过噶玛兰，入鸡笼口，买煤一百五十顿〔吨〕而去。日意格提议急须派兵驻扎，沈葆桢决定由台湾道夏献纶负责。该道原有部勇一营，须再募一营继之，以杜旁窜之谋。并派靖远轮迎陆路提督罗大春一同驻镇北路。另由前署台湾镇曾福元组训南北乡团。整体兵力部署为游击王开俊一营驻东港，总兵戴德祥一营驻凤山。至张其光原有一营分驻彰化三哨，先带两哨至凤山。夏献纶则挈参将李学祥率一营往驻苏澳。其新募者，除夏献纶在台北自募二营，及曾福元招募壮勇五百，交在台之烟台税务司薄朗训练为洋枪队外，另五营则派员赴粤招募。并奏调打仗勇敢的前南澳镇总兵吴光亮及甚有勇略的浙江候补道刘璈

---

① 此处中方记载为银元，《处蕃提要》中日方记载为美元。

② 关于潘蔚等与西乡交涉经过，见《帮办潘、台湾道夏赴日营会晤情形节略》，王元穉：《甲戌公牍钞存》，第77—84页及《西乡都督陈报大隈长官有关清官来蕃之应对手续等文件》，《处蕃提要》，第271—280页。

③ 《五月丙寅（二十五日）福州将军文煜、闽浙总督兼署福建巡抚李鹤年、办理台湾等处海防兼理各国事务沈葆桢奏》，《同治甲戌日兵侵台始末》，第26—28页。

④ 同上。

⑤ 《沈葆桢等又奏》，《同治甲戌日兵侵台始末》，第29页。

来台效力。

日军虽驻扎在龟山、枫港等处，但仍不时至附近各庄游弋骚扰。五月二十八日，日兵五人在柴城调戏民妇张杨氏，其族人张来生前往阻止，为日兵杀伤。沈葆桢等照会日营，提出书面抗议，但日军营置之不理。六月初三日，山后有大鸟万、千仔帛二社，又被胁迫至倭营说和。初四日，有倭兵百余名添扎枫港。下午又有倭兵四人至枫港二十四里之茄鹿塘哨探。① 沈葆桢决定进一步加强南部的防卫措施，命令王开俊由东港带兵进扎枋寮，以戴德祥一营由凤山填扎东港。② 为了阻止日军入侵卑南，沈葆桢派同知袁闻柝乘轮船往招陈安生等。该"番"目五人立即薙发，随袁等至台湾府，赏给银牌、衣物，以原船送归，并派员随之，计划从后山寻路与西部相通。③ 然据袁闻柝所派员回报，卑南各"番"社与西部各社"生番"素无往来。旋经张其光到凤山下淡水一带勘查，得知可由潮州庄开路通卑南，遂决定先行招徕土人，然后动工开路。④ 六月初七日，张其光抵凤山，有昆仑饶、望祖力、扶圳、鹿埔角四社头目来谒；巡至下淡水，则又先后有山猪毛社总头目及扶里烟六社头目率百余人来见。十五日，袁闻柝复带来"番"目买远等十五名至郡城，苦求派兵驻防其社，沈葆桢令袁闻柝招募土勇五百，名"绥靖军"，无事以之开路，有事以之护"番"。⑤

北路方面，台湾道夏献纶率参将李学祥部勇于五月二十九日出发，经澎湖、沪尾、鸡笼，于六月初三日抵达苏澳，亲自督办淡水、噶玛兰各处乡团，发现日人在北路全用利诱手段，非如南路惟用威胁。"番"民不识其计之诡诈，往往坠其术中，招抚较难。为了防止日人的借口，沈葆桢决定先将成富清风向中国地方官所报的"失银事件"彻底查清。六月十六日，派噶玛兰通判洪熙恬、委员张斯桂、李彤恩偕淡水税务司好薄逊（H.E.Hobson）前往花莲港实地调查，并带船户墨西哥人啤噜与当地"生番"面质。结果发现日人所报的"失银案件"，纯属虚构。沈葆桢即将所查讯供记录禀报朝廷，请照会日本公使，就成富清风等违约往不通商口岸诱惑土人提出抗议，并吊销其游历执照。⑥

经过夏献纶的努力，六月间淡水、噶玛兰团练开始举办，添招练勇亦已成

---

① 《钦差大臣沈葆桢等奏》，王元穉：《甲戌公牍钞存》，第102—106页。

② 同上。

③ 同上书，第97—100页。

④ 同上书，第102—106页。

⑤ 同上书，第110—114页。

⑥ 《沈葆桢等又奏》，《同治甲戌日兵侵台始末》，第119—120页。

军，有事当勇，无事开山。自苏澳至南风澳山路，两日之内，便已开通，继而进辟歧莱之道。平路以横宽一丈为准，山蹊以横宽六尺为准，俾榛莽勿塞，车马可行。为使后路无虞，又在新开歧莱山道设寮驻勇，并增勇三百人，料匠二百人，随同入山伐木。自六月十六日起至二十一日止，已开路九百七十余丈。① 六月二十日，福建陆路提督罗大春带印至台，并于七月十三日驰抵苏澳，接替夏献纶；其原部营勇六百人，也陆续到防，继续北部抚番开路事宜。②

在水师总署方面，沈葆桢则以扬武、飞云、安澜、靖远、镇威、伏波等六兵船常驻澎湖，由日意格教导操演阵式。福星一号驻台北，万年清一号驻厦门，济安一号驻福州，永保、琛航、大雅三船往来南北，担任运输。沈葆桢认为台湾远隔内地，防务文书，刻不容缓，眼前船只已不敷周转，奏请将原已停工的马尾造船厂再行开工，赶造船只。③

台湾防务，费用殷繁。沈葆桢担心若等待省城辗转拨解，恐难应手，于是奏准将台湾盐课、关税、厘金等款应行解省者，尽数截留，拨充海防经费，归台湾道衙门支销。不敷之款，由再文煜、李鹤年筹拨接济。④ 六月初五日，李鸿章通过济安轮自天津寄来洋炮二十尊，洋火药四万磅。紧接着闽浙总督李鹤年也于海关、厘捐两项合筹银二十万两，并拨洋火药三万磅交船厂轮船于初八日送达台湾，以济需要。⑤

经过潘蔚在琅峤与西乡交涉以及对日军在台行动的观察，沈葆桢认识到日军有在台久踞之意，"非益严儆备，断难望转圜"。⑥ 鉴于班兵惰窳性成，募勇又训练无素，沈葆桢乃于五月二十一日（7月4日）奏请于北洋大臣处借拨久练洋枪队三千，于南洋大臣处借拨久练洋枪队二千，令其坐雇轮船赴台增援。⑦ 李鸿章也了解到闽中陆勇寥寥，台地仅两营，尤嫌单薄，且"洋人论势不论理，彼以兵势相压，而我第欲以笔舌胜之，此必不得之数"，⑧ 因此早有提议由大陆调派枪队赴台增援，以壮声势。不过，他认为直隶防军拱卫京畿，必须留备缓

① 《钦差大臣沈葆桢等奏》，王元穉：《甲戌公牍钞存》，第110—114页。
② 《台湾道夏禀省宪》，王元穉：《甲戌公牍钞存》，第118页。
③ 《沈葆桢等又奏》，《同治甲戌日兵侵台始末》，第121—122页。
④ 《谕军机大臣等》，《同治甲戌日兵侵台始末》，第30—31页。
⑤ 王元穉：《甲戌公牍钞存》，第92页；第105页。
⑥ 《六月己卯（初八日）福州将军文煜、闽浙总督兼署福建巡抚李鹤年、办理台湾等处海防兼理各国事务沈葆桢、帮办台湾事宜福建布政使潘霨奏》，《同治甲戌日兵侵台始末》，第44—47页。
⑦ 王元穉：《甲戌公牍钞存》，第87页。
⑧ 李鸿章：《论台湾兵事》（五月十一日），《李文忠公选集》，第33—34页。

急，碍难分调；南洋枪队无多，防务紧要，亦难酌拨。"且兵势聚则气盛，分则力弱。若于两处零星抽拨，兵将素不相习，转临敌贻误"。[1] 所以于六月初十日上奏，建议将"素习西洋枪炮，训练有年，步伐整齐，技艺娴熟"由记名提督唐定奎统领驻扎在徐州的武毅"铭"字一军十三营，移缓就急，调拨赴台。

李鸿章的建议迅速为清廷所采纳，六月十二日，上谕饬令唐定奎统带所部六千五百人由徐州拔赴瓜洲口，由李宗羲、张树声饬调沪局轮船暨雇用招商局轮船驶赴瓜洲，分起航海赴台，听候沈葆桢调遣。[2] 七月十六日（8月27日），唐定奎率第一批援台淮军抵达，驻扎凤山，台湾军心为之一振。第二批五营亦于八月初五日抵达澎湖。另张其光与吴光亮所募粤勇二千余人，亦乘所雇轮船于十七日到旂后登岸。[3] 一时兵勇聚集，防御力量大大增强。沈葆桢以这些雄厚兵力为后盾，在南北两路同时进行"开山抚番"工作，给日军予相当的压力与威慑。

## 六、中日间外交折冲樽俎与《互换条约》的签订

日本在出兵台湾的同时，也派遣柳原前光作为驻华全权公使，除履行公使职责外，也奉命掌理处分台湾之相关交涉事宜。同治十三年四月初四日（1874年5月19日），柳原自横滨启程，于十三日（28日）抵达上海。由于对西乡对闽浙总督之答复及与沈葆桢之应接过程未能详细了解，不便行事，且对清廷是否会承认其使臣职权心中无数，尤其担心前往天津后将面对李鸿章方面严厉的论调，故柳原决定暂且滞留上海，俟南北两地情势明朗后再相机北上。[4] 中国方面由两江总督李宗羲指派苏松太道沈秉成及江苏布政使应宝时与柳原会谈交涉。沈秉成责问柳原日本出兵之理由，柳原强调"生番"是化外之民，土地为化外之地；沈氏则认为先前副岛种臣并未向中国总理衙门大臣议及出兵；即便要出兵，按理应先照会中国。双方谈判无大进展。四月十六日（5月31日），应宝时与柳原会面，双方唇枪舌剑，展开激烈辩论。应宝时谴责日本出兵不仅侵犯中国主权，且未经谈判，有违和亲国之所为与诋毁国际公法，要求日本务必撤

---

① 李鸿章：《派队航海防台折》（六月初十日），《李文忠公选集》，第42—44页。
② 《清穆宗实录选辑》，第156—157页。
③ 王元穉：《甲戌公牍钞存》，第127页、134页。
④ 《柳原公使自上海陈三大臣及寺岛外务卿有关沈道台来馆与总理衙门书柬、沈应陆书状及其他数件》，《处蕃提要》，第213—220页。

兵；柳原则称去年早已告知总理衙门"生番"之事，且此次西乡亦曾先行文照会福建总督，并无违背友谊之处，中国的撤兵之论是妨碍日本的"义举"。应宝时又质问日本讨"番"是否仅为尽义务加以惩处还是将来有占有该地之目的？柳原则辩说日本以行义为先，日后之措施次之，刻意回避"占有"话题。① 双方不欢而散。

四月下旬，帮办台湾事务的福建布政使潘霨离京回闽路过上海之际，于二十二、二十三日（6月6、7日）与柳原举行谈判，双方并有文书互相往来。柳原表示日师既出交锋，西乡奉有君命，岂肯轻退，日本已经布告通国，誓其保民之义，何可中止？西乡奉命须办三件事："一、捕前杀害我民者诛之；二、抵抗我兵为敌者杀之；三、蕃俗反复难制，须立严约，定使永远誓不剽杀难民之策。"② 潘霨则针对这三条提出答复：第一条、第二条系专指牡丹社、卑南社二处抢害之"生番"而言，与别社并未滋事之"生番"无涉，足见办事头绪分明。如再有滋事者，应由中国派兵查办，事属可行。第三条所云中国自当照约竭力保护，拟于海船经过要隘，或设营汛，或派兵船，或设望楼灯塔，使商船免致误入，再被"生番"扰害。③ 柳原见潘霨复函中有"足见办事头绪分明"一语，如获至宝，自以为潘霨已经承认"讨蕃是为日本政府之义举"，"事渐有进展"，而沾沾自喜，并承诺等潘霨与沈葆桢详细研商后寄发正式照会书时，正式向日本政府请示并等待指令。④

柳原关于对华谈判的如意算盘是，第一步"由潘霨依约提出正式照会，使清政府明白承认我讨蕃之举为义举，……尔后计划将蕃地归为我版图之方略则完全由庙议精密策划后决定，而以其为第二局之目标来进行"。⑤ 然而，此时日本侵台的军事行动共已开销各种费用达一百三十六七万元之谱，"前后金额实已不少，且此后至结束为止之费用亦难以估计"；而且渡台士兵中除了遭狙击或死于战地者外，其余"因风土炎热而罹病致死者，于长崎病院已有四十余名，

---

① 《柳原公使自上海陈三大臣及寺岛外务卿有关沈道台来馆与总理衙门书柬、沈应陆书状及其他数件》，《处蕃提要》，第213—220页。
② 《柳原公使致福建布政使潘霨函》，《处蕃提要》，第237页。
③ 《福建布政使潘复柳原公使函》，《处蕃提要》，第238页。
④ 《柳原公使自上海陈三大臣及寺岛外务卿有关潘霨往返信函及其他数件》，《处蕃提要》，第232—235页。
⑤ 同上书，第298—299页。

尚有近日将由蕃地送回长崎之患者三百名"。① 军费浩繁和大批士兵罹病死亡给日本很大的压力，使其不得不重新审视原来的计划和目标。7月9日，大隈重信在致柳原函中就提到："有关台湾蕃地处分一事，当然不可违背最初出发前所奉内谕之旨，但现在应仔细思考将来设施之事宜、先后缓急之策略等彼我之事情、情况等，经朝议凝思决定后，拟于下次船班派一官员赴其地，面谈庙算所在"。② 7月11日，西乡派信使来沪向柳原通报与潘蔚会谈的详情。西乡在会谈中提出赔偿金一说，不仅打乱了日方关于西乡只负责军事，而由公使负责外交的分工计划，而且暴露了日方谈判的底牌，令柳原颇为不满，其在致日本三大臣及外务卿的信函中抱怨道："若一开始西乡将谈判事宜完全推给下官，就不会发生混淆，岂有开谈后所牵扯如此盘根错节情形！"③ 而潘蔚在给柳原的复函中明确地拒绝了日方提出的赔偿金，则更使柳原感到恼怒不已，决定将于7月18日起程进京，直接与总理衙门交涉。

当时日本报纸及外国人中盛传李鸿章等人言论主张激烈，而趋向于战争，且听说福州、上海之制造所尽全力铸造大炮炮弹，准备水雷，并招募水兵等。日方认为"万一由彼（指中国）先发动时，则成为重大失策，实为国家之大患"，"故此对内调整兵备，对外贯彻谈判，乃不可延宕之事，丝毫疏忽不得"，④ 遂于7月13日派外务省四等出仕田边太一携带指令赴上海向柳原面授机宜，并对与中国谈判定下了基本原则：1.日本出兵台湾问罪，乃为保民义举；2.清国政府视该地为化外而不理，不可称其为所属地方乃毋庸置疑之事；3.占领台湾，制定使蕃民不再猖狂之法为日本既定之志向，此绝非为贪图其地利与人民；4.中国政府如为巩固其疆域，而对日本在台地有危惧不安之情时，则日本将其地全部奉还亦毫不足惜，但对于日本所靡费之财货、所折损之人命，应给予相当之赔偿。⑤ 指令中还详细规定了《与清官谈判应注意事项》，如"与清国委员谈判蕃地处分事宜时，皆应依附件要领，不可有丝毫屈挠之处，且要尽力促使谈判达成，不可无故拖延立约盖章之期"；"谈判之要领虽在于获得偿金后让与所攻

---

① 《大隈长官致函柳原公使有关蕃地死伤患者之略记、经费支给之概算等事宜》，《处蕃提要》，第299—300页。

② 同上。

③ 《柳原公使由上海上陈三大臣、外务卿有关潘蔚与西乡谈判因与前约龃龉而责问潘、沈及辩驳等事宜之一号至六号来函》，《处蕃提要》，第302—322页。

④ 《三大臣致函柳原公使有关兵备调整谈判贯通告谕及函送陆海军内示案等事宜》，《处蕃提要》，第323—325页。

⑤ 同上。

取之地。但一开始不可露出欲索偿金之情，此为想要由我方掌控每次谈判主动权之故"；"谈判逐渐涉及偿金，而认及其数额时，固然不拟要求额外金额，但尽量不由我提出数额"；"谈判之要领为，如满足我方要求时，应尽速订约"；"前文条约成立后，正式通知政府时，政府为着手都督撤其在台地之军队。是故，订约之日必应迅速以电报预报政府"，[①] 等等。

为了配合柳原在北京与总理衙门谈判，日本还同时任命李仙得为特例办务使，派其前往福建，向闽浙总督李鹤年、福州将军文煜等人游说，施加压力。其游说的主旨为："第一、清国政府既视台湾蕃地为化外，自然为无主之地，故日本政府征服之后，该地就有属于日本之道理。第二、日本政府既已于台湾蕃地有其权力，但若清国政府要此地时，必须订定约定，确立方法，以使蛮民尔后决不再对航海之日本人及外国人施以凶虐无道之行径。且须对日本政府赔偿征服该地所花之费用"，[②] 同时还指示其将谈判的情形用电报与柳原互通气脉。六月二十三日（8月5日），李仙得一行抵厦门。次日，美国驻厦门领事恒德申（Henderson）即奉驻上海总领事西华的指示，将其逮捕。理由是李仙得有劝促、协助、并教唆日本出兵侵入台湾，违犯了美国法律和美国对于中美条约所应负的义务，破坏了寄托于是项法律和条约上的和平。虽然李仙得被解送上海后，即由西华宣布释放，但已无法执行其特例办务使的任务，以支援柳原在北京的外交谈判。李仙得对此极端不满，即在上海匿名出版了《Is Aboriginal Formosa a part of the Chinese Empire?》一书，到处散布"台湾番地无主论"，为日军出兵侵占台湾制造借口。七月，李仙得又与抵沪的大久保通利会合，加入其谈判代表团。

柳原接到日本国内指示后即于六月初四日（7月17日）自上海出发，初八日（21日）抵天津，六月十一日（7月24日）即会晤李鸿章。李鸿章对日本未经知会擅自出兵台湾一事提出抗议，柳原答称西乡系奉日本朝命出兵，退兵仍应候朝廷旨意；自己是奉旨来通好的，不能做主。李指责日本一面发兵到中国境内，一面又叫人来通好，是"口说和好之话，不做和好之事"。并诘问牡丹等社已被烧毁劫杀，三件事已办了，为何还不退兵？[③] 柳原答云尚未办得彻底。最

---

① 《三大臣致函柳原公使有关兵备调整谈判贯通告谕及函送陆海军内示案等事宜》，《处蕃提要》，第323—325页。

② 《任命李仙得为特例办务使之主旨书》，《处蕃提要》，第328页。

③ 李鸿章：《与东使柳原前光、郑永宁问答节略》（六月十一日），《李文忠公选集》，第47—51页。

后，柳原不顾李鸿章所提在天津就地商谈解决台事的建议，于数天后离开天津径赴北京。

柳原于六月十八日（7月31日）抵京，自六月二十五日至七月十九日与总理衙门大臣举行了四次会谈，双方并多次照会往来。六月二十五日，柳原在致恭亲王奕訢照会中称中国"从前弃番地于化外，是属无主野蛮，故戕害我琉球民五十数名，强夺备中难民衣物，恫不知罪，为一国者杀人偿命、捉贼见赃，一定之理，何乃置之度外，从未惩治？既无政教，又无法典，……我国视为野蛮，振旅伐之也"。[①] 文祥在当日的辩论中即明确回答："台湾是中国邦土，自一定若说野蛮，是我们邦土的野蛮。如要办，亦该我们自己办"。柳原责问："既是贵国所属邦土，从前杀人之惨，何以不办？"文祥答："说中国不办，从前日本有照会否？既无照会，则琉球我们自己属国，已经地方官办理。"[②] 总署大臣又责问台湾"生番"，系中国地方，两国修好条规，大书两国所属邦土，不相侵越。本日照会所称无主野蛮，殊为无礼。柳原前光及郑永宁皆系上年随副岛种臣来京人员，又证以副岛种臣来京时，并未与中国商明，何以捏称中国允许日本自行办理？柳原无可狡赖，只得承认总署从无允许之事。[③]

七月初二日（8月13日），总署大臣董恂、沈桂芬、崇纶等前往答拜柳原时，双方又举行了会谈，当时田边太一及日驻厦门领事福岛九成刚到北京也来谒见。会谈中郑永宁传柳原话云："日本朝廷以琉球岛向归所属，如同附庸之国，视如日本人一样。其人被'生番'伤害，日本是应前来惩办的。"董、沈云："贵国人受害一事，内中并无人命。"柳云："抢其衣物，几乎致死，幸有人救了，后承贵国送回。"沈等指出："日本朝廷视'生番'为无主者，大约以先是不知道，如今想已明白'生番'实系中国地方，贵国民人如有被害之事，应行文中国，由中国办理。"最后，郑永宁传柳原话云："日本既已带兵到'生番'地方，应如何归着，刻下柳原之意是要求各位大人示以定见，好令田边回复本国。"董、沈等答称："我们自当回明王爷并告知各位中堂大人。我们先有一言奉复：'生番'是中国地方，必应由中国办理！"[④] 同日，恭亲王给柳原复照中，列举事实，再次对"'生番'为无主野蛮"之说加以驳斥："查台湾府志，非为

---

① 《日本国柳原前光照复》，《同治甲戌日兵侵台始末》，第105—106页。
② 《六月二十五日问答节略》，中国第一历史档案馆藏，外务部档，第2155号。
③ 《恭亲王等又奏》，《同治甲戌日兵侵台始末》，第97—101页。
④ 《同治十三年七月初二日成、沈、董、崇、夏大人答拜柳原问答节略》，中国第一历史档案馆藏，外务部档，第2155号。

今日与贵大臣详辩而始有此书也。内载雍正三年归化'生番'一十九社，输饷折银各节。牡丹社即十九社之一，亦在琅峤归化'生番'十八社中。治本等六十五社，即卑南觅之七十二社。志书所列'番'社，指不胜屈，皆归台郡厅县分辖。合台郡之'生番'，无一社不归中国者。又恭载乾隆年间裁减'番'饷之圣谕，复详其风俗，载其山川，分别建立社学等事。'番'社为中国地方，彰明较著若此。贵大臣即以为野蛮，亦系中国野蛮；有罪应办，亦为中国所应办。若谓其戕害琉球民，则琉球国王应请命于朝廷"。①

初四日（15日），柳原在照复中重申前议，措辞强硬，称：日本为一独立强国，伐一无主野蛮，何用获得邻国允许？如"番"地果属中国，何不在日军抵台的消息传到之时，就要求其撤退？他还认为"此系两国大事，名义所关，不宜徒事辩论，必须及早分晰各家所归"，要求中方提出台事究竟如何办理的定议。②

初六日（17日），双方又在总署举行会谈。恭亲王奕訢向柳原表示，中日两国谊切比邻，有辅车唇齿之义，两国无论何国胜负，总非我两国之利。现在不再辩论曲直是非，祗应想一了结此事之法，须两国均可下场。并多方设譬，层层启发，冀其从此悔悟，自为转圜，以维护双方友好关系。然而，柳原不但不以平和态度继续商谈，却在初九日（20日）致函总署，咄咄逼人，要求在三天之内对其于8月15日（初四日）所提出的要求予以答复。如届时不答复，他将派员返回东京，向日本政府报告，认为中国朝廷对日本派兵入台并无异议。柳原在信末还再次强调"贵国别有何等施设方法，指明后局，使本国此役不属徒劳，可令下得了场，以固睦谊，是本大臣肺腑之望"。③

尽管柳原语带威胁，但总理衙门并不为其所动，而且恭亲王也看出日方的意图，称"推其意，若以不言餂我，欲使兵费等说，皆出之中国之口，则在彼既得便宜，又留体面"。④乃于十一日（22日）致函柳原，指出："'生番'所居既属中国舆地，自应由中国抚绥施政"，驳斥日本在台"设官施政"之非是。并表示"现在下场办法，自应还问贵国，缘兵事之端非中国发之，由贵国发之也。若欲中国决定裁复，则曰台湾'生番'确是中国地方。若问后局方法，则曰惟

① 《给日本国柳原前光照复》，《同治甲戌日兵侵台始末》，第106—108页。
② 同上书，第108—109页。
③ 同上书，第110—111页。
④ 《恭亲王等又奏》，《同治甲戌日兵侵台始末》，第97—101页。

有贵国退兵后，由中国妥为查办；查办既妥，各国皆有利益"。① 总理衙门的这项正式答复使柳原更加不耐，他在十三日（24 日）致恭亲王的照会中认为"贵衙门所论如此，直与两家叠次辩论仍画一样葫芦，终无了日"，表示日本"既仗自主之权，伐一无主之野蛮，奚容他国物议？"且宣称日本政府有决心对台湾"番"地"渐次抚妥，归我风化"。② 这项近似狂妄自大的照复只能证明柳原的整个任务已无法完成。十九日（30 日），双方在总理衙门再次会晤，总理衙门也表现出同样强硬的态度，不但再次坚持中国对台湾"番"地的领土主权，而且警告柳原"从此不可再以不和好之言相迫"。③

在双方采取强硬立场及互不相让的情况下，谈判于 1874 年 8 月底陷入僵局。日本原先想以军事上有限度的成功来赢取政治上的利益的如意算盘，显然已难以实现，而柳原前光入觐同治皇帝，呈递国书的要求也理所当然遭到中国方面的拒绝。

就在柳原的使命于中日双方互相责难中陷于停顿之际，日本政府开始对出兵台湾的全盘形势重加检讨。此时日本政府接获报告，得悉中国已加强战备，而西方列强也日渐对中国的立场表示同情。曾经建议对台湾用兵以纾解国内反对派不满情绪的大久保利通此时已开始感到各方面的压力。早在三月三十日（5 月 15 日），大久保就表示愿对因未能阻止西乡远征而引起的后果负完全责任。6 月 30 日，他亲自请求内阁会议任命他为谈判使者前往北京。为了应付可能发生的各种紧急事态，大久保于 7 月下旬进一步向内阁会议提出一系列计划，包括加强日本的军事准备，以应付更大规模的战争及争取国际舆论的支持等。六月二十三日（8 月 5 日），日皇发布敕旨，任命大久保为全权办理大臣，派赴中国，代替柳原进行谈判。敕旨中指示柳原所奉之秘密敕旨和由田边太一传达之各项纲领以不动为原则；谈判以保全两国亲善交谊为主，但必要时则拥有决定和战之权；同时对驻华之日本文武官员拥有指挥进退之权。④

而对谈判的僵局，中国方面也在寻找各种解决的方案。沈葆桢原先所提的"联外交"，请各国公使公评曲直一节，因外国驻华公使多半作壁上观，不肯为中国出面干涉，而且李鸿章认为"各国虽未明帮日人，未始不望日人之收功获

---

① 《给日本柳原前光信函》，《同治甲戌日兵侵台始末》，第 111—112 页。

② 《日本国柳原前光照会》，《同治甲戌日兵侵台始末》，第 112—113 页。

③ 《七月十九日问答记》及《七月二十日文祥给日本柳原节略》，中国第一历史档案馆藏，外务部档，第 2155 号。

④ 《致大久保办理大臣之敕旨》，《处蕃提要》，第 355—356 页。

利,断无实心帮我者",①而予以放弃。另一种方案是集洋股,雇洋人,开采"番"矿,以各国分占,牵制日本的野心。但是李鸿章又认为:"分令各国占地,尤虑喧宾夺主,且此时各国方坐观成败,未肯出头"。②第三种方案则是让琅峤成为通商口岸,此乃英国公使威妥玛的意思。沈葆桢认为"若添琅峤为通商口岸,本地既无出产,来货又无销路,各国何利之有?若以内山为通商地面,使各国分握利源,喧宾夺主,番性本属不驯,台湾从此多事;且恐云南、四川等腹地,援例要求通商,流弊更大"。③李鸿章则觉得沈葆桢所虑似亦中肯,"惟目前彼此均不得下台,能就通商一层议结,洵是上乘文字。好在台湾系海外偏隅,与其听一国久踞,莫若令各国均沾。但通商章程必须妥立,嗣后官制兵制,似亦略须变通耳。柳原谆谆于指明后局,使该国此役不属徒劳,是其注意实在占地、贴费二端,落到通商,必非所愿"。④而且总署也认为"通商或仅添一琅峤口岸,日人固未厌所欲,各国亦何所贪图?"⑤因此这一方案也被放弃了。

台湾方面,中国虽然调集淮军枪队,但只为设防备御,并非想与日本动武,并无必要时不惜与日军一战的打算。李鸿章也担心"若我军齐集,遽与接仗,即操胜算,必扰各口,恐是兵连祸结之象",⑥故叠函劝沈葆桢"祇自扎营操练,勿遽开仗启衅;并密饬唐提督到台后,进队不可孟浪。西乡苟稍知止足,无断以兵驱逐之理"。⑦

七月上旬,大久保利通已到中国,同时还盛传日军集兵六万将攻金陵、津沽。十六日(8月27日),李鸿章提出解决台事的另一方案,称:"平心而论,琉球难民之案,已阅三年,闽省并未认真查办,无论如何辩驳,中国亦小有不是。万不得已,或就彼因为人命起见,酌议如何抚恤琉球被难之人,并念该国兵士远道艰苦,乞恩犒赏饩牵若干,不拘多寡,不作兵费,俾得踊跃回国。且出自我意,不由彼讨价还价,或稍得体,而非城下之盟可比。内不失圣朝包荒之度,外以示羁縻勿绝之心"。⑧

七月二十一日,大久保抵天津,但并未拜会李鸿章,而是通过美国驻天津

---

① 李鸿章:《论柳原入京》,《李文忠公选集》,第51—52页。
② 李鸿章:《复沈幼丹节帅》,《李文忠公选集》,第56—58页。
③ 李鸿章:《论台事归宿》(七月十六日),《李文忠公选集》,第64—66页。
④ 同上。
⑤ 李鸿章:《复沈幼丹节帅》,《李文忠公选集》,第63—64页。
⑥ 李鸿章:《复王补帆中丞》,《李文忠公选集》,第55页。
⑦ 李鸿章:《论台防》,《李文忠公选集》,第55—56页。
⑧ 李鸿章:《论台事归宿》,《李文忠公选集》,第64—66页。

副领事毕德格放出风声，称"不给兵费，必不退兵，且将决裂，扰乱中国各口"云云。①李鸿章于二十四日与毕德格会晤后立刻向总署报告此事，并就即将与大久保举行的谈判策略提出建议：与大久保交涉应避免激烈决绝之语。中国现拟办法，仍如柳原前在上海与潘蔚所议三条，请大久保查明日本及日本属国人民（不必提琉球，免致彼此争较属国）在"番"地先后被害若干人？是何姓名？以便中国查拿凶酋问抵，并酌议抚恤，嗣后当设法保护，不准"番"人再有扰害行旅情事等云云。并说"此先发制人之计，若待彼先开口，或彼先照会，词气失平，便难登答"。②

大久保于七月三十日（9月10日）到京，八月四日（9月14日）即与总理衙门展开谈判。与柳原前光所称"番地为无主野蛮"不同，大久保改变策略，以中国政教不及台湾"番"地为由来否定中国对"番"地的主权，并以福岛九成与枋寮"番"地居民谈话记录为据。最后提出两项书面问题：第一，中国既以"生番"之地谓为在版图内，然则何以迄今未曾开化"番"民？夫谓一国版图之地，不得不由其主设官化导，不识中国于该"生番"，果施几许政教乎？第二，现在万国已开交友，人人互相往来，则于各国，无不保护航海之安宁。况中国素以仁义道德闻于全球，然则怜救外国漂民，固所深求。而见"生番"屡害漂民，置之度外，曾不惩办，是不顾怜他国人民，惟养"生番"残暴之心也。有是理乎？③要求中方答复。

总理衙门虽然事前接到李鸿章的建议，应用先发制人之计，但被大久保抢得先机之后，只好坚守原则，逐条据理予以辩驳。如此，谈判的焦点又回到台湾"番"地主权之争上，双方先后经过四轮近一个月的会谈及照会往来，毫无进展。九月初一日（10月10日），大久保在照会中又连篇累牍，仍事辩论，强词夺理，并以回国相威胁，但在照会末也提出："贵大臣果欲保全好谊，必翻然改图，别有两便办法"。④初七日（16日），文祥致函大久保，称"贵大臣如真欲求两便办法，彼此自可详细熟商"。⑤中日双方遂于初九日（18日）举行第五次会谈，双方停止有关"番"地领土主权的争论，转入"两便办法"的具体协商。大久保承认中国所说的"生番"为中国地方，对中国之政教实不实也不再

---

① 李鸿章：《述美国副领事毕德格面议节略》，《李文忠公选集》，第70—72页。
② 同上。
③ 《大久保面递第一条》、《大久保面递第二条》，《同治甲戌日兵侵台始末》，第144页。
④ 《大久保照会》，同上书，第157—160页。
⑤ 《日本外交文书》，第七卷，第272页。

提，但称日本此举数月中，伤亡、病殁兵勇，所花费用应由中国偿给，方可使本国兵回去。中方则称对日本不知台湾"番"境为中国地方而加兵一节，可以不算日本的不是。漂民被害案件，日本兵退之后，仍由中国查办。案中被害之人或其家属，查明实情，由中国皇帝恩典予以酌量抚恤。至于费用一层，中方认为两国并未失和打仗，如何能讲偿费？[①] 谈判至此有了实质性的进展。

九月十一日，双方举行第六次会谈。大久保对于抚恤，必欲问明数目。中方答称必须日本退兵，中国方为查办。因担心大久保误会以抚恤代兵费之名，又告诉说中国实在只能办到抚恤，并非以此代兵费之名。大久保恐日本退兵后如何办法放心不下，要求写一详细明白办法。中方遂将前议自行查办四条以书面形式提出：

一、贵国从前兵到台湾"番"境，既系认台"番"为无主野蛮，并非明知是中国地方加兵。夫不知中国地方加兵，与明知中国地方加兵不同。此一节可以不算日本的不是。

二、今既说明地属中国，将来中国于贵国退兵之后，中国断不再提从前加兵之事，贵国亦不可谓此系情让中国之事。

三、此事由台"番"伤害漂民而起，贵国退兵之后，中国仍为查办。

四、贵国被害之人，将来查明，中国大皇帝恩典酌量抚恤。[②]

大久保则要求此外给予另单，写明抚恤银数额，但未得到中方同意。双方因抚恤数目又发生分歧，郑永宁到总署告知，日本"须索银洋五百万圆，至少亦须银二百万两，不能再减"。[③]九月十四日（10月23日），双方最后一次在总署举行会谈，大久保"仍切切于允给银数，而所言皆指费用"；[④]并说"无数目，他实在不能回去"。[⑤]中方则认为抚恤是中国皇帝优待日本之意，故不妨从丰，但大久保所说数目实在太远；且"虽就抚恤办理，而为数过多，是无兵费之名，

---

① 《重阳面谈节略》，中国第一历史档案馆藏，外务部档，第2155号。

② 《九月十一日大久保等来署面谈节略》，中国第一历史档案馆藏，外务部档，第2155号。

③ 《九月辛酉（二十二日）总理各国事务恭亲王等奏》，《同治甲戌日兵侵台始末》，第174—178页。

④ 同上。

⑤ 《毛大人、文中堂、沈大人与大久保问答节略》，中国第一历史档案馆藏，外务部档，第2155号。

而有兵费之实"，故难以通融迁就。双方严词激辩，不得要领。末了，大久保故技重施，表示议无成绪，即欲回国，并重提"生番为无主野蛮，日本一意要办到底"。中方则仍坚持"台番是中国地方，应由中国自主"。彼此不合而散。①

因中国官员不肯屈从其所提出的抚恤金数目，大久保在无法与中方达成协议的情况下，悻悻然准备于九月十七日作登车离京之计。临行前，他于十五日访问英国驻华公使威妥玛，先向其辞行，接着又诉苦说未得"书面"，不能回国，并表示日本愿在赔偿金数目上让步。在探明大久保来意之后，威妥玛决定出面调停，向总理衙门施压，使中国屈服于日本的要求范围。

九月十六日，威妥玛前往总理衙门，初示关切，继为恫吓之词，并谓日本所欲二百万两，数并不多，非此不能了局。总理衙门权衡利害重轻，认为情势迫切，若不稍予转机，不独日本铤而走险，事在意中，中国武备未有把握，随在堪虞。且顾虑若令威妥玛无颜而去，转足坚彼之援，益我之敌。遂告以中国允支付十万两给同治十年受害琉球人家属作为抚恤，再允将日本在"番"社修道、造房等件，留为中国之用，给银四十万两，两项合计最多不能超过五十万两。②

当晚，威妥玛通知大久保，称中国已经接受日方要求。大久保随即前往英国公使馆，两人针对中方提出的草案细加商量，大久保亲自动笔删去中方条文中关于日本承认台湾"番"地为中国所属地的部分以及中国皇帝恩典酌量抚恤的文字，并添加"日本国属民""保民义举"等对日本有利的字句。并请威氏转告中方绝不可改变"书面"内容，否则，日方将宣告谈判破裂。总署顾及英使的面子，表示同意大久保所撰写的"书面"内容。只是对赔偿问题，主张分为二部分，抚恤部分为银十万两；但兵费部分，总署不愿照写，改为"日本退兵，在台地所有修道建房等，中国愿留自用，准给费银四十万两"。③

九月二十二日（10 月 31 日），在威妥玛的见证之下，中日双方谈判代表正式签订《互换条约》，内容如下：

照得各国人民有应保护不致受害之处，应由各国自行设法保全。如在何国

---

① 《九月辛酉（二十二日）总理各国事务恭亲王等奏》，《同治甲戌日兵侵台始末》，第 174—178 页。

② 同上。

③ 《日本外交文书》，第七卷，第 316 页。

有事，应由何国自行查办。兹以台湾"生番"，曾将日本国属民等妄为加害，日本国本意惟该"番"是问，遂遣兵往彼，向该"生番"等诘责。今与中国议明退兵，并善后办法，开列三条于后：

一、日本国此次所办，原为保民义举起见，中国不指以为不是。

二、前次所有遇害难民之家，中国定给抚恤银两。日本所有在该处修道、建房等件，中国愿留自用。先行议定筹补银两，另有议办之据。

三、所有此事两国一切来往公文，彼此撤回注销，永为罢论，至于该处"生番"，中国自宜设法妥为约束，以期永保航客，不能再受凶害。①

另有《互换凭单》，规定日本国从前被害难民之家，中国先准给抚恤银十万两。又日本退兵，在台地所有修道、建房等件，中国愿留自用，准给费银四十万两；同治十三年十一月十二日（日本明治7年12月20日），日本国全行退兵，中国全数付给，均不得愆期。②

条约签订之后，大久保于九月二十九日（11月7日）到上海向江海关领取抚恤银十万两，旋动身赴台，于十月八日（11月16日）到琅峤传谕退兵。翌日，向沈葆桢提出《蕃地交代事宜节略》五条，沈遂派台湾知府周懋琦前往办理接收事宜，计营房130多间，板片1200多片。十一月十二日（12月20日）中国银两全数付给，日军亦全部撤回，历时七个多月的"牡丹社事件"终告结束。

# 七、结语

日本图谋侵占台湾，由来已久。1874年的"牡丹社事件"，是日本将侵台图谋付诸行动的第一次尝试。在此次日本侵台事件中，美国原驻厦门领事李仙得等人为虎作伥，充当帮凶，起了重要作用。由于中国方面在军事上加强防备以及在外交谈判中据理力争，日本侵占台湾的图谋最终未能得逞。

此次侵台之役，日本共投入兵力3658人，其中将校及下级军官781人，军属172人，士兵2643人，工役62人，军舰5艘，运输船13艘。死亡573人，其中战死者12人，病死者561人，负伤者17人。共支出军费361万余日元，

① 《互换条约》，《同治甲戌日兵侵台始末》，第178—179页。
② 同上书，第179页。

另加船舶购买费等，共计支出 771 万余元。[①] 中国以抚恤及补贴日本修路建房等名目支付白银 50 万两，合日本币 78 万元。如由费用而言，此役日本可以说完全得不偿失。然而，大隈重信认为此役"不但清廷承认琉球人为日本居民、琉球群岛为日本领土，且使各外国认识日本的兵力，再加英、法两国自幕府末年迫害外国人以来即驻兵横滨，现亦因而撤退，故在明治外交上，所受间接的利益，是很大的"。[②]

实际上，在"牡丹社事件"中，中国方面自始至终从未承认琉球人为日本居民、琉球群岛为日本领土，大隈重信所谓"清廷承认琉球人为日本居民、琉球群岛为日本领土"之说完全是自欺欺人之谈。然而，清政府破财消灾的做法，既暴露了海防的空虚，又表现出外交的懦弱，在一定程度上助长了日本对外侵略扩张的野心，为其后日本并吞琉球及二十年后发动甲午战争和强行割占台湾埋下了祸患，历史的教训值得我们永远记取。

——原载张海鹏、李细珠主编《台湾历史研究》第三辑，

社会科学文献出版社 2016 年

---

① 黑龙会编：《西南纪传》，第 1782 页，转引自［日］庄司万太郎：《一八七四年日本出师台湾时 Le Gendre 将军之活跃》，薛余译，《台湾银行季刊》第十卷第三期。

② ［日］大隈重信：《开国大势史》，第 1216 页，转引自［日］庄司万太郎：《一八七四年日本出师台湾时 Le Gendre 将军之活跃》，薛余译，《台湾银行季刊》第十卷第三期。

# 丁日昌的治台政绩

## ——兼论光绪初年闽抚"冬春驻台"之例

同治末年（1874年）发生了日本侵台的"牡丹社"事件，此事对清廷上下震动极大。事后，清廷痛定思痛，进行了关于海防问题的大讨论，对于日本的侵略扩张本性有了初步的认识，在加强海防建设方面达成了一定的共识，治台的政策也由原来的消极转向积极，取消了大陆人民渡台及民众进入"番"地等限制，实行"开山抚番"，同时规定福建巡抚冬春驻台，秋夏驻省，两地兼顾。[①]光绪元年（1875年）十月，福建巡抚王凯泰病故，由丁日昌接任。丁日昌，广东丰顺人，早年受知于曾国藩，曾佐李鸿章在上海办理机器制造局。历任上海道、江苏布政使、巡抚及福建船政大臣等职。自光绪元年十一月十四日上任至四年（1879年）四月初六日因病乞休，丁日昌在闽抚任上的时间并不长，但在治台方面却有令人瞩目的表现。本文根据相关档案资料，对丁日昌抚闽时的治台政绩作一番梳理和论述，并对光绪初年闽抚"冬春驻台，夏秋驻省"这一规定的利弊得失作一番分析与探讨。

## 一、兴办铁路、矿务，设立电报线

早在莅闽之前，丁日昌对台湾在中国海防战略上的重要地位就有深入之了解，同治七年（1868年），其向曾国藩上"海洋水师章程"时，即拟以台湾为建置南洋海防之中心。光绪元年（1875年）由李鸿章代呈的《筹议海防事宜疏》

---

① 《清德宗实录选辑》，台湾文献丛刊第193种，台北：台湾大通书局，1984年，第18页。

中，丁日昌不仅倡议在台驻泊铁甲舰，以为东南海防之枢纽，且拟计划经营，希望能使台地利窦日开，生聚日盛，将来另建一行省。[①]

丁日昌接任闽抚之后，虽因处理福建日常政务及赈济水灾等原因未能按照规定赴台，但也开始着手对台湾的海防建设和经济开发进行全面的规划。光绪二年（1876年）十一月初三日，丁日昌向清廷上《台湾防事速宜统筹全局疏》。疏中首先强调台湾战略地位的重要，称："台湾洋面，居闽、粤、浙三界之中，为泰西兵船所必经之地，与日本、吕宋鼎足而立，彼族之所以眈眈虎视者，亦以为据此要害，北可以扼津、沽之咽喉，南可以拊闽、粤之脊膂"，"如果兵力有余，则遇彼族用武挟制时，自可由台出奇兵，断其后路，为击首应尾之计，令彼族多所顾瞻，似更诸事易于转圜"。[②]继而，指出日本对台的侵略野心，称"台湾若不认真整顿，速筹备御之方，不出数年，日本必出全力以图规取，其时恐不止如前辙尚能以言语退敌也"。[③]并认为与其临时敷衍、浪掷而无补涓埃，曷若及早图维，节省而资实济。最后提出购铁甲船、练水雷军、枪炮队、造炮台、开铁路、建电线等均为统筹台防的当务之急。丁日昌也深知各种措施同时并举，所费必巨。但"惟台湾有备，沿海可以无忧；台湾不安，则全局殆为震动"。[④]在经费筹措方面，丁日昌认为当时基隆煤矿开采已有端绪，硫磺、煤油、茶、铁等也已大兴，十年后则成本可还，二十年后则库储可裕。"若能于江海等关，各借拨二十万以为权舆，再由官绅百姓，凑集公司数十万，自可次第举办"。[⑤]

此时台湾北路"生番"滋事，丁日昌于十一月十五日力疾渡台办理，并巡视台湾南北两路及后山各地，对全台形势进行了全面的考察与了解。认为台湾"目前情形，不在兵力之不敷，而在饷需之不足；不患番洋之不靖，而患声气之不通"，于十二月十六日上《统筹台湾全局拟请开办轮路矿务折》，提出开办轮

---

① 李鸿章：《代陈丁日昌议复海防事宜疏》（光绪元年），《道咸同光四朝奏议选辑》，台湾文献丛刊第288种，台北：台湾大通书局，1984年，第45—68页；吕实强：《丁日昌与自强运动》，台北"中央研究院"近代史研究所，1987年，第283页。

② 丁日昌：《台湾防事速宜统筹全局》（光绪二年十一月初三日），中国第一历史档案馆、海峡两岸出版交流中心编，《明清宫藏台湾档案汇编》第189册，北京：九州出版社，2009年，第64—65页。

③ 丁日昌：《台湾防事速宜统筹全局》（光绪二年十一月初三日），《明清宫藏台湾档案汇编》第189册，第65页。

④ 同上书，第66页。

⑤ 同上。

路、矿务、电报等主张。丁日昌在疏中对台湾兴办轮路、矿务的好处做了十分详尽的论述：

> 轮路计一日约行二千余里，由台南至台北顷刻即达；军情可瞬息而得，文报无淹滞之虞；利一也。后山瘴疠盛行，若有轮路则屯军择善地驻扎，遇有紧急方轨而驰，朝发夕至，不必使有用之兵受瘟疫之害；利二也。轮路比轮船捷至一倍，平居精练二枝劲兵驻扎南、北二路，海上有事，电报卯来，精锐辰集；随敌所向，合兵急攻，以逸待劳、以众乘寡：主客之势既异，胜负之券可操。是无轮路而兵多饷重，征调迟延，我处处为敌所制；有轮路而兵精饷有，赴援神速，敌且处处为我所制矣。以视株守一隅，军符已下累日而消息仍觉杳然者，相去岂可同年而语！利三也。内山奸民纵有煽动，而劲旅呼吸即达；朝闻萌蘖，夕压重兵，比于迅雷不及掩耳；教民无所用其簧鼓、奸究无所用其机智、"番"众无所用其凶横。祸乱不生，商民安堵；百货流通，舟车辐辏；利四也。日本瑯峤一役，合沿海七省因台事而设防，耗饷何止千余万。台中若设轮路、兴矿务，则敌人知我已得窍要，可无意外之虞。不惟大宗之饷可省，即常年防军亦可酌裁；漏卮已塞，库藏自有余裕；利五也。轮路开，兵勇可以归并操练；不惟营官不敢以少报多，即勤惰、壮弱亦可随时稽核：卧薪尝胆以求实济，断无练而不精之兵；利六也。轮路开，则由台湾府城至鸡笼口不过数时可到；来往人等自可由鸡笼起岸，不必再涉安平之险；利七也。自府城视澎湖，则澎湖为咽喉；自鸡笼视澎湖，则澎湖为枝指。而且鸡笼渡海，水程近三分之一，不必经由澎湖。彼族知澎湖不足以制我之命，断不聚全力以争之，则我亦不必聚全力以御之；兵减饷轻；利八也。……外人之所以垂涎台湾者，以有矿利耳。矿务若自我全行举办，无主之物变为有主；垂涎之根既绝，则窥伺之念自消。同时并举，计机器、人工等费，大约不过百万；将来收效无穷，所获何止倍蓰；利九也。……台湾为东南七省尾闾，上达津沽、下连闽浙；台事果能整顿，则外人视之有若猛虎在山，不敢肆其恫喝。若再辅以中等铁甲船二、三号，则遇各岛无理肆扰，尚可由台断其后路，使彼有首尾不能相顾之忧。故台强则彼有如芒刺在背，时存忌惮之心；台弱则彼视为奇货可居，各蓄吞噬之念。轮路开、矿务兴，则兵事自强而彼族之狡谋亦自息；利十也。[①]

---

[①]　丁日昌：《统筹台湾全局拟开办轮路矿务折》（光绪二年十二月十六日），《明清宫藏台湾档案汇编》第189册，第152—158页。

在奏折中，丁日昌强调轮路、矿务、电线三者必须相辅而行。无矿务，则轮路缺物转输，而经费不继；无电线，则轮路消息尚缓，而呼应不灵。

最后，丁日昌指出目下台湾疫重兵疲，民穷变亟。日本及小吕宋皆逼近台湾，蓄锐养精，机深意险。若不未雨绸缪，速将轮路、电线、练兵、购器、开矿各事分头速办，诚恐该二岛猝然有变，非仅止于虚声恫吓而已。请饬下总理衙门筹议有无经费？如何举行？并请特简熟悉工程大员驻台督理，俾靖浮言而收实效。①

丁日昌加强台湾海防建设的宏图得到沈葆桢及李鸿章等人的大力支持。沈氏认为丁日昌所称购船、练兵、炮台、电线、开矿、招垦诸务，为其在台时先后条奏，或奏焉而未及举，或举焉而未及成。惟铁路一端当时未经议及，而实为台地所宜行。台湾煤矿已有权舆，即可收其赢余以开硫磺、煤油、樟脑诸利。铁甲、水雷，眼前姑且从缓。惟招垦则必不可缓。②李鸿章则表示台湾经久事宜，应以举办矿务、垦务为兴利之大端。鸡笼煤矿开采已有端绪，硫磺、煤油、樟脑、茶、铁诸利，亦应逐渐招商开拓，或借官本，或集公司；丁日昌所称"十年后成本可还，二十年后库储可裕"，殆非虚语。至铁路、电线相为表里，无事时运货便商，有事时调兵通信，功用最大。东、西洋各国富强之基，胥赖此以充拓。丁日昌到台后迭次函商"该处路远口多，防不胜防，非办铁路、电线不能通血脉而制要害，亦无以息各国之垂涎"，洵笃论也。③

总理衙门在奉旨议复丁日昌奏折中也赞同沈、李的看法，表示"经营台湾，实关系海防大局"，同意"举办轮路为经理全台一大关键，尤属目前当务之急"，奏请由丁日昌审度地势，妥速筹办，务当力为其难，俾安内攘外均有裨益。④在经费的筹措方面，总理衙门恭亲王奕䜣认为台湾筹办轮路、矿务各大端，必须指定有着之饷，源源报解，方易集事。故公同商酌，自光绪三年（1877年）七月开始，粤海、潮州、闽海、浙海、山海等五关并沪尾、打狗二口之四成洋税，

---

① 丁日昌：《统筹台湾全局拟开办轮路矿务折》（光绪二年十二月十六日），《明清宫藏台湾档案汇编》第189册，第163—164页。
② 沈葆桢：《为遵旨复奏筹商台湾事宜等事》（光绪二年十二月初八日），台湾史料集成编辑委员会编，《明清台湾档案汇编》第四辑第78册，台湾历史博物馆、远流出版事业股份有限公司、台湾大学图书馆，2008年，第348页。
③ 李鸿章：《筹议台湾事宜折》（光绪三年正月十六日），《李文忠公选集》，台湾文献丛刊第131种，台北：台湾大通书局，1987年，第199—200页。
④ 《总理各国事务衙门奕䜣等议奏丁日昌等筹议台湾事宜请旨遵行折》（光绪三年二月二十四日），《清季台湾洋务史料》，台北：台湾大通书局，1987年，第20—22页。

暨江海关四成内二成洋税，以一半批解部库抵还部拨西征饷银，以半分之半批解北洋大臣李鸿章兑收，划出半分之半批解福建巡抚丁日昌兑收。其每年酌提江苏、浙江厘金银各四十万两，江西、福建、湖北、广东厘金银各三十万两，亦自本年七月为始，以一半批解北洋大臣李鸿章兑收，以一半批解福建巡抚丁日昌兑收。两款相加，每年约银一百数十万两。以作为台湾开办铁路、定购铁船的经费。[①] 此为中国由政府正式批准修建的第一条铁路，在中国铁路建设史上具有重大意义。

丁日昌在上疏之后，还建议将已经拆毁的吴淞铁路铁轨运来台湾，兴筑旗后、凤山到台湾府（今台南市）间的铁路，此计划得到两江总督沈葆桢的大力支持。然而，吴淞铁路仅长几公里，拆运尚待数月之后，故兴建台湾铁路，仍须另谋办法。由于朝廷筹拨的海防经费难以兑现，丁日昌乃谋借外债，通过英籍海关总税务司赫德（Robert Hart）向丽如银行商借五六十万两，作为修建台湾府城到旗后铁路经费，不料，丽如银行索利竟高达八厘，丁日昌嫌其太重，最终未能议成。[②] 无奈之下，丁氏遂于光绪三年五月初四日奏请将议拨台湾办理铁路经费变通购办铁甲船，以应海防急需。另拟于南洋经费项下先拨二三十万两，举办台湾马车路，以利师行。至于台湾铁路，则仍照李鸿章、沈葆桢等原议，俟矿利将来大兴，再行就地筹款举办。[③]

铁路计划一时既无法实行，丁日昌乃着手台湾电报线的建设。

先是同治十三年"牡丹社"事件期间，沈葆桢即计划于台海之间设立电报线，但此事最终未能付诸实施。丹麦大北电报公司却以此为由，于是年六月托美国驻福州领事对福建通商局进行活动，要求承办福州至厦门间的电报陆线，且在双方尚未正式签订合同之时，大北公司即迫不及待擅自动工，至十二月间已经修建六十里左右。福建当局当即照会要求停工，但大北公司置之不理，仍复接续兴工，双方相持未决。光绪元年正月，丹麦公使拉斯勒福亲赴总理衙门交涉，施加压力，大北公司也乘机要挟。为免后患，总理衙门建议福建当局买

---

① 《总理各国事务衙门奕䜣等议奏丁日昌等筹议台湾事宜请旨遵行折》（光绪三年二月二十四日），《清季台湾洋务史料》，台北：台湾大通书局，1987年，第24—25页。

② 李鸿章：《复丁雨生中丞》（光绪三年九月初六日），《李文忠公选集》，第231—232页。

③ 《福建巡抚丁日昌奏请将议拨台湾办理轮船经费变通购办铁甲船而于台湾先行举办马车路以利师行折》（光绪三年五月初四日），《清季台湾洋务史料》，第29—32页。

回自办。① 光绪元年四月十七日，由福建通商局道员丁嘉炜与大北公司订立合同，以银十五万四千五百圆的代价买回，并规定：福州至厦门电报由该公司代中国造办，工竣之后，逐段提交中国验收管理。不料此事在朝廷内部却引起轩然大波，闽籍给事中陈彝上疏奏称电线可以用于外洋，不可用于中国，主张停办。② 另外，线路开工后未久，民间即以有碍田园、庐墓，节节阻挠；而福清地方又发生聚众鼓噪及抢毁器物、殴伤工匠情事。公司复以失去器物、耽误工程逐款索偿，枝节丛生。"欲行则民情不愿，必致酿变多端；欲止则合同既立，势难自我失信，几有岌岌不可终日之势"。③ 后经招商局总办唐廷枢与大北电报公司多次协商，始将原立合同作废，并另立议约。将所有水陆电线、机器、木料、房屋、契据等件一律派员照合同点验收回，由官自办；应给价值，分期还清。由官自选中国学童，延请该公司教习一年；一年之后，请与不请由官自主。将来电线之做与不做，亦毋庸干预。④

光绪三年三月二十五日，丁日昌上奏拟将省城前存陆路电线移至台湾，化无用为有用，一举两得。并派学生六品军功苏汝灼、陈平国等专司其事，定于四月动工，先从旗后（今高雄）造至府城（今台南市），再由府城造至基隆。倘于理有窒碍难通之处，即翻译泰西电报全书以穷奥妙，或随时短雇洋工一二人，以资参核。将来并拟将洋字改译汉字，约得万字可敷通报军情、货价之用。然后我用我法，遇有紧急机务，不致漏泄。⑤ 四月十四日，该方案奉旨允准施行。

七月十日，电报工程自府城起工，九月五日造成。由于经费不足，只修成了自府城至安平及自府城达旗后的两条线路，计长95里，并在府城、安平、旗后三处设立报房。台湾电报的成功创办引起了中外各方的关注。英文《北华捷报》报道："打狗（即旗后）地方已建立了电报，并由中国人掌管。这些都是在福建巡抚丁日昌在任时的措施，他确实打算大规模经营并开发台湾的资源"。⑥

① 《闽督李鹤年奏福州厦门电线买回自办折》，《清季外交史料选辑》，台北：台湾大通书局，1984年，第3—4页。

② 工科给事中陈彝：《为陆路电线万不可行谨缕陈闽省办理舛谬情形吁恳停止以免内忧而杜外衅事》（光绪元年六月十九日），《明清台湾档案汇编》第四辑第七十六册，第465—466页。

③ 《闽督文煜等咨呈军机处闽省电线买归自办文》（光绪二年五月初七日），《清季外交史料选辑》，第5—7页。

④ 同上。

⑤ 《福建巡抚丁日昌奏将省城前存陆路电线移设台湾并拟派学生专司其事片》（光绪三年三月二十五日），《清季台湾洋务史料》，第26—27页。

⑥ 《北华捷报》转载《中国陆路商务导报》的文章，1878年12月5日，卷21，第548—549页。转引自邮电史编辑室编，《中国近代邮电史》，北京：人民邮电出版社，1984年，第53页。

英国海军军官寿尔（H.N.Shore）在随英国军舰田凫号（The Lapwing）访问台湾地区后也说：丁日昌"用一条电报线把首邑台湾府和打狗港连接起来，并筹划用铁路联络两城"。[①]

丁日昌所创办的台湾电报线，是中国人自己修建并由中国人掌管的第一条电报线，在中国邮电史上具有重大意义。

## 二、继续开山抚"番"

同治十三年，牡丹社之役，沈葆桢利用军队，于南北中三路筹办开山抚"番"。北路自苏澳至吴全城为止，共扎一十三营半，又水师一营，提督罗大春主之；南路自社寮至卑南为止，共扎振字四营，又绥靖军一营，总兵张其光、同知袁闻柝主之；中路自牛辒辕至璞石阁为止，共扎二营半，总兵吴光亮主之。光绪二年（1876年）十一月，丁日昌渡台，十八日到基隆，察看煤矿之后，又带同随从经三貂岭，行抵后山苏澳，亲自抚慰将士。同时发现开山抚"番"每年耗饷巨万，成效毫无，弃之则恐后山为彼族所占，后患滋深；守之则费重瘴深，兵勇非病即死，荒地仍然未垦，"生番"仍然杀人，年复一年，势成坐困。且南北中三路统领，各办各事，平时既不能声气相通，临事复不能首尾相顾，频年株守荒山，士卒时遭疫疠，非计之得也。[②]

经过对后山山形地势、土地肥瘠的踏勘分析，丁日昌认为后山北路苏澳至新城，约一百六七十里，崇山峻岭，偪近生"番"，勉强开路，终属艰险难行。而且无田可垦，无矿可开，外人断不垂涎。自新城起至大巴陇止，约一百里，是为北路之岐莱；自大巴陇起至成广澳止，约一百里，是为中路之秀孤峦；自成广澳起至阿郎台止，约一百里，是为南路之卑南；计共袤长约有三四百里，广则有四五十里或十余里不等，类皆平埔近海，沃壤甚多。而以中路之璞石阁水尾，为适中之地，北可控制岐莱，南可联络卑南。若于其间驻扎大员，练兵屯田，招民开垦，并将附近生熟"番"教以稼穑，不惟饷需可节，而成邑亦指顾可期。将来约可设立一府三县，足为台东巨镇。[③]

<hr>

① 寿尔：《田凫号航行记》，中国史学会主编，《洋务运动》（八），上海：上海人民出版社，1961年，第377页。

② 丁日昌：《台湾后山防务紧要请移驻大员》（光绪三年三月初十日），《明清宫藏台湾档案汇编》第189册，第339—342页。

③ 同上书，第340—342页。

丁日昌认为与其驻兵于无用之地，不如移扎于有用之区，垦既开而有裨时局。当与总兵吴光亮、台湾道夏献纶等熟商，对原来军队驻防改弦易辙，实行变通。将吴光亮所部移扎后山璞石阁水尾，居中控驭，使南北联为一气，而将苏澳至新城中间所扎各营移扎岐莱、秀孤峦、卑南一带，归该镇调度节制，免致零星散扎，漫无归束。苏澳以下各营，既经腾挪移扎新城至卑南一带，归吴光亮调遣，则苏澳自可不设统领。然苏澳为后山北路门户，拟仍扎一营，就近归驻扎鸡笼之总兵孙开华调度，俾有禀承。①

另外从前台湾南、北、中所开三路，类皆鸟道羊肠，"生番"时常截杀，故每开一路必驻数营之兵以守之，而危崖壁立，车马难通。道虽开，犹不开也。光绪三年正月，丁日昌利用巡查南路之机，在恒春觅得一路，可由八猺湾、大鸟万而达后山卑南、秀孤峦等处。当即令前恒春县知县周有基就近分雇民"番"，克期开凿报竣。经派人前往查验，称此路极为平坦，车马皆可行走，连年所开后山各路，无如此次之工省而路平者。丁日昌拟在新路多设腰站，前后山往来文报不过数日可达，较之从前所开各路迟速悬殊。而前次所开各路均可暂行弃置，既节饷需，又免"番"害。②

正当丁日昌在台巡视之时，光绪二年冬发生了台湾镇总兵张其光所部哨官把总及兵勇被南路率芒社"生番"戕害事件，而附近乡村数十年来被该"番"杀害者无数。丁日昌认为若不认真择尤痛剿，则各"凶番"相率效尤，益将肆无忌惮。于三年三月派总兵张其光督率所部前往剿办，但又谆谆告诫台湾镇、道"解散胁从，如狮头、龟纹等社果能悔罪投诚，均可宽其既往。至后山平埔近海各"番"，尤宜加意筹维，以防外衅"。③

另台湾中路水沙连计有田头、水里、猫兰、审鹿、埔里、眉里六社，周围约七八十里，平旷膏腴。道光年间议开未果，而民人前往私垦，岁久益多。开港后，洋人时往游历，影照地图，并设教堂，煽惑民"番"，以致从教者日多。驻厦门美国领事恒礼逊曾亲往该处游历多日，并优给民"番"衣食物件，居心甚为叵测。丁日昌认为应将该地速行开辟，设官治理，以免外人从中诱惑，酿

---

① 丁日昌：《台湾后山防务紧要请移驻大员》（光绪三年三月初十日），《明清宫藏台湾档案汇编》第189册，第342—344页。

② 丁日昌：《请奖叙前恒春知县周有基开路妥速又省经费》（光绪三年三月二十五日朱批），《明清宫藏台湾档案汇编》第189册，第398—400页。

③ 丁日昌：《遵旨派兵剿抚生番》（光绪三年三月二十五日朱批），《明清宫藏台湾档案汇编》第189册，第385—386页。

成事端。并饬总兵吴光亮，将自集集街入埔里社路径开通，联络布置。于该社紧要适中之地，先行筑一土城，派官驻扎，并分兵防守，兼募民栽种竹树，以固藩篱。再将抚绥"番"族，召集垦民等应办各事次第图维，以为先发制人之计。①

由于上年收成薄歉，租赙又多为汉民所欠，光绪三年青黄不接之际，埔里六社"番"民发生饥困。丁日昌接到吴光亮的报告后，当即商嘱台湾道夏献纶，转饬署彰化县知县钟鸿逵携带银米前往该处，会同署鹿港同知李时英查明"番"民人数，不分大小口，按名每日给米一升，俟稻熟再行停止。并督饬厅、县速为清出租赙，教之耕作，开浚水源，俾防荒旱，广设义学，导以尊亲。如果力能胜役，便可雇以开路、开矿，仿古人以工代赈之法，俾能持久。并上疏建议，将来凡有似此无衣无食之"番"，一律筹款酌赈。②

光绪三年正月，丁日昌带同随员前往台湾南路巡查，由凤山周历枋寮、刺桐脚、狮头岭；复由风港折而南，历柴城、恒春、琅峤，并察看恒春县所辖下十八社"番"情。同时"通饬全台文武于良善之番善为抚绥，不准百姓稍有欺凌，通事稍有垄断。其原有田地，设立界址；不准百姓稍有侵占。并每社各设头目，稍予体面，以资约束而便羁縻"；使"受抚之番有利而无害，则向化之心益坚；不受抚之番有害而无利，则革面之心益笃"。③

光绪三年五月十二日，丁日昌又从安平出发，经凤山、恒春前往后山卑南等处查勘，于二十八日与总兵吴光亮在卑南会晤。该处八社头目及民庄董事等人来谒。丁日昌"宣布朝廷恩德，反复谕导，勉以各安本分，同荷生成"，对"番"目向能办事者奖以银帛。同时亲至卑南觅社中议事公所，得悉后山一带共设义塾十六处，民"番"诸童已有鼓舞向学之机，对其塾师和学童酌加奖励。并饬同知袁闻柝查明僻远未设之处再添数塾以广化导。④另台湾"番"童向有

---

① 丁日昌：《台湾中路已建教堂拟于该处建城派官分兵防守》（光绪三年三月二十五日朱批），《明清宫藏台湾档案汇编》第 189 册，第 413—415 页。

② 丁日昌：《为奏闻台湾筹款赈番情形事》（光绪三年三月二十五日朱批），《明清台湾档案汇编》第四辑第 79 册，第 196—197 页。

③ 《福建巡抚丁日昌奏巡查台湾南路凤山恒春等处折》（光绪三年正月二十八日），《清光绪朝中日交涉史料选辑》，台湾文献丛刊第 210 种，台北：台湾大通书局，1987 年，第 3—5 页。

④ 丁日昌：《查勘台湾后山卑南等处情形疏》，范海泉、刘治安点校，《丁禹生政书》，香港：志濠印刷公司，1987 年，第 616—617 页。（本书由范海泉等点校之后，由丁氏后人携至香港印刷，无出版单位）。据福建船政大臣吴赞诚光绪三年四月十九日《为奏陈前赴澎湖校阅枪炮事毕回工事》（《明清台湾档案汇编》第四辑第七十九册，第 229 页），吴与丁日昌于三月下旬偕同内渡回省，故《丁禹生政书》中所载时间有误。

参加应试者，但最多不过取充佾生而已。丁日昌认为"番"童登进无路，难期鼓舞奋兴，遂于光绪三年春主持台湾岁试时破除民"番"畛域，将淡水厅"番"童陈实华一名取进台湾府学。[①] 事后又上〈添设熟番学额饬部立案片〉，建议援照康熙五十四年（1715 年）湖南所属苗猺另编字号，于正额外酌量取进事例，每年定熟"番"进学名额一至二名。并请饬令部臣查照立案，以免冒滥，而示招徕。[②]

光绪三年三月，丁日昌派张其光率勇对戕害兵勇的率芒社进行剿办之后，亲自拟定《抚"番"善后章程二十一条》，对民"番"之间的关系作了规定，使开山抚"番"有法依循，以保护民、"番"的正当权益。其主要内容为 1. 分清地界，以免"番"境日蹙，致无容身之地。2. 不准民、"番"私相报复。有故必控于官，由官定其曲直。民有欺"番"者，亦治以应得之罪，以平其心。3. 教之树艺桐茶棉麻，以资生计。庶免日靠射猎，致长杀机。4. 薙发者准出社，否则，出社即以匪论。5. "番"目子弟皆令入义学，给以衣食。既可渐摩教化，又阴以资钤制。6. 沿海通商界内洋人聚集之所，不准该"番"擅到，以免接济军火，勾引煽惑等等。并交由抚"番"委员妥办，严定赏罚，以专责成。[③]

## 三、招徕闽粤移民，开垦后山

同治十三年，沈葆桢第一次巡台时即一面下令开山，一面筹议招民于已开路处分段屯垦，以杜绝外人觊觎之心。然其时因旧禁未除，人民裹足不前，尽管四处张贴告示，但苦久无应者，成效不佳。光绪元年，取消民众渡台及进入"番"地的旧禁后，又在中路和南路分别设立招垦局和招抚局，颁布《屯政章程》，由官方提供给口粮以及耕牛、农具、草厝等费用，规定每个垦民必须垦田一甲，垦成后每年向政府交纳十分之三的官租等等。[④]

丁日昌莅闽后继续推行移民实边、开垦台湾内山的既定方针。鉴于闽、粤

---

① 丁日昌：《台湾府岁试事竣》（光绪三年三月初十日），《明清宫藏台湾档案汇编》第 189 册，第 348—352 页。

② 丁日昌：《为奏请添设熟番学额饬部立案事》（光绪三年三月二十五日朱批），《明清台湾档案汇编》第四辑第七十九册，第 186—187 页。

③ 丁日昌：《攻破率芒社拟定善后章程等由》（光绪三年三月二十五日），《明清宫藏台湾档案汇编》第 189 册，第 407—408 页。《抚"番"善后章程二十一条》全文见《刘铭传抚台前后档案》，台湾文献丛刊第 276 种，台北：台湾大通书局，1987 年，第 6—10 页。

④ 《台湾私法物权编》，台湾文献丛刊第 150 种，台北：台湾大通书局，1987 年，第 2—5 页。

两省人多地少，无业穷民贩卖出洋为佣工，备受凌虐摧残的情形，丁日昌于光绪二年十一月上疏朝廷，拟于香港、汕头、厦门等处设立招垦局，每月派定官轮船数次前往召集客民，并准携带眷属，到台后给予房屋、牛只、农具。将来壮者勒以军法，使为工而兼为兵。弱者给以田畴，既有人而自有土。如此则台湾多一百姓，即外洋少去一百姓；外洋少去一百姓，即中国多活一百姓。①

光绪三年拟定的《抚"番"开山善后章程》第十七条即提出："前、后山各处旷土正多，应即举设招垦局，即日由营务处选派委员，前往汕头、厦门、香港等处招工前来开垦。所有开垦章程，另文拟办"。②六月，丁日昌在其奏折中表示已经派人赴厦门、汕头等处分头招募垦民，待秋后风浪平息，即可由轮船装载而来。所需耕牛、农具已饬由台湾道夏献纶筹款购置，开垦章程先已参酌妥协俾易遵行。③在丁日昌的主持之下，新的招垦工作已在紧锣密鼓进行之中。光绪四年春季，由夏献纶和道员方穟分别拟定的〈招垦章程〉及其变通章程正式颁布施行，以此为标志，台湾后山的招垦工作进入了一个新阶段。

由夏献纶所拟定的《招垦章程》共有二十条，它是针对在台湾招募的垦民而制定的，其主要内容为：

> 由台地所招垦民，俟到地开垦起，前六个月，每名每日给银八分、米一升；其什长每日加银二分；百长月给银八两、米三斗。后六个月，田地渐次开辟，应减为每名每日给银四分、米半升；一年后概行停止。开垦之地，总以成熟三年后升科，其所领口粮、牛只、农具等项，或于田亩成熟三年，缴官归还成本；或不能完缴，即于正供之外，另交官租若干？均由各该处招垦局体察情形办理。④

而后来由道员方穟拟定的《变通招垦章程》则是针对从大陆招徕的垦民的，其主要内容为：

① 丁日昌：《请在台湾举办垦务移居百姓以减少出洋人员》（光绪二年十一月十九日朱批），《明清宫藏台湾档案汇编》第189册，第83—86页。

② 《分巡台澎兵备道札行巡抚丁日昌拟定抚"番"善后章程二十一条》，《刘铭传抚台前后档案》，第6—10页。

③ 丁日昌：《查勘台湾后山卑南等处情形疏》，《丁禹生政书》，第618页。

④ 《办理南路招抚局委员、同知衔、候补知县周，为遵札造报，并请委员勘丈事禀呈》（光绪五年十月初四日），《台湾私法物权编》，第10—14页。

（大陆）垦民到台之日起，前一年，每日每人给银八分、米一升；什长加银四分；百长月给银九两、米三斗；尾后半年，什长、垦丁每名日减银三分，予限一年半为期，田园具备，种熟有收，银米概行截支。开垦之地，总以三年后，委员复勘升科。其前领过口粮、农具、牛只、籽种等项资本银两，分作十成，开耕五年以后，田地概行成熟，每年摊完二成，期限五年缴清成本。或俟三年升科后，于正供之外，另交官租若干？经由开垦委员体察情形办理。[①]

上述从光绪四年开始实施的新的招垦章程与原来的《屯政章程》相比，有若干不同之处。首先，对垦民予以区分，分别大陆垦民与台湾垦民给予不同的资助标准。其中对大陆垦民较为优惠，不仅标准较高，而且时间较长，这与当时注重招徕大陆垦民有密切关系；其次，对事先发给的口粮、耕牛、农具、种子等项，规定到时必须缴还成本，而不是如原来那样由政府无偿提供，只要求垦成后每年后交纳三成的官租。[②]

除了实行新章程外，这时也在相关各处增设招垦机构，到光绪四年，后山的招垦机构已经发展到五六个，如岐莱招抚局、璞石阁招抚局、卑南招抚局、埔里六社招抚局、南路招抚局、枋寮招抚局等等。在丁日昌的主持之下，实施了一系列新的招垦措施，台湾后山的开发与前相比有了明显的进展。特别是由官方从大陆招募垦民前往台湾开垦，这在历史上尚属首次，引起社会各界的关注。光绪 4 年 4 月 27 日《申报》对此作了报导："台湾山后绵亘数千里，中多土产。其地均系膏腴，果得开耕，诚能上裕国课而下利民生；本报已屡言之。兹闻闽省各大宪已招人往山后开耕，一片荒山将成沃壤。所有农具、耕牛均由官给，每月每人并给工食制钱二千四百文并白米三斗。除雇用土人外，另用船政局第十二号轮船驶往广东招广、潮两属人民；自去冬至今春，约已招到四五千矣。闻内有千余人系在该处防堵，余俱业农；俟满三年后始行起赋，而田亩为开垦者世业云。"[③]又据袁闻柝《开山日记》记载，自光绪三年春丁日昌派人在汕头设立招垦局以来，已招募潮民 2000 余人，用官轮载赴台湾，其中 800 余

　　① 《办理南路招抚局委员、同知衔、候补知县周，为遵札造报，并请委员勘丈事禀呈》（光绪五年十月初四日），《台湾私法物权编》，第 10—14 页。

　　② 杨彦杰：《清末台湾东部山地的开发》，《台湾研究集刊》1996 年第 2 期。

　　③ 《招民开垦》（光绪四年四月二十七日），《清季申报台湾纪事辑录》，台湾文献丛刊第 247 种，台北：台湾大通书局，1984 年，第 779—780 页。

名交予吴光亮安插在大港口及卑南等处开垦，仅卑南一地就安插了 500 余名。①
至于恒春南路抚垦局，据委员周有基禀报，光绪三年十一月至十二月间，共安
置垦民 340 人，其中，妇女 15 人，小孩 13 人，其余 312 人为垦丁，全部共发
给米票（口粮）101.55 石。②另外自光绪四年春至五年秋，周有基在八磘湾、牡
丹湾、巴郎卫等处共发给垦民耕牛 17 头，犁、钯、锄头等各种农具数百件。③
又卑南抚垦局自光绪三年九月起，至五年十月止，先后共领过银 10164.9141 两；
支给各垦民口粮，并置办农具、耕牛、谷种等项开垦资本，总共银 9708.55462
两。④从上述数据可以看出，当时后山的招垦已经达到一定的规模。

## 四、整顿吏治营务

道咸年间任台湾兵备道的徐宗干曾指出："各省吏治之坏，至闽而极；闽中
吏治之坏，至台湾而极"。⑤沈葆桢巡台时曾提出警告，称："台湾之吏治营政，
若不认真整顿，则目前之利薮，皆日后之乱阶"。⑥沈氏当时奏请福建巡抚移驻
台湾的一个主要理由即是巡抚具有整顿吏治营政之权责。丁日昌到任后，发现
"台湾吏治暗无天日，牧令能以抚字教养为心者不过百之一二，其余非性耽安
逸，即剥削膏脂，百姓怨毒已深，无可控诉"；⑦营伍废弛甲于全闽，"汛官则除
收受陋规、克扣兵粮之外，毫无所事"，⑧即明察暗访，严厉整顿吏治营务，对
于不尽职守、鱼肉百姓、玩视捕务、侵吞饷糈工费的文武官弁，尽法以惩。彰
化知县朱干隆、嘉义知县杨宝吾、何銮等因不尽职守、贪酷成性而先后被革职

---

① 胡传：《台东州采访册》，台湾文献丛刊第 81 种，台北：台湾大通书局，1984 年，第 41—
42 页。

② 《南路抚垦局移知恒春县发给八磘湾等处垦民米票数目》（光绪三年十二月二十八日），《刘
铭传抚台前后档案》，第 16—18 页。

③ 《台湾私法物权编》，第 22—24。

④ 《办理南路招抚局委员、同知衔、候补知县周，为遵札造报，并请委员勘丈事禀呈》（光
绪五年十月初四日），《台湾私法物权编》，第 10—14 页。关于光绪初年台湾后山的招民开垦参见杨
彦杰，《清末台湾东部山地的开发》，《台湾研究集刊》1996 年第 2 期。

⑤ 徐宗干：《答王素园同年书》，丁曰健编：《治台必告录》，台湾文献丛刊第 17 种，台北：
台湾大通书局，1984 年，第 349 页。

⑥ 沈葆桢：《筹商台湾事宜疏》（光绪二年），《道咸同光四朝奏议选辑》，台湾文献丛刊第
288 种，台北：台湾大通书局，1984 年，第 83 页。

⑦ 丁日昌：《参撤嘉义知县片》，《丁禹生政书》，第 621—622 页。

⑧ 丁日昌：《员弁纵贼殃民从严惩办疏》，《丁禹生政书》，第 638—640 页。

查办。① 台湾县役林升遇事索诈，乡民被诈者指不胜屈，众怨切齿。丁日昌即批饬台湾道夏献纶提讯明确后，将该蠹役立毙杖下。其时万众围观，同声称快。同时将放任差役妄为，毫无闻见的台湾县知县白鸾卿撤任查办。② 并对办理建造安平口三鲲身西式炮台，侵吞工料费银的知府凌定国予以革职，彻查究追。③

又光绪二年十二月彰化县之邱厝庄、乌石庄发生匪徒乘夜行劫之案，而该汛外委皆不在防所。丁日昌经确查后发现汛官到防曾不数日就擅自离汛，以致劫案迭出，实属纵贼殃民，当即将外委吴拔高押赴乌石庄失事地方，依军法从事；将不能事先预防之署北路协副将乐文祥、署彰化县知县彭銎摘去顶戴；将不能认真缉捕的北路中营都司赵品予以革职留任处分。④ 另沪尾营水师守备嘉朝泰平日不能约束兵丁，整顿营伍，以致犯事及老弱者数至八十二名之多，丁日昌奏请将其革职，永不叙用，以为玩视营务者戒。⑤ 又丁日昌驻台时，访闻凤山县辖东港汛弁胡鸿璋抽收赌规、擅受民词、滥押诈赃，经查实后即将胡鸿璋革去名粮，依窝赌抽头枷号三个月，杖一百，解赴犯事地方枷满斥责发落；对于滥委汛防的台湾南路下淡水都司陈捷升也即行革职，以示惩戒。⑥

又镇海左营游击郭珍明、哨官都司何积祖、支应委员从九品郭秉义通同克扣勇粮；郭珍明、何积祖复贩卖洋药（即鸦片）与勇丁吸食。总兵朱名登委带营勇，旷缺虚浮，不能整顿，且对帮带哨官与支应委员克扣勇粮及在营贩卖洋药始终袒护。丁日昌即请旨将总兵朱名登、从九品郭秉义革职，永不叙用。将郭珍明、何积祖于军前正法，俾昭炯戒，而肃戎行。⑦ 另台湾北路管带参将黄得桂短缺勇丁，又与其弟黄德沛通同舞弊，盗用关防，私卖功牌，并侵蚀截旷银两，丁日昌即会同闽浙总督等参奏，将其革职查办。⑧

① 丁日昌：《特参谬妄不职知县疏》《参撤嘉义知县片》，《丁禹生政书》，第 604—605、621 页。

② 丁日昌：《惩办台湾县索诈蠹役林升并知县白鸾卿一并请撤任》，《明清宫藏台湾档案汇编》第 189 册，第 316—318 页。

③ 丁日昌：《侵吞工费革职追办疏》，《丁禹生政书》，第 650 页。

④ 丁日昌：《员弁纵贼殃民从严惩办疏》，《丁禹生政书》，第 638—640 页。

⑤ 丁日昌：《守备嘉朝泰革职片》，《丁禹生政书》，第 648 页。

⑥ 丁日昌：《淡水都司即行革职片》，《丁禹生政书》，第 649 页。

⑦ 丁日昌：《参虚冒克扣及贩卖洋药之文武各员疏》，《丁禹生政书》抚闽奏稿，第 591—592 页。

⑧ 丁日昌：《审明参将劣迹分别议处疏》，《丁禹生政书》，第 606—609 页。

## 五、豁除杂饷、裁革税契陋规，以纾民困

丁日昌一向关心民间疾苦，驻台期间经调查发现台湾、凤山、嘉义三县由于开辟较早，所征税则皆沿袭明郑时期之旧制，赋税较后来开辟的彰化、淡水、宜兰等县为重。特别是沿袭自明郑时期名目繁多之杂饷的征收，给台湾百姓造成了很大的负担。如归化生"番"不植稻麦，仅知捕鹿种黍，按数纳饷，即以鹿皮、小米为名；至所谓塭饷者，则征于蓄鱼之所；所谓蔗车、糖廍者，同业异名，系各就田园设厂雇工营作，按则征饷。他如海水支流曰港，洼深积水曰潭，凡可养鱼之所，即与塭饷一律征收，日久地势变易，或填成田亩，税项仍不能减。若有水道可通之处，无论竹筏、小船运载货物，即按照抽资。又如草厝、瓦厝，即市廛建屋之基，牛磨即磨面之场，旁及瓦窑、菜园、槟榔、番檨，莫不征饷。其征自渔户者，则曰罟、曰罾、曰𦊟、曰缝、曰滚、曰蚝、曰箔、曰网、曰沪、曰乌鱼旗，更有采捕小船亦征税饷，析及秋毫。吏役借此勒索横征，穷民苦累实甚。且必须熟悉之土豪出为包揽，先须于地方官预纳承充之费，然后垄断浮收，舐糠及米，输于官者十，取于民者百。[1]

丁日昌即上疏朝廷，建议将台湾所有港、潭等项杂饷，均予豁免，以除民累。此项建议为朝廷迅速采纳，光绪三年三月二十五日，上谕称："福建台湾府属各项杂饷征收日久，弊窦滋多。小民苦累情形，殊堪轸念。所有台湾府属厅、县港潭等项杂饷共五千二百二十三两零，着自光绪三年起永远一律蠲除"。[2]

又台湾官员向有收受税契陋规，即新官到任书吏必有点规，少则四五千元，多则一万余元。而书吏转攫之于民者，又不啻倍蓰。以致一官新正，势必税差四出，堕突叫嚣，鸡犬无声，民不安枕。丁日昌驻台时即严饬台湾道、府，将各属税契陋规全行裁革，出示泐石永禁。并将欲多收税契的署任嘉义县知县何銮革职，从严查办。[3]

---

[1] 丁日昌：《台湾府属各项杂饷征收苦累情形请分别豁除》，《明清宫藏台湾档案汇编》第189册，第353—361页。

[2] 《清德宗实录选辑》，第36—37页。

[3] 丁日昌：《参撤嘉义县知县片》，《丁禹生政书》，第621—622页。

# 六、对闽抚"冬春驻台"之例的讨论

丁日昌自光绪二年十一月十五日力疾渡台，查勘南北两路，日夜操劳，病情益笃，不得不于三年三月二十六日回省城福州调治，驻台时间不足五个月。七月，又准其回籍养病，以布政使葆亨署福建巡抚。十一月丁日昌因病势增剧，奏请开缺。不允，再赏假三个月，令其安心调理。然而此时台湾后山"凶番"滋事，二十五日，闽浙总督何璟奏称"台湾一切事宜，皆丁日昌办理未竟之绪。现在后山'番'情未靖，请饬销假回任"。清廷因而下旨要求丁日昌"迅速赴闽，以副委任"。[①]丁日昌以病体未痊为由，上疏恳请俟三个月假满后，再驰赴闽省效力。同时又上《拟遵旧章轮赴台湾巡查》片，称："恭查乾隆五十二年（1713年）定章，以督抚及水师陆路两提督，每年轮值一人前往台湾，而停止巡查御史之例。迨嘉庆十四年（1809年），钦奉上谕嗣后福建总督、将军每三年着轮赴台湾巡查一次。祖宗成宪，当时自有深意。以臣愚见，如遇台湾有紧要军务，臣立即驰往，断不稍有迟滞。倘遇无事之时，似不如遵照旧章隔年轮赴台湾巡查。庶省中巡抚应办之事，臣不致全行废弛；台中督、抚合办之事，亦不致督以省事为重，抚以台事为重。各执意见，互相推诿"。[②]四年二月二十三日，奉旨将丁日昌折片交总理衙门议奏。六月五日，总理衙门复奏称：丁日昌所奏"自系实在情形。且该抚从前曾经奏明台事俟办有成效，徐议督、抚分驻之局；李鸿章覆奏折内亦有办有成效，再议督、抚轮住之局。现时台地应办各事渐已次第举办，该抚所称遵照旧章轮赴台湾巡查一节，应如所请办理。惟督、抚有统辖全省之权、整顿吏治之责，于一切筹防、筹饷诸务呼应较灵；应责成督、抚轮赴分驻，以一事权而资得力。如台湾遇紧要事件，自应立时驰往；即遇无事之际，亦不必拘定隔年一次，并毋庸限以每年冬春驻台、夏秋驻省之期。应令随时斟酌情形，轮流前往；不得临时互相推诿，亦不得日久视为具文。"[③]六月十日，军机大臣奉旨："依议。钦此"。至此，闽抚"冬春驻台"之例

---

① 《清德宗实录选辑》，第44页。

② 丁日昌：《福建巡抚仍驻在省台湾事务遵循旧章由督抚来年巡查》，《明清宫藏台湾档案汇编》第190册，第376—377页。另清廷于乾隆五十三年三月初四日发布上谕正式停止派遣御史巡台，改令由总督、巡抚及水陆两路提督每年轮值一人前往台湾，严行稽察。（见《清高宗实录》，乾隆五十三年三月初四日（丙寅），定巡察台湾例）丁日昌折片中称乾隆五十二年，时间有误。

③ 《总理各国事务衙门奏请照旧章派轮赴台湾巡查折》，《清光绪朝中日交涉史料选辑》，第13页。

正式取消。丁日昌是第一位，同时也是最后一位循"冬春驻台"之例赴台驻扎的福建巡抚。

福建巡抚移驻台湾的方案原系钦差办理台湾等处海防兼理各国事务大臣沈葆桢最先提出的。其时"牡丹社"事件甫经了结，侵台日兵刚刚撤走，外患虽然暂平，旁人仍眈眈虎视。为了加强东南海防的建设，沈葆桢未雨绸缪，以办理日兵侵台善后事宜为契机，对台湾进行开创性的改革。一面开山抚"番"，移民实边，增设府县，修筑炮台；一面整顿吏治、营政，清除台地多年积弊。沈葆桢深知这是一项重大的系统工程，"山前、山后其当变革者、其当创建者，非十数年不能成功"。① 自己虽是钦差，但"使臣持节，可暂而不可常"，"尚逾时久驻，文武有两姑为妇之难"。② 沈氏再三思维并经与李鸿章等人反复函商之后，于同治十三年十一月十五日上疏提出"宜仿江苏巡抚分驻苏州之例，移福建巡抚驻台"，并详细论述了巡抚移驻，"有事可以立断""统属文武，权归一尊"、"法令易行"等十二条好处，③ 沈葆桢关于闽抚移驻台湾的主张主要是从海防建设的角度来考虑的。然而，巡抚毕竟为一省之长，移驻之后其全省应办事务如何处理，并未顾及。况且闽中督、抚对于移驻也有不同意见。巡抚王凯泰恐长驻海外，将变成台湾巡抚，呼应不灵，提出须仿照直隶总督驻津之例，往来兼顾。④ 最后几经商议，采取折中方案。光绪元年十月三十日上谕："巡抚有全省地方之责，自难常川驻台；王凯泰拟于冬春驻台、夏秋驻省，庶两地均可兼顾，即着照所请办理"。⑤

尽管巡抚由移驻改为分驻，省台两地兼顾，但在实行中仍有许多困难。如巡抚管辖全省地方，刑名钱粮是其专责。驻台半年，公文案卷无法携带，其本任应办之事，势必全部搁置，影响甚大，此其一；巡抚定于冬春驻台，夏秋驻省，但又安能保证夏秋之间生"番"不蠢动，外敌不侵凌？此其二；台湾远隔重洋，交通不便。但若遇逆风，帆船须经旬累月，即轮船亦须月余方能往返一次。而且轮船往返一次，连人工、煤炭在内，约需二三千金，难以恃以为常，此其三；另外，台湾百废待兴，事事俱属创始。应筹之防务、抚务，必须全力

---

① 沈葆桢：《请移驻巡抚折》，《福建台湾奏折》，台湾文献丛刊第29种，台湾大通书局，1987年，第4页。

② 沈葆桢：《请移驻巡抚折》，《福建台湾奏折》，第3页。

③ 同上书，第3—4页。

④ 李鸿章：《复沈幼丹节帅》（光绪元年四月十五日），《李文忠公选集》，第126页。

⑤ 《清德宗实录选辑》，第18页。

以赴，方能奏功，断非巡抚仅住半年即能办有头绪，此其四。所以丁日昌接印上任后即于光绪二年二月上《闽事台事均须专一责成认真整顿未便兼顾》折，建议另派大员专办台事。[①] 在当年十一月东渡赴台之前又上《省台远隔重洋难以兼顾》片，再次提出台事“应专派重臣督办数年，略假便宜，于兵、饷二事不稍掣肘，俾专心致志，竭力经营，庶几有济”。[②] 刑部左侍郎袁保恒也认为若以福建巡抚每岁驻台半载，恐闽中全省之政务，道里远隔，而转就抛荒；台湾甫定之规模，去住无常，而终为具文，甚非计之得也。乃于十二月十六日上奏，提出：照直隶、四川、甘肃各省皆以总督兼办巡抚事，“改福建巡抚为台湾巡抚，常川驻守，经理全台。其福建全省事宜，专归总督办理。庶事任各有攸司，责成即各有专属，似于台湾目前情形不无裨益”。[③] 福州将军文煜也指出：“省、台远隔重洋，欲图彼此兼顾，必致彼此贻误”。[④] 然而，清廷既不同意丁日昌专派重臣之议，也不接受袁保恒专设台湾巡抚的主张，仍维持省台分驻之议，令台湾一切事件，归丁日昌一手经理。

当然，丁日昌勇于任事，办理认真，不避艰辛，久为清廷所熟知。李鸿章曾称其“吏治洋务，精罕能匹，足以干济时艰”。[⑤] 光绪元年八月，丁日昌接替沈葆桢总理船政时，舆论即大加赞扬，称其才大心细，思深虑远，凡所经营擘画，无微不至，深明西学，以实心行实政。[⑥] 所以，清廷此时理所当然将丁氏视为主持台事的最佳人选。当然，丁日昌也不负所望，在短短两年多的闽抚任上，呕心沥血，省台兼顾，为开发建设台湾，治理台湾，做出了令人瞩目的政绩。后来闽抚“冬春驻台”制度未能延续，除了丁氏健康不良，失之躁急，以及新任总督何璟局量不广，两人意见参商外，最大的原因是缺乏经费。如当初总理衙门为支持建设台湾铁路，虽允将南洋海防经费拨归台湾，但仅是口惠而无实利。所谓南洋海防经费虽号称二百万两，而各关能实解的最多不过四十万

---

① 丁日昌：《为闽事台事均须专一责成认真整顿未便兼顾事》（光绪二年二月十一日），《明清台湾档案汇编》第四辑第 78 册，第 80—83 页。

② 丁日昌：《陈明省台难以兼顾情形》（光绪二年十一月十九日朱批），《明清宫藏台湾档案汇编》第 189 册，第 87—91 页。

③ 袁保恒：《请将福建巡抚改为台湾巡抚经理全台事务》（光绪二年十二月十六日），《明清宫藏台湾档案汇编》第 189 册，第 137—139 页。

④ 福州将军文煜：《丁日昌前往台湾剿抚省中诸事难以兼顾》（光绪三年正月十一日），《明清宫藏台湾档案汇编》第 189 册，第 217 页。

⑤ 李鸿章：《致沈幼丹制军》（光绪元年五月初八），《李文忠公选集》，第 129 页。

⑥ 《丁中丞总理船政局事宜》（光绪元年九月三十日），《清季申报台湾纪事辑录》，第 558 页。

两，以此数目，作购买船炮，修建道路，安设电线，兴办铁路的大建设，实在是微乎其微。何况各关解与不解，户部并不过问，每年四十万两的数目，台湾究竟能实收多少，实属疑问。丁日昌不得不干脆卖个人情，不收此款，奏请仍照旧归南北洋大臣提收。[①] 连丁日昌为举办台湾铁路、矿务向林维源兄弟劝捐的五十万银圆，后来也移缓就急改为赈济晋豫荒灾之用，台湾的铁路修筑计划最终胎死腹中。不仅创办新政缺乏经费，就连闽省每个月应拨的八万四千两军费饷需，也常常难以为继。自光绪二年正月至三年二月，闽省欠解台湾月饷已累积至八十余万两之多。[②] 自三年正月起至三月，计三个月应得饷二十余万两，而省中仅解过月饷五万两。[③] 自九月至十二月止，仅解过饷银五万两，"核计不及八分之一"。[④] 所以，丁日昌认为"省中既已无饷可筹，则台中势必无事可办；台中既已无事可办，……与其株守台中，无益于台。曷若仍驻在省，整顿吏治，既于省事有益，兼筹饷需，遥制'番'情及矿、垦各务，亦于台事有裨"。[⑤]

日本自"明治维新"之后，国力渐强，开始对外扩张，朝鲜、琉球以及中国的台湾、满洲（东北地区）等地均为其觊觎的主要目标。同治末年，日本以琉球船民被杀为借口，出兵台湾，牛刀小试。虽然侵占中国领土的图谋最后未能得逞，但通过此次试探，中国海防的空虚以及外交上的懦弱暴露无遗，进一步刺激了日本对外侵略扩张的野心。1879年，并吞琉球，改为冲绳县。1885年起，日本开始十年扩军计划，自1886年至1894年其军费开支每年均占财政预算支出总额的25%以上，最高时竟达41%强。[⑥]

同治末年日兵侵台事件对清廷震动极大，主持总理衙门的恭亲王奕䜣等人痛定思痛，在中日签订《北京专条》后不到一个星期便联衔上《请敕议海防六事疏》，称："溯自庚申之衅，创巨痛深，当时姑事羁縻，在我可即图振作，人人有自强之心，亦人人为自强之言，而迄今仍并无自强之实。从前情事，几于

---

①　丁日昌：《请变通办理台湾轮路事宜》（光绪三年五月初四日），《明清宫藏台湾档案汇编》第190册，第28—30页。

②　《清德宗实录选辑》，第35页。

③　丁日昌，《回省商办台湾饷务》（光绪三年四月十四日朱批），《明清宫藏台湾档案汇编》第189册，第426页。

④　丁日昌：《福建巡抚仍驻在省台湾事务遵循旧章由督抚来年巡查》，《明清宫藏台湾档案汇编》第190册，第374—375页。

⑤　丁日昌：《福建巡抚仍驻在省台湾事务遵循旧章由督抚来年巡查》，《明清宫藏台湾档案汇编》第190册，第375页。

⑥　陈孔立主编：《台湾历史纲要》，九洲图书出版社，1996年，第311—312页。

日久相忘"。"今日而始言备，诚病其已迟。今日而再不修备，则更不堪设想矣。……惟有上下一心，内外一心，局中局外一心，自始至终，坚苦贞定，且历之永久一心，人人皆洞悉底蕴，力事讲求，为实在可以自立之计，为实在能御外患之计，庶几自强有实，而外侮潜消"，并提出"练兵、简器、造船、筹饷、用人、持久"等六条紧要机宜。① 九月二十七日，奉旨密谕滨海沿江各省督抚、将军详细筹议，将逐条切实办法限于一月内复奏，"总期广益集思，务臻有济"。② 颇有一番励精图治之意。

通过各方的筹议，朝廷上下对加强海防建设基本上达成了共识，光绪元年四月二十六日的上谕对本次讨论作了总结，称："海防关系紧要，既为目前当务之急，又属国家久远之图，……亟宜未雨绸缪，以为自强之计"，但又强调"逐渐举行"，"讲求实际"，"不动声色，先行试办"云云，③ 看不到时不我予的紧迫之感，而且口头上的东西多，真正可以落实到行动上的措施少。以台湾的经营为例，尽管沈葆桢等人一再指陈开山抚"番"的真正目的在于防海，而预筹防海不仅关系台湾安危，更关系到南北洋全局；④ 丁日昌、袁保恒等也屡屡奏请台防事关重大，要求派任重臣，常川驻扎，专门经理。可惜朝廷并不重视，经费上也未能给予支持，丁日昌"巧妇难为无米之炊"，心灰意冷，最终以乞假养病求去。闽抚"冬春驻台"之例被取消，恢复到乾隆年间由督、抚隔年巡查的制度。此后台防的建设基本陷于停顿，中国失去了近代历史上最后一次振作自强的机会。

实际上，此时的清朝政府已经腐朽透顶、病入膏肓，"有事则急图补救，事过则仍事嬉娱"，⑤ 完全丧失了振作自强的能力。而隔海的强邻日本则抓紧这一难得的时机，竭倾全国之力购置铁甲船，扩充军备。二十年后卷土重来，在甲午战争中击败中国，签订《马关条约》，强行割占台湾。丁日昌"不出数年，日本必出全力以图规取台湾，其时恐不止如前时尚能以言语退敌"的警告不幸言中。晚清历史的种种教训值得我们永远记取。

① 奕訢等：《请敕议海防六事疏》，《道咸同光四朝奏议选辑》，第40—45页。
② 《清穆宗实录选辑》，台湾文献丛刊第190种，台湾大通书局，1984年，第167—168页。
③ 同上书，第6—8页。
④ 文煜、李鹤年、王凯泰、沈葆桢：《会筹全台大局疏》（光绪元年），《道咸同光四朝奏议选辑》，第73—74页。
⑤ 李鸿章：《复沈幼丹节帅》，《李文忠公选集》，第91页。

# 七、结语

同治末年日兵侵台的"牡丹社"事件对清廷震动极大。事后朝廷上下进行了海防问题的大讨论，在加强海防建设方面达成了共识，治台政策也由原来的消极转向积极。其中一个主要的举措就是采纳了沈葆桢将"福建巡抚移驻台湾"的建议，后又改为福建巡抚"冬春驻台，秋夏驻省，两地兼顾"。丁日昌是实行此一规定之后的首任福建巡抚。

在其短短两年多的闽抚任上，丁日昌对台湾的海防建设和经济开发做出全面的规划，提出兴办铁路，矿务，设立电报线等主张；尽管由于种种原因，修筑台湾铁路的计划未能实现，但他在台湾创办了中国历史上第一条电报线，意义十分重大。其移民实边，开垦台湾后山，也取得一定的绩效，为日后东台湾建置的设立奠下了基础；其关心民瘼，整顿吏治营务，裁革陋规，豁除杂税，纾解民困，更为广大民众所拥护；其在台主持岁试时，破例录取"番"童进入府学，并奏请添设熟"番"学额，则彰显出其民"番"一体的先进理念。

对于中国当时面临列强的蚕食鲸吞瓜分的危机，丁日昌有着清醒的认识，尤其是对日本的侵略野心持有高度的警惕。后来历史的发展一一验证了丁日昌的预言，其对日本侵略扩张的敏锐洞察力，当时无人能及。

沈葆桢最初提议"闽抚驻台"的目的也是为了加强台防建设，但后又改为"冬春驻台，夏秋驻省，两地兼顾"。由于此一制度本身的缺陷以及清廷未能在经费上给予必要的支持，故闽抚"冬春驻台"并未能发挥出预期的作用，所谓"两地兼顾"，只能是"彼此贻误"。最终这一规定不得不于光绪四年六月取消，恢复了由督、抚隔年轮赴台湾巡查的旧制。在强邻日本正磨刀霍霍，全力扩军备战之时，清政府却仍然是得过且过、苟且偷安。中国失去了在近代历史上最后一次振作自强的机会，甲午战争的失败及后来的割地赔款也就是必然的结果。这段惨痛的历史教训永远不应忘记。

——原载张海鹏、李细珠主编《台湾历史研究》第一辑，

社会科学文献出版社 2013 年

# 晚清台湾电报的创办及割台后中日间之交涉

晚清台湾电报的创办以往大都作为台湾近代化建设的一部分在相关的论著中简单提到，迄今尚未见到专文论述。本文拟结合相关史料，对晚清台湾电报的创办，以及割台后中日双方对闽台海底电报线进行的交涉作一比较完整深入的考察与探讨。

## 一、沈葆桢、丁日昌创办台湾电报

1837 年美国人莫尔斯发明了用电码传递信息的电报机，并于 1844 年公开试验成功。电报作为一种先进的通信工具，很快在西方资本主义各国得到应用和推广，促进了资本主义世界市场的形成与发展，同时，电报也成为西方列强向海外扩张侵略的一种重要工具。1868 年英国组织了东方电报公司，凭借其海上霸权把水线穿过地中海、红海、印度洋，准备先到达香港，再从香港向中国沿海口岸扩张。与此同时，北欧的一些水线公司也于 1869 年合并改组为丹麦大北电报公司（总部设于哥本哈根），企图将其线路经过俄国西伯利亚陆线，向东方的日本和中国扩展。1870 年，大北电报公司与英国的大东电报公司背着中国，秘密协商，私下划分了两公司在中国的势力范围，规定上海以北的水线（包括日本在内）归大北公司经营；香港以南的水线归大东公司经营；香港、上海间则为双方共同经营的"中立区"，约定由大北公司出面兴办沪港水线，但所得利益要由两公司平均分享。1871 年 6 月，大北公司敷设的从海参崴至长崎，长崎至上海，上海至香港全长 2237 海里的水线完工，开始通报，中国与世界各地的电信联络便正式开始了。

电报在中国的使用，产生了重大的影响。许多从事进出口贸易的商人利用这一新式通信工具，中国的出口相应地扩大了。电报的迅速、准确、便利更给人们留下深刻的印象，不少中国官员、知识分子乃至商人也积极宣传，加以提倡，国内要求自办电报的呼声开始高涨。时任直隶总督的李鸿章也预见到电线似将盛行于中土，提出应将驿传改为电信的建议。

## （一）沈葆桢首倡设立台湾电报

同治十三年三月，日本以琉球遭风船民被台湾"生番"所杀为借口，悍然出兵，在台湾南部琅峤地方登陆，中国海防出现了严重危机。清廷闻讯后仓促应对，一面照会日本国外务省，声明全台湾为中国领土，"生番"乃居住于中国版图之内，对日本未经商议及知会而出兵台湾一事提出诘问；一面于四月十四日下诏授福建船政大臣沈葆桢为钦差办理台湾等处海防兼理各国事务大臣，所有福建镇、道等官，均归节制，江苏、广东沿海各口轮船，准其调遣。并令其驰赴台湾一带，"体察情形，或谕以情理，或示以兵威，悉心酌度，妥速办理"。[①]

沈葆桢，字幼丹，福建侯官人，道光二十七年进士。历任翰林院编修、江南道监察御史、江西九江、广信知府、广南九南道道台。同治元年，擢升江西巡抚。同治六年，因闽浙总督左宗棠保荐，出任福建船政大臣，闻望素著，熟悉洋情，积极推动改革和引进西方先进的军事科学技术。上谕发布之后，朝野一致认为沈氏是担当这一重任的最佳人选。沈葆桢临危受，在渡海赴台之前与福州将军文煜、闽浙总督李鹤年等联衔上奏，提出"联外交、储利器、储人才、通消息"等四项对策，并称台洋之险，甲诸海疆。欲消息常通，断不可无电线。计划由福州敷设陆路电线至厦门，再由厦门敷设水路电线至台湾，水路之费较多，陆路之费较省，合之不及造一轮船之资，瞬息可通，事至不虞仓卒。[②]五月初一日，朝廷批准了这一计划，谕令所请设立电线以通消息一事，着沈葆桢等迅速办理。[③]六月间，沈葆桢的法籍顾问、福州船政局监督日意格与上海丹麦人经营的电报公司洽商，邀请电线洋匠到台议价，双方商谈颇有眉目，拟先从台湾郡城敷设电线北至沪尾（淡水），转白沙渡海，过福清县之万安寨，登陆福州之马尾。准备该洋匠回沪与外国电报公司商定后，即来台湾，先行开始陆路的

---

① 《清穆宗实录选辑》，台湾文献丛刊第190种，第145页。

② 《五月壬寅（初一日）福州将军文煜、闽浙总督兼署福建巡抚李鹤年、总理船政前江西巡抚沈葆桢奏》，《同治甲戌日兵侵台始末》，台湾文献丛刊第38种，第18页。

③ 《谕军机大臣等》，同上书，第20页。

施工。① 然而，这项已有成言的电线之约，却因洋商欲以旧线充新，而徒生变卦。沈葆桢为免重款虚糜，亦饬令日意格不许迁就，双方最终未能达成协议。② 其后，中日两国于九月二十二日订立了《北京专条》，日兵撤出台湾，台疆形势有所缓和；次年沈葆桢又升调两江总督，台海之间设立电报线的计划也就被搁置下来。

### （二）丁日昌创办台湾电报

虽然沈葆桢于台海设立电线一事未能付诸实施，丹麦大北电报公司却以此计划为由，于同治十三年六月托美国驻福州领事对福建通商局进行活动，要求承办福州至厦门间的电报陆线。在双方尚未正式签订合同之时，大北公司即迫不及待擅自动工，至十二月间已经修建六十里左右。福建当局当即照会要求停工，但大北公司置之不理，仍复接续兴工，双方相持未决。光绪元年正月，丹麦公使拉斯勒福亲赴总理衙门交涉，施加压力，大北公司也乘机要挟。为免后患，总理衙门建议福建当局买回自办，并指示："买回之后，其权总当归中国主持"。③ 光绪元年四月十七日，由福建通商局道员丁嘉玮与大北公司订立合同，以银十五万四千五百圆的代价买回，并规定：福州至厦门电报由该公司代中国造办，工竣之后，逐段提交中国验收管理。④ 不料此事在朝廷内部却引起轩然大波，闽籍给事中陈彝上疏奏称电线可以用于外洋，不可用于中国，主张停办电线。⑤ 另外，线路开工后未久，民间即以有碍田园、庐墓，节节阻挠；而福清地方又发生聚众鼓噪及抢毁器物、殴伤工匠情事。公司复以失去器物、耽误工程逐款索偿，枝节丛生。"欲行则民情不愿，必致酿变多端；欲止则合同既立，势难自我失信，几有岌岌不可终日之势"。⑥ 电线敷设工程已无法继续正常进行。后经招商局总办唐廷枢与大北电报公司多次协商，始将原立合同作废，并另立

---

① 《六月辛卯（十九日）办理台湾等处海防兼理各国事务沈葆桢等奏》，《同治甲戌日兵侵台始末》，台湾文献丛刊第38种，第64页。

② 《八月壬申（初二日）办理台湾等处海防大臣沈葆桢等奏》，同上书，第117页。

③ 《闽督李鹤年奏福州厦门电线买回自办折》，《清季外交史料选辑》，台湾文献丛刊第198种，第3—4页。

④ 同上。

⑤ 《军机处交出工科给事中陈彝奏陈闽省电线办理舛谬情形吁恳停止折》，光绪元年九月初二日，《台湾海防档》，台湾文献丛刊第110种，第22—23页。

⑥ 《闽督文煜等咨呈军机处闽省电线买归自办文》（光绪二年五月初七日），《清季外交史料选辑》，第5—7页。

议约。将所有水陆电线、机器、木料、房屋、契据等件一律派员照合同点验收回，由官自办；应给价值，亦即分期还清。由官自选中国学童，延请该公司教习一年；一年之后，请与不请由官自主。将来电线之做与不做，亦毋庸干预。①

日兵侵台事件发生之后，清廷对台湾的海防地位有了全新的认识，认为"台湾一岛，形势雄胜，与福州、厦门相为犄角。东南俯瞰噶罗巴、吕宋，西南遥制越南、暹罗、缅甸、新加坡。北遏日本之路，东阻泰西之往来，宜为中国第一门户"，②治台政策转趋积极。除了移民实边，鼓励大陆民众渡台，增设府县，开山抚番外，又规定福建巡抚秋夏驻省，冬春驻台，统筹台湾开发与建设事宜。

光绪元年，朝廷任命丁日昌为福建巡抚。丁日昌，广东丰顺人，早年受知于曾国藩，佐李鸿章在上海办理机器制造局。历任上海道、江苏布政使、巡抚，与曾留美的容闳友善，第一次赴美留学生的派遣即由其所促成。李鸿章曾称其"吏治洋务，精罕能匹，足以干济时艰"。③在由李鸿章代陈的《议复海防事宜疏》中，丁氏即提出设立陆路电报的建议，称："陆地电报，其费减于海者十之七。若择陆地紧要繁盛近海之处，先设公司汉字电报，一可通军情，二可收信资，三可减驿费，似亦不为无益。况洋人沿海已设英字电报，我仍置而不设，则是我之一举一动，外人瞬息得而知之。外人一举一动，我终究不得而知之也。陆路电报已通，则海中电报，销路必滞。然后由中国承充，亦准外国附递信息。但须一律改为汉字，令通事译以授之，似亦杜渐防微之一道"。④另外，奏疏还提出设立公司、银行、新疆铁路等各项有远见的主张。李鸿章认为丁日昌的这些建议皆自己"意中所欲言而未敢尽情吐露者。今得淋漓大笔，发挥尽致。……虽令俗士咋舌，稍知洋务者能毋击节叹赏耶？"⑤

光绪二年冬十一月十五日，丁日昌首次东渡台湾，在履勘鸡笼（即今基隆）、

----

① 《闽督文煜等咨呈军机处闽省电线买归自办文》（光绪二年五月初七日），《清季外交史料选辑》，第5—7页。

② 《李宗羲奏》（同治十三年十一月十二日），《同治朝筹办夷务始末》第100卷，第1—11页。

③ 《致沈幼丹制军》（光绪元年五月初八日），《李文忠公（鸿章）朋僚函稿》第十七卷，台北：文海出版社。

④ 李鸿章：《代陈丁日昌议复海防事宜疏》（光绪元年），《道咸同光四朝奏议》，台湾文献丛刊第288种，第45—68页。

⑤ 《复丁雨生中丞》（光绪元年正月十四日），《李文忠公（鸿章）朋僚函稿》第十七卷，台北：文海出版社。

苏澳北路后山等地回郡后先后上《亲勘台湾北路后山大略情形》及《统筹台湾全局拟开办轮路矿务》等折片，提出在台开办轮路（即铁路）、矿务和电报的计划，并指出"轮路、矿务、电线三者，必须相辅而行。无矿务，则轮路缺物转输而经费不继；无电线，则轮路消息尚缓而呼应不灵"。① 丁氏在奏折中还对设立台湾电报的可行性进行了论证，称"查鸡笼（今基隆）达恒春陆路电线，尚有闽省今春议撤之线可以移用，即添补修整，为款当不甚巨"。② 丁日昌的计划得到李鸿章、沈葆桢等人的完全支持，李鸿章在光绪三年正月十六日《遵旨筹议台湾事宜折》中说："铁路、电线二者相为表里，无事时运货便商，有事时调兵通信，功用最大。……丁日昌到台后，迭次函称该处路远口多，防不胜防，非办铁路、电线不能通血脉而制要害，亦无以息各国之垂涎，洵笃论也"。同时对丁日昌的做法也深表赞成，称台湾"陆路电线则移省、厦已成之器为之，亦尚易为"。③ 主持总理衙门事务的恭亲王奕訢对丁氏的计划也深表赞同，奏请"令该抚臣酌量兴办"。④

在得到各方的支持之后，丁日昌在光绪三年三月二十五日的奏折中提出了修建台湾电报的具体方案：台湾南北路途相隔遥远，文报艰难，设立电线，尤为相宜。拟将省城前存陆路电线移至台湾，化无用为有用，一举两得。并拟派学生六品军功苏汝灼、陈平国等专司其事，定于四月动工，先从旗后（今高雄）造至府城（今台南市），再由府城造至基隆。倘于理有窒碍难通之处，即翻译泰西电报全书以穷奥妙，或随时短雇洋工一、二人，以资参核。将来并拟将洋字改译汉字，约得万字可敷通报军情、货价之用。然后我用我法，遇有紧急机务，不致漏泄。⑤ 四月十四日，丁日昌创办台湾电报以通文报的方案奉旨施行。⑥

丁日昌创办台湾电报所依靠的技术力量是原为筹办福厦电报而设的电报学堂培训的学生。至于器材，则是将省城库房保存下来的福厦旧线移到台湾加以

① 《福建巡抚丁日昌奏统筹台湾全局拟开办轮路、矿务请简派熟悉工程大员驻台督理折》（光绪二年十二月十六日），《清季台湾洋务史料》，台湾文献丛刊第278种，第7—15页。

② 同上。

③ 《筹议台湾事宜折》（光绪三年正月十六日），《李文忠公选集》，台湾文献丛刊第131种，第199页。

④ 《总理各国事务衙门奕訢等议奏丁日昌等筹议台湾事宜请旨遵行折》（光绪三年二月二十四日），《清季台湾洋务史料》，第16—26页。

⑤ 《福建巡抚丁日昌奏将省城前存陆路电线移设台湾并拟派学生专司其事片》（光绪三年三月二十五日），《清季台湾洋务史料》，第26—27页。

⑥ 《清德宗实录选辑》，台湾文献丛刊第193种，第38页。

利用。该工程实际于七月初十日自府城起工，九月初五日造成。由于经费不足，只修成了自府城至安平及自府城达旗后的两条线路，计长九十五里，并在府城、安平、旗后三处设立报房。[①] 台湾电报的成功创办引起了中外各方的关注。英文《北华捷报》报道："打狗（即旗后）地方已建立了电报，并由中国人掌管。……这些都是在福建巡抚丁日昌在任时的措施，他确实打算大规模经营并开发台湾的资源"。[②] 英国人寿尔在访问台湾后也说：丁日昌"用一条电报线把首邑台湾府和打狗港连接起来，并筹划用铁路联络两城"。[③]

光绪四年，丁日昌因病去职，电报线的敷设工程未能继续进行，但其创办的台湾电报线，是中国人自己修建并由中国人掌管的第一条电报线，在中国邮电史上具有重大意义。

## 二、刘铭传设立闽台海底电报线

继台湾电报创办之后，中国陆路电报线的修建开始有了长足的发展。光绪五年，李鸿章建成了津沽线。六年八月，李鸿章又奏准设立长达3075里的津沪线，于次年五月初兴工，至十月底全线竣工。光绪九年至十年间，经清廷批准又修建了几条重要干线。其一为津京线。其二为长江线，由左宗棠于光绪九年奏准修建，从镇江经南京到汉口，是横贯中国中部的东西大干线。其三是广州至龙州线。光绪十年，中法战争爆发，建成不久的电报通讯，在保障西南战场抗法战争的胜利中发挥了重大作用。李鸿章对电报局在中法战争中的通讯工作甚为满意，在为电报局员工请奖时指出："适值法人起衅，沿海戒严。将帅入告军谋，朝廷发纵指示，皆得相机立应，无少隔阂。……中国自古用兵，未有如此之神速者"。[④]

然而，在台湾战场上，法军占领基隆和澎湖，并封锁台湾海峡。由于未设海线，台湾文报不通，几成孤岛。台湾建省后，首任巡抚刘铭传痛定思痛，于光绪十二年八月二十八日上疏奏请购办台湾水陆电线，称："台湾一岛孤悬海外，

① 连横：《台湾通史》，北京：商务印书馆，1983年，第376—377页。

② 《北华捷报》转载《中国陆路商务导报》的文章，1878年12月5日，卷21，第548—549页。

③ 寿尔：《田凫号航行记》，中国史学会主编：《洋务运动》（八），上海：上海人民出版社，1961年，第377页。

④ 《李文忠公奏议》，卷十六，第1—4页。

来往文报，风涛阻滞，第至匝月兼旬，音信不通。水陆电报实为目前急务，必不可缓之图"。① 水线部分，派已革浙江候补知府李彤恩会同已革广东试用道张鸿禄驰赴上海，谘访各洋行，令其各开价值，择其廉者与其成交。当时共有地亚士等七家洋行开单应标，其中惟怡和、泰来、瑞生三家洋行开价较为低廉：电线价银十万两，轮船价银九万两，修理电线机器价银一万两，测量机器一副、三局电报机器、器具并包运包放工价、包险等费共银二万两，总共价银二十二万两。然而，当时台湾经费支绌，一时难筹此巨款。刘铭传与诸家洋行面议，如能分三年归还，即可成交。泰来、瑞生皆不愿承应，惟怡和洋行愿办。当饬张鸿禄、李彤恩与其详议条款，先给定银四万两；其余分三年归清，不给息银。线路经由安平至澎湖，再由澎湖至厦门。所订电线，议定头等近岸每英里十吨重粗线三十英里；其余深海应用每英里二吨重细线一百二十六英里。刘铭传认为与沈葆桢前立合同估价相比，"不独价值便宜，线料亦大相径庭"。②

旱线部分，由基隆、沪尾两处海口起含至台北府城，再台北府城至台湾府安平止，来往两道议定八百里，除木料外，其余皆由德国泰来洋行承办，共价银三万两。③

根据最初的安排，陆路原定于光绪十三年正月安设，水路定于同年六月安设。但因台湾地隔海外，需用中外材料，不能依期运齐，延至十三年三月基隆、沪尾合至台北两线才开始动工。海线原计划取道厦门，因海程不便，最终改由台北沪尾接达福州之川石，较之原来海程多五、六十里，复经勘议，加购水线价银五千两。八月，怡和洋行承办水线，由"飞捷"水线轮船装运到台，经刘铭传派人验收后，即勘量海道，安放川石至沪尾的水线。闽、台两省先行通报。后继续至澎湖放线，抵台南之安平口。此时岛上陆路已先勘明，于十一月间由台南接办陆线，取道彰化，于十四年二月初一日与台北之基隆、沪尾两线接通。统计水陆设线一千四百余里，分设川石、沪尾、澎湖、安平水线房四所；除台南、安平、旗后原设报局三处外，添设澎湖、彰化、台北、沪尾、基隆报局五

---

① 《台湾巡抚刘铭传奏购办台湾水陆电线折》（光绪十二年八月二十八日），《清季台湾洋务史料》，第47—50页。

② 同上；《福建巡抚刘铭传咨呈台湾购办水陆电线折稿并船图合同》，《台湾海防档》，第104—110页。

③ 《台湾巡抚刘铭传奏购办台湾水陆电线折》（光绪十二年八月二十八日），《清季台湾洋务史料》，第47—50页；《福建巡抚刘铭传咨报委由德商李德代办器材安设基隆沪尾至安平间陆路电线》，《台湾海防档》，第92—101页。

处。一切材料、机器、水线、轮船、木杆工程、勘路、转运、洋匠薪水路费、开局经费,共银二十八万七千余两。<sup>①</sup>光绪十四年五月初五日,刘铭传上疏奏报台湾水陆电线告成,并请对三品衔浙江候补知府李彤恩等在事出力人员给予奖励。

自同治十三年沈葆桢奏请设立台海电报线起,经过了多人的不懈努力,耗费了整整十四年的时间,闽台海底电报线及台湾陆上电报线终于全部建成。台湾借由这一海底电线开始同中国大陆乃至全世界各地连系起来。本地的糖、茶商人通过电报可以了解市场上糖和茶叶的价格,以增加自己获利的机会。当然,闽台电报线的建成最引人瞩目还是其在军事上的意义。闽台海底电报线的建成使台湾与祖国大陆之间,军情政令,瞬息可达,在海防建设上可以发挥重要作用。一直对台湾怀有觊觎之心的日本人对闽台间海底电线的敷设十分关注,在闽台海底电线竣工开始通报的第三天,日本驻福州副领事上野专一就立即向日本外务省作了报告:"台湾福州间之海底电线,此回告竣工,在本月十二日逐渐能有广告信息通报之事。前述因敷置海线,曾经由英国购买汽船飞聚号,装载诸种机械,由台湾淡水出发,七月四日其线端在福州连江县芭蕉山上陆,……芭蕉山和淡水之距离,凡一百十一英里,其音信费用,至少以七字起算,一字洋银二十四钱。当下台湾地方得以电信通报是淡水、台北府城以及基隆三处,从此处再次第在台南各地敷设陆线,诸线倘若渐渐落成,中国本土以及海外诸方之间的通信往来,必能颇为灵捷。"<sup>②</sup>

## 三、台湾割让后,中日间关于闽台海底电报线之交涉

光绪二十年,中日之间爆发了甲午战争,中国战败。光绪二十一年二月十八日(1895 年 3 月 14 日),清廷派李鸿章为全权大臣偕其子李经方等赴日议和。三月二十三日(4 月 17 日),李鸿章与日本全权大臣伊藤博文签订了丧权辱国的《马关条约》,中国除了承认朝鲜完全自主;割让辽东半岛;赔款二万万两白银;增开通商口岸,并允许日本人在已开和新开通商口岸任便从事工艺制造外,

---

① 《台湾巡抚刘铭传奏台湾水陆电线告成援案请奖折》(光绪十四年五月初五日),《清季台湾洋务史料》,第 64—65 页。

② 日本外务省外交史料馆藏:《臺灣淡水卜清國福州間二現存スル海底電線關係雜纂》,簿册番号:一一七一四一〇〇七。转引自〔日〕松浦章:《台湾海底通信线之创始》,《台北文献》直字第一五一期,2005 年 3 月。

还将台湾全岛以及澎湖列岛割让与日本。四月十四日，条约经双方批准后在烟台互换。四月二十四日，朝廷派李经方为全权大臣赴台，与日方委员桦山资纪办理交割手续。五月九日（6月1日），李经方携马建忠等随员乘公义号轮船抵达沪尾（淡水）港外，李慑于台湾人民反割台的巨大声势，不敢登岸，随日舰改驶至基隆口外。五月十日，李经方与日方委员桦山资纪先后在日舰横滨丸和公义号轮匆匆忙忙三次会晤，于是日晚完成了《中日交接台湾文据》的起草、签字及交换仪式。将"台湾全岛、澎湖列岛之各海口及各府、县所有堡垒、军器、工厂及属公物件"移交给日本。①

在交接文据的起草过程中，桦山资纪特别提出由台湾至福建之海底电缆系台湾属公物件，须由他一并接收。李经方则据理力争，称："海线非岸上产业，何能交让！况海线上岸，非两国政府议明不能。我来奉命商办此事，无此权力；且和约内未言及"，而拒绝移交。②桦山资纪也无可奈何，最后只好在《交接文据》中载明："台湾至福建海线应如何办理之处，俟两国政府随后商定"。③

然而，中日双方在办理台湾交接手续之后，并未马上就闽台海底电线一事进行协商。迨至八月二十五日，闽台海底电线在距福州川石山水线房一百五十里处损坏中断，日本公使通知总理衙门，日方准备租用大北公司水线船前往修理。津海关道中国电报局总办盛宣怀认为福州至台湾水线中断，应由中国电报局前往修理，乃可认为我方财产。于是电告日本电线督办，声言中国电报局即派轮船前往修理。但原来修理水线的"飞捷"轮船正在上海装煤，在调往修理之前，日本已先雇用大北公司水线船将损坏处修好，于九月初一日恢复通报。盛宣怀认为日本自雇水线船前往修理，意在不认我为物主，应由中国方面认还彼处修接费用。盛宣怀还按总理衙门的要求，拟具"福州至台北及安平至澎湖海线应议办法"，以备与日方会商时采择：

一、海线系中国物产，于交台与日本条约内，并无"水线并交"字样。查

---

① 《全权大臣李鸿章致总署报李经方到基隆商办交接台湾问答电》（附旨及交接文据），《清季外交史料选辑》，第322—326页。

② 同上。关于李经方在办理台湾交接手续时拒绝桦山资纪和水野遵等人要求将淡水至福州海底电报电缆一并移交给日方一事，日方文献亦有相同的记载，见伊能嘉矩：《台湾文化志》（中译本）（下卷），台湾省文献委员会编译，1991年，第462页。

③ 《全权大臣李鸿章致总署报李经方到基隆商办交接台湾问答电》（附旨及交接文据），《清季外交史料选辑》，第322—326页。

条约第二款仅载"交与堡垒、军器、工厂及一切属公对象";至水线原设在海中,应不在内。

一、中国与日本商订章程,可特指明此水线仍系中国物业;如需修理,应归中国自行修理。

一、此海线在福州之一端,应归中国福州电局经管;在台北一端,应归日本管理。

一、报费应订明中国每字可试收二佛郎克(约英洋五角)。

一、过路报费,可照中国与俄、英、法等国成案办理。尚有核算交缴报费年期及一切另款,均由中国电报局与日本援照成案订定。

一、安平至澎湖马宫海线,计长一百五十二华里。按两国所订和约,此海线不在和约之内;如日本欲将该海线留为自用,应当偿还价值。[①]

与此同时,日本外务省也表示,此条水线本已声明彼此另议,不在交接台湾之内;现因断线,亟须修接,是以托大北公司修整,系属暂时之计。将来中线、日线如何交接,尚须妥为计议,并指派日本驻华公使林董与总理衙门进行商议。

九月十九日,中日双方就闽台海线进行商谈。日本公使称:闽、台海线,据说系由台湾巡抚抚拨款所设,应归日本。总理衙门则认为:"论公法,海中之物不能归日本;且为商物,更不能归日本"。日使则要求中国方面提供闽、台海线果系商线的凭据,方可商议。

原来闽台间海底电线最初虽由台湾巡抚刘铭传筹款设立,但光绪十四年二月,刘铭传设立台湾商务局,广兴商务,召集商股银三十三万两,其中台湾士绅林维源认招三分之一(计银十一万两),轮船招商局认招三分之二(计银二十二万两),购造"斯美""驾时"轮船两号,于同年发交上海招商局代为揽载。台湾商局事务由林维源代为筹划,上海方面即由盛宣怀派人照料,与招商局外合内分。讵料代办期内,不仅官利全无,而且实计亏折银一万零八百四十两左右,双方遂中止合作,将"斯美""驾时"两快船改作台湾官轮船,由台湾筹款修养。林绅所集股分银十一万两暂存不动,盛宣怀所筹股分银二十二万两,台湾一时无现款筹还,遂将原价二十二万两的台湾至福州水线一条、安平至澎湖

---

① 《津海关道盛宣怀函禀争修台闽海线情形并拟呈应议办法》(光绪二十一年九月十二日),《台湾海防档》,第149—151页。

水线一条及"飞捷"轮船机器等抵还轮船商本，其海线归并盛宣怀督办的电报公司，作为电报局产业，福州、台湾电线悉照商定章程办理。[①]

据此，总理衙门即向日本公使林董函送原会办台北通商税务委员前浙江补用知府李彤恩与上海怡和洋行英商施本思所立合同、光绪十五年五月初八日台湾抚院咨北洋大臣文、光绪十五年六月招商局禀北洋大臣文及光绪十五年六月电报局详北洋大臣文等抄件，作为闽台海底电线实属商线的凭据，并建议由中日双方电局彼此互商妥订接电办法。[②]日本公使亦表示闽台海线果系商线，双方可从长计议。[③]

然而，盛宣怀根据前拟六款办法与日本方面商谈，对方却坚持不允，致时历三年，屡议未妥。此三年间该水线已由日本修过三次，并不预先知会。且应得海线转报之费屡请日本方面结付，亦不应允。其视此海线已为日本之物，置之不理。盛宣怀认为此事若再由总署与日本公使商议，势必仍前拖宕了之；必以修换之费，足抵旧线之费为词。且福州电局代其海线转报，亦属一无所有。乃于光绪二十四年六月趁日本驻沪总领事小田切回国时，由电报总局给予照会，提出解决台海电线的两种方案：一、应将福州、台北海线两端归中国电报公司管理，可照中国与英、俄、丹、法等国成案，订定过线报费年期一切；二、或将福州至台北海线一条售与日本电报局。并请其转商日本邮电部大臣，迅速派员到沪订立条款。[④]

九月，小田总领事回任时，带回日本邮电部大臣的意见，称：该海线创设之初，需费二十二万两，距今已历十载，线料自不如新，应减价三分之一，值价至多不过十四万六千六百两，合日本金十九万一千七百二十一元十三钱。其中再扣除三次修换所需费用，共计日本金十一万八千一百四十一元，所剩七万三千五百八十元十三钱，为日本政府愿交闽、台海线公平之价。盛宣怀想以规银十万两成交。小田总领事则认为更新一条海线只需二十万元，若就已经换修之价加上应交十万两之价并计，反比更新之价更多，日本政府断难允准。并称

① 《北洋大臣王韶文函呈闽台线原案》(光绪二十一年九月二十七日)，《台湾海防档》，第153—161页。

② 《致日本公使林董函送台闽海线系商线原案》(光绪二十一年九月三十日)，《台湾海防档》，第161—162页。

③ 《日本公使林董函复闽台海线果系商线可从长计议》(光绪二十一年十月初七日)，《台湾海防档》，第162页。

④ 《盛宣怀函拟将台北至川石山海线售让日本》(光绪二十四年十月十九日)，《台湾海防档》，第163—172页。

近来该海线又有损坏，必须派轮船前往修理，至省约需费八、九万元；若不修理，势必置之无用之地；况该海线既属台界，中国若不趁此时售出，日后犹恐不免多费口舌。建议盛宣怀减价以十万元售出，对中日彼此皆有利益。[①] 双方讨价还价，面议数次，无法达成协议。盛宣怀鉴于日本报明三次修线已费日本金十一万八千余元，目前又需修费八、九万元；据电报局商董集议，商力甚窘。无论日本未必允我公司赎回自办，即使恳求政府向彼争回，商人亦难筹此巨款。中国亦无法禁止日本另设海线，莫若将此旧水线售让，援照电局与大东公司所立福州合同，立一约章，庶有羁勒。且张家口至恰克图电线工程浩大，所集商股六十万元不敷甚巨，又不敢请领公款，势将中辍；得此售价十万元稍资挹注，可期赶紧造成，以符俄约。经审度再四，中国方面最终做出让步，同意减价让售。光绪二十四年十月，经协商后，由督办电报事宜头品顶戴大理寺少堂盛宣怀、日本钦命驻沪署理总领事正式订立闽台电线合同：

第一款：所有台湾淡水口至福建省川石山头海中电线一条，自立此约之后，即归日本政府作为自有之业。所有该电线修理及截换等事，总由日本政府自行设法办理。嗣该电线照中国电报总局、英国大东公司会议福州电线合同章程第一款，惟求水线头引至川石山海岸为止；并准在川石山租小房一所及水线房安置线头，以传海线电报，仍不准在岸上设立电杆。其水线以川石山为止，并不能再引进川石山之口内，以清界限。

第二款：该海中电线价，议定英洋十万圆。准于立约之后一月内，由日本驻沪总领事署交付中国电报总局收清，不得迟延。并议定此项前经日本政府修换三次之价，均与中国电报总局无涉。

第三款：中国电报总局与英国大东公司于光绪十年九月二十九日（公历一千八百八十四年十月二十九日）立有福州电线合同章程，此次所议淡水口至川石山头海中电线应办事宜，均照该章程办理，不得违误。

第四款：未订此约之前所有往来电价，日本政府允于一月内如数结付清楚。自订此约之后，川石山及南台报价，应照中国电报总局与英国大东公司所订福州电线合同每字收英洋二分；悉照电报原单及两公司账簿核算，在福州按月一

---

① 《盛宣怀函拟将台北至川石山海线售让日本》（光绪二十四年十月十九日），《台湾海防档》，第163—172页。

结，作为常例。<sup>①</sup>

该合同经两国政府核准后，照议办理。中日之间关于闽台海底电报线的交涉宣告结束。

# 四、结语

综上所述，晚清台湾电报的创办是经过多名官员的努力。最早由钦差办理台湾等处海防兼理各国事务大臣沈葆桢于同治十三年日兵侵台时提出，但未及实施，沈氏即奉调两江总督。其后，福建巡抚丁日昌移福建陆路未成电线至台湾，于光绪三年建成自台湾府城至安平及自府城至旗后长达九十五里的电报线路，并在府城、安平、旗后三处设立报房。这是中国人自己修建并由中国人掌管的第一条电报线，在中国邮电史上具有重大意义。

光绪十一年，台湾建省之后，首任巡抚刘铭传在台湾进行一系列近代化建设，最终完成了台湾电报的建设，并敷设了闽台海底电报线，台湾与祖国大陆之间，军情政令，瞬息可达，在加强中国的海防建设中发挥了重要作用。

甲午战争之后，台湾割让，办理交接手续时，李经方据理力争，拒绝了日方所提将闽台海底电报线一并移交的要求。此后，中国方面就闽台海底电报线一事与日本进行了数年的交涉，最终迫于现实形势，不得不将闽台海底电报线以十万元的代价让售于日本。

——原载《福建师范大学学报》（哲学社会科学版）2011 年第 4 期

---

① 《盛宣怀函拟将台北至川石山海线售让日本》（光绪二十四年十月十九日），《台湾海防档》，第 163—172 页。

卷三　光复后台湾历史

# 台湾光复初期的经济问题
## ——兼论"二·二八"事件之起因

1945 年 8 月 15 日，日本宣布无条件投降，世界反法西斯战争取得了最后的胜利，10 月 25 日，台湾光复。饱受日本殖民奴役的 600 万台湾同胞个个欢欣鼓舞，奔走相告。当祖国的军队和接收官员抵台时，成千上万的台湾百姓扶老携幼，争先恐后前往迎接，其场面之感人，远非笔墨所能形容，表现出全体台湾人民对祖国政府的热切渴望、企盼与拥护。然而曾几何时，台湾人民的希望变为失望，光复时的欢欣鼓舞也变为不满和怨恨。1947 年 2 月 27 日终于以台北市缉烟为导火线，引发了令人震惊的"二·二八"事件。事件很快波及台湾的每一个角落，人民的生命、财产遭受严重损失，而且其所造成的历史创伤久久未能愈合。为什么在短短不到一年半的时间里台湾民众的态度会发生如此大的剧变，台湾的局势会发生如此大的逆转呢？省行政长官公署经济政策的失当以及光复初期台湾经济形势的持续恶化应该是主要的原因。

## 一、高度的经济统制政策扼杀了生机，导致生产萎缩，民怨沸腾

日据时期，日本殖民当局对台湾人民政治上进行压迫，经济上进行剥削是毋庸置疑的。但由于其所采取的是一种"养牛挤奶"的策略，所以在这 50 年中台湾的经济，包括农业、工矿业、交通运输业和金融业等都有相当的发展，生产力的整体水平比大陆各省份为高，这是一个事实。在台湾光复之后应如何接收，采取何种经济政策，才能发挥台湾经济基础较好这一有利条件，进一步发

展地方经济，造福人民是一重要问题。此问题光复前在国防最高委员会中央设计局"台湾调查委员会"中曾有过讨论。有的人主张台湾光复后应当实行自由经济。其理由是：台湾收复后，中美在台湾之经济关系必愈密切。而美国为采取自由经济最有力的国家，故台湾的工业政策不能与之悬隔过远，否则将对台湾建设之推行发生甚大影响；[①] 有的人则持国家资本主义之观点，认为"收复后，对于一切事业必须国有或公营。如银行须国有，土地实行耕者有其田，市地收为国有，交通事业公营，等等"。[②] 时任调查委员会主任的陈仪就是后面这种意见的主要代表者。他认为公营事业的消耗比私营的少，收益比私营的多，人员比私营的少，效率比私营的强，成本比私营的低，品质比私营的好。[③] 在1945年6月27日台湾调查委员会党政军联席会第一次会议上陈仪一再强调"事业国营有利"，台湾是一比较富饶省份，公营事业一定更容易发展，并确信在台湾"制造国家资本主义，并不是一件困难的事"，[④] 等等。光复后，作为台湾省行政长官的陈仪便把上述的观念作为经济政策，付诸实施。

日据时期，台湾共有公私企业237家，600余个单位。光复后，这些企业经台湾行政长官公署予以接收，并在"实验民生主义""发展国家资本"的理念之下，按企业的性质、设备及规模分为国营、国省合营、省营、县市营及党营等几种类型，其具体情况如下表：

表1　台湾省接收日资企业拨归公营一览表

| 性质 | 接管机关 | 拨交企业单位 | 原资本额（元） | 附注 |
|------|----------|--------------|----------------|------|
| 国营 | 石油公司 | 12 | 45685290.94 | |
| | 铝业公司 | 3 | 47450662.00 | |
| | 铜矿公司 | 3 | 54310621.00 | |
| | 小计 | 18 | 147446537.94 | |

① 郭绍宗：《对于台湾工业建设之意见》，陈鸣钟、陈兴唐主编：《台湾光复和台湾光复后五年省情》，南京：南京出版社，1989年，第90页。

② 《民国三十四年六月二十七日台湾调查委员会党政军联席会第一次会议记录》，中国国民党中央委员会党史委员会编：《光复台湾之筹划与受降接收》，1990年，第141—143页。

③ 《台湾新生报》，1947年1月1日4版。

④ 《民国三十四年六月二十七日台湾调查委员会党政军联席会第一次会议记录》，中国国民党中央委员会党史委员会编：《光复台湾之筹划与受降接收》，1990年，第141—143页。

| 性质 | 接管机关 | 拨交企业单位 | 原资本额（元） | 附注 |
|------|----------|------------|--------------|------|
| 国省合营 | 电力公司 | 1 | 96750000 | |
| | 肥料公司 | 4 | 9750000 | |
| | 制碱公司 | 4 | 37944231 | |
| | 机械造船公司 | 3 | 14098125 | |
| | 纸业公司 | 7 | 36140015 | |
| | 糖业公司 | 13 | 298640025 | |
| | 水泥公司 | 10 | 37942946 | |
| | 小计 | 42 | 522265342 | |
| 省营 | 工矿股份有限公司 | 121 | 103774962 | |
| | 农林股份有限公司 | 56 | 95127617 | |
| | 家林处林务局山林管理所 | 7 | 4123556 | |
| | 台湾省航业有限公司 | 8 | 15000000 | |
| | 台湾省通运公司 | 37 | 6428000 | |
| | 台湾银行 | 3 | 37750000 | |
| | 台湾土地银行 | 1 | | |
| | 台湾工商银行 | 1 | 3589850 | |
| | 彰化商业银行 | 1 | 2840000 | |
| | 华南商业银行 | 1 | 3750000 | |
| | 台湾省合作金库 | 1 | 2600000 | |
| | 台湾人民储金互济股份有限公司 | 5 | 950000 | |
| | 台湾信托有限公司 | 1 | 2500000 | |
| | 台湾物产保险有限公司 | 12 | 2500000 | |
| | 台湾人寿保险有限公司 | 14 | | |
| | 台湾医疗物品公司 | 18 | 10549152 | |
| | 台湾营建公司 | 5 | 9027940 | |
| | 专卖局 | 31 | | |
| | 小计 | 323 | 299511077 | |

续表

| 性质 | 接管机关 | 拨交企业单位 | 原资本额（元） | 附注 |
|---|---|---|---|---|
| 县市营 | 台北市政府<br>台中市政府<br>台东县政府<br>台南市政府<br>屏东县政府<br>花莲县政府<br>高雄县政府<br>台南县政府<br>基隆市政府<br>台中县政府<br>新竹县政府<br>小计 | 2<br>7<br>24<br><br>3<br>9<br>2 | 1075000<br>520000<br>2103897<br>1545000<br>500000<br>2375000<br>1000000 | |
| 党营 | 省党部 | 19 | | |
| 合计 | | 494 | 989525305 | |

资料来源：中国国民党中央委员会党史委员会编：《台湾光复之筹划与受降接收》，1990 年，第 425—427 页。

通过这样的接收，整个台湾的工业、农业、矿业、商业、交通运输业和金融业基本上都置于长官公署下属各个处局的控制之下，形成了一个严密的经济统制网。而这个统制网中起主要作用的是专卖局和贸易局。台湾的专卖制度始于日据时期，专卖的物品为烟、酒、火柴、食盐、樟脑及度量衡等生活必需品，其实质是一种消费税，它通过官方垄断的形式，提高价格，获得厚利，来增加财政收入。专卖的收入约占台湾总督府每年总收入的 30—40％。[①] 陈仪对日本人的专卖制度极为欣赏，光复后遂如法炮制，在长官公署下设专卖局，专管省内烟、酒、火柴、樟脑、度量衡物品的专卖。这五种物品的原料，"无论原系人民自种，抑系由人民领有公地代种，其所生产之收获品，均须照官定之低价如数卖与该局，否则，农民便要遭处罚。但经过专卖局制造后，便以高价卖出"。[②] 就是省外运来的烟、酒、火柴等专卖品，也要经专卖局的转手才能买卖。否则就算报了关，纳了税，依然会被目为私货，被缉查没收的。[③] 贸易局则专

---

① 黄通等编：《日据时期台湾之财政》，台北：联经出版事业公司，1987 年，第 33 页。

② 唐贤龙：《台湾事变的原因》，厦门大学台湾研究所编：《二二八起义资料集》，1981 年，第 18 页。

③ 杨风：《台湾归来》，上海《文汇报》，1947 年 3 月 4 日。

管省外的贸易，就是台湾需要什么，贸易局买来卖给台湾民众；台湾的产品需要出口，也经由贸易局输运出口。自贸易局开门后，即"独占生产事业，垄断市场，包办进出口，举凡有利可图的事业，均不容商人企业插足其间"。[①]

陈仪推行高度"统制"的经济政策，给台湾的经济造成了严重的问题。首先，日据时期由于日本人的独占统治，台胞资本受到了严重压制。光复之后，砸碎了殖民统治的枷锁，广大台胞在政治上获得自由的同时，理所当然地也期盼着在经济上能有一个充分发展的机会。然而陈仪实行公营，发展国家资本主义的政策，把台湾人民的这一梦想击得粉碎。其比日本人有过之而无不及的经济统制，几乎扼杀了所有的经济生机，使一般私人企业无法发展。"专卖与贸易两局就像两支牢牢的铁钳，紧紧钳住台湾人民的喉管，连喘息的机会也没有。又像两支吸血管，拼命地吸取压榨台湾民众快枯干的血"。[②]台湾民众的满腔希望变成了绝望，并由此引起了不满和愤恨。高度"统制"的经济政策成为当时舆论猛烈抨击和人民一致反对的众矢之的。其次，经济统制还导致了生产萎缩。按照长官公署的规定，专卖的物品虽然仅限于烟草、酒、樟脑、火柴及度量衡等，但实际上除此五种物品之外，煤炭、糖、盐等物品也在半专卖的统制之列。以煤炭为例，日据时期为增加外销曾奖励人民开矿，故私人之煤矿极为发达。光复后，私人经营之煤矿依然开工，且产量甚丰，煤价亦始终稳定。台省工矿处见有利可图，乃呈准陈仪的台湾省石炭调整委员会，实行统制煤炭的产销，并颁布命令，规定价格，限定所有私人矿场所产煤炭，均须照官定价格一律卖与该会，不准私人买卖。自此会设立之后，煤价日见波动。而官方所规定的价格太低，有时甚至不及生产成本，故经营煤炭之台湾人，均不愿出售所产之煤炭，且有故意压低产量之事情发生，故产量锐减，品质也日益降低。[③]至于蔗糖也是如此，只有省营的专卖局才可以收购外销。老百姓的糖不要说运销苏、闽，即在台湾本省由甲处运往乙处，都得申请获准。专卖局收购的官定价格比市价常低一半，往往不够蔗农的成本。蔗农们怨声载道，许多人愤恨之余，纷纷犁毁蔗田，改种杂粮，表示消极的抗议。故台湾的蔗糖业在光复后一落千丈，

① 杨肇嘉：《杨肇嘉回忆录》，第 355 页，转引自赖泽涵、马若孟、魏萼：《悲剧的开端，台湾二·二八事变》，台北：时报文化出版事业有限公司，1993 年，第 144 页。

② 杨风：《台湾归来》，上海《文汇报》，1947 年 3 月 4 日。

③ 唐贤龙：《台湾事变的主因》，陈芳明编：《台湾战后史资料选，二·二八事件专辑》，1991 年，第 73 页；路获：《台湾煤矿业近貌》，《南靖新报》，1947 年 1 月 20 日。

1946 年全省植蔗面积仅 18000 甲，只及全盛时期的十六分之一。[①] 生产的不振导致供应的不足，物价上涨。这一切对于饱受战火摧残，亟待恢复的台湾经济来说，无异又是雪上加霜。

## 二、国民党政府的搜括、掠夺，官员贪污成风<br>引起民众的强烈不满

抗战胜利之后，国民党政府以接收为名，行"劫收"之实，早是人所共知的事实。台湾的情况当然也不例外。国民党政府中央资源委员会和台湾省行政公署除了上述将日本殖民者榨取台湾人民的血汗长期经营起来的工矿、农林、商业企业和全部基本设施统统接收过来，据为己有，建立起垄断的经济体制外，还恣意搜括、汲取台湾短暂的经济盈余。砂糖是台湾最大宗的物产，当陈仪等"前往接收时，台湾到处是糖"。[②] 国民党政府对日人官方及制糖会社存糖，实行"按敌产处理，须抢先运出"的原则，完全无偿地掠夺了台糖 15 万吨，运往上海及华北等处。[③] 对于民间私糖则采取登记征购的政策，最后以"供给"的名义，只用当时国内市价一半的低价强行收购，运往大陆，供官僚资本牟取暴利。1946 年资源委员会还用 1300 元一吨的最低价格掠夺了台煤 4000 万吨。[④] 长官公署还在各县市设立"日产处理委员会"，将全部日产都归长官公署处理拍卖。名义上是公开拍卖，实际上却由大陆官僚资本家和长官公署以上党政高级官员伙同私下分赃。因此，台湾各地的大企业、大商店、大厂房、大住宅都被有实力有背景而能在拍卖中直接插手的人，以极便宜的价格抢买去了。有些手长的甚至还买到了整条街、整町若干栋铺店住宅，连房屋内的生产设备，生活用品都归他们所占有。许多在拍卖中无法直接插手的人，便辗转请托，以黄金、美钞高价购买，为将来退步作准备。在二·二八前，所有各重要城市的日产就这

---

① 陈芳明编：《台湾战后史资料选，二·二八事件专辑》，1991 年，第 74—75 页；北庚：《台湾——中国的爱尔兰？》，上海《文汇报》，1946 年 11 月 1 日。

② 于百溪：《陈仪治台的经济措施》，全国政协文史资料研究委员会等编：《陈仪生平及被害内幕》，北京：中国文史出版社，1987 年，第 119 页。

③ 何汉文：《台湾二·二八起义前因》，厦门大学台湾研究所编《二·二八起义资料集》，1981 年，第 8—9 页；铃木正夫：《关于陈仪之备忘录——与鲁迅、许寿裳、郁达夫之间的关系》，陈俐甫、夏荣和合译，《台湾风物》第四十二卷第一期，第 29 页。

④ 何汉文：《台湾二·二八起义前因》。

样被抢光了。原来抢得多的人，转手之间，除掉自己在台湾有了阔绰的房产之外，还获得了千万倍的暴利。许多国民党的军政头目赤手空拳到台湾，很快变成了阔人。[①]"日产处理委员会"对许多属于台湾人民私人的产业，如日台合资企业的台胞股权以及台胞集资公司，也以"逆产"的罪名，不分青红皂白，随意加以没收处理。在 1946 年 12 月的行政会议上，部分台籍官员就大声疾呼，要求"确定地方财产与日产之界限，以明产权，俾资整理"，并说明"此类财产系地方人民努力之结晶，与日产完全不同"。当时台湾监察使署收到的检举控诉案件，就以接收日产、标卖日产、勾结贪污舞弊和人民产业被官方掠夺的案件为最多。[②]《和平日报》的社论说道："一般民众普遍对接收失望，是无能掩饰的。若干民众因接收而受到非理的损失，迄今为止，六百万同胞尚无法申诉，无法解决"。[③]台湾人民眼睁睁地看着许多由他们自己血汗所创造的劳动果实被国民党的接收官员劫搜走了，其愤恨之心情可想而知。

除了政府公开搜括、掠夺之外，官员暗中贪污舞弊，营私走私的案件也为数不少。其中较大宗的有：

省专卖局长任维钧和贸易局长于百溪贪污案。任、于两人在接收时均利用职便贪污舞弊，有凭有据，被台北《民报》等媒体揭发，闹得满城风雨，无人不知，但陈仪皆不肯办。恰好中央清查团刘文岛等人到台，经人举报，刘认为任、于两人贪污证据确凿，要求陈仪先把任、于两人撤职，即刻移送法院审理。但刘走后，任、于两人迟迟不撤，依然花天酒地。直到刘文岛在上海发表谈话，陈仪才不得不将两局长撤职，移送法办，后长官公署又以办理移交为名把两人保释出来。任、于在办理移交时又大舞其弊，把仓库存货以多报少，如列报食盐被人抢去一万担，红土（好鸦片）被白蚂蚁吃掉 70 公斤，糖损失数十万斤等。导致公署全体人员大哗，但因其来头太大，最终无人敢查而不了了之。[④]

李卓之舞弊案。李系葛敬恩（行政长官公署秘书长）之女婿，在任台湾省纸业印刷公司总经理时把几部大机器（当时价值千万元台币）廉价标卖，暗中自己以 40 万元台币买下来。迄改任台北市专卖局长时被继任总经理查出，拼命

①　何汉文:《台湾二·二八起义前因》。

②　同上。

③　《和平日报》，1945 年 8 月 5 日第一版。

④　陈芳明编:《台湾战后史资料选，二·二八事件专辑》，1991 年，第 52—55 页；张琴:《台湾真相》，中国第二历史档案馆编:《台湾二·二八事件档案史料》，北京：档案出版社，1991 年，第 141—143 页；杨风:《冬初话台湾》，上海《文汇报》，1946 年 11 月 21 日。

向他追索，李不得已行贿 5 万元台币。后任收下后，连同 5 万元贿款送交长官公署。事情被葛敬恩知悉，把 5 万元贿款批令缴交金库，报告则按下不办。陈仪知道后，仅骂了他一顿，仍准他做局长，直到他荷包刮满后才离开台湾，此事轰动台湾，民众更以之作为话柄。[①]

台北县县长陆桂祥贪污案。陆在台北县长任内曾传贪污 5 万元。长官公署原说要派大员彻查，不料台北县政府起了一场怪火，把会计室的账簿单据烧得精光，令人无从查起。民众议论纷纷，陆则召开记者会，声称所传他贪污，都是区长裴某造的谣，实则裴某在区长任上确实贪污 60 万元，被他查出，正要拘办时，裴某携款潜逃了。实情如何，外人不得而知。[②]

此外还有不少贪污超过千万元的大案。如有人指证，台湾前进指挥所主任葛敬恩贪污黄金 120 公斤。[③]嘉义化学工厂贪污案多达 2 亿元以上。[④]台北市教育局舞弊千万元以上。[⑤]官办的《台湾新生报》也揭载三件营私舞弊案：（一）纺织公司文书科长费锦乡"利用职便，盗用印信，伪造公文"侵挪公款在法币三亿元以上；（二）新竹市政府财政科离职事务员伪造市政府印章，"向工商银行新竹分行诈取台币三十七万五千元潜逃"；（三）省专卖局人事股课员邵英"伪造三十万吨樟脑提单及收据，盗盖该局关防及局长官章，骗取商人廖嵩龄等人台币三百万余元，并将任职时交局保证金窃取逃逸"，[⑥] 等等。

除了贪污之外，官员利用职便参与走私和牟利之事也比比皆是。台湾四面环海，走私靠船，省公署航运公司控制了台湾所有 20 吨以上的船，能参与走私者当然非那些有钱有势的政府官员莫属。[⑦]如糖业公司某要员勾结商人私将食糖装台安轮运沪，在基隆被查获（1946 年 11 月），各报及人民皆有反对之声，以为人民种制食糖不能自由运卖，反让这些贪官得以发财，要求严办，闹了一阵，以为最低限度可以打击他，使他不能运走了。可是事竟出人意料之外，某要员不知凭什么力量，居然把船开走了，台湾民众简直恨得发疯。[⑧]又如花莲县政府

---

① 张琴：《台湾真相》；唐贤龙：《台湾事变的原因》。
② 张琴：《台湾真相》；唐贤龙：《台湾事变的原因》。
③ 台"行政院"二·二八研究小组：《二·二八事件研究报告》，台北：时报出版公司，1994 年，第 21 页。
④ 同上。
⑤ 同上。
⑥《台湾新生报》社论：《谈营私舞弊问题》，1947 年 2 月 12 日。
⑦ 杨风：《台湾归来》（写于 2.28 夜），上海《文汇报》，1947 年 3 月 5 日。
⑧ 张琴：《台湾真相》。

在 1947 年 1 月间即有 4 只大汽船走私，由财政科长黄某出面，不料太大胆了，一只在高雄海关被扣，一只到了日本被盟军扣留，一只被花莲民众扣留，一只开到上海。此案发生后，轰动全台，报纸及民众皆要求将主犯张文成撤职法办，然而张是有来头的，不仅未撤职，反而官运正红。①

除了不肖官员贪污、走私之外，那些生活不检点整日出入公园酒馆，沉迷于艺妓怀抱中者也比比皆有。他们住的是洋房，坐的是小汽车，三日一小宴，五日一大宴，不是某某处长请客，就是某某主任邀宴，极尽穷奢之能事。所有这些经过报纸媒体的刻意渲染、夸张，在台湾民众中造成了极坏的影响，彻底破坏了政府乃至所有来台人员在台湾民众心目中的形象。不少台湾人由是以偏概全，认为大陆来台的公务员都是嗜利之辈，而政府则是腐败无能。有的干脆贬称大陆去台人员为"阿山"或"穿中山服的"，意谓"中山服的口袋既多且大，可装钞票和金条"。②毫无疑问，遍布各地的贪污舞弊是造成台胞轻视、仇视外省人的根源。陈仪虽然也曾表示："贪污人员不论大小，决予严处"，③但实际并未严格执行，当然又引起台胞的不满。这些不满日渐积累酝酿变成仇恨的烈火，成为后来引发盲目殴打、仇杀外省人的"二·二八"暴力事件的主要原因。

## 三、严重的失业问题

日据时期，台湾人民虽然在政治上和经济上饱受殖民者的压迫和剥削，但地方上的社会治安相对来说比较清明。台胞人心正直，比较守法，极少发生盗窃案件，有"路不拾遗，夜不闭户"之风。一般的住宅都是薄薄的扇门，或玻璃框，绝无防盗设备，即使在日人投降时，有大宗货物放在门外过夜，而大门不关也不会失窃。④然而光复过后，不到几个月，情况就完全变了样，社会治安状况急剧恶化，"遍地皆是小偷"，只要你出门一刻钟以上，回来时屋里就有被偷得精光的可能。⑤窃案的增加使得监狱人满为患。如 1945 年接收时，台湾第

① 同上。
② 王克生：《地域之见在台湾》，上海《侨声报》，1946 年 11 月 26 日；陈芳明编：《台湾战后史资料选，二·二八事件专辑》，1991 年，第 37 页。
③ 《台湾年鉴》，光复后大事年表，第 11—12 页。
④ 王国用：《与君共诉台湾苦》，上海《大公报》，1946 年 11 月 7 日。
⑤ 《台湾——贼的世界》，上海《侨声报》，1946 年 10 月 30 日、11 月 1 日。

一监狱的犯人仅有 8 个，但是 7 个月之后，在同一监狱里已经关到 1400 人，增加几达百分之一千七百。台湾另 7 所监狱的情况也基本相同。日人时代关 4 人的一间房子，现在已关了十四五人。所有的犯人中盗窃犯占了 90% 以上。[①] 上海《侨声报》驻台湾记者甚至还专门发了一篇题为"台湾——贼的世界"的报道。导致光复后台湾犯罪率上升的主要原因是因为失业严重，人们的生活毫无着落。

造成光复后台湾人民大量失业有诸多方面的因素。其一，工厂普遍开工不足，这其中又有多种情况，一是战争的破坏。太平洋战争末期，由于美机对台湾进行密集轰炸，不少工厂的厂房设备受到了相当程度的破坏。据估计，毁于美机轰炸之下的工厂，约占 20% 左右。[②] 这些被毁的工厂当然一时无法复工。二是社会经济转型的影响。台湾地区原为日本的殖民地，有些工厂原属日本工业的一个环节，这类工厂即使保留完整，但因脱离了日本人原来的生产系统，而无法单独利用。有的或仅仅与日本战时需求相配合，如军需工厂等，战后自须依情况的变化加以调整，而一时无法继续生产。三是有的工厂因资金、原材料匮乏及日籍技术人员的遣还造成技术人员的不足而关门者。除上述客观原因之外，还有主观原因，如接收后因贪污舞弊、盗拆机器设备，分赃不均、官僚的拖沓作风而使复原工作进展缓慢；再者长官公署天罗地网似的高度经济统制政策也使得一些私营企业歇业。如台湾印刷业原来是相当发达的，私人经营的印刷厂很多。后来长官公署明令各机关学校所有一切印刷的东西，皆须拿到工矿处经营的印刷公司去印，否则不准报销。结果私人印刷业受到了很大打击，许多印刷厂歇了业。[③] 鉴于上述各种主客观原因，光复后台湾的工矿企业的恢复情况极不理想，一些工业区虽"远望烟囱林立，却不见一个冒烟"。[④] 据上海《侨声报》驻台湾特派员的实地调查，台湾光复十个月后复工的工厂，除去"只开了 8 天工"的台湾糖厂和"在修复中"的铜矿厂与炼铅厂之类的工厂不算，竟还不及十分之二。[⑤] 又据唐贤龙的调查，"二二八"时台湾"尚有二分之一的工厂未开工"。[⑥] 即使有的已复工，但开工程度也不足，原来 100 人的工厂，现

---

① 同上。

② 唐贤龙：《台湾事变的原因》。

③ 张琴：《台湾真相》。

④ 北庚：《台湾——中国的爱尔兰？》，上海《文汇报》，1946 年 11 月 1 日。

⑤ 上海《侨声报》社论：《答台湾新生报》，1946 年 8 月 4 日。

⑥ 唐贤龙：《台湾事变的原因》。

在只用二三十人，许多原来在工厂做工的台湾人都失了业。其二，政府机构大幅裁员。在日本人统治台湾地区时，84551名公务员中，台籍人士占了46955人，占总数的56%。光复后，政府为了缩减开支，公务员人数减为44451名，台籍人士仅有9951人，占22%。也就是说在1946年，大约有36000名的台湾人失去了他们在政府中的职位。如果每一个人的家中有7口人（当时户平均人口数），则受到裁员影响的台湾民众至少有25万人。[①]

其三，旅居省外及战时被日本征召的台胞返台。据不完全统计，在战争期间被日本征调去当兵的台胞人数约有三十万人，其中除了几万人早已作了日本的炮灰之外，其余二十余万人在日本投降后，便作了临时"日俘"，受尽苦难。后来这些人又慢慢地从日本、南洋群岛、澳洲、关岛、缅甸、越南、香港及我国东北等地被陆续遣送回台。此外许多旅居省外的台胞在战后也纷纷回到台湾，这些人回乡后一时找不到工作，便一起加入了失业的大军。据1946年召开的失业问题座谈全上各方面的估计，当时全台湾失业人数总共约六七十万人，也就是说每十人当中，就有一个失业者。[②]许多台胞抱怨道："日本时代没有自由，但人人有事做，能生活；光复后有了自由，但找不到事做，过不了生活"，[③]明显地流露出对现实生活的不满。日据时期绝迹的乞丐也开始在台湾各大车站码头以至通衢大道上大批出现。[④]为了生活，许多失业女性沦落风尘，成为变相妓女；男人们有的则不得不干起了小偷小摸甚至抢劫的勾当，社会犯罪率急剧攀升，首善之区长官公署所在地的台北市一周之内竟然发生了三数件白日抢劫的案件。抢劫者甚至还散发："我们没做官，不得揩油，没饭吃，好惨！"的小纸条。[⑤]民众因失业贫困而产生的不满与愤怒就像一颗危险的"定时炸弹"，成为社会动乱的潜在因素。

严重的失业引起了社会各界的普遍关注，长官公署如能予以足够的重视，及时采取有效的措施，如将从日人手中接收的公有地暂时放租给失业者垦种，使他们能够填饱肚皮，以解燃眉之急（按：当时从日本人手中接收过来并掌握在政府手中的公有地占台湾耕地总面积的66%），当可使失业问题有所缓解，

① 赖泽涵、马若孟、魏萼：《悲剧的开端，台湾二二八事变》，时报文化出版事业有限公司，1993年，第118页。

② 《乱后台湾视察观感》，上海《大公报》，1947年4月12日。

③ 中央社记者寇冰华：《台湾新旧之间》，上海《东南日报》，1947年6月7日。

④ 杨奎章：《念祖国，看台湾》，上海《大公报》，1946年11月17日。

⑤ 同上。

至少也可使失业造成的影响降到较低程度。然而省政当局所表现出来的态度和行为恰恰相反，不仅对战时被日人征召，后又被遣返的台胞不闻不问，让其自生自灭，而且还千方百计掩盖工业复原缓慢，人民大量失业等社会问题，还对报道这类问题的新闻媒体，如上海《侨声报》等兴师问罪。[①] 其结果自然是使这一问题的严重性有增无减，随后出现的物价暴涨及米荒等经济危机无疑又把众多的失业者推入了更惨的境地。生活的绝望使他们对政府的不满也达到了极点，致使"二·二八"事件发生时，众多的失业者，尤其是那些被日本人征召，战后又被遣返的失业者有相当一部分成了这场事变的主角。

## 四、物价飞涨，米荒严重，民不聊生

光复前夕，国民党政府在《台湾接管计划纲要》中曾规定台湾"接管后，应由中央银行发行印有台湾地名之法币，并规定其与日本占领时代的货币（以下简称旧币）之兑换率及其期间"。[②] 此后1945年10月下旬，国民党政府又进一步颁布了《台湾省当地银行钞票及金融机构处理办法》，规定："台湾省的银行钞票，由政府分别面额、定价分期收换，其定价及收换期间，由财政部公告。台湾省内敌人设立之金融机关，由政府指定国家行局接收清理"。[③] 然而当时已被任命为台湾省行政长官的陈仪鉴于当时大陆金融状况已严重恶化，法币崩溃就在眼前的情况，对上述办法持反对态度。他主张继续保持台币及台湾的金融机构，使其自成系统，阻止法币在台湾流通，以免台湾像大陆各省那样出现法币泛滥成灾，物价飞涨的局面。他并要求四行二局（中央银行、中国银行、交通银行、农业银行、中央信托局、邮汇总局）暂不插足台湾。陈仪的这些主张在其赴任之前得到蒋介石的核许，并由蒋面嘱当时的财政部长宋子文照办。[④] 后

---

① 1946年上海《侨声报》根据记者的调查及台胞的报告相继发表了一系列文章，对台湾光复后官员的贪污、工厂复工的缓慢、失业严重等问题予以报道，引起了长官公署的不满。陈仪遂授意长官公署撰文，并交由官方控制的《台湾新生报》以社论的形式发表，对《侨声报》的报道进辩解和反驳，双方引发了一场笔墨官司。参见1946年7月2日及7月10日《台湾新生报》及1946年7月28日及8月4日上海《侨声报》。

② 《台湾接管计划纲要》，中国国民党中央委员会党史委员会编：《光复台湾之筹划与受降接收》，1990年，第112页。

③ 林鹏：《台湾受降与二·二八事件》，全国政协文史资料研究委员会等：《陈仪生平与被害内幕》，北京：中国文史出版社，1987年，第95—96页。

④ 葛敬恩：《接收台湾纪略》，同上书，第113页。

来国民党政府财政部又公布《台湾与内地通汇管理办法》，规定了法币与台币兑换的相关事宜。[①] 陈仪反对法币在台流通，主张保持台币及台湾原有的金融系统的目的乃是想以台币作"防波堤"，防止高度膨胀的法币泛滥成灾对台湾经济造成冲击，其用意不谓不善。然而，币值的稳定与否主要取决于生产的发展及其所提供的稳定的物质基础，而不是仅仅依靠人为制定的某些政策和管理办法。由于战时的破坏，恢复困难，光复初期台湾的工农业生产均出现大幅度萎缩；另一方面，台湾接收后岛上人口骤增，因此社会生产在量的方面不足以供给台湾自己的需要，导致物价飞涨。其次，由于生产不振，税收和公营事业的盈余十分有限，省政府对地方财政的赤字，公营事业所需的资金以及驻台中央军队和各机关所需经费，[②] 不得不靠增加台币的发行量来弥补。自 1945 年到 1947 年台币的发行量增加了 6 倍，其中 1946 年 11 月到 1947 年 4 月之间发行量就增加了 3 倍。[③] 这仅是官方公布的数字，实际上恐远不止此数。在"二·二八"事件未爆发之前的一个时期内，"台湾银行因筹码不够周转，便大量发行了一千元、五千元、一万元的台币本票，在市面上流通"。[④] 通货的增发又刺激了物价的上涨，物价上涨又增加了公营事业对资金的需求，形成了恶性循环。再者，就台币对法币的汇率而言，法币一直被高估，加上法币筹码供应不足，产生黑市汇率。法定台币对法币的汇率为 1:30，但黑市汇率仅为 1:24，自贬身价，使台币经常处于不利地位。当时一般人都认为全国物价指数以上海为最高，然而，台湾的物价竟远驾于上海之上，许多日常用品，"平均都比上海要贵一到二倍"。[⑤] 其中米价的暴涨尤其让人感到不可思议。台湾素有"粮仓"之称，一年三熟，据说只要一次的稻收就可供台湾一年的粮食。1945 年 10 月光复时每斤大米价为台币一元五角，到了 1946 年就涨到十元以上，足足涨了 10 倍。[⑥] 不断上涨的物价使台湾一般民众普遍感到恐慌。1946 台湾的米谷产量和消费量分别为

---

① 林鹏：《台湾受降与二·二八事件》，同上书，第 95—96 页。

② 按照国民政府的财政制度，中央军队及中央各机关驻在各省的经费均由中央统筹支给，不由各省负担。但因台湾有自己的货币，情况特殊，故当时在台湾的中央军队及中央机关所需经费暂由台湾省垫付，实际上有去无回，造成省财政上相当大的负担。参见杨鹏前揭文。

③ 《长官公署时期之台湾经济》,（统计）之（14），物价之变动，《台湾银行季刊》第一卷第二期，第 177 页。

④ 唐贤龙：《台湾事变的原因》。

⑤ 同上。

⑥ 林鹏：《台湾受降与二·二八事件》，全国政协文史资料研究委员会等：《陈仪生平与被害内幕》，北京：中国文史出版社，1987 年，第 97 页。

891,417 吨，供需关系基本持平。① 而且省公署手中还掌握有当年度田赋征实的米谷、"行总"运台 20 万吨化肥换谷得来的粮食以及公有土地的租谷，这些稻谷足以抑制任何操纵囤积的情形。按理说 1947 年的谷价可以平稳下来。然而国民党为了打内战，把大批大批的大米运去苏北、华北充军粮，台湾的米仓空了。所以进入 1947 年后，台湾的米价不仅没有稳定下来，反而如断线的气球般飘然上升。一月份每斤十四五元的米价到二月份飞涨到二十七八元到三十元左右。② 当上海的米价卖到七万元（指法币）一担的时候，台币却早已涨到十四五万元一担了。③ 面对如此突飞猛涨的米价，一般的老百姓和公教人员无不叫苦连天。然而祸不单行，粮价狂飙的风波尚未平息，台湾的金融市场在上海金融风潮的冲击之下也发生剧烈波动。2 月 9 日台湾的黄金价格开始大涨，由原来的每两三万元台币左右升至三万六千元。10 日，公会挂牌门市出三万八千元，入三万七千元。黑市则突破四万大关。美钞则随之出四百八十元，入四百三十元，旋即进入五百大关。11 日，黄金以四万元开盘，瞬即涨至五万元，忽又跳至六万元以外，美钞亦跃至六百元。一时市场大乱，公会卸下牌价，停止交易。④ 另一方面，台币对法币的黑市汇率也随着黄金的暴涨而惨跌，由一比二十八跌至一比十八尚无法币头寸应市。

米价、金价的猛涨又牵动了一般生活必需品的再度全面上扬。1947 年 2 月份台北市零售物价指数已攀升至 24325.9，比 1946 年 12 月份的 12501.8，翻了一番。⑤ 整个台湾的经济已经笼罩在一片空前的恐慌之中。行政长官公署不得不采取紧急措施，于 2 月 13 日发布紧急通令，在省内禁止黄金外钞的买卖，同时并颁布指定最高米价办法，以限制米价。紧接着第二天陈仪又举行记者招待会，宣布了缩减银行商业放款，抛售公营物品，火车水电减价，严格限制进出口物价等管制办法。⑥ 然而这些办法只是纸上谈兵，很难行得通。而且米谷限价之

① 《长官公署时期之台湾经济》，（统计）之（4），米谷供需概况，《台湾银行季刊》第一卷第二期，第 157 页。

② 胡天：《春天到了，台湾百病齐发！》，上海《文汇报》，1947 年 3 月 1 日；凤炎：《台湾最近物价的飞涨》，上海《文汇报》，1947 年 3 月 4 日。

③ 唐贤龙：《台湾事变的原因》。

④ 杨克煌：《回忆二·二八起义》，厦门大学台湾研究所编：《二·二八起义资料集》（上），1981 年，第 38 页。

⑤ 《长官公署时期之台湾经济》，（统计）之（14），物价之变动，《台湾银行季刊》第一卷第二期，第 177 页。

⑥ 1947 年 2 月 14 日陈仪就物价管制在记者会上的书面谈话，中国第二历史档案馆编：《台湾二·二八事件档案资料》，北京：档案出版社，1991 年，第 105—107 页

后，粮商米贩均避不出售，市场上的米全没有了，统统改在黑市里交易，米价涨至每斤四十元台币左右。许多城市出现了"有钱无米买"的严重米荒，全台骚然。警察局只好出动全体警员，挨家挨户调查存粮。[①] 这无异又是 20 世纪 40 年代初陈仪在福建实行"粮食公沽"祸民在台湾的重演。米荒的情形不仅未能解决，反而愈演愈炽。贫苦百姓因饥饿难耐而全家自杀的惨剧，时有所闻。[②] 台北市也出现了署名"台湾民众反对抬高米价行动团"的警告性传单，宣称"为生活之驱使，为全台民众之生命争闹，决集全台之无产民众，向各该社会吸血鬼反击，以积极手段，实施行动，决定于三日之后，率民众实行抢米运动，并制裁囤积魁首，以申正义，为无产民众申告不平……"。[③] 严重的通货膨胀和米荒已使台湾社会陷入危机四伏，岌岌可危的境地。

# 五、结语

导致光复初期台湾经济出现诸多严重问题的原因既有客观的，也有人为主观的。

客观的原因主要为二战后期美军轰炸所造成的破坏；光复后，台湾地区由原来日本殖民地经济体系转变成中国经济体系的一部分所造成的暂时脱节；以及接收后，由于原材料、设备及技术力量的匮乏造成的工厂复原困难等等。

至于人为主观原因首先要提到的当然是行政长官公署的财经政策。有的人认为光复后行政长官公署财经政策的缺失，可能是导致台湾经济出现严重问题的"根本症结所在"，[④] 这种看法有一定的代表性，但并不全对。因为除了财经政策之外，其他诸如以接收为名，无偿攫取台湾的糖、米、煤炭等资源运往大陆，用于反共、反人民的内战以及引起强烈民愤的相当严重的贪污、腐败现象等也是造成光复后台湾经济出现严重问题的人为主观原因，而这东西并不属于财经政策的范围，同时也不是用财经政策的缺失所可以解释的。

---

① 《台中市有钱无米买，警局总动员，调查存粮》，上海《益世报》，1947 年 3 月 6 日。

② 台北妇女因无米饥饿，母子三人缚在一起投河自尽；基隆市一产妇因无钱买米扼死婴儿，然后自己上吊，上海《文汇报》，1947 年 2 月 18 日。

③ 《观察周刊》特约台湾通讯：《随时可以发生暴动的台湾》，1947 年 2 月 20 日寄自台北，厦门大学台湾研究所编：《二·二八起义资料集》（上册），1981 年，第 49 页。

④ 朱文影：《行政长官公署时期台湾经济之探讨（一九四五——一九四七）》，《台湾风物》四十二卷第一期。

实际上，光复后台湾地区经济出现一系列严重问题的根源乃是在于国民党政府反动、腐朽的独裁统治，而这种统治又是由其所代表的大地主、大官僚、大买办资产阶级的阶级本性所决定的。为了其本阶级的私利，国民党政府不顾人民在长期抗战中遭受的巨大苦难和创伤，在战后以接收之名，行"劫收"之实，巧夺豪取，将大量的社会资源占为己有，以供其发动反共、反人民的内战之需。应该指出的是国民党反动派这种借收复之机对人民实行的搜刮和榨取是全国性的，不仅在台湾是如此，在大陆各地也是如此，且其程度与台湾相比有过之而无不及。1945 年 10 月 25 日蒋介石从南京发给当时陆军总司令何应钦的一份电报中就承认："据确报，京、沪、平、津各地军政党员，穷奢极侈，狂嫖滥赌，并借党团、军政机关名义，占住人民高楼大厦，设立办事处，招摇勒索，无所不为；而沪、平为尤甚"，[1] 要求何要严加整饬，其严重性可见一斑。除此之外，国民党反动政府还以多如牛毛的苛捐杂税，对人民进行横征暴敛，使得民不聊生。甚至滥发钞票，强行收兑民间金银外币，以竭泽而渔的方式来榨取人民的最后一滴血汗，最终导致了经济大崩溃。这也是国民党在大陆失掉民心，最终被人民所推翻的原因。台湾"二·二八"事变的发生虽然有其特殊的历史背景，但最主要的原因还是经济问题，人们没工做，没饭吃，物价又飞涨，生活不下去，只好起来斗争。所以就整体而言，"二·二八"事变是解放战争期间"国统区"人民反饥饿、反内战、争自由、争民主斗争的一个组成部分。事变的发生虽然已经过去五十多年了，但它所揭示的历史教训，仍然值得人们深思。

——原载《台湾研究集刊》1998 年第 4 期

---

① 朱汇森主编：《"中华民国"史事纪要》，台北"国史馆"，1990 年，第 429—430 页。

# 若使甲兵真可洗，与君同上决天河

## ——记"二·二八"前后的闽台建设协进会

闽台建设协进会是以福建人士为主组成的一个民间团体，成立于抗战胜利前夕，目的是为了协助政府应对台湾收复的种种问题。"二·二八"事件发生之前，闽台建设协进会与其他旅沪闽台团体一道为台湾的重建出谋划策，为要求改革台省政制问题和取消专卖及经济统制奔走呼号；"二·二八"事件发生之后，闽台建设协进会又联合其他旅沪闽台团体为避免使用武力镇压，尽快恢复秩序，收拾人心而竭尽全力。在"二·二八"事件60周年之际，本文试图透过史料的发掘，来重现闽台建设协进会这段几乎已经为时间所湮没的历史。

## 一、"二·二八"事件之前的闽台建设协进会

1943年12月，中、英、美三国首脑在埃及举行会议，并发表了《开罗宣言》，宣布三大盟国此次进行战争之目的，在于制止及惩罚日本之侵略。日本从中国所窃取之领土，如满洲、台湾、澎湖列岛等，须归还中国，等等。次年4月，国民政府在中央设计局下正式设置台湾调查委员会，为收复台湾做准备工作。当时在西南大后方的闽台有识之士也认为闽台同胞本身须先成立一个机构，以协助政府，应对台湾收复后的各种困难。基于此一目的，许多闽台同志，即于桂林成立"闽台协会"。嗣后，协会迁往重庆，改称"闽台建设协进会"。①

---

① 《台湾勿特殊化：立即撤废行政公署改设省府，开放民营应取消专卖和省营，闽台建设会成立通过七要案》，1946年7月1日上海《侨声报》，见李祖基编：《"二·二八"事件报刊资料汇编》，台北：海峡学术出版社，2007年，第47—49页。

1945 年 8 月 15 日，日本宣布无条件投降。10 月 25 日，中国战区台湾省受降仪式在台北举行。11 月 1 日，台湾的接收工作全面展开。对于时局的快速发展，闽台建设协进会的人士一则以喜，一则以忧。喜的是被日本侵占 50 年之久的台湾及澎湖列岛已重入中国版图，饱受日本殖民统治之苦的 650 万台湾同胞重归祖国怀抱；忧的是经过日本 50 年殖民统治的台湾与其他沦陷区相比有许多不同之处，故光复后台湾的接收、重建，千头万绪，困难重重，能否顺利进行，心中无数。不幸的是这种担忧后来竟成了事实。在以陈仪为首的行政长官公署统治之下，光复后不久，台湾的政治、经济就出现了混乱局面，官吏贪污成风，粮价高涨，失业严重，民众怨声载道，中外报章屡有报道和披露。1946 年 3 月，陈仪由台湾飞往重庆，并举行记者招待会，对中外记者发表有关台湾状况的谈话。闽台建设协进会认为陈氏所谈台湾情况，辞多含混，过于造作掩饰，遂与旅渝福建同乡会、台湾革命同盟会、旅渝台湾同乡会、中央大学文海学会等各团体联合发表文告，根据所掌握的事实，对陈仪的谈话提出质疑和驳正：其一、日本政府 1945 年 11 月 7 日广播公布在台日军数字为 24 万 5 千 247 人，但至 1946 年 3 月 4 日三月四日广播则减为 13 万 5 千人（包括已送回日本之 6 万 5 千人在内），前后不符之数达 11 万 247 人，其中是否有化为民籍，潜伏各地，待机而起者？日本政府两次公布数字，均与陈仪长官所谈者颇有出入，究竟孰属正确？其二、据二月二日《大公晚报》所载，台湾警备司令部空军第一组，自 12 月 4 日至 28 日接收日方第八飞行师团等八单位，仅有被服家具 613169 件，消防用具 103 件，武器全无；又根据台湾警备司令部公报，陆军军政组自 12 月 8 日至 24 日接收日陆军货物局兵器补给局等五单位，计步枪 15 支，军刀 19 把。大部军火，包括重武器弹药粮食被服等，未行缴出，是否有被藏匿，是否会对未来台湾社会安全构成威胁？其三、在台日侨数目，日本政府第一次公布为 50 万人，第二次公布为 51 万人，而据陈仪所称则仅有 31 万 9 千 808 人，何以历次数字均较日政府自认者为低，且相差达 18 万人至 19 万人之巨。其中是否亦有化名潜伏，混入台籍情事？其四、陈仪一面拒绝中央各部会派人赴台，一面仍将 4 万之日本官吏、3 万之日本警察宪兵尽量留用。接收半年，台湾铁路电讯邮政仍由日人管理，钞票仍由日人发行，寄信仍用大日本帝国邮票，日人依然能以副统治者之地位，作威作福，继续压迫台湾人民，实为痛心悖理之事；其五、光复后，台湾物资匮乏，物价暴涨，经济紊乱之现象起因于破坏法币统一发行，纵容日人保留产业设备，厉行统制与民争利进而造成台湾与大陆之经济脱节状态，而非陈仪所称战争破坏或人力肥料不足一两语所能掩饰；其六、台湾既非所谓解放区，亦与"特殊化"之东北不同，何以东北及边陲各省均设立省政府，而台湾独特设所谓行政长官，且行政长官既兼警备司令，又握行政、立法、财政、金融之独裁权力，其地位之高，威权之重，不仅国内无此先例，即与原先的台湾总督相比亦有过之而无不及。岂以台湾人民为易欺不妨以殖民地待遇之乎？[①] 文告还一针见血地指出，行政长官这种畸形制度于陈仪"个人之统治上固有莫大便利，于国家政制，于人民基本权利，于台胞心理之内向，则贻害无穷。"[②]

为了战后国家的重建，在日本投降后不久，闽台建设协进会的许多成员即陆续告别家人，纷纷由滇、渝后方奔赴京、沪一带。鉴于上海为当时全国舆论中心，1946 年 6 月 30 日，闽台建设协进会在上海八仙桥青年会馆举行上海分会成立大会，共到会员 200 余人。先由陈荣芳致开幕词，次由庄希泉报告分会成立筹备经过。接着，国民党台湾省党部执委蔡培火、台湾重建协会会长杨肇嘉、天津台湾同乡会理事长吴三连、台湾旅沪同乡会理事长李伟光、青年会馆长王某某、中央监察委员秦望山等以来宾身份先后发表演讲。最后通过闽台建设协进会上海分会章程，选出理监事，并通过 7 条提案。其中关于台湾的有 3 条，如请政府根据国民参政会及台湾参议会历次决议，立即撤废特殊化之台湾行政长官公署，改设省政府案；请政府贯彻法币统一发行政策，停止台币之发行，一律使用法币，以促进国内与台湾金融汇兑之流通案。请政府立即废除台湾之专卖及省营贸易制度，将糖煤烟酒等进出口贸易开放民营，以苏民困而示平等案。[③]

"位卑未敢忘忧国"，闽台建设协进会上海分会成立之后，对台湾的情况更加密切关注。他们一方面对战后台湾的重建等相关问题，进行研究，提出建议，献计献策；另一方面则根据台胞的报告及事实的调查，对台湾长官公署只重接收机构和物资而不接收台胞人心；垄断经济金融，造成物价飞涨以及官员的贪污、腐败等种种黑幕，投书报刊，予以揭露抨击。实际上，由于长官公署施政的不当及各种客观原因，台湾的政治、经济形势正在一步一步走向恶化。与光

---

① 《旅渝闽台各团体，群起谴责陈仪》，1946 年 6 月 8 日上海《侨声报》，见《"二·二八"事件报刊资料汇编》，第 32—36 页。

② 同上。

③ 同上。

复时的热闹情形相比，"在短短不到八个月的时间中，台湾人民对祖国爱的热忱，就一天天降低"，"在上海所听到的是人民的载道怨声和人民的生活困难"。[①]某些别有用心的外国记者更是幸灾乐祸，唯恐天下不乱，极尽煽惑渲染之能事。如《密勒士评论报》就刊出题为《台湾退后了五十年》的文章，并称："五个月后可能是中国的爱尔兰"；[②]《纽约时报》的记者则报道说："假如来一次民选，台湾人第一是选美国，第二是选日本"。[③]面对这些耸人听闻的可怕报道，旅沪闽台各团体人士忧心如焚。为了挽救台湾的危机，不让台胞爱国的热情就此熄灭，闽台建设协进会上海分会、台湾重建协会上海分会、福建旅沪同乡会、上海兴安会馆、上海三山会馆、台湾省政治建设协会六个团体举行联席会议，推举代表，赴南京向国民政府请愿。7月18日，代表团抵达南京，分别向国民政府、立法院、行政院、国民党中央党部、国防最高委员会、国民参政会请愿，提出要求：（一）撤废台湾省行政长官公署条例，改设与各省相同的省政府，另选贤明廉洁之士主持省政；（二）禁止台湾银行发行台币，以中央发行的流通券换回台币，并令台省当局开放金融市场；（三）取消台湾的专卖统制及官营贸易企业制度。另外尚有三项是要求粮食部停拨闽米50万石济粤，并转请善后救济总署速拨洋米及面粉运闽平粜，以救闽灾；请求行政院设法保护南洋各地侨胞，以防止荷、印、马来、暹、越各地正在酝酿中的排华运动以及请求行政院迅令卫生署设法扑灭正在流行的闽省鼠疫。[④]然而，这些请愿并未得到圆满的答复。7月20日，闽台建设协进会等六团体请愿代表又在南京举行新闻记者招待会，向报界披露了相关的消息。次日，《大公报》《文汇报》《侨声报》等十多家大报纷纷以大幅醒目标题报道了这次请愿的新闻，引起全国舆论界对台湾问题的关注。

以陈仪为首的台湾省行政长官公署对闽台建设协进会等团体的批评不仅不予接受和进行检讨，反而斥之为"恶意批评""故意耸人听闻""妄肆攻击"，并授意其所控制的舆论工具《台湾新生报》著文，为自己辩解。[⑤]8月7日，台湾省行政长官公署举行新闻记者招待例会，主持会议的宣传委员会主任委员夏涛声在记者问及对近日上海闽台各团体为要求改革本省政制问题，派代表赴京请

---

① 杨肇嘉：《杨肇嘉回忆录》（下），台北：三民书局有限公司，1967年，第352页。
② 同上书，第353页。
③ 同上。
④ 同上书，第354—355页。
⑤ 《站在台湾话台湾》，1946年7月2日《台湾新生报》社论；《质上海〈侨声报〉》，1946年7月10日《台湾新生报》。参见《"二·二八"事件报刊资料汇编》，第73—78页。

愿，并在京招待报界一事有何感想及意见时，竟老羞成怒，大肆咆哮，痛斥闽台建设协进会等六团体要求改革台湾省政制的行为，为"对台湾实际情形毫无了解"，并说："所号称之闽台各团体，实际多数为闽省旅沪团体，其赴京请愿之代表，亦多为闽人。台湾为一省，并非福建之殖民地，吾人诚不知此一二无聊之福建人，何以配干涉台湾事？""所谓上海闽台团体之活动，完全别有作用，吾人决不可受其欺骗"云云。①

夏涛声这种顽固的态度不仅让与会记者大为反感，连与台湾省党部关系密切的《国是日报》也看不下去了，于8月10日发表社论，向夏涛声提出质问。社论认为上海闽台各团体的要求是值得为政者自惕和参考的，绝非"无理取闹"，也绝非少数人的感情用事。夏先生说是台湾中国的一个省。那么作为中国人，不管是福建人，或是他省人，向中央政府贡献其对台湾兴革事宜的意见，夏先生就不该硬指其为"无聊"，越俎代庖，甚至"别有作用"。台湾也决不至因此便成了福建或他省人的殖民地。只有一国的内政，才不容外来的力量干涉，至于省的措施，却没有不被外省人批评建议的神圣不可侵犯性。福建人过问台湾的政治，夏先生是无权这样深恶痛绝，斥之为"无聊"，斥之为"侵略""别有作用"的。何况福建人对台湾政治过问，至今充其量也不过是批评与建议，尚没有任何"干涉"的迹象。福建人的建议也是贡献给中央政府的，并不直接向台湾地方政府，更未曾向公署施用压力，那么，这"干涉"二字，究竟在夏先生口中作何解释？有何证据？令人实在百思不得其解。②社论还认为上海闽台各团体所向中央请求的，是民意的一种表现。而且，批评台湾政治的，也不只是福建人，如果批评和建议便是干涉的话，那么"干涉"的就不只是福建人，夏先生为什么却专斥福建人为"无聊"？如果建议和批评不是干涉的话，那么福建人也应该被夏先生一视同仁，为什么要斥之为"别有作用"？③

福建与台湾，唇齿相依，650万台湾同胞中，祖籍福建的占80%以上，血缘相同，语言相通。两地百姓关系密切，心心相连。福建人民对光复之后台湾的关心是十分自然的。而且，自1933年至1941年陈仪任福建省主席兼绥靖主任的七年多时间中，独揽军政大权，任用亲信徐学禹实行经济统制，粮食"公

---

① 《台湾官僚的荒谬》，1946年8月17日上海《侨声报》，《"二·二八"事件报刊资料汇编》，第96—100页。

② 同上。

③ 同上。

沽"，① 弄得福建民穷财尽，人民深受其害，记忆犹新。所以福建人对台湾民众在陈仪长官公署的特殊政治体制及高度经济统制之下所遭受的痛苦更是感同身受；同时，对台湾同胞的失望和不满的情绪也更能理解。尽管国民政府相关部门对闽台建设协进会等团体的请愿要求未予采纳，且以陈仪为首的台湾省行政长官公署对闽台建设协进会等团体的批评建议进行打击、诬蔑，但福建人民对光复后宝岛重建的关注以及对台湾同胞满怀关爱的殷殷之情并未有丝毫的减少。

## 二、"二·二八"事件发生后的闽台建设协进会

1947 年 2 月 27 日，台北市因查缉私烟，击毙人命，而引发了"二·二八"事件，造成人民生命财产的重大损失，动乱很快就蔓延到全岛。消息传到上海后，闽台建设协进会上海分会立即与旅沪台湾同乡会、台湾省政治建设协会上海分会、台湾重建协会上海分会、上海台湾同学会、台湾革新协会等五团体组织了台湾"二·二八"惨案联合后援会，于 3 月 5 日下午六时举行记者招待会。② 会上先由台湾旅沪学生郑晶滢报告惨案经过，接着由闽台建设协进的陈碧笙分析惨案发生之原因。陈氏认为就法律方面而言，台省专卖制度是加重人民负担的非法制度，全国没有一省实行专卖，台湾独受此种不平等待遇。专卖局职员可以任意捕人，警察可以任意开枪杀人，长官公署卫队可以任意以机枪扫射民众。当年段祺瑞张作霖军阀时代，亦未至残酷如此，故此次惨案之法律责任应由长官公署负责；就政治原因而言，台省米、糖、煤产量很高，工业、交通均甚发达。台湾沦陷半世纪，人民在日寇殖民统治的之下，过着暗无天日的亡国奴生活。抗战胜利，台人热烈欢迎国军，寄于无穷希望。然而，曾几何时，台湾民众对于当局之各种行政措置，由希望变成失望，由失望变成绝望，由绝望变成积极反抗。此前台湾人民曾二次晋京请愿，向二中全会与国民参政会呼吁，要求彻底改变现行台湾政策，恳切表达台人要求与痛苦。但政府置之不理，

---

① 1940 年底，福建省政府成立"公沽局总管理处"，全省余粮一律由公沽局总管理处在各县设置的县公沽局统购，禁止粮食自由流通。机关、学校和城市居民食粮由公沽局计口供应。其目的在于独占粮食买卖中的利益。但由于余粮收购不足，供应未能及时，黑市粮价越来越高，使人民深受其害。详情请参阅 1987 年中国文史出版社出版之《陈仪生平及被害内幕》中严家理的《公沽》始末》及周惠生的《陈仪的田粮政策杂忆》二文。

② 《益世报》发表台湾旅沪六团体要求实行自治并严惩"二·二八"惨案凶手之通讯（一九四七年三月六日），中国第二历史档案馆编：《台湾二·二八事件档案史料》，北京：档案出版社，1991 年，第 763—765 页。

任让官僚横行不法，断送台湾灿烂前途，阻碍台人民主要求。故此次惨案之发生，直接由台省公署负责，间接由中央政府负责。[①]

联合后援会同时还发表《告全国同胞书》，向全国人民说明"二·二八"惨案发生的原因与真相，并提出要求：（一）立刻允许台湾实行自治，省长、县长一律民选。（二）废除特殊化之行政长官制度及其一切特殊法令设施。（三）惩办陈仪及开枪凶手。（四）取消台湾特有之专卖及省营贸易。（五）抚恤伤亡，立即释放被拘民众并担保不再发生同一事件，借以平息众愤安定人心。[②]联合后援会还决定组织台湾省"二·二八"事件调查慰问团，并定于 12 日晋京向政府请愿。[③]

3 月 7 日，应陈仪的要求，国军 21 师由上海出发开赴台湾。因担心军队抵台后实行武力镇压，由闽台建设协进会、台省政治建设协会、台湾重建协会及台湾革新协会等 6 团体组成的"二·二八"事件调查慰问团，提前于 10 日抵达南京请愿。同日，蒋介石在国府纪念周上表示：中央决以政治手段，和平处理"二·二八"事件，并拟派大员赴台宣慰台胞。下午六时，国防部长白崇禧代表中央召见在京请愿的京沪闽台代表团，代表们当即提出四点要求：1. 取消特殊化之行政长官公署。2. 取消省营专卖及统制贸易。3. 撤换陈仪。4. 中央勿以武力对付台湾人民。白氏答称：派兵系国防问题，个人保证政府不致以武力处理台变。长官公署自将改为省政府。台籍及外省籍公务员之待遇一律平等。不合理之统制贸易及专卖可以取消。并侧面表示，陈仪大概不会再继续干下去。[④]白崇禧还表示中央希望代表团协助政府，安定民心，和从事善后工作。当时代表团对于中央善意，深为感戴，因为恐怕台湾情形不安定，表示愿意在宣慰大员赴台之前，先做一番准备工作。

11 日晨，白崇禧又调见闽台代表团，宣布决定派国防部法规司司长何孝元中将、部长办公厅秘书张亮祖等三员，偕同闽台代表所组成的慰问团，乘专机在当日出发飞台，先事布置。中央宣慰大员定于次日（12 日）飞莅台湾，正式

---

① 《益世报》发表台湾旅沪六团体要求实行自治并严惩"二·二八"惨案凶手之通讯（一九四七年三月六日），中国第二历史档案馆编：《台湾二·二八事件档案史料》，北京：档案出版社，1991 年，第 763—765 页。

② 《旅沪台湾各团体为"二·二八"惨案告全国同胞书》（一九四七年三月五日），《台湾二·二八事件档案史料》，第 754—758 页。

③ 同上书，第 765 页。

④ 《台湾目前情况》，1946 年 3 月 14 日上海《大公报》，《"二·二八"事件报刊资料汇编》，第 275—276 页。

开始宣慰善后工作。闽台慰问团一行除国防部何、张、区三位人员外，有慰问团团长张邦杰、副团长杨肇嘉、团员张锡钧、陈碧笙、王丽明、林松模、林有泉、陈重光、张维贤、李天成、黄木邑暨顾问徐卓英、屠仰慈等一共 16 人。军用专机于中午十二时起飞，到上海略停，就直飞台北。尽管慰问团的组织和出发赴台，事前经中央的指示和同意，并由当局派军用专机送去，外加中央宣慰大员的先遣人员，也偕同前往。不过以陈仪在闽台两省之一贯的作风，大家知道事情绝不会太顺利，在飞机上多少有些惴惴不安的心情。惟在国家民族利益的大前提之下，"各人都抱着决心，就是虎穴龙潭之中，也不辞艰险，极力去挽救危局，拯救千万苍生"。[①] "若使甲兵真可洗，与君同上决天河"，正是这一心情的真实写照。[②]

下午五时，飞机飞抵松山机场，将慰问团的名单交给何司长，请其先与陈仪联络。慰问团所乘汽车绕行市内，台北满目凄凉，像一座死城，武装军宪满布岗位，军用卡车上装着机关枪往来梭巡示威。商店和居民都关上了大门，透过半掩的窗口，以十分惊异的目光，扫射着慰问团一行的到来。慰问团遍寻住所不得，最后在行政长官公署对面的"新生活宾馆"暂时安顿下来。大家不待休息，即举行谈话会，认为台北情形完全在武力控制之下，说不定慰问团也要遭到军宪的阻挠监视，无法执行慰问工作。果然不出所料，晚饭过后，慰问团所住内外已被宪兵和便衣密探包围，各代表形同被软禁，即使上厕所也遭到监视。当晚十一时许，从长官公署回来的何孝元司长带回了更坏的消息：陈仪要慰问团全体人员，包括何司长等三人在内，明日晨九时乘原机回去。[③] 慰问团的各位代表怀着满腔热忱，不顾安危，不辞辛劳，从南京飞到台湾，本来想替政府和人民稍尽微力，使大局获得保全，国家和地方的元气不致损伤。然而，由于陈仪的阻挠，慰问工作无法执行，大家只好带着万般的无奈和依依不舍之情于 12 日黯然离台返京。

尽管慰问团未能达到慰问台胞的目的，但闽台各团体并未放弃要求政府和

---

① 《台湾十小时》，1947 年 3 月 19 日上海《文汇报》，《"二·二八"事件报刊资料汇编》，第303—308 页。

② 在从上海到台北的飞行途中，慰问团中有位老先生诗兴勃发，口占一绝赠同机诸公，诗的最后两句为"若使甲兵真可洗，与君同上决天河"。随团的《文汇报》记者也步韵和了四句："化将玉帛息干戈，万里持旌路不多；已误苍生五十载，忍看血染旧山河。"

③ 《台湾十小时》，1947 年 3 月 19 日上海《文汇报》，《"二·二八"事件报刊资料汇编》，第303—308 页。

平解决台湾事件的努力。13 日下午，闽台七团体代表再度在京举行记者招待会，由副团长杨肇嘉向新闻界报告赴台宣慰经过，继由闽台建设协进会的陈碧笙加以补充并报告到台后于未被监视的二三小时内所获悉的台湾情况，称：国军八日到台北，陈仪解散"二·二八"处理委员会，逮捕民众领袖。曾任国大代表或参政员、参议员之台胞或被监视或失踪，某教授及学生 20 余人且被枪杀。现台中及嘉义两地军民业已激战三日，台东花莲港则由民众占领，在政府控制之下者仅有 7 个城市……陈碧笙指出："现惟希望政府实行诺言，如蒋主席在纪念周上之表示，则可以担保绝大多数台胞必能拥护政府之办法，而台变亦可结束。如仍实行报复性的恐怖政策，结果必在台湾开辟内战第二战场。"[①]最后陈氏并声明，报载所谓台湾民主联盟要求联合国委任统治一说，实为全体台湾人民所反对者。[②]次日，"二·二八"惨案台胞慰问团的张邦杰、杨肇嘉、陈碧笙、林松模、王丽明、张维贤、李天成、张锡钧、陈重光等一行 9 人又亲往监察院，向于右任院长呈递《处理台湾事变意见书》。意见书首先分析了事变发生之原因，接着指出长官公署事前疏于防范，扩充警察大队以代替国军驻防；事变发生后又临事慌张，采取报复手段等处置之失当。最后提出紧急建议：（一）立将事变祸首陈仪撤职解京法办，以惩其祸国殃民之罪。（二）对弊端百出之行政长官制度明令废止，改设省政府。（三）撤销不合理之各种经济统制。（四）释放被拘无辜民众，停止恐怖政策。（五）整饬军纪，严禁军队非法开枪杀人，抢掠人民财物。（六）敦请地方公正人士出而协同政府劝导民众自动交出武器，恢复秩序。[③]

　　五天之后，即 3 月 19 日，由闽台建设协进会、台湾省政治建设协会、旅沪台湾同乡会等六团体组成之台湾"二·二八"惨案联合后援会为挽救台湾危局，也致电于右任院长。指出此次惨案之起因虽由于专卖局军警查缉"非专卖"香烟，非法捕人杀人，而根本原因实在于台湾行政制度之特殊化，陈仪不恤民意厉行专卖统制政策所一手造成。自今亡羊补牢尚未为晚，为求挽救之道，拟请："（一）立刻允许台湾实行自治，省长、县市长一律民选。（二）废除特殊化之行

---

①　《台湾目前情况》，1947 年 3 月 14 日上海《大公报》，《"二·二八"事件报刊资料汇编》，第 275—276 页。

②　同上。

③　《"二·二八"惨案台胞慰问团呈于右任关于处理台湾事件意见书》（一九四七年三月十四日），国民政府监察院档案〔八（2）22〕，见陈鸣钟、陈兴唐主编：《台湾光复和光复后五年省情》（下），南京：南京出版社，1989 年，第 590—593 页。

政长官制度及其一切特殊法令设施。（三）惩办陈仪及军警实际负责人。（四）取消台湾特有之专卖及省营贸易。（五）抚恤伤亡，立即释放被拘民众并担保不再发生同样事件，借以收拾人心安定秩序。"[①]并再行推派张邦杰、陈碧笙、林松模、杨肇嘉、王丽明为代表，晋京请愿，面陈意见。

3月31日，由京沪七个闽台团体组成的请愿代表团张邦杰、陈碧笙等一行五人为速行妥处台湾善后事再次呈文监察院院长于右任。呈文指出自军队大批开到后，陈仪违反中央宽大处理的原则，使用武力，以清乡为名，对无辜民众，滥施搜捕、屠杀，造成严重恐怖。而今时已逾月，政府对失职官吏竟丝毫未有处分之表示。"长此以往，不仅政府威信扫地无余，而台湾与祖国间之裂痕则将愈陷愈深，驯至不可收拾"。[②]为此张邦杰、陈碧笙等人再度代表650万台胞作最诚恳之呼吁，要求政府迅速采取下列紧急措施：（一）将激起民变残杀人民之祸首陈仪、柯远芬依照三中大会决议予以撤职，解京审讯，科以应得之罪；（二）将纪律败弛，肆行劫杀之军队予以管束或调防；（三）停止一切恐怖行为，并释放无辜人民；（四）组织调查团调查此次惨案死伤人数及地方官应负之责任；（五）迅派大员负责办理善后工作，恢复地方治安秩序。[③]

在闽台建设协进会等团体的强烈要求及社会各界的压力下，4月22日，行政院第784次例会终于作出决议，撤销台湾省行政长官公署，依照《省政府组织法》改制，并任命魏道明为台湾省政府主席。5月16日，台湾省政府正式成立，同时宣布有关的若干措施：（一）解除戒严；（二）结束清乡；（三）停止新闻、图书邮电检查；（四）撤销交通、通讯之军事管制等等。5月23日，台湾省政府决议，将民众广为诟病的专卖局改组为烟酒公卖局，原专卖局火柴公司改为股份有限公司，开放民营；原有之樟脑公司则移归建设厅管辖。"二·二八"事件的风波至此终于落下帷幕。

---

① 《台湾"二·二八"惨案联合后援会为挽救台湾危局致于右任电》（一九四七年三月十九日），国民政府监察院档案〔八（2）22〕，见陈鸣钟、陈兴唐主编：《台湾光复和光复后五年省情》（下），南京：南京出版社，1989年，第593—595页。

② 《台湾旅京沪七团体请愿代表团为速行妥处台湾善后事致于右任呈》（一九四七年三月三十一日），《台湾二·二八事件档案史料》，第799—801页。

③ 同上。

## 三、结语

"二·二八"事件发生的原因虽然比较复杂，但从本质上来说，它是台湾民众反对独裁、专制，要求民主、自治的斗争。台湾光复之后，由于当权者施政不当及各种客观原因，台湾的政经形势每况愈下，人民由满腔希望变成失望和怨恨，这其中台湾百姓意见最大的当属特殊化的行政长官公署制度以及承袭自日本殖民统治时期的专卖制度。闽台建设协进会上海分会成立时就通过提案，要求政府立即撤废特殊化之台湾行政长官公署，改设省政府；立即废除台湾之专卖及省营贸易制度，将糖煤烟酒等进出口贸易开放民营。其后，又联合其他旅沪闽台团体进京请愿，以此作为主要诉求，奔走呼号。政府相关部门如能择善而从，予以采纳，当可在一定程度上缓和台湾民众的不满情绪，从而适当化解社会矛盾，"二·二八"事件的发生也许也就可以避免。"二·二八"事件发生后，闽台建设协进会与其他旅沪闽台团体组成"二·二八"惨案联合后援会，发表声明，要求"政府对于台变善后，首须避免使用武力，整饬军纪，停止恐怖活动，释放无辜被捕人民，保证对参加事变人民不再追究"。并派代表赴台宣慰，请求"中央勿以武力对付台湾人民"等等。有关方面若能依此原则处理，当可将"二·二八"事件的影响和破坏控制在最小的范围内，也不会有那么多的社会精英和无辜民众惨遭杀害，更不至于在台湾人民与祖国之间留下一道久久难以愈合的情感裂痕。当然，历史的研究容不得这许多的假设，但在六十年后的今天，我们痛定思痛，站在新的历史高度来重新回顾和审视闽台建设协进会与其他旅沪闽台团体在"二·二八"事件前后提出的政治主张和所做的种种努力，仍然免不了别有一番感慨在心头。

——原载《台湾研究》2007 年第 3 期

卷四　台湾民间信仰

# 季麒光与清初台湾的妈祖信仰

妈祖信仰是当今台湾最有影响的民间信仰之一，其神庙与信众的数量远远超出其他民间信仰之上，这从大甲镇澜宫的每年声势浩大的绕境游行和北港朝天宫旺盛的香火中可见一斑。实际上，妈祖信仰在台湾广为传播并非始自今天，据尹士俍《台湾志略》的记载，早在清雍正、乾隆年间，妈祖就与关帝、大道公等同为台湾"灵异最著而为民所咸奉"的神明。[①] 至嘉庆年间，妈祖神庙已遍布台湾各地，谢金銮《续修台湾县志》记载："天后庙祀，所在多有。官建者尚有鹿耳门庙；康熙五十八年，文武官公建，经历王士勷董其事。今总镇爱新泰重修。又，道署、府同知署皆有庙。其附郭者，如镇北坊水仔尾，俗呼小妈祖宫；则始初庙祀也。郡守蒋允焄、蒋元枢皆尝修焉。又宁南坊上横街庙，名曰温陵祖庙；泉人建。又西门外镇北坊有妈祖楼，其街以楼得名。又海边砦米街船厂、砖仔桥及武定里洲仔尾、新昌里濑北场皆有庙，他如澎湖各澳，有不胜载者"。[②] 清代妈祖信仰在台湾的广为传播，除了大陆移民渡海往来，无不祈求海神的保佑之外，地方官员的积极推动也是一个主要的原因。清代台湾的方志以及保存下来的碑刻资料中有不少地方官员倡建、重修妈祖神庙的记载，这一点笔者以前在《清代台湾边疆移民社会之特点与妈祖信仰》一文中已经提到。[③] 但这些资料基本上都是间接的，直接的资料已很难见到。笔者最近在整理季麒光《蓉洲诗文稿》时，意外地发现了季麒光撰写的《募修天妃宫疏》等几则资料，这些资料对研究清代台湾地方官员在妈祖信仰传播中的角色以及闽台地区第一级古迹——台南大天后宫的沿革都有一定价值。

---

① 尹士俍：《台湾志略》，李祖基点校，北京：九州出版社，2003年，中卷，"神庙旧迹"。
② 谢金銮：《续修台湾县志》，台湾文献丛刊第140种，第65页。
③ 李祖基：《清代台湾边疆移民社会之特点与妈祖信仰》，载《台湾研究集刊》1990年2/3期，第150—159页。

# 一、季麒光其人其事

季麒光，字圣昭，号蓉洲，江苏无锡人，康熙丙辰（十五）年进士。康熙二十二年，施琅平台，郑克塽投降。翌年，清政府在台湾设立一府三县，季麒光由福建闽清县令简调赴台，任诸罗县首任县令，于康熙二十三年十一月初八日到任。其时诸罗以新辟之邑，诸事俱费经营，季麒光"往来筹划，日无停晷"，"凡民间利弊，有所指画，不为强方者少屈。以一宰而综三县之烦赜，条议详明，为台湾定亿万年之规制"。[①]另外，季氏还草创诸邑文庙、设立养济院，并与宛陵韩又琦、关中赵行可、无锡华衮、郑廷桂、榕城林御轻、丹霞吴衣芙、轮山杨载南、莆阳王际慧等结"东吟诗社"，相与唱和。康熙二十四年后，季麒光以丁忧去职，其在任时间虽然不长，但宦绩显著，所以台湾的府、县志乃至福建通志中都为其立传。《诸罗县志》的传文称：

季麒光，无锡人，康熙丙辰进士。二十三年，知县事。时县治初设，人未向学；麒光至，首课儒童，拔尤者而礼之，亲为辨难。士被其容光者，如坐春风。博涉群书，为诗文清丽整赡。工临池。在任逾年，首创《台湾郡志》，综其山川、风物、户口、土田、阨塞；未及终编，以忧去。三十五年，副使高拱乾因其稿纂而成之。人知《台郡志》自拱乾始，而不知始于麒光也。[②]

《重纂福建通志》中的传文则更为详细：

季麒光，榜姓赵，江南无锡人，康熙丙辰进士。二十三年，由闽清县移任。县初设，无城郭，无街市都聚之会，一望蓁茅，民杂而贫，地疏而旷。所隶土番，皆文项雕题，重译始通一语，骤设官吏，束以法律，则日夕惊怖，若鸷兽入槛，触藩蹢躅，不有其生。麒光推心循拊，巽其辞命，使之自化。初定制丁田赋役，如理乱丝，为之条分缕析，宁简无苛。方谋经始，而遭外难，大吏以岩疆难得其人，檄令节哀视事候代。乃定赋额丁数，课士招商，绥番垦荒，拔

---

① 沈光文：《题梁溪季蓉洲先生海外诗文序》，季麒光：《蓉洲诗文稿选辑·东宁政事集》，李祖基点校，香港：香港人民出版社，2006年，第1—2页。

② 周钟瑄：《诸罗县志》，台湾文献丛刊第141种，第51—52页。

儒童才质之佳者接礼之。于是此中人始知有礼教之乐，文物之美比于内县。爰辑有台湾府志，综其山川、风物、户口、土田、扼塞以佐治理，未成而代者至。三十五年，副使高拱乾踵成之。台湾有志，自麒光始也。①

　　季麒光离台返回大陆后，其著作于康熙三十三年付梓刊行，笔者所见的玉鑑堂藏书第八九四号有《蓉洲诗文稿》一部，其中《蓉洲诗稿》七卷、《蓉洲文稿》四卷，另附有《三国史论》和《东宁政事集》，这些资料尘封湮没近三百年，至今很少有人见过。如近年由台湾远流出版社出版的《全台诗》所收入的季麒光的诗作仅《题天妃宫》一首。②而据笔者的初步统计，《蓉洲诗稿》中与台湾有关的诗作就不下150首，其体裁有"五言古诗""七言古诗""五言律诗""七言律诗"及绝句、排律等，还有流寓在台的明太仆寺少卿沈光文（斯庵）所作的《题梁溪季蓉洲先生海外诗序》等序文凡十篇。这也许就是《台湾舆地汇钞》"弁言"中所说的季麒光已经散佚的《海外集》中的主要内容。此外，《蓉洲文稿》中也保存了大量与清初台湾有关的珍贵史料。如以往人们根据《诸罗县志》等书的记载，一直认为季麒光曾"首创台湾郡志"。然而，从《蓉洲文稿》所载《台湾志书前序（代周又文宪副）》及《台湾志序》来看，季麒光实际上是参与了首任台湾知府蒋毓英主修的第一部《台湾府志》的编纂工作而已，所谓首创的《台湾郡志》就是蒋毓英的《台湾府志》，③《诸罗县志》的相关记载是错误的。《东宁政事集》共有文章近五十篇，大部分是季麒光在台任职期间写给上司的公文，小部分为告示和断案的审语，更是研究清初台湾社会政治经济最为珍贵的第一手资料。

## 二、《募修天妃宫疏》及其相关资料

　　《募修天妃宫疏》收在《蓉洲文稿》卷之三，是季麒光应当时天妃宫住持僧寄沤之请而撰写的，其全文为：

---

　　①　陈寿祺：《福建通志台湾府》，台湾文献丛刊第84种，第494页。
　　②　季麒光：《题天妃宫》"补天五色漫称祥，谁向岐阳祝瓣香？几见平成逾大海，自知感应遄重洋。遐方俎豆尊灵远，圣代丝纶礼数庄。是处歌恩欣此日，风声潮影共趋跄。"
　　③　蒋毓英《台湾府志》原刻本藏上海图书馆，后经厦门大学台湾研究所首任所长陈碧笙教授标点、校注，1985年由厦门大学出版社出版。

东宁天妃宫者，经始于宁靖王之舍宅，而观成于吴总戎之鸠工也。天妃泉湄神女，生有奇征，长多灵异，迄今遂为海神，其功德及人，则又在泰山陈州之上，直与普陀大士同其济渡。盖海天巨浸，森森汤汤，生死安危，关于俄顷，非若击江中之楫，扬湖上之帆者，所可同语。若夫云迷大壑，日落荒洋，月黑星黄，渺不知其所之，一针失向，即为岐路。从来估商贩舶，走死趋利，以其身深试波涛，然往来无恐。虽曰人为，实由神护。故每当潜蛟啸风，骄鲸鼓浪之时，辄呼天妃神号，无不声闻感应，怒潮为柔，所不鱼鳖吾人者，神之功也。环海内外建立祠庙，皆敬神如天，而亲神如母。盖以慈悲之愿力，运广大之神通，无祷不应也。夫神以血肉佛心，救人世险风骇浪之艰，即当以土木佛身，享人世金碧丹檀之奉。住僧寄沤以临济横支，发大弘愿力，欲就宫傍余地，作左右廊舍三间，位置僧寮前，树山门一层，廊戏楼旧址而大之。庶几有门有殿，有廊庑，有维摩室，有香积厨。神所凭依，神其绘之矣。独是工匠之资、木石之费，断非彼小乘人能作大因缘事，因授简于余，申言倡导。凡在东宁宰官长者，皆由渡海而来，必思渡海而去，各随分力，以襄盛事；下至商贩估渔，凡往来资于重洋巨浪之中者，各发欢喜心，共助胜因。夫神之赫赫不可尽者，固不系于宫之大小。盖人之向往而崇奉之不足者，非庙祀之辉煌无以致其敬也。神之恩固足以感人，况瞻拜而如亲炙之者钦，寄沤勉乎哉。愿力既坚，机缘自兴，飞楼涌阁，故当一弹指顷移兜率于人世矣。

另外还有一篇《募修天妃宫戏台小引》，其文为：

尝论人之生死，自疾病而外，莫甚于水火。盖雷霆狼虎，百不一遭；而刀兵饥馑，则毒雾殭坑，黄烟血路，为二子沉沦大劫，非人所及料，亦非人所及避。独于水火，往往患之。然火猛烈，人知远焉。即祖龙一炬，昆冈灰烬，而燎原之焰起于星星，未闻有抱薪而就焚者。若夫水，则茫茫万顷，水也；涓涓一勺，亦水也。一经沉溺，贵贱贤愚，同归鱼鳖，可不畏哉。况大海汪洋，万里一黑，蛟龙蜃虬之所窟宅，风飚波涛，不可测度，亦无所趋避，非恃天妃之护持拯济，何以使士大夫之乘轩露冕者，来焉去焉；行旅商贾之腰缠捆载者，往焉复焉？则舟航之内依恃天妃者，如婴儿之依恃慈母也。考河神自谢王张将军而下，有萧柳三十六部而统之于天妃海神。自顺应、孚应、广顺、惠顺海王而外，又有灵应、昭应、嘉应三龙王及天吴海若诸神，而亦统之于天妃。岂非以骇浪惊波之上，必藉慈悲感应，具有鞠育之诚如天妃者，始随在而普度也哉。

人既食神之德，无以报神之恩，虽瓣香明烛，亦足以将诚敬而求神之愉悦。诗曰：神之听之，终和且平。周礼大司乐，分乐而用之，以祭以祀以禴，乃歌巫钟舞大夏，以祭山川，而后神祇皆降可得而礼焉。则是黎园杂部，固非云门空桑之奏，所以娱神听而邀福利者，未尝不在乎此也。天妃宫旧有戏楼营建未久，为海风潮雨所摧剥，渐见倾欹，且制度狭小，不足以肃观瞻。今欲廓而大之，以隆崇祀，以彰爱敬，俾遏云裂石之歌、摩天贴地之舞与馨香黍稷同进而荐神之歆也，当亦天妃之所鉴佑者矣。伏愿无论宰官，无论善信，凡生全覆被于天妃神者，财施力施，各随分愿。则一粟一铢，一工一匠，皆为欢喜因缘，将平波迅渡，缓浪轻驰，受神之阴扶默佑者，视以铢两，而获百千，其欢欣祷祝为何如耶？偈曰："何妨暗里舍灯油，莫待急来偎佛脚"。吾请持此以劝募焉。

台湾海峡素以风高浪大，潮流湍急而著称，中间更有"黑水沟"，亦称"黑水洋"，自北流南，广约百里，深不可测，海水浊黑如墨，惊涛鼎沸，险冠诸海。台湾东南隅有"万水朝东"之名，往往过黑水沟时，遇风暴难抵澎湖，舟遭飘荡，渺不知其所之。在抵台时还有鹿耳门天险，水阔而浅，"铁板沙潜伏水底，最为险恶"，船只进出必须极为小心，"否则，沙冲舟滞，立为浪碎"。[①] 或已抵鹿耳门，为东风所逆，舟不得入，而门外铁板沙又不可泊，势必仍返澎湖。若遇天黑，屿澳莫辨，又不得径泊澎湖，计惟重回厦门矣。康熙五十二年春，台湾知府冯协一上任时，自厦门乘官船赴台，舟过澎湖时，船老大谓风顺可直抵台湾，"及舟近鹿耳门，浪高如山，一湧而退。如此者三，又忽飓风大作，天气昏黑，无从下椗，直至天明风稍缓，回向澎湖而来。复各屿做浪，舟不进，再至鹿耳门，仍为浪阻"，只得又重回澎湖。[②] 所以，在帆船时代横渡台湾海峡要冒相当大的风险，如若不幸遇上台风那更是九死一生了。明万历三十年腊月（1603 年 1 月），沈有容率明军水师前往东番（今台湾西南部一带）剿倭，舰队航经澎湖时遇上大风，巨浪滔天，二十四艘战舰被风飘散，仅剩十四艘，有的甚至漂到粤东洋面。[③]1651 年，明太仆寺少卿沈光文从肇庆至潮州，由海道抵

---

① 尹士俍：《台湾志略》，李祖基点校，北京：九州出版社，2003 年，第 4 页。
② 吴桭臣：《闽游偶记》，见《台湾舆地汇钞》，台湾文献丛刊第 216 种，第 14 页。
③ 沈有容：《仗剑录》，载《台湾研究集刊》1986 年第 4 期。

金门，七月，挈眷买舟欲入泉州，过围头洋时遭遇飓风，漂泊至台湾。①清代台湾文武官员均由内地选调，大海茫茫，风涛变幻莫测，官员不论上任离任，渡海前均要祭拜天妃海神，祈求妈祖保佑其海途平安。厦门草仔垵的龙泉宫即专为清代官员渡台时祭拜妈祖进行迎送的庙宇。据史料记载，祭天妃海神时，"先要备牲醴，……每人预做红袖香袋，上写天妃宝号。至进香时取炉内香灰实袋，缝于帽上，以昭顶戴之诚"。②季麒光在疏文中以"大海汪洋，万里一黑，蛟龙蜃虺之所窟宅，风飓波涛，不可测度，亦无所趋避，非恃天妃之护持拯济，何以使士大夫之乘轩露冕者，来焉去焉；行旅商贾之腰缠捆载者，往焉复焉？则舟航之内依恃天妃者，如婴儿之依恃慈母也"；"凡在东宁宰官长者，皆由渡海而来，必思渡海而去"等作为劝募理由，加上他超人的文学天赋，妙笔生花，文章精彩生动有很强的感染力。

从文中可以看出，季麒光主要是以在台为官者为劝募对象，但清初台湾草莱初辟，规制简单，全台文职官员连教谕在内也不满二十名，③人数有限。所以季麒光又把劝募对象扩大到普通的"商贩估渔"以及所有"往来资息于重洋巨浪之中者"。季麒光不仅为住持僧寄沤作文劝募，而且还以以身作则，带头倡捐荒园二十七甲，以其每年所收租粟一百二十五石，交僧掌收，作为天妃宫的灯香钱。季氏在《天妃宫僧田小引》一文中记载了这件事，其文为：

支硎大师有言："佛法寿命，惟在常住；常住不存，我法安寄"。此言供佛供僧，必恃布施因缘也。台湾海外番岛，原非如来眷属。郑氏以来，逋逃偕窃之余，滥杀难除，贪嗔易种。家无结蔓之文，地无灌顶之侣，不知教典为何物，而僧伽为何人也。值兹中外荡平，光天日月，将令象罴鸡彝，咸归佛土；蜃楼蛟市，共畅皇风。则欲明心地之心，须早证法王之法。天妃一宫，前祀海神圣母，后奉观音大士，皆以慈航普渡，故尔供养法应平等。住僧寄沤焚修祗侍，晨昏赞颂，氤氲烟篆，历落钟鱼，庶使狭业渊薮，发深省于朝歌，迥慈肠于夜梦。风旱以消，刀兵可禳，诚为广大愿力。但香积常空，缁衣莫续，则香火谁资？弟子麒光以招垦荒园二十七甲，永为常住执持之业。在弟子焦茅钝根，少

① 季麒光：《沈光文传》，季麒光：《蓉洲诗文稿选辑·东宁政事集》，第122—124页。
② 吴桭臣：《闽游偶记》，第13页。
③ 清初台湾官制有分巡台厦道一员、台湾知府一员、海防同知一员、经历司经历一、府学教授一员；台湾、凤山、诸罗三县各有知县一员、县丞一员、典史一员及教谕一员；另新港、澎湖、下淡水及佳里兴四个巡检司各有巡检一员。

于首楞，曾有宿缘，愧异地浮踪，身为穷子，财施法施，一切无有，惟从楮墨，倡导四众，寄沤勉之。愿力既坚，机缘自来，当有智觉善人，乘愿护持，为大导师弘开佛境。自此东土劫波，即为西方乐国。岂虑黄头外道、青眼邪师，与我佛争此布金片地者哉？是用书之，以传于后。

关于季麒光为天后宫捐置香灯园之事，台湾方志多有记载，只是其中园的面积均为二十一甲，[①] 与季氏所记略有不同，如范咸《重修台湾府志》载："天后庙：一在西定坊，即宁靖王故居；康熙二十三年，靖海将军施琅改建为庙（有碑记）。雍正四年，御赐扁曰'神昭海表'。乾隆二年，敕封'护国庇民、妙灵昭应、弘仁普济、福佑群生天后庙'。有香灯园二十一甲，在安定里，年得租粟一百二十五石；诸邑令季麒光置，交庙僧掌收"。[②]

## 三、宁靖王"舍宅"与台南大天后宫的沿革

季麒光在《募修天妃宫疏》中还提到台南大天后宫的历史沿革，其开宗明义第一句就说："东宁天妃宫者，经始于宁靖王之舍宅，而观成于吴总戎之鸠工也"。这里的宁靖王，即朱术桂，为明高祖九世孙辽王之后，南明隆武帝曾赐封其"宁靖监　国"。郑成功收复台湾后，王随郑军入台。吴总戎，即总兵吴英。英祖籍莆田，清初任兴化镇总兵。《福建通志》载施琅征台时，吴英"统陆师为副，誓众登舟，先取八罩，选精锐焚贼巨舰，奋勇直前，立克澎湖"。[③] 郑氏政权投降，施琅自台班师后，吴英留下镇守台湾。其他的台湾府、县志中在提到大天后宫的历史时则仅称施琅等就明宁靖王故宅改建而成，而将宁靖王"舍宅"一事隐去不提。如蒋毓英的第一部《台湾府志》记道：天妃宫，"一在府治镇北坊赤嵌城南。康熙二十三年，台湾底定，将军侯施同诸镇以神有效顺功，各捐俸鼎建，庙址即宁靖王故宅也"。[④] 1980年林衡道主编的《台湾古迹全集》以及1986年台"行政院"文建会编《台闽地区第一级古迹图集》在介绍台南大天后宫的历史沿革时均未提及宁靖王"舍宅"一事。

---

① "甲"为台湾地方习用的田园面积单位，一甲约合大陆十一亩三分零。
② 范咸：《重修台湾府志》，台湾文献丛刊第105种，第261页。
③ 陈寿祺：《福建通志台湾府》，台湾文献丛刊第84种，第500页。
④ 蒋毓英：《台湾府志》，陈碧笙校注，厦门：厦门大学出版社，1985年，第64—65页。

考诸史实，宁靖王以身殉国是早有准备的。康熙二十二年六月二十六日，明郑水师在澎湖战败，王闻讯后即命袁氏、蔡氏等五妃先缢于堂。待其殁后，自己龙袍冠带，佩印绶，将宁靖王麟纽印送郑克塽，拜辞天地祖宗及里中耆士老幼后才从容自缢的。临死前还留有绝命诗："艰辛游海外，总为几茎发；于今事毕已，祖宗应容纳"。季麒光在《宁靖王传》中也提到"舍宅"一事，称：宁靖王殉难后，"其遗宅为天妃神祠，住僧于后楹大士旁奉王为舍宅主云"。[①] 笔者最近又查阅了清初一些私人的笔记文集，吴桭臣的《闽游偶记》也提到宁靖王"舍宅"之事，云："妈祖庙（即天妃也），在宁南坊。有住持僧字圣知者，广东人，自幼居台，颇好文墨。尝与宁靖王交最厚，王殉难时许以所居改庙，即此也。天妃庙甚多，惟此为盛"，[②] 此条资料恰好可与季麒光的疏文相印证。所以，我认为宁靖王"舍宅改庙"一事应是可信的，季麒光《募修天妃宫疏》中相关的记载为台南大天后宫的历史沿革提供了一个重要的补充。

# 四、结语

自清初靖海侯施琅平台时因获妈祖神助而奏请朝廷褒封，一直至后来历朝的倡建、重修妈祖庙等行为，地方官员在妈祖信仰在台湾的传播中扮演了一个重要的角色。本文所提《募修天妃宫疏》等三篇资料在这方面给我们提供了直接的证据，同时这些文献也是研究台湾妈祖信仰传播发展史的重要史料。实际上，《蓉洲诗文稿》及《东宁政事集》中还有更多与清初台湾有关的资料，具有很高的价值，笔者希望能尽快将其整理出版，为台湾历史的研究提供更多的方便。

——原载《台湾研究》2005 年第 4 期

---

① 季麒光：《沈光文传》，《蓉洲文稿》卷之三，清康熙刻本。
② 吴桭臣：《闽游偶记》，第 19 页。

# 早期台湾移垦之环境与保生大帝信仰

保生大帝又称吴真人、大道公，姓吴，名本，[①]相传于北宋太平兴国四年出生于泉州府同安县白礁。自幼聪颖，不茹荤，不受室，立志学医，精通岐黄之术，"以全活人为心，按病投药，如矢破的。或吸气嘘水，以饮病者，虽沉疴奇怪，亦就痊愈。是以疠者、疡者、痈疽者，扶舁携持，无日不交踵其门"；[②]"所治之疾不旋踵而去，远近以为神医"。[③]后因上山采药，坠崖伤重而逝。当地百姓追悼感泣，立祠奉祀，灵异益著。"民有疮疡疾疢，不谒诸医，惟侯是求。撮盐盂水，横剑其前，焚香默祷而沉疴已脱矣。乡之父老私谥为医灵真人"。[④]于是吴本由神医转化为医神，其祠庙遍及闽南各地。明末清初，随着闽南百姓大规模移居台湾，保生大帝信仰也传入台湾。据不完全统计，目前全台湾各地共有保生大帝的庙宇约270座左右，[⑤]与妈祖、观音、关帝等同属台湾十大民间信仰之列。其实在早期的移垦社会时代，保生大帝信仰在台湾就已经相当盛行。刊行于乾隆三年的尹士俍《台湾志略》记道："开山宫，祀吴真君也。台邑之新街、东安坊、镇北坊、北线尾、安平镇及凤、诸各邑皆有之。或称开山宫、或称大道公庙、或称保生大帝庙、或称慈济宫、或称真君庙，皆斯神也。……祀宇之多，埒于关帝、妈祖"。[⑥]保生大帝信仰会在台湾流行与早期移垦的自然和社会环境有很大的关系。

---

① 一说"本"字读音为"滔"。

② 宋兵部侍郎、漳州守庄夏撰：《慈济宫碑》，乾隆《海澄县志》卷22，艺文志。

③ 杨志撰：《慈济宫碑》（嘉定二年己巳六月望日），乾隆《海澄县志》卷22，艺文志。

④ 同上。

⑤ 《台北保安宫》，中国台湾网（2004年10月28日）。http://www.chinataiwan.org/web/webportal/webportal/w2001366/A39566...2006-04-13。

⑥ 《巡台录·台湾志略》，李祖基点校，香港：香港人民出版社，2005年，第183—184页。

# 一、早期台湾移垦的自然环境与保生大帝信仰

早期大陆移民渡海来台后首先面对的是自然环境的严峻考验。

台湾地处亚洲大陆架的东南边缘，多雨潮湿，气候温热，植被茂盛，是热带传染病的温床，素有"恶疫瘴疠"之称。《重修台湾府志》载："山岚海气交酿为露，值夜霏霏如霰，邨舍山林，咫尺莫辨。茅檐日高尚留余滴。常阴风细雨，或骤雨如注。人日在烟雾中，瘴毒尤甚"。[1] 主要的地方性疾病有疟疾以及因饮食不洁而引起的腹泻等等，外面的人初来台湾极易因水土不服而罹患疾病。台湾方志中有一则"暗澳"的传说，称"暗澳"在台湾东北，其地"山明水秀，万花遍山"。红夷（即荷兰殖民者）谓其地可居，"留番夷二百人，给一岁之粮。次年舟复至，则山中如长夜然，所留之番无一存者。乃取火寻之，别无所见，惟石上留字，言至秋即成昏黑，及春始旦。黑时，山中俱属鬼怪，番人渐次而亡。盖一年一昼夜云"。[2] 虽然"一年一昼夜"之说显系荒诞不经，但从番夷二百人，一年之间竟然病殁殆尽而无一幸存，可以想见在台湾开发之初，因水土不服而引起的疾病，对初来岛上的人来说是多大的威胁。即使在二百多年之后的同治末年，日本出兵侵台，攻打牡丹社时也饱受水土不服之苦。水野遵《征台私记》载："自 8 月下旬起，发生弛张热患者（疟疾）；9 月全军 2500 人皆罹病；迄 10 月，约百日间，计病死兵员达 550 余人；而 500 名军夫之中，死者亦有 120 余人"。[3] 当时驻扎在风港的日兵第十一大队，人数总共四百九十余名，在短短的四五个月之内，过半的士兵罹患疾病，其中"一百五十余名为重病患者，七十五名为中度患者，一百一十名为轻度患者"。[4] 日本据台之初，除了遭到台湾人民的顽强抵抗之外，因水土不服而导致的疫病流行再度使日军倍感困扰。自 1895 年 5 月 26 日至 12 月 15 日（共 204 天），因"平匪"而受伤者有 515 人，战死者有 164 人，而患病者有 26994 人，病死者有 4642 人。[5] 日人佐仓孙三《台风杂记》"瘴疠毒"篇载："我文武官之在台者，大抵为瘴疠所染，

---

① 范咸：《重修台湾府志》，见《台湾府志三种》，北京：中华书局，1985 年，第 2084—2085 页。

② 《巡台录·台湾志略》，李祖基点校，香港：香港人民出版社，2005 年，第 192 页。

③ 李汝和：《台湾省通志》，"政事志·卫生篇"，台湾省文献会，1972 年，卷三，第 382 页。

④ 《风港营所杂记》，王学新译，"国史馆"台湾文献馆 2003 年出版，第 588—590 页。

⑤ ［美］戴维森著，蔡启恒译：《台湾之过去与现在》，台湾研究丛刊第 107 种，台湾银行，1972 年，第 251 页。

重者一再病而瘥，轻者五六十回而不死。……此病之发，或每日，或隔日而患之，不违时间而来。先感恶寒，忽而战慄眩晕，如以磐石压头脑。或苦吟发呓语，似病风者"。① 日本皇子北白川宫能久亲王在征台时即因罹患疟疾而命丧黄泉。除了疟疾还有鼠疫，1896 年，台湾鼠疫患者有 258 人，死亡 157 人。到 1898 年，患者增加至 1233 人，死亡人数达 822 人。② 疫病的流行加上总督府巨额的财政赤字，使得千方百计从中国强夺过来的台湾一时成了日本人手中的烫手山芋，以至于日本朝野上下议论纷纷，一度想把台湾"卖却"了事。

不仅外国人到台湾要经受疾病的困扰，我国大陆移民渡海来台后同样也面临着水土不服和各种风土病的严重威胁。《海上见闻录》记载郑成功复台大军初至台湾时，"水土不服，瘴疠大作，病者十之七八，死者甚众"。③《台湾外记》也载："时台地初辟，水土不服，病者即死。故致各岛搬眷，俱迁延不前"。④ 就连郑成功自己也在收复台湾之后，不到数月即因发病而英年早逝。

清统一台湾之后，中路台湾县因经过数十年的开垦，情况有了一定的改善，但凤山和诸罗两县大部分地区仍是尚未开发的处女地，不是"深林障蔽，数百里不见天日"的原始森林，就是茫茫无际，人烟稀少的荒埔草地。野兽出没，瘴气疠疫时作。府志称："凤山以南至下淡水诸处，早夜东风盛发，及晡郁热，入夜寒凉，冷热失宜。又水土多瘴，人民易染疾病"。⑤ 北路诸罗"半线以北，山愈深，土愈燥，烟瘴愈厉，人民鲜至"；⑥ "流移开垦之众，极远不过斗六门，……虎尾、大肚，人已视为畏途"。⑦

康熙三十六年，郁永河欲往北投采硫，四月，临出发时台湾知府靳治扬、同知齐体物等人咸谓曰："君不闻鸡笼、淡水水土之恶乎？人至即病，病辄死，凡隶役闻鸡笼、淡水之遣，皆欷歔悲叹，如使绝域。水师例春秋更戍，以得生还为幸。彼健儿役隶且然，君奚堪此？"⑧ 极力建议其令仆役前往，自己留在郡城遥制即可；郁氏之乡人参军尹君、县尉戚君闻讯也来劝阻，曰："客秋朱友龙

① 佐仓孙三：《台风杂记》，台湾文献丛刊第 107 种，第 55 页。
② 秦美婷、汤书昆：《1895—1898 年日本售台言论的形成与舆论的影响》，《台湾研究集刊》，2006 年第 1 期。
③ 阮旻锡：《海上见闻录》定本，福州：福建人民出版社，1982 年，第 47 页。
④ 江日昇：《台湾外记》，福州：福建人民出版社，1983 年，第 170 页。
⑤ 蒋毓英：《台湾府志》，陈碧笙点校，厦门：厦门大学出版社，1985 年，第 4 页。
⑥ 同上。
⑦ 周钟瑄：《诸罗县志》卷七，兵防志，总论。
⑧ 郁永和：《裨海纪游》，台湾文献丛刊第 44 种，第 16 页。

谋不轨，总戎王公命某弁率百人戍下淡水，才两月，无一人还者。下淡水且然，况鸡笼、淡水远恶尤甚乎？"又曰："县役某与其侣四人往，仅以身返，此皆近事，君胡不自爱？"[①]

郁永河对友人所称台地"水土害人，染疾多殆"的话，开始并不十分相信，坚持亲自前往。然而，到达目的地后，"居无何，奴子病矣，诸给役者十且病九矣！乃至庖人亦病，执爨无人。……一榻之侧，病者环绕，但闻呻吟与寒噤声，若唱和不辍"[②]。郁氏不得已只好将病者用船载归，但不到数月，这些病者"死已过半"[③]。七月十五，另有役夫十二人自福州来台北采硫工地，"其明日，有三人忽称病。十七日，病者又五人，北风大作。十八日，风愈横，而十二人悉不起"[④]。南路的情形也是如此，由于水土恶毒，瘴气深重，自康熙二十三年至四十六年的九任凤山县巡检（巡检司署设在下淡水东港）中，除沈翔昇一任系"告老解任"外，其余"历任皆卒于官，甚至阖署无一生还者"[⑤]，其环境条件之恶劣可想而知。

台湾移民大多来自漳、泉二府，渡海赴台后从事土地开垦，自然环境恶劣，生活条件十分艰苦。水土不服，疠疫流行；人至辄病，病多死。因受当时缺医少药等现实条件的限制，人们不得不转向祈求神明的保佑。祖籍原乡声灵显赫，"治疾有奇效"的医神保生大帝自然便成为移民们奉祀的主要神祇。范咸《重修台湾府志》载："台多漳、泉人，以其神医，建庙独盛"[⑥]。台湾岛上最早的吴真人庙在广储东里，创建于荷据时期，[⑦]不但是台湾本岛第一座保生大帝庙，也是全岛最古老的一座庙宇。明郑时期，吴真人的庙祀也很盛行。据康熙二十四年蒋毓英《台湾府志》记载，台湾本岛慈济宫共有四所，一在府治西定坊；一在镇北坊；一在凤山县治安平镇；一在土墼埕保。[⑧]这四所宫庙应该都是明郑时期所建，而该志所载天妃庙仅有二所，[⑨]似乎当时保生大帝的信仰比妈祖更为普

---

① 郁永和:《裨海纪游》，台湾文献丛刊第44种，第17页。
② 同上书，第26页。
③ 同上书，第40页。
④ 同上书，第38页。
⑤ 高拱乾:《台湾府志》卷二，规制志，衙署。
⑥ 《台湾府志三种》，上海：中国书局，1985年，第2351页。
⑦ 谢金銮:《续修台湾县志》，台湾文献丛刊第140种，第338页。对于这座县志记载位于广储东里建于荷据时期的吴真人庙，陈在正说是在今"台南县新化镇丰荣里"；林衡道则说是在今"台南市正义街一巷廿四号"，未知孰是，待考。
⑧ 《蒋毓英前揭书》，第65页。
⑨ 同上书，第64—65页。

遍。清初的保生大帝庙主要分布在台南附近一带，后来随着移民来台人数的增多，土地开垦的全面展开，到乾隆初时，保生大帝的庙宇已经是"各邑皆有之"。吴真人与关帝、妈祖一样成为全台湾信众最多的民间信仰之一。

## 二、早期台湾移垦的社会环境与保生大帝信仰

早期大陆移民渡海来台后另一个要面对的是社会环境的考验，即人与人之间的竞争。

台湾人民除了来自漳、泉二府之外，还有来自福建的兴化、汀州；广东的潮州、惠州以及嘉应州等地的移民，"为五方杂处之区"。早期的移民大部分都以籍贯及方言等地缘关系作为认同的标准，所谓"台民不以族分，而以府为气类"。[①] 相同地缘关系的移民聚居在一起，奉祀着自家乡携奉而来的守护神的香火或神像，从而形成了层次不同与聚落相关的地域祭祀组织，俗称为"祭祀圈"。所谓的"祭祀圈"，指的是"为了共神信仰而共同举行祭祀的居民所属的地域单位"。[②] 早期的祭祀圈范围较小，一般以聚落为单位，且其所奉祀的守护神与居民的祖籍分类有着十分密切的关系，从一个聚落所奉祀的神明人们可以很容易推断出其祖籍。一般说来，漳州人的主神是开漳圣王；广东人的主神是三山国王；同安人的主神是保生大帝；南安人的主神是广泽尊王；安溪人的主神是清水祖师；汀州人供奉的主神是定光古佛。早期不同祖籍的移民经常因争夺土地、灌溉水源而发生械斗，历史上称之为"分类械斗"。如闽、粤械斗；漳、泉械斗；甚至同一府不同县的移民之间也会发生械斗，如泉州晋江、南安、惠安三县移民与同安县移民之间的械斗，史称"顶下郊拼"。根据许文雄先生的统计，有清一代台湾共发生漳泉械斗22起，闽粤械斗24起。[③] 械斗时往往是"漳人党漳，泉人党泉，粤人党粤；潮虽粤而亦党漳"；[④] 匪人乘风造谣，"鼓动全台，闽人曰'粤人至矣。'粤人曰'闽人至矣。'结党成群，塞隘门，严竹围，道路不通，纷纷搬徙。匪人即乘此焚其庐舍，抢其家资。哭声遍野，火光烛天，互相

---

① 姚莹：《东槎纪略》，台湾文献丛刊第7种，第111页。
② 林美容：《由祭祀圈到信仰圈》，张炎宪主编：《中国海洋发展史论文集》第三辑，第93页。
③ 许文雄著，李祖基译：《清代台湾边疆的社会组织与社会动乱》，《台湾研究集刊》1988年第1期。
④ 姚莹：《东槎纪略》，台湾文献丛刊第7种，第111页。

斗杀，肝脑涂地"。[①]这种以祖籍分类为特征的械斗与闽粤原乡的宗族械斗不同，不仅规模大，范围广，时间长，而且参与的人数"辄数十万计"，给台湾早期移民社会造成极大的破坏，给人民的生命财产带来了无可估量的损失。

虽然台湾的分类械斗不是宗教战争，但在早期祖籍分类意识浓厚的年代，对祖籍地神明的崇拜往往被居民们作为划分"我群"与"他群"的界限，因而供奉着社区守护神的庙宇也就成为械斗者的大本营。参战者一般先在自己的庙宇中集结，并祈求守护神的保佑。这些庙宇也理所当然地成为对方攻击的主要目标，庙宇如被占领或遭到破坏，则象征着一方的失败和另一方的胜利。在咸丰年间台湾北部的漳、泉械斗中，泉州人就对漳州人的守护神"开漳圣王"采取行动，烧毁其画像，掠走其神像并挖掉眼睛和鼻子。漳州人为了讨还神像只好忍气吞声屈服。

分类械斗虽然是不同祖籍移民间矛盾、摩擦和冲突的表现，也是台湾早期移垦社会整合与社区重建的一个必然过程。械斗的双方若是势均力敌，谁也打不过谁，结果就会讲和，在一定的条件下形成一种平衡。反之，如果力量悬殊，失利的一方则往往被迫从原居住地迁走。如咸丰年间，同安人、漳州人在械斗中失败，被迫从艋舺迁往大稻埕等地。清代中叶以后，随着大陆移民在台居住的时间越来越久，作为社会各群体组织在开发进程中所经历的矛盾、冲突及重新整合的结果，一方面，居民的祖籍观念渐趋淡薄；另一方面，他们对台湾本土、台湾现居社区的认同感则有所加强，即在认同意识上，由原来的"唐山人""漳州人""泉州人""安溪人"等概念转变为"台湾人""下港人""南部人""宜兰人"等等。[②]这种认同意识变化的主要表现之一就是以往属于大陆某一祖籍地的神明，逐渐超出原有祖籍群体的范围之外，成为居住于同一区域内不同祖籍居民们共同奉祀的新的守护神，出现了超聚落、超祖籍，范围涵盖全乡或全镇的祭祀圈。而那些与全体渡海来台移民关系密切，分类意识又不太明显的神明，如妈祖、保生大帝则得到较多民众的青睐。王世庆研究的台北县树林镇济安宫就是一个十分典型的例子。自康熙末年开始，大陆闽南的泉州府和漳州府等不同祖籍的移民开始入垦树林地方（古称海山庄），"此时，他们的村落社会尚未构成安定，宗教信仰区亦未构成，各人只祈求信仰自己所携奉之

① 《蠡测汇钞·问俗录》标点本，北京：书目文献出版社，1983年，第138页。
② 陈其南：《土著化与内地化：论清代台湾汉人社会的发展模式》，载《中国海洋发展史论文集》第一辑，台北："中央研究院"中山人文社会科学研究所，1984年，第338页。

神像香火，其信仰圈限于自己的家族内，也即只有信仰的点，而未构成信仰圈之线或面，更谈不上建立庙宇"。[①]至乾隆年间，海山庄区内地缘村落相继形成，居民开始创建土地公庙和各种神明会，此时台湾尚为瘴地，移民水土不服，难免患病或遇其他灾祸。独有漳州南靖县赖姓移民携奉来台的保生大帝神灵特为显赫，祈求者病悉愈，故信徒日众，渐次普及海山庄内之各村落。该庄大业户张必荣患病，曾祈求大帝保佑而愈。为了答谢神恩，张氏乃于乾隆五十三年（1788）在潭底山麓倡导兴建保生大帝庙宇，名"济安宫"，设庙祝看管，每年祭典由海山庄内各村居民参加，拜拜宴客并演戏庆祝，于是，济安宫保生大帝乃成为整个海山庄内不同祖籍的人群所建立的八个村落之信仰中心。[②]保生大帝也由开拓早期赖姓家族所奉祀的私有神明，演变为全海山庄全体庄民所信仰之神明。

类似的例子还有不少，如台湾中部的一些三山国王庙，原先是由客家人所建立供奉的，后来客家人虽然另迁他处，但三山国王庙却仍然屹立在福佬人的聚落中，三山国王因而也由原来粤籍移民的保护神变成为闽籍居民的保护神，沙辘的保安宫即属于此一类型。[③]又如彰化的南瑶宫，到清代后期，以10个"会妈会"为中心发展成为范围涵盖整个浊大区域（浊水溪和大肚溪）内漳州人与福佬客居住地区的妈祖信仰圈。[④]以上事实说明了民间信仰在台湾移民社会发展的不同时期都扮演着相当重要的角色。

# 三、结语

保生大帝信仰在台湾的盛行与传播有其历史上特殊的自然和社会因素，随着时间的推移，这种特殊的自然和社会因素虽然早已不复存在，但台湾民众对保生大帝信仰的热情却并未有丝毫的减少。据统计，在日据时期的五十年间，台湾新建保生大帝庙宇37座，比荷据、明郑以及清代等时期发展更快。自1945年光复后的40多年间台湾地区又新建保生大帝庙宇47座，其发展速度超

---

① 王世庆：《民间信仰在不同祖籍移民的乡村之历史》，见《清代台湾社会经济》，台北：联经出版事业公司，1994年，第319页。

② 同上书，第330页。

③ 洪丽完：《清代台中地方福客关系初探》，《台湾文献》第42卷二期。

④ 林美容：《彰化妈祖的信仰圈》，《民族学研究所集刊》第68期。

过以往任何时期。[①]自 20 世纪 80 年代开始，每年都有成千上万的台湾信众来到位于海沧的保生大帝祖庙和湄洲岛的妈祖祖庙进香朝拜，民间信仰已成为联系海峡两岸人民情感的一条重要纽带，宗教文化的交流已成为海峡两岸民间交流的一个热点，这也从另一个层面上反映了台湾与大陆之间血浓于水、密不可分的关系。

——原载《台湾研究》2006 年第 6 期

---

① 陈在正：《台湾海疆史》，台北：扬智文化事业股份有限公司，2003 年，第 580—581 页。

# 乾隆二年妈祖加封"天后"辨误

妈祖为民间广为信奉的航海保护神，由于灵应显著，福荫广被，自宋以降，历代均有封赐，初封为"灵惠夫人"，后封为"灵惠妃"，元明时更封为"天妃"。入清以后，由于平乱助战、护佑册封使以及利济漕运等因，朝廷对妈祖的褒封更是有增无已。其徽号由康熙年间"护国庇民妙灵昭应弘仁普济"的十二字，增加到同治年间"护国庇民妙灵昭应宏仁普济福佑群生诚感咸孚显神赞顺垂慈笃祜安澜利运泽覃海宇恬波宣惠导流衍庆靖洋锡祉恩周德溥卫漕保泰振武绥疆嘉佑"的六十二字，其地位也由"天妃"，晋封为"天后"，可谓尊崇已极。关于妈祖由"天妃"晋封为"天后"，据雍正年间的记载是由于福建水师提督靖海侯施琅的题请。施琅率兵征台之时，祷于天妃，涌泉供饮。澎湖之战，神兵助阵。进军台湾时，鹿耳门潮水骤涨，舟师联帆直入，遂定台湾。后经"施琅恭疏具题，圣祖仁皇帝敕建天妃神祠于其原籍兴化府莆田湄洲，勒有敕文以纪功德。随又加封天后"。①乾隆敕撰《大清一统志》也记载妈祖"康熙十九年封为'护国庇民妙灵昭应弘仁普济天妃'遣官致祭。二十二年，克澎湖，恍有神兵导引，及屯兵天妃澳，靖海侯施琅谒庙，见神衣半湿，始悟实邀神助。又澳中驻师万余，忽涌甘泉。施琅上其异，敕建神祠于湄洲，勒文以纪功德，随又加封'天后'"。②《天后显圣录》和林清标辑《敕封天后志》等书均收有施琅《为

---

① 《巡台御史禅济布、给事中景考祥为海神效灵恳颁宸翰以昭崇报折》，台湾银行经济研究室编台湾研究丛刊第300种《雍正硃批奏折选辑》，第193页；《巡视台湾监察御史禅济布、巡视台湾吏科给事中景考祥为请赐天后祠匾额事奏折》（雍正三年九月初九日），中国第一历史档案馆、湄洲妈祖庙董事会等合编：《清代妈祖档案史料汇编》，北京：中国档案出版社，2003年，第2—5页。

② 乾隆《大清一统志》，卷三百二十七，兴化府·神祠·天妃庙。《景印文渊阁四库全书》，台湾商务印书馆，1983年，第481册，第562页。

神灵显助破逆请乞皇恩崇加敕封事》的奏折，[①] 核对康熙起居注，施琅上疏请封天妃确有其事。[②] 然而，迄今为止，人们尚未见到相关的褒封诏诰或谕旨等原始资料，《康熙起居注》及《清实录》对此次加封又无记载，所以，学者中难免就有人对康熙二十三年妈祖由"天妃"加封为"天后"一事心存疑问。2005 年，台湾花莲教育大学乡土文化研究所副教授李世伟在《海洋文化学刊》创刊号上发表了《〈妈祖加封天后〉新探》一文，认为妈祖真正的升为天后是在乾隆二年（1737）时，经由这次的加封，妈祖才名副其实地升格为"天后"。[③] 此后，福建省社会科学院历史研究所研究员徐晓望及莆田学者苏健、黄国华等也分别在《福建师范大学学报》和《中华妈祖》上撰文，提出类似的观点。[④] 认为乾隆二年妈祖加封"天后"的学者，其主要根据为乾隆朝《钦定大清会典则例》卷八十四礼部群祀条中"乾隆二年，加封天妃为护国庇民妙灵昭应弘仁普济福佑群生天后"的记载。而且，这几位学者都认为此次加封的缘由是乾隆二年台湾守备陈元美等在海上遇风，经祷妈祖，俱获安全。九月，由福建总督郝玉麟上疏奏请加封妈祖为"天后"之封号。

查《大清会典》修纂凡五次，初纂于康熙年间，其后雍正、乾隆、嘉庆三朝相继续修，至光绪中则作第五次之修辑。康熙、雍正两朝纂修的《会典》，均以典与例混编。自乾隆朝起，始将《会典》与《则例》区分，各自为卷。经检阅乾隆《钦定大清会典则例》，在卷八十四"礼部·祠祭清吏司·群祀三"条下，的确有"乾隆二年，加封天妃为护国庇民妙灵昭应弘仁普济福佑群生天后。二十二年，覆准加封天后为护国庇民妙灵昭应弘仁普济福佑群生诚感咸孚天后，于祈报文内将封号书明，以上皆所在有司岁以春秋致祭"之记载。[⑤] 苏健、黄国华认为"上面的记载，以'加封天妃为……天后'和'加封天后为……天后'的不同句式，说明乾隆皇帝尤为崇拜信仰妈祖，明白准确地告诉世人，是乾隆

---

① 《天后显圣录》，下册，奏疏，原书藏福建省师范大学图书馆，湄洲妈祖祖庙董事会、湄洲妈祖文化研究中心 2001 年重印；林清标辑：《敕封天后志》，卷上，奏疏，乾隆戊辰年。另见蒋维锬、周金琰辑纂：《妈祖文献史料汇编》（第一辑）档案卷，北京：中国档案出版社，2007 年，第 19—20 页。

② 中国第一历史档案馆整理：《康熙起居注》第二册，北京：中华书局，1984 年，第 1214—1215 页；中国第一历史档案馆、湄洲妈祖祖庙董事会等合编：《清代妈祖档案史料汇编》，第 1 页。

③ 李世伟：《〈妈祖加封天后〉新探》，《海洋文化学刊》2005 年第 12 月（创刊号）。

④ 徐晓望：《清初赐封妈祖天后问题新探》，《福建师范大学学报》（哲学社会科学版）2007 年第 2 期；苏健、黄国华：《乾隆皇帝与妈祖文化》，《中华妈祖》2009 年第 3 期。

⑤ 《景印文渊阁四库全书》，台北：台湾商务印书馆，1983 年，第 622 册，第 633 页。

二年加封'天妃'为'天后'的。而乾隆二十二年是经过覆准，为'天后'增加新的封号'诚感咸孚'"。① 姑且不论上述记载是否能说明乾隆皇帝对妈祖尤为崇拜信仰，不过，单从《则例》所载"乾隆二年，加封天妃为护国庇民妙灵昭应弘仁普济福佑群生天后"这句话的字面意义上看，理解为乾隆二年加封"天妃"为"天后"，却也并无不妥。但问题的关键在于乾隆二年到底有无加封"天妃"为"天后"，乾隆《钦定大清会典则例》的这条记载本身到底是正确的还是错误的？以下结合相关史料对这一问题进行分析与考证。

首先，正如以上李世伟、徐晓望及苏健、黄国华等人所述，乾隆二年加封"天妃"为"天后"乃是出于福建总督郝玉麟之奏请。郝玉麟，原为汉军镶白旗人。康熙年间由骁骑校累擢至总兵，雍正元年授云南提督，七年授广东总督，十年起调任福建总督。十二年奉旨入镶黄旗，升闽浙总督。乾隆元年，又以闽浙总督衔专管福建事，四年擢吏部尚书。郝玉麟在福建总督任上曾两次为褒封妈祖上奏。第一次是雍正十一年六月二十七日，郝玉麟"为请颁闽省南台匾额并立祀典事"，与福建巡抚赵国麟联衔上奏，称"天妃明神，功昭清晏，德庇商民；声灵夙着于寰区，显应尤传于闽海。康熙十九年，提督万正色克复厦门，神灵协助，钦奉圣祖仁皇帝敕封'护国庇民、妙灵昭应、弘仁普济天妃'。又靖海将军施烺（琅）进征台湾，师次平海澳，时方忧旱，井泽为枯，因祷于神，泉源骤涌，官兵咸得其济。嗣后默相王师，功成底定，敕建神祠于原籍莆田县湄州地方，并颁敕文以纪功德，又加封'天后'。并允册封琉球国使臣海宝之请，令该地方官春秋祭祀在案。"② 第二次上疏则在乾隆二年，尽管该奏折原文至今尚未发现，但从第一次的奏折中可以看出，早在雍正十一年郝玉麟就已经知道在施琅平台之时，妈祖因涌泉助战等灵应，已经康熙皇帝敕建神祠，并颁敕文以纪功德，又加封为"天后"，所以，绝不会在乾隆二年九月的上疏中再次请求乾隆皇帝加封妈祖为"天后"。

其次，综观清代封赐妈祖的程序，一般先由相关官员上疏，皇帝御览后，硃批交由相关部门，一般是礼部议奏；礼部对奏折内容核查详议后，在议复中提出具体意见或建议，再呈上御览，最后由皇帝钦定，颁发谕旨施行。据史料

　　① 苏健、黄国华:《乾隆皇帝与妈祖文化》,《中华妈祖》,2009 年第 3 期。
　　② 《福建总督郝玉麟、福建巡抚赵国麟恭恳圣恩以惬舆情折》(雍正十一年六月二十七日),台湾银行经济研究室编台湾文献丛刊第 300 种《雍正硃批奏折选辑》,第 250—251 页;《福建总督郝玉麟等为请颁闽省南台匾额并立祀典事奏折》(雍正十一年六月二十七日),中国第一历史档案馆、湄洲妈祖祖庙董事会等合编:《清代妈祖档案史料汇编》,第 41—45 页。

记载，乾隆二年郝玉麟奏请加封妈祖的理由是"延协目兵黄忠等由台换班回厦，又台湾守备陈元美等领饷回台，俱在洋遇风，虔祷天后，俱获安全"。乾隆二年闰九月初十日，管理礼部事务的和硕履亲王允陶在议复郝玉麟奏疏的题本中称："议得天后之神，功施海甸，利济舟航，灵应叠昭，徽称屡晋。伏查康熙十九年福建提督万正色在崇武地方征战，叩祈天妃风转显应，具题到部。臣部议准依照前明永乐七年封号，封为'护国庇民妙灵昭应弘仁普济天妃'。嗣又奉旨加封'天后'，并颁敕文以纪功德。复蒙世宗宪皇帝时颁御书'神昭海表''安澜锡福'各匾额在案。"① 允陶既经核查妈祖在康熙十九年封为"护国庇民妙灵昭应弘仁普济天妃"，嗣后又奉旨加封"天后"，所以也绝无建议乾隆皇帝加封妈祖为"天后"之理。实际上，允陶在议复题本中也仅建议按照康熙三十九年加封运河龙神"昭灵效顺"四字封号之例，对天后之神予以加封以酬贶，② 并无建议加封妈祖为"天后"的内容。简言之，此次加封只是在妈祖原有徽称上增加四字而已。相关的文献资料对此均有明晰之记载：

如《清高宗实录》载：乾隆二年闰九月十二日（丁卯）"加封护国庇民妙灵昭应宏仁普济天后'福佑群生'四字神号"。③

收录于册封琉球国副使周煌所纂的《琉球国志略》之中的礼部"为遵旨议奏事题本"亦称："乾隆二年，福建总督郝玉麟疏称'台湾守备陈元美等在洋遇风，虔祷天后，俱获安全，褒封宜加'，亦经臣部议准加封，其字样交内阁撰拟进呈，钦定'福佑群生'四字，钦遵各在案"。④

乾隆敕撰《大清一统志》也记道：天后"宋元明时累著灵迹，加封号。本朝康熙十九年，封为'护国庇民妙灵昭应宏仁普济天妃'，遣官致祭。二十二年，克澎湖，恍有神兵导引，及屯兵天妃澳，靖海侯施琅谒庙，见神衣半湿，始悟实邀神助。又澳中驻师万余，忽涌甘泉。施琅上其异，敕建神祠于湄洲，勒文以纪功德，随又加封'天后'。五十九年，奉旨春秋致祭，编入祀典。雍正四年，御赐'神昭海表'之额。十一年，赐'锡福安澜'额于省城南台神祠，并令有江海各省一体葺祠祭。乾隆二年，加号'福佑群生'，二十二年，加号

---

① 《内阁抄录管理礼部事务允陶等为照例加封天后事题本》（乾隆二年闰九月初十日），中国第一历史档案馆、湄洲妈祖祖庙董事会等合编：《清代妈祖档案史料汇编》，第48—49 页。

② 同上。

③ 《高宗纯皇帝实录》，卷五十二（乾隆二年闰九月丁卯），见《清实录》，北京：中华书局，1985 年影印本，第九册，第886 页。

④ 周煌：《琉球国志略》，台湾银行经济研究室编台湾文献丛刊第293 种，第17—172 页。

'诚感咸孚'"。①

另嘉庆五年，皇帝因派赵文楷等册封琉球而拟加封天后，事先下旨着军机大臣查明乾隆朝三次所加封号。嘉庆五年正月二十九日，军机大臣奏称："臣等遵旨交礼部查天后神号于乾隆二年加增四字后，乾隆二十二年加'诚感咸孚'四字，五十三年又加'显神赞顺'四字，共十二字。"②

以上各种史料一一证明，乾隆二年仅在妈祖神号中加增"福佑群生"四字，并无所谓将妈祖由"天妃"加封为"天后"之事。

其三，最能证明乾隆二年并无加封妈祖为"天后"的乃是当事人乾隆皇帝在《钦定平定台湾纪略》中的亲笔记述。乾隆五十一年十一月，台湾爆发了林爽文领导的声势浩大的天地会起义。清廷调集各省兵力十余万，先后派福建水师提督黄仕简、陆路提督任承恩、湖广总督常青、陕甘总督福康安等率军渡台，耗费白银上千万两，到五十三年正月才基本上将起义镇压下去。事平之后，廷臣奉敕将应对台湾林爽文事变所降之谕旨、批答、奏章等，分析月日，依次编排而成《钦定平定台湾纪略》一书。该书正文凡六十五卷，另有卷首五卷，为《御制诗》三、《御制文》与《御制赞》各一。在《御制诗》三中有《命晋增天后徽称，诗以昭灵志谢》七言律诗一首，兹将该诗引录如下：

> 命晋增天后徽称，诗以昭灵志谢
> 尊封天后自先朝，辅昊晏瀛恩久饶。
> 近以台湾靖兵燹，益知海舶佑神昭。
> 飞来异鸟安无事，渡后大鱼忽有飘。
> 四字徽称晋伸悃，永资福锡万民邀。③

在诗作中，乾隆皇帝开宗明义第一句就说"尊封天后自先朝"，明确表明尊封"天后"不是乾隆朝之事，而是前朝之事。另外，在该诗作第七句"四字徽称晋伸悃"之下，乾隆皇帝又加了自注，称："天后灵应垂庥，佑民福国。康熙

---

① 乾隆敕撰：《大清一统志》，卷三百二十七。

② 《军机大臣奏为遵旨查明天后神号历次加增情形事》（嘉庆五年正月二十九日），中国第一历史档案馆、湄洲妈祖祖庙董事会等合编：《清代妈祖档案史料汇编》，第127页。

③ 《钦定平定台湾纪略》卷首，台湾银行经济研究室编，台湾文献丛刊第102种，第63—64页；此诗蒋维锬、刘福铸辑纂《妈祖文献史料汇编》（第一辑）诗词卷（北京：中国档案出版社，2007年）亦有收录。

十九年，封'护国庇民妙灵昭应弘仁普济天后'；乾隆二年，加封'福佑群生'四字；二十二年，加封'诚感咸孚'四字。此次用兵，仰荷神庥，屡昭助顺，允宜增益徽称，褒崇封号，因敬加'显神赞顺'四字，以隆妥侑，而抒悃忱"。[①]在此注文中乾隆皇帝本人已明确指出康熙年间已经加封妈祖为"天后"，所以，他绝不可能在乾隆二年将其祖父康熙皇帝已经加封的"天后"降为"天妃"，然后由自己重新再来加封一次。而实际上，注文也明确指明乾隆二年加封的只是"福佑群生"四字徽称。这条史料虽是当事人乾隆皇帝事后的追记，但亦属于直接史料，且与《清实录》以及周煌《琉球国志略》所录礼部题本等记载完全一致、互相吻合，其可靠性不容置疑。

综上所述可以断定，乾隆二年对妈祖的加封，仅是在其原有的徽称上增加"福佑群生"四字而已，并无将妈祖从"天妃"加封为"天后"之事。乾隆《钦定大清会典则例》卷八十四所载："乾隆二年加封天妃为护国庇民妙灵昭应弘仁普济福佑群生天后"是一个很明显的错误。至于此一错误究竟是礼部清吏司在编纂中出错，还是付梓时手民之误，现在已经难以查考。不过，《清会典》虽是奉敕修纂，为研究清代典章制度的重要资料，但毕竟只是一种间接史料，原始档案或资料经过编纂或转抄之后，出现一些讹误差错并不奇怪。乾隆皇帝在发布上谕下令重修《大清会典》时就指出，原有《会典》（指雍正朝《会典》）在"编纂之初，诸臣或沿袭旧文未经考证，或略存近制未溯本源；或限于案牍之不全，或误自参稽之不审，而又未尝请旨取裁斟酌，故舛讹疏漏均不免焉"。[②]因而要求当时重修会典的总裁官及纂修诸臣应当"博考朝章，详稽故实。正旧编之纰缪，补记载之阙遗"，"事必究其遵行，令必征其实据。勿以案牍浩繁而惮于检阅，致有阙遗；勿以帖卷烦重而失于纠稽，益滋舛错"。[③]同时还规定依《明史》纲目事例，将《会典》稿本缮成一二册即行陆续呈奏，由乾隆皇帝于闲暇时，"亲为讨论，冀免传疑而袭谬"。[④]尽管如此，乾隆朝《大清会典则例》还是存有谬误，所谓"乾隆二年，加封天妃为护国庇民妙灵昭应弘仁普济福佑

---

① 《钦定平定台湾纪略》卷首，台湾银行经济研究室编，台湾文献丛刊第102种，第63—64页；此诗蒋维锬、刘福铸辑纂《妈祖文献史料汇编》（第一辑）诗词卷（北京：中国档案出版社，2007年）亦有收录。

② 乾隆朝《钦定大清会典则例》，上谕，《景印文渊阁四库全书》，台北：台湾商务印书馆，1983年，第620册，第1页。

③ 同上书，第2页。

④ 同上书，第3页。

群生天后"即为一例。"加封天妃为护国庇民妙灵昭应弘仁普济福佑群生天后"与"加封天后为护国庇民妙灵昭应弘仁普济福佑群生天后",虽然仅一字之差,但谬之千里,贻误后世,实非鲜浅。其实嘉庆朝重修《大清会典事例》时,编纂人员已经发现了这一错误,将其更正为:"乾隆二年,加封天后为护国庇民妙灵昭应弘仁普济福佑群生天后"。[①]光绪朝最后一次编纂的《钦定大清会典事例》中再次对此一更正予以确认。[②]然而,部分学者或因不察,或者出于其他原因,仍然沿袭乾隆朝《大清会典则例》中的谬误,称乾隆二年正式封赐妈祖为"天后",以讹传讹,误导读者,故特撰此文,辨明正误,还历史以本来面目。

——原载《台湾研究集刊》2010 年第 6 期

---

① 嘉庆朝《钦定大清会典事例》,卷三百六十二,礼部,群祀,见中华妈祖文化交流协会、莆田学院妈祖文化研究所、湄洲妈祖祖庙董事会编:《妈祖文献史料汇编》(第二辑)"史摘卷",蒋维锬、郑丽航辑纂,北京:中国档案出版社,2009 年,第 149 页。

② 光绪朝《钦定大清会典事例》,卷四百四十五,礼部,群祀,同上书,第 204 页。

卷五　台湾地方文献

# 大陆馆藏台湾早期方志的发掘与整理

## ——以蒋毓英《台湾府志》和尹士俍《台湾志略》为例

方志的修纂是中国传统的优良文化之一，有清一代二百多年间，台湾地区成书的方志达四十余种之多，可谓内容丰富、琳琅满目，既是研究清代台湾历史最主要的参考资料，也是前人留给我们的一笔珍贵文化财富。由于年代久远以及各种历史原因，早期修纂的台湾志书或已散佚，或遭湮没。发掘、收集并整理这些台湾早期的志书，不论对地方文献的保存，还是对推动学术的研究都有重大意义。本文试以蒋毓英《台湾府志》和尹士俍《台湾志略》为例论述近年来大陆学者对台湾早期方志的发掘、整理与研究。

## 一、蒋毓英《台湾府志》的发掘与整理

蒋毓英，字集公，奉天锦州人，原为泉州知府。康熙二十二年统一台湾之后，"督抚念海邦重地，非公不可，会疏荐公，移守台"，[①] 就这样，蒋毓英成为清代台湾首任知府。蒋氏到台之后，"躬历郊原，披荆斩棘，界分三县封域，相土定赋，……招流亡，询疾苦，……复捐俸创立义学，……任满报迁湖广邮醴道。台人士皇皇若失，涉汪洋重茧，诣大中丞告留。中丞怜其远来良苦，具题准借一年。会江右观察史缺，皇上特敕公为之。士民不敢为再三之渎，立碑纪其绩焉"。[②] 蒋毓英在台服官的时间是康熙二十三年至二十八年之间，大约五年之久。蒋氏修纂《台湾府志》的时间是在康熙二十四年，首任台湾诸罗县令季

---

① 高拱乾：《台湾府志》，卷十艺文志，蒋郡守传。
② 同上。

麒光《蓉洲文稿》中的两篇序言记载了蒋氏修纂台湾府志的经过。其中《台湾志书前序》是代首任台厦道周昌（字又文）所撰，序云：清初统一台湾之后，"我皇上以方舆之广超越百王，特命史臣大修一统志书，诏天下各进其郡县之志，以资修葺。台湾草昧初开，无文献之征，郡守暨阳蒋君经始其事，凤山杨令芳声、诸罗季令麒光广为搜讨，阅三月而蒋君董其成。分条晰目，一如他郡之例，……书成，上之方伯，贡之史馆"；① 在他自己署名的《台湾志序》中则说："……越二年（即康熙二十四年），皇上简命史臣，弘开馆局，修一统之志，所以志无外之盛也。台湾既入版图，例得附载。但洪荒初辟，文献无征，太守暨阳蒋公召耆老，集儒生，自沿革分野以及草木飞潜，分条晰目，就所见闻，详加蒐辑。余小子亦得珥笔于后，书成上之太守，从而旁参博考，订异较讹，历两月而事竣"。②

据上可知，这部台湾府志是蒋毓英主修的，而季麒光和杨芳声是主要的参与者，在草莱初辟，文献无征的情况下，经过努力在短短的三个月内就完成了初稿，蒋毓英又花了两个月进行"订异较讹"，稿成之后呈送福建巡抚，供修编《福建通志》时采辑，整体的效率可算是相当高的。然而，蒋修府志完稿后并未在台付梓刊行，康熙三十一所高拱乾任台厦道时见到的仍是草稿，并在此基础上又纂修了一部《台湾府志》。台湾海防总捕同知齐体物在该志序中曾提到：高拱乾"特膺简命，来巡海邦，立经久之章程，叹载籍之莫考，爰于甲戌冬出其两年来蒐集志草一帙，会守令，开志局，揽师儒得明之士四人……"这里的"志草一帙"应该就是蒋毓英纂修的府志。高修府志在凡例中也称："虽博采众言，较诸郡守蒋公毓英所存草稿，十已增其七八"。③康熙五十六年周钟瑄所纂的《诸罗县志》卷三秩官志列传中也曾提到这部最早纂修的《台湾府志》："季麒光，无锡人，康熙丙辰进士，二十三年知县事。……在任踰年，首创台湾郡志，综其山川、风物、户口、土田、阨塞；未及终编，以忧去。三十五年，副使高拱乾因其稿纂而成之。人知台郡志自拱乾始，而不知始于麒光也"。④ 不过，这里已将这部所谓"未完成"的志稿的修纂者记在季麒光的名下了。从此以后，蒋修台湾府志就销踪匿迹，无人知晓，人们也一直将高志作为台湾最早的府志。

---

① 季麒光：《蓉洲文稿》卷一。
② 同上。
③ 高拱乾：《台湾府志》，台湾文献丛刊第 65 种，第 15 页。
④ 周钟瑄：《诸罗县志》，台湾文献丛刊第 56 种，第 51—52 页。

如乾隆七年，刘君良璧在《重修福建台湾府志》序中说："考郡志修于康熙三十四年，维时天造草昧三邑各自为志，略具规模而已"；① 乾隆十二年范咸《重修台湾府志》也在凡例中开宗明义地说："郡志初作于康熙三十三年，观察高君成之。其后，副使刘君良璧重修于乾隆六年"。②

后来日据时期日人铃木让编的《台湾全志》、20世纪五六十年代周宪文编的《台湾文献丛刊》、方豪编的《台湾丛书·台湾方志汇编》、成文出版社有限公司印行的中国方志丛书台湾地区部分等均无蒋修《台湾府志》。而且陈汉光编《台湾地方志汇目》、台"中央图书馆"编《台湾公藏方志联合目录》以及朱士嘉编《中国地方志综录》（1958年版）也未见提到蒋修《台湾府志》。

但是，1978年由中国科学院北京天文台主编的《中国地方志联合目录》（初稿）油印本在台湾省方志中增了蒋修《台湾府志》一种，其著录为："台湾府志十卷 清蒋毓英纂修 清康熙年间刻本（记事至清康熙二十四年），藏上海图书馆"。这一信息马上引起了学者们的广泛关注和浓厚兴趣，纷纷撰文对这部突然出现的蒋修《台湾府志》进行各种研究和探讨。主要的文章有潘君祥的《蒋毓英修〈台湾府志〉》、③ 佚史的《蒋毓英编〈台湾府志〉》、④ 许仲凯的《清代的台湾府志·省志》、⑤ 陈秉仁的《第一部台湾府志考辨》⑥ 等。台湾学者毛一波也根据"友人抄示"蒋志的有关内容，发表了《第一部〈台湾府志〉——蒋毓英纂修》，⑦ 参与有关的讨论。有的学者由于没有看到《蓉洲文稿》而误认为："最早修台湾府志的应是诸罗县令季麒光"，其后"台湾知府蒋毓英也曾修过台湾府志"。⑧ 学者们研究的重点主要集中在蒋志的修纂过程、刊行的时间的和地点上。陈秉仁经过考辨认为："《蒋志》并未在台湾刊行，而是由蒋毓英将其另一稿本（或副本）携回大陆，其后，由他的儿子蒋国祥、国祚兄弟在苏州一带刊行"；其时间可能是在康熙三十四年蒋毓英"由浙江布政使左迁参知，寄居吴门"时。⑨ 陈捷先认为这一看法"颇有新见，值得参

① 刘良璧：《重修福建台湾府志》，台湾文献丛刊第74种，第18页。
② 范咸：《重修台湾府志》，台湾文献丛刊第105种，第13页。
③ 上海社会科学院：《社会科学》月刊1982年第2期。
④ 香港《大公报》，1982年3月5、6日。
⑤ 《福建省图书馆学会通讯》1982年1期。
⑥ 上海图书馆学会编印《图书馆杂志》1983年第1期。
⑦ 《东方杂志》复刊第十八卷第四期。
⑧ 潘君祥：《蒋毓英修〈台湾府志〉》，上海社会科学院：《社会科学》月刊1982年第2期。
⑨ 陈秉仁：《第一部台湾府志考辨》，上海图书馆学会编印：《图书馆杂志》1983年第1期。

考"，但他也不排除《蒋志》是在蒋毓英死后，即康熙四十六年以后刊行的可能性。①

1983 年冬，笔者利用撰写硕士学位论文，外出查阅资料的机会，前往上海图书馆复印蒋修《台湾府志》全书，带回交由先师陈碧笙教授点校、注释，于1985 年由厦门大学出版社正式出版发行，② 书的卷首有《前言》，篇末附录季麒光《蓉洲文稿》中的《台湾志书前序》《台湾志序》二文，湮没三百年之久的存世孤本终于重见天日，为海峡两岸学者的研究与利用提供了便利。陈捷先称"此书流传极广，对蒋志之研究贡献亦多"。③ 其实，该书第一次虽然印了 5000册，但并未在市面上销售，而绝大多数是以赠送和交换的方式流通的，其中有相当部分是赠予来访的台湾学者。

## 二、尹士俍《台湾志略》的发掘与整理

与蒋毓英《台湾府志》官修的背景不同，尹士俍《台湾志略》不论是资料的蒐集，还是全书的撰写则完全是由其个人一手所为，所以，尹志是属于私人编纂的府志之列。

尹士俍，字东泉，山东济宁人，监生。雍正七年（1729）莅台，任台湾海防同知。雍正九年（1731）夏，奉派前往彰化县查盘仓库；同年冬，奉福建总督刘世明军令，与台湾镇标中营游击黄贵一道负责查验台、澎水陆军实，于十二月二日束装就道，赴北路各营汛阅操验械。此时，台湾发生大甲西社"番变"，尹氏奉分巡台湾道倪象恺檄令，于雍正十年（1732）春协同彰化县令陈同善办理淡、彰一切军需，并接替因"番变"而遭解职的张弘章，署理淡水海防同知。后因"办理军糈，着有劳绩"，于雍正十一年（1733）经闽浙总督郝玉麟、福建巡抚赵国麟的举荐，升任台湾知府。雍正十三年（1735），又得郝玉麟及福建巡抚卢焯之题请，升台湾道，乾隆四年（1739）任满，尹氏调补湖北郧襄道。

---

① 陈捷先：《清代台湾方志研究》，台北：台湾学生书局，1996 年，第 28 页。
② 同年中华书局也将蒋修《台湾府志》、高修《台湾府志》以及范咸等《重修台湾府志》合在一起，称《台湾府志三种》，影印出版。
③ 陈捷先：《清代台湾方志研究》，台北：台湾学生书局，1996 年，第 21 页。

　　与蒋毓英《台湾府志》另一不同之处是早期的台湾文献中对尹著《台湾志略》均有著录，其中最早提到尹士俍《台湾志略》的是乾隆七年成书的刘良璧《重修福建台湾府志》，该书卷十三职官一"分巡台湾道"尹士俍条下载："山东济宁人，监生，雍正十三年任，著有《台湾志略》。乾隆四年任满，补湖南郧襄道"。[①] 刘志全书中注明引自《台湾志略》的文字共有十余处。

　　乾隆十年（1745），范咸御史奉命巡台时重修台湾府志，将尹著《台湾志略》列为主要的参考文献之一，全书引用尹志的内容达 63 处之多。然而，到乾隆十七年（1752）鲁鼎梅重修台湾县志时，尹氏《台湾志略》已被归属于"邑无藏版，亦少悬签，年代未遥，散佚过半"的图书之列。其后薛志亮的《续修台湾县志》及陈淑均的《噶玛兰厅志》等书中虽然也有提到尹志，但实际上已看不到原书。尹著《台湾志略》刊行后不过十几年就散佚湮没，再也见不到踪影，这给后世学者留下了一个难解的谜团。

　　台湾光复后，特别是 20 世纪 50 年代开始，台湾学者，包括许多由大陆赴台的学者在内，投入了很大的力量对台湾地方文献进行发掘、整理，取得了令人瞩目的成就，然对尹著《台湾志略》却始终未能发现。陈汉光先生在《台湾地方志汇目》中称尹士俍《台湾志略》"本书三卷，今似已佚"。[②] 后来，陈汉光在《清初台湾府志修纂史略》中又进一步对尹著《台湾志略》是否付梓表示怀疑，说"本书撰成到隐逸不过十余年或廿余年，在这中间，台地太平，极少兵乱，而本书传世为何如此短命，殊为奇怪。因此，我推定本书系属未刊稿本"。[③] 一九八二年郑喜夫在《台湾文献》第三十三卷第一期上发表了《关于清代两种〈台湾志略〉》的文章，对尹著《台湾志略》的相关问题作了比较详细的探讨，并将散见于清代台湾方志中之尹著《台湾志略》的片断文字作了辑录。同时，他也根据朱士嘉《中国地方志综录》、"中央图书馆"编《台湾公藏方志联合目录》以及庄金德《清初旅台学人著作的评介》等书均未提及尹著《台湾志略》，而认为"似可证明本书已佚"。1996 年，陈捷先出版了《清代台湾方志研究》一书，在书中也断言尹著《台湾志略》"久已散佚"，[④] 所以，在这部专门研究清代台湾地方志的著作中对尹志也没有片言只字提及。在相当长的时间里，

---

　　① 刘良璧《重修福建台湾府志》，台湾文献丛刊第 74 种，台银本，第 354 页。按：郧襄道在湖北，不在湖南，范咸《重修台湾府志》中已予纠正。

　　② 台湾省文献委员会编：《文献专刊》第三卷第二期。

　　③ 台北市文献委员会编：《台北文物》第二卷第四期。

　　④ 陈捷先：《清代台湾方志研究》，台北：台湾学生书局，1996 年，第 98 页。

学者们只能通过各书所引用的片断文字来想象、猜测尹著《台湾志略》神秘的"庐山真面目"。

然而，大千世界无奇不有，某些原来明明觉得不可能的事情，后来却偏偏成为现实，学术上的事情也不例外。比如，曾经有人断言蒋毓英的《台湾府志》只是草稿，但后来在上海图书馆发现了刊本；有人还断言周婴没有写过《东番记》，其《远游篇》中的《东番记》乃是连江人陈第所撰，[①]后来的事实也证明这种说法是错误的。所以，尽管尹著《台湾志略》"久已散佚"在学术界几乎已成定论，但少数学者仍抱着一丝的希望，希望这部著作仍存在于天地之间。1997年笔者在查阅吴天颖著《甲午战前钓鱼列屿归属考——兼质日本奥原敏雄诸教授》时，偶然在该书的一条注释中发现了尹著《台湾志略》原书的蛛丝马迹，经过长达5年不懈的努力和多方求觅，"功夫不负有心人"，两年前终于十分幸运地在北京国家图书馆古籍善本部中找到了这部尘封湮没达二百五十载之久的存世孤本。

尹著《台湾志略》为刊本，白口，左右双边，单鱼尾，半页八行，每行十八字，宋体，分上、中、下三卷，每卷分装一册，保存比较完好。上卷四十二页，中卷八十六页，下卷四十九页，全书共一百七十七页，约六万字。上、中两卷各有十目，上卷目录为：全郡形势、疆域沿革、重洋海道、文员定制、武职营规、城垣台寨、民番田园、钱粮科则、支放兵饷、收销盐课；中卷目录为：学校士习、民风土俗、番情习俗、气候祥异、山川景物、路程港口、出产水利、寺庙旧迹、杂缀遗事、外洋各岛；下卷为艺文题咏，无细目，计收有"疏""传""记""赋"及各体诗五十九首。卷首有作者自序一篇，介绍了自己在台湾为官的主要经历，落款为"乾隆三年岁次戊午黄钟月济水尹士俍东泉甫书于台阳观察署之斐亭"，所以《台湾志略》应该是在尹士俍分巡台湾道任满离台之前成书并付梓刊行的。

2003年5月笔者应台湾"中央研究院"台湾史研究所筹备处的邀请，参加该所主办的"台湾社会经济史学术研讨会"，在会上发表了《论尹士俍〈台湾志略〉的史料价值——社会经济史层面》的论文，[②]首次披露了尹著《台湾志略》的寻获以及点校出版等消息，引起了台湾史研究者的浓厚兴趣和热烈关注。早

---

① 方豪：《台湾文献的散佚与今日的迫切工作》，见方豪《方豪六十自定稿》，上册。

② 笔者当时已办妥了赴台手续，后因受"非典"疫情的影响，未能成行，论文由"中研院"台湾史研究所的詹素娟教授代为宣读。

年曾关注过尹著《台湾志略》并撰写过研究文章的台北市文献会委员、现已退休的郑喜夫先生致函笔者，对尹志的寻获表达了"多年梦想，不期成真"的意外之喜；台湾学者、台湾文献馆约聘研究员林文龙认为："本书的发现与点校问世，其贡献学界，是值得大书特书的"。[①]台湾著名的学术刊物《台湾文献》于2003年第四期刊出【尹士俍《台湾志略》专辑】，发表了许毓良、郑喜夫、林文龙以及笔者的四篇文章，对尹士俍《台湾志略》的寻获、史料价值以及点校整理等问题进行了专门的讨论。

## 三、结语

关于台湾地方文献的收集、整理，台湾学者在半个多世纪以来已经做了很多的工作，由原台湾大学法学院院长周宪文先生主持的台湾银行经济研究室于20个世纪50年代开始历尽艰辛收集了包括方志、档案资料、私人笔记、文集等地方文献400余种，编为《台湾文献丛刊》，于1957年8月至1972年12月间陆续出版，全书共595册，4800多万字，可谓皇皇巨著，前所未有，其嘉惠学林，推动台湾地方历史的研究，厥功甚伟。然而，由于众所周知的原因，当时海峡两岸社会文化交流处于完全隔绝的状态，因条件所限，《台湾文献丛刊》的编辑者所搜集的主要是岛内的文献资料，而对于台湾之外特别是祖国大陆各图书资料部门所收藏的为数众多与台湾有关的文献资料，其中包括本文提到的蒋修《台湾府志》的尹著《台湾志略》等重要资料，则完全未能顾及，这不能不说是一个遗憾。为弥补台湾历史文化研究在文献资料建设上的这一缺陷，在厦门大学人文学院院长陈支平教授等人的倡导率领之下，福建省的一些相关学者发起对大陆馆藏的台湾地方文献的收集、整理工作，历经十年的艰辛与努力，目前已基本完成了《台湾文献汇刊》首刊一百册的收集、整理和编辑工作，其中包括许多与移民有关的清代闽、粤台民间关系族谱资料。据悉该汇刊不久将由厦门大学出版社和九州出版社联合出版发行，这对于研究台湾史、志的学者来说当然是一件非常值得高兴的事。方豪教授曾经说过："学术为天下公器，而不以罕见史料自秘也"，[②]诚哉斯言！我们希望相关部门，特别是图书资料部

---

① 林文龙:《〈台湾志略〉点校本的若干商榷》,《台湾文献》第五十四卷第四期。

② 方豪:《闽海赠言（方氏慎修堂影印本）序》,载《方豪教授台湾史论文选集》,台北：捷幼出版社,1999年,第666页。

门能为台湾文献的收集、整理提供最大的方便，也希望能有更多的学者加入到这一行列中来，为台湾地方文献的收集、整理工作，为推动台湾历史文化的研究尽自己的一分力量。

——原载国家图书馆古籍馆编《2004 地方文献国际学术研讨会论文集》，

北京图书馆出版社 2006 年

# 《清威略将军吴英事略》研究
## ——版本、内容与问题

吴英，字为高，号愧能。其先泉州人，后入籍莆田。康熙二年以平金、厦功授都司。康熙十三年，耿精忠叛，英为浙江提标左营游击，参与平乱。水陆数十战，身先士卒，战功卓著，累迁提标中军参将、处州副将。十七年，统兵入闽援剿，屡出奇兵，败明郑军队于陈三坝、观音山、江东桥，所向披靡。十八年，擢同安总兵，随率师复平金、厦，寻移镇兴化。二十二年，施琅率师平台，英统陆师为副，誓众登舟，在澎湖海战中，立下赫赫战功。郑氏既降，施琅班师，吴英留台镇守一年有余，平定明郑残余势力动乱，为台湾顺利收归大清版图做出了贡献。次年，凯旋入觐，康熙皇帝温旨褒嘉，赐鞍马衣袍，调任浙江舟山。甫阅月，擢四川提督，凡十一年。三十五年，又以闽海岩疆，非宿将莫能镇压，调英任福建陆路提督，旋改水师提督。殚力经画，凡关国计民生者无不悉力举行。在任期间，康熙皇帝阅视河工，数度南巡，吴英三赴江南接驾随扈。康熙帝御书"作万人敌"匾额以赐，复加授"威略将军"，优以世职。请老，不许。五十一年，卒于任，赠太子少保。

综上所述可以看出，吴英是清初福建地方一位赫赫有名的历史人物，其经历与施琅颇为相似。所不同的是，迄今为止，学术界对施琅的研究极多，其成果可用汗牛充栋来形容。而吴英由于《行间纪遇》久遭湮没，缺少资料，相关的研究极少。[①]2010年泉州市举办"吴英研究学术研讨会"，与会学者竟无一人

---

① 之前，只有中国人民大学清史研究所已故教授李鸿彬看到吴英所著《行间纪遇》的手抄本，并根据其中一篇《施琅进攻台湾事》，撰写了《施琅与吴英——兼论澎湖海战》的论文，见论文集编委会编：《商鸿逵教授逝世十周年纪念论文集》，北京：北京大学出版社，1995年。

看过《行间纪遇》一书。在《行间纪遇》难得一见的情况下，厦门市图书馆所藏《清威略将军吴英事略》一书引起了学术界的关注。2013 年厦门市图书馆助理馆员曾舒怡在《福建图书馆理论与实践》第 3 期上发表了《〈清威略将军吴英事略〉版本考》一文，对《清威略将军吴英事略》一书的内容与版本作了介绍，并将《清威略将军吴英事略》与吴英所著《行间纪遇》的若干史料进行比较，揭示了《清威略将军吴英事略》的价值。①

不过，曾舒怡在其文章中对于《清威略将军吴英事略》（以下简称《吴英事略》）内容及版本的介绍十分简略，且其所介绍的某些内容与实际情况还有若干出入。更主要的是曾舒怡并未见到过《行间纪遇》，其所据以比较的仅是李鸿彬教授《施琅与吴英——兼论澎湖海战》一文中所引用的《施琅进攻台湾事》的部分文字，难免有管中窥豹之嫌，无法厘清《吴英事略》与《行间纪遇》的关系，无法说明两者之间的差异，当然也就无法正确揭示《吴英事略》一书的实际价值。

笔者因从事台湾历史研究的缘故，对吴英本人及其所著《行间纪遇》关注已久，经过一段时间的寻觅，最近终于找到了湮没多年的《行间纪遇》一书。所不同的是，笔者看到的是《行间纪遇》的刻本，而非 20 世纪 90 年代李鸿彬教授看到的手抄本（关于刻本《行间纪遇》，笔者将另文介绍，于兹不赘）。本文在将厦门市图书馆所藏《吴英事略》与《行间纪遇》进行比较的基础上，说明两者之间的关系与异同，并对《吴英事略》的版本及内容作一比较全面的介绍和考察，揭示其内容的特色与史料价值，并指出《吴英事略》一书存在的若干问题。

# 一、《吴英事略》之版本

《清威略将军吴英事略》为抄本，白纸抄写，一册，线装，现藏厦门市图书馆，登录书名为《吴英事略》，（清）吴英撰，典藏号：6027094。蓝色封面，上题签"清威畧将军吴英事略"，扉页上题"清威畧将军吴英事畧"，两者的文字与笔迹略有不同，似非同一人所书。封面及扉页上均无作者署名。封面右上方及扉页左下方各钤有朱色阳文方形图章一枚，印章文字为篆体，竖排三行，模

---

① 曾舒怡：《〈清威略将军吴英事略〉版本考》，《福建图书馆理论与实践》2013 年第 3 期。

糊不清，经福建省书法家协会会员吴两同先生辨认为"厦门市文献委员会图章"。由于保存不善，该书已有虫蛀痕迹，所幸尚不影响到阅读。关于该书抄写的情况，曾舒怡介绍道："从笔迹上看，一部分笔迹飘逸流畅，另一部分笔迹则较为朴实凝重，更有一部分用正楷抄写，笔迹端正工整"。[①] 实际上，笔者阅读全书后发现，该抄本共有四种不同的笔迹，应为四个人合作共同抄写完成。如将各种笔迹出现先后顺序分为甲、乙、丙、丁，则各人所抄写的篇数为20、5、16、20。在抄写中遇到"皇上""圣驾""御书""奉旨"等，均另起一行，有的还抬头顶格，有的则仅另起一行，没有抬头顶格，视不同的抄写人而异。甚至文中在提到"先大夫""先太夫人""慈训"等时，也要另起一行，或空一格。曾舒怡因而得出结论说"这说明抄本抄自一个清代版本，本身亦可能是一个清代抄本"。[②] 对此前半句话，笔者基本上是同意的，但对其后半句话，则不敢苟同。因为厦门图书馆的工作人员曾于1935年将《吴英事略》中有关平台、平耿精忠的部分内容摘出分三次先后发表在《厦门图书馆声》第三卷第一、二期合刊、第三卷第三、四期合刊、第三卷第五、六期合刊的《杂俎》栏目中，并加了按语称："吴英将军，为施琅部下名将，平台之役，最为出力，其生平事略，详载专册，并无印本，本馆特觅抄藏，录其关于平耿精忠事件，以供历史文学家之参考"。[③] 从按语中可知《吴英事略》一书是由厦门市图书馆"特觅抄藏"的，是一个转抄本而非最原始的手稿。根据按语的意思，笔者认为于该书抄写、入藏于厦门市图书馆的时间，可能在1935年之前不久。最早也不会早于1919年，因为厦门市图书馆创办于1919年。所以，该抄本绝不可能是"一个清代抄本"。另外，刘晓聪在《清威略将军吴英年谱考略与其他》一文中曾说厦门市图书馆所藏《清威略将军吴英事略》，"据说乃20世纪30年代一华侨所捐赠"，[④] 与《厦门图书馆声》的按语明显不同，但不知其根据为何？

## 二、《吴英事略》之内容

笔者看到的《行间纪遇》为一函四册，六卷，线装。第一册收有文渊阁大

---

①　曾舒怡：《〈清威略将军吴英事略〉版本考》，《福建图书馆理论与实践》2013年第3期。

②　同上。

③　《厦门图书馆声》1935年第三卷第五、六期合刊，第18页。

④　刘晓聪：《清威略将军吴英年谱考略与其他》，吴幼雄主编：《吴英研究》，香港：香港风雅图书出版有限公司，2010年，第163页。

学士兼吏部尚书李光地、左春坊左庶子掌坊事兼翰林院侍读陈迁鹤及泉州府海防同知黄滂所作的三篇序文，正文六卷分装三册。卷一之前有吴英自撰的序文一篇。至于《吴英事略》，则不但无题跋序文，亦无卷次页码和目录，全书由61篇文章组成。行文简洁流畅，叙事清晰。除了第30篇"乘夜到杨梅滩杀贼"的标题为8字之外，其余每篇均冠有6字的小标题。各篇文章长短不一，最短的为第2篇"时值阳春降诞"，仅74个字；最长的为第38篇"铜山誓戒三事"，有627个字。全书在加了标点之后，约有19800字。之前，人们对《吴英事略》一书内容的介绍与实际情况多有出入。如刘晓聪介绍称："《清威略将军吴英事略》手抄线装古籍一册，书中内容为55则小故事组成，……55则小故事均有标题。从第一则'夜梦天门授书'，到最后一则'加授威略将军'，基本涵盖了吴英将军的一生"云云。[1] 不仅将文章的总篇数算错，而且最后一篇的标题也不对，可以断定，刘晓聪实际上并未看到过《吴英事略》。曾舒怡在其文章中也介绍：《吴英事略》"此书由55则小故事组成，每则故事均有小标题。第一篇为《夜梦天门授书》，末一篇为《再建界乡府第》"。[2] 作为厦门市图书馆古籍室的管理人员，曾舒怡看过《吴英事略》原书，这点应该是毋庸置疑的。可是，她却犯了一个与刘晓聪同样的错误，将全书的篇数误算为55篇，则实在太不应该。为了论述的方便，现将《吴英事略》各篇文章的标题按原来顺序摘录如下：

1. 夜梦天门授书　2. 时值阳春降诞　3. 佛力负逃急难　4. 扇蚊神人入梦

5. 仙姬采药愈疾　6. 普庵化示祭禳　7. 溺海神人拯起　8. 神医眸子重光

9. 鹭门汲水承欢　10. 石佛化身救难　11. 闻丧悲号陟屺　12. 水头神灯领路

13. 寄寓安平鬻贩　14. 神火焚山点穴　15. 祷神连掷十圣　16. 浙江幸遇塞公

17. 只身江边唤贼　18. 全活宁海官兵　19. 追斩双门贼众　20. 宠受贝子王恩

21. 修毛坪取凉坪　22. 破阵取凉坪岭　23. 乘胜破上塘贼　24. 渡绿帐杀贼众

25. 驾单船救四船　26. 鏖战大洋山口　27. 王赐并马入营　28. 履中军参将任

29. 莅处州副将任　30. 乘夜到杨梅滩杀贼　31. 破石门复象山　32. 复青田解处围

① 刘晓聪：《清威略将军吴英年谱考略与其他》，吴幼雄主编：《吴英研究》，香港：香港风雅图书出版有限公司，2010年，第163页。

② 曾舒怡：《清威略将军吴英事略》版本考，《福建图书馆理论与实践》2013年第3期。

33. 入闽解泉州围　　34. 夺山破欧溪贼　　35. 窑头杀贼救民　　36. 沔洲捷取四岛

37. 出界救活万民　　38. 铜山誓戒三事　　39. 医遣停贼回台　　40. 冲救前锋七船

41. 攻克澎湖岛屿　　42. 师进台湾安抚　　43. 祭魂风平浪静　　44. 宠赐骑马入宫

45. 剿平杨帅二贼　　46. 莅泉抚贼宁民　　47. 剑石瑞云恩雨　　48. 蔡岭别一洞天

49. 带理水师获逆　　50. 应期天赐六郎　　51. 省费改造战舰　　52. 教子幸捷秋闱

53. 御赐世锦堂匾　　54. 御赐作万人敌　　55. 御赐燕翼诒谋　　56. 赈济兴郡饥荒

57. 改建定庄府第　　58. 荐子随标图报　　59. 加授威略将军　　60. 五子报捷秋闱

61. 再建界乡府第

又《吴英事略》与《行间纪遇》在记载时间所用的方式上明显不同，前者采用干支纪年，而后者则全部采用康熙年号纪年。另外，《吴英事略》与《行间纪遇》虽然都是吴英自己撰写的，但在《行间纪遇》中，均以第三人称"英"称呼吴英自己，如"英曰：'……'""英即束装起行"等等；而《吴英事略》则全部以第一人称的"余"或"予"来称呼吴英自己，甚至同一篇文章中，"余""予"同时并用，这是两书的另一差异。

《行间纪遇》，顾名思义，为吴英军旅生涯的回忆录。[①]记载吴英自康熙二年以将才领兵，随大师克平金、厦，功授都司起，至四十七年，接奉谕旨命吴英照旧供职水师提督止，共约45年间经历之事。

《吴英事略》所记的时间，始自吴英出生的明崇祯丁丑年（1637），迄至康熙辛卯年（1711），也就是吴英去世的前一年，时间跨度达74年，比《行间纪遇》一书更长。其内容可以分为三个部分：

（一）童年及青年时期之回忆。这部分的内容包括"夜梦天门授书""寄寓安平鬻贩"等13篇文章。吴英青少年时期的生活有三个特点：

1. 兵荒马乱，颠沛流离

吴英童年正值明清更替之际，社会动荡不安，童年的吴英饱受颠沛流离之苦。

---

① 按：《行间纪遇》中的"行"，应读作"háng"，而不能读作"xíng"。古代军队编制，以五人为伍，二十五人为行。"行"即"行伍"之意，《行间纪遇》，所记即行伍、军旅中之事，也就是吴英一生军旅生涯的回忆录。康熙皇帝在谕旨中曾多次提到"吴英效力行间年久，沿海水师营务，极其谙练"、吴英"行间宣力四十余年，所至累建功绩"等等，见《行间纪遇》卷之六。

（1）吴英原世居晋江浯塘，因滨海遭乱，室庐荒废，赋役难支。双亲见时势维艰，不可久处，于是星夜束装，带着襁褓中的吴英奔移水头，欲依姑家。[①]

（2）吴英11岁时，洋尾墓乡黄姓谋逆，官兵剿灭，将乡内三百余家男杀之，女掠之，房屋焚之。独吴英一家蒙僧梦示，事先走避北山，幸运地逃过官兵的追杀，得以保全性命。[②]

（3）其时，吴英已到入学年龄，其父亲在外告归，遣其就学。然而，不到数月，又遭变乱，东奔西徙。迨兵燹稍息，寄寓安平。

（4）辛卯年（1651），吴英15岁，所居安平因郑氏作乱，海滨不宁。乃移徙白沙，依附中表。

（5）然而，所居白沙，因郑鸿逵作难，又无法立足，不得不于第二年（1652）再移居到厦门谋生。

（6）到厦不久，吴父去世。癸巳年（1653），吴英随其母回晋江祖家安葬祖父之墓，由厦门雇船，至东石登岸。因未薙发，遭到驻守大盈千总林增带兵搜捕，幸遇一僧指引，到一老妪家草间中躲藏，逃过一劫。

（7）同年，郑成功将厦门居民搬空，以避大兵，吴英与其母又移居高浦。

2. 身体欠佳，屡生重病

（1）吴英出生之时，异于常人，不会啼哭。"越宿方啼一声，响若雷鸣"，但双眼闭合，至七日方才睁开，举家遂转忧为喜。

（2）吴英10岁时冬月，小濡忽破，初不为意，医治半月，溃烂仅存纤末，小便由腹边四出。后经一老妪告以用红茎蚶壳草，煎汤洗贴而愈。

（3）11岁时，往水头姑家回来，浑身暴热。次早，左足作痛，忽然弯曲，医治罔效。至半载血枯气竭，竟成废疾。后遇一僧告以祭禳之法而愈。

（4）16岁时住白沙，忽一日，两目痛肿，至月余尽生白翳，医治罔效，不辨昼夜，扶杖而行。后遇一老者授以偏方，治之半月而愈。

3. 母亲的教诲

少年时期的吴英因其父从戎在外，更多的时间是与母亲相伴，母子之间的情感与关系十分密切。《吴英事略》多处提到母亲对其教诲之恩。

（1）如吴英小时，因遭逢变乱，东奔西徙，而辍学。在寄寓安平时，其母令其鬻贩。其父曰：稚子未知生理，何必自苦？其母曰：非也，吾非欲此子觅

---

① 《清威略将军吴英事略》，《水头神灯领路》。
② 《清威略将军吴英事略》，《佛力负逃急难》。

利。因见时值多艰，且移出他乡，读书不成。若听其安闲游侠，未免涉于放荡，须令身历诸艰，磨厉筋骨，知人情物理，俾将来有用，非但为生理而已。于是，凡挑负之事，无不令吴英为之。

（2）吴英移居厦门不久其父即去世，因念慈母在堂，节哀侍养，乃与表姊丈就厦开张小铺，颇获利。凡养母之物，晨夕备至。惟日用之水，必令自担。吴英禀曰：铺中事繁，一担二文钱可得，何用乃尔？其母责曰：我岂惜钱耶，顾今世乱，当试诸艰，以备他日之用，岂可惜力，以误将来？吴英因是凛遵慈训，鸡鸣早起，先挑水，后出铺，日以为常云。

（3）18岁时，吴母染恙，屡对吴英言说自己当终，并告诉吴英"成器之日，着实为善，不可妄动。汝母虽在冥冥之中，亦快然矣！"。吴英泣禀曰：母若不幸，儿当死随。其母又告诫曰：是何言也。汝宗族衰替至此，幸祖宗积德，生汝一身，汝母受尽艰辛，抚养汝得成人，全望将来做一场事业，显祖耀宗。汝出此言，可谓不孝。

从以上记载可以看出，吴母是一位十分贤德的妇女，其对吴英的教诲和要求也是十分严格的。吴英日后能尽心报国，成就一番事业，与其母亲的教诲可以说是密不可分的。而吴英对其母亲的感情也极为深重，曾绘图以作纪念，甚至每一念及生养教诲之恩，就"不禁涕零"。①

这些关于吴英童年与青年时期的记载，以前基本上无人看到。已有的论著中关于吴英从军之前青少年时期的经历，胡编乱造者居多。

（二）记叙自己的军旅生涯。这部分的内容包括"浙江幸遇塞公""加授威略将军"等37篇文章，占了《吴英事略》一书的大部分篇幅。其军旅生涯又可分为三个时期。

1. 浙江平耿精忠之乱。康熙二年，吴英以平金、厦功，授都司。九年，分入浙江宁波府提标效力。十三年，靖南王耿精忠叛踞福建，遣曾养性等进犯浙江，联结温州叛镇祖宏勋陷温州，分犯宁波、绍兴。吴英随提督塞白理击败叛军，于八月迁提标左营游击。九月，曾养性破黄岩，围台州。吴英随塞白理等往援，进兵双门，解台州围。十四年，复破张拱垣于三门港、歼伪帅朱飞熊于毛头洋，军气大振。其时宁海将军镶蓝旗贝子富喇嗒视师浙江，经提督首荐，即命英为先锋。吴英献策明修毛坪路，阴袭凉棚取之，败敌帅刘邦仁，狠狠恢

---

① 《清威略将军吴英事略》，《夜梦天门授书》。

复黄岩。贝子奇之，称此战为浙江战功第一。复令吴英为先锋，恢复太平、乐清等县。抵上塘，遇敌兵二万众；奋力击之，斩数千级。敌将许奇保领兵万余据守绿帐，隔河而阵；吴英令兵人负草一束，乘潮落填河而过，大破之；并由猴孙岭夺其堡，收复青田，解处州之围。十五年，官兵围温州，日久不下。十月，曾养性率兵数万连夜前来烧营。吴英急白贝子王，令诸军弃营据险，军以不乱。吴英自率精兵据大羊山，阻其要道；复请分兵五百，抄伏敌后。是夜杀至三更，英身中四枪，幸不透甲，士不伤者才五十人。延至天明，吴英单骑率兵，破开木马，大师继进，伏兵并起，斩敌无算；曾养性仅以身免，脱走入城。吴英追至温州城下，所乘之马，为大炮打断后腿，夺敌马以归。十五年十月，吴英补提标中军参将。适敌船二百余艘直临定关，吴英侦知定海营守备方俊受耿精忠总兵之职，欲为内应，请提督立斩以示贼；敌知败露南回，攻破象山县。吴英又领兵攻破石门敌营，恢复象山。十六年七月，吴英获补处州副将。到任后，剿平景、宁等县山寇。此时，耿精忠已降，其将冯公辅犹踞松阳，英入山招之降。其党林惟仁等屯处州，吴英在杨梅滩破之，剿抚兼用，降惟仁及兵千余，浙江山寇悉平。

2. 入闽援剿及参与平台之役。耿精忠虽降，而郑经仍占据闽南一带。吴英受命同石提督统兵入闽援剿。其时刘国轩率兵围困泉州，烧断洛阳桥，以阻援兵。吴英献策分兵二路自仙游出永春到南安会合，自领先锋由惠安正路攻洛阳桥。郑军闻讯，连夜逃遁，泉州之围遂解。寻为先锋，赴援漳州。十八年四月，刘国轩复引兵万余列阵江东欧溪头。英率本标兵击走之。十二月，擢同安总兵官。十九年二月，水师提督万正色进军海坛，吴英受命由同安港进兵，连取沺洲、浔尾二寨，分兵径渡，取高崎，克服厦门。郑经势穷，遁回台湾。同年四月，闽省沿海列郡大饥，英驰请总督姚启圣出示，许沿海百姓出界采捕，全活百万，寻移镇兴化。二十二年，提督施琅受命专征台湾，请吴英统陆师为副。英与施琅在铜山率众当天立誓："不挟报私仇，不杀降，不抢掠"。六月十四日，兵发铜山，取八罩，直抵澎湖。前军蓝理被围，英单船拔之。二十二日，施琅率水师发起总攻，海坛镇林贤中伤，平阳镇朱天贵中炮死。吴英右耳亦中创，忍痛奋力攻烧。忽吴英所所乘船搁浅礁上，敌船火烈将及；英以众军在船，义不独存，再三不肯下船躲避。危急之际，船忽浮起，士气益厉，大获全胜。郑氏归顺，施琅班师，吴英在台镇守，挫败郑氏残余不轨图谋。凯旋后，于二十四年入京陛见，奉温旨褒嘉，赐鞍马衣袍。寻调补舟山。

3.　川、闽提督任上。康熙二十五年，吴英擢四川提督，镇蜀凡十一年，破吴三桂余党杨善、帅九经等，散其众。三十五年，奉调福建陆路提督，革除漳、泉地方货物归行抽税之例，万民欢乐。并招抚江孝、赖立等漳州地方多年积匪，民获安宁。旋改水师提督，殚心经画，束兵弭盗，凡有关于海疆戎务，无不悉力举行。四十二年，康熙皇帝阅视河工，吴英在杭州行宫接驾。康熙帝亲书"作万人敌"匾额以赐。四十四年、四十六年，康熙帝两度南巡，吴英两赴江南接驾随扈，以年老乞休。康熙帝再三慰留，赐御书匾联，复加授"威略将军"。

从文字上看，《吴英事略》此一部分的内容实际上就是《行间纪遇》全书内容的翻版，所不同的是，前者简略，而后者详细。显然，前者是改写自后者的。在之前《行间纪遇》湮没无闻，难以寻觅的时候，此部分内容对于吴英的研究自有重要的参考价值，但如今，《行间纪遇》一书的刻本既已被发掘寻获，且列为二〇一四年度全国高校古籍整理研究工作委员会直接资助项目，经点校整理，即将交由出版社付梓发行，《吴英事略》此一部分内容的史料价值也就不大了。

（三）除了以上两部分之外，《吴英事略》还有 10 篇文章记载了吴英家庭的若干私事。这些家庭私事又可分为三类：

1.　修建坟茔。如"神火焚山点穴"，记述康熙四年，吴英在福清渔溪金龟山购地修坟，迁葬双亲及祖父母骸骨之事；"剑石瑞云恩雨"则记载吴英回闽任陆路提督时，将曾祖考妣之骸从福清渔溪资福寺北之南山迁葬莆田剑石的过程。吴英认为剑石乃上天所赐吉地，而临葬又降祥云甘雨，而且自"迁葬之后，六十三岁至七十，连添五子"，乃风水兴发之验；"蔡岭别一洞天"则记载吴英在莆田溪上山购地，为自己及夫人修建坟茔之事。①

2.　子辈中举及随标效力。"教子幸捷秋闱""五子报捷秋闱"分别记述三子应凤、五子应鲲以莆田县学生员的身份，先后于康熙壬午、辛卯年福建乡试中举之事。对比自己"稚年遭乱，读书不成"的情形，吴英认为此乃"上天之赐，祖宗之庇"，心中感到十分快慰。并叮咛诸子身当有为之时，应当凛遵"敬畏上天，遵守国法，体贴人情"，谦忍行仁"之父训，百尺竿头再进一步，忠敬慎勤，报效圣恩。"荐子随标图报"则是吴英年届七十四，自感筋力衰迈，上疏

---

①　乾隆《莆田县志》卷四载："将军提督吴英墓，在安乐里溪上，康熙五十三年赐葬。"

向康熙皇帝推荐第四子应鹏，请求改赐武职，随标效力，领兵出洋哨捕，以助一臂之力。

3. 起盖府第，购置田产。"改建定庄府第""再建界乡府第"记述吴英将先人坟茔迁葬福清之后，即选择在莆田县定庄购地兴建府第，其后又在仙游县枫亭徒门、惠安县界乡、秀溪等处先后购置田产，三处田产每年可收租粟三千余石。为了掌管这些田产，晚年又在惠安县界乡地方起盖三座府第，供第四、第七及第十子居住。"赈济兴郡饥荒"一篇中记载吴英在四川提督任内题请入籍兴化府莆田县，丙子年（1696），兴郡饥荒，家中尽力赈济。越年丁丑（1697），兴郡又饥。其时，吴英已奉调福建陆路提督，见百姓流离，目睹心恸，捐俸资，极力赈济，全活男女老幼至三万余人。丁亥年（1707），莆、仙二县饥荒，吴英迎驾归来，目击惨情，倾竭仓粟，逐名散给，不敷，则市价以益之，全活穷民无数。对于吴英乐善好施，热心于乡梓慈善公益事业，地方志书中也有记载①。透过这些内容，我们看到的不仅是一位身先士卒，冲锋陷阵，"前无敌人后无家"的吴英，而是一位有血有肉、有感情的吴英，也使我们对吴英这位传奇性的历史人物有了更全面、更深入的了解。

## 三、《吴英事略》存在之问题

简单而言，《吴英事略》一书存在两个比较明显的问题。

第一个问题是书中有不少神灵怪异的描述，有的甚至达到了荒诞离奇的程度。这类问题主要存在于第1篇至第15篇吴英对童年及青年时期的回忆之中。如第1篇《夜梦天门授书》记吴英母亲于明季崇祯丁丑春正月夜，梦游浯塘后山埔，"望见西北之间天门忽开，旁列甲士，门内纷纷飘下其物甚多，其母以衣承之，得书一卷"，是月即娠而生吴英。吴英稚年时常听其母言自己乃仙姑降世，来在吴家。至吴英十八岁能自立时，即欲归去，云云。且"往往家中吉凶未来之事，无不预知，闾里称异"。

---

① 乾隆《莆田县志》卷二十九"人物志"载："英仕封疆四十年，事上诚，御下恕。赏罚必信，喜怒不形，人臣之道无缺焉。至敦族睦邻，置义田，赈凶荒，修兴、泉文庙，造熙宁、宁海二桥，其居乡之善，又有足称者。"

《仙姬采药愈疾》一篇述吴英 10 岁时，小濡忽破，初不为意，医治半月，溃烂仅存纤末，小便由腹边四出。后一路过老姬告之以红茎蚶壳草，煎汤浸洗，又将煮烂草叶贴之，半月痊愈。后访老姬，已杳乎不知所之。吴英认为"若非神力，焉能速效如此！"

《普庵化示祭禳》记载吴英 11 岁时，往水头姑家回来，浑身暴热。次早，左足作痛，忽然弯曲，医治罔效。至半载血枯气竭，竟成废疾。适来一僧谓吴母曰：此病贫僧能医。嘱其夜备羹饭百碗，向东南禳之。明早下药，可保立愈。是夜，如言禳之。吴母梦一僧执拂，独立于桥，桥下拘吊多人，喧呼不敢。及天明，吴英睡醒，两脚忽伸，不见痛楚，细视之，已痊愈也。双亲喜出望外，乃往广福庵寻僧谢之。及登堂，望见祖师佛像，手执棕拂。吴母曰：如此梦中僧人也。始知救苦佛恩，不可思议。

《佛力负逃急难》记吴英足疾才愈三日，其母复梦前僧示之曰：此乡明日有大难，速往北山避之，叮咛数次。早饭后，有马兵数百由大盈过溪而来。其母扶吴英向北山而走。官兵见有人出乡飞骑来追。正在危急，忽有巨人露顶赤足，浑身白衣而来。吴母曰：为背吾儿，自当厚谢。其人不发一语，背吴英奔过一山，隐处藏之。吴母追及，喜曰：顷背吾儿者，非凡人也。眼见二丈余山坑，一跃而过，神迹显然。事平，询知洋尾墓乡黄姓谋逆，官兵剿灭，将乡内三百余家男杀之，女掠之，房屋焚之。独吴英一家赖佛保全，逃过一劫。

又《祷神连掷十圣》记康熙六年吴英住渔溪岳前，同亲友往屋后山上游玩，见一土地祠，内有磁炉一，竹笼一。吴英戏言祷曰：我将来若能作大都督，与我十圣。掷之，连得十圣。复祷曰：若果有此位，再赐三圣。掷之，又如所言。众人共异之。

又《浙江幸遇塞公》记康熙九年吴英分入浙江宁波府提标效力，一行同寅二十余员，停宿万寿寺。吴英夜梦步出大殿，见廊间有三人指其而言曰：此乃将军也。及晓起视之，见神像乃关圣帝、张睢阳及境主三神也。

除了上述之外，《水头神灯领路》《扇蚊神人入梦》《溺海神人拯起》《神医眸子重光》《石佛化身救难》等各篇中也均有类似的神灵怪异描写。其实，在同一时期福建地方历史人物郑成功、施琅等身上，类似的神怪附会传说，并不少见。① 此类神灵怪异的传说，不论是出于巧合附会，还是故意编造，其目的无非是想增加相关人物的神秘色彩，增加人们的敬畏心理。然而，在科学高度发达的今天，这些神灵怪异的描述，只能被视为荒诞的无稽之谈，对《吴英事略》一书史料的真实性、可靠性产生负面影响。

《吴英事略》存在的另一问题就是相当数量的文章之间排序出现错乱。

如第 12 篇《水头神灯领路》讲的是因祖居浯塘，滨海遭乱，双亲见时势维艰，带着襁褓中的吴英奔移水头，投靠姑家。而第 4 篇《扇蚊神人入梦》开头讲"水头寄寓，屡更寒暑，时余七岁……"。无论从年龄上，还是从叙事的情节上看，第 12 篇《水头神灯领路"都应该排在第 4 篇《扇蚊神人入梦》之前。

第 3 篇《佛力负逃急难》记吴英"足疾才愈三日，先太夫人复梦前僧示之曰：此乡明日有大难，速往北山避之"。可是第 1、第 2 两篇文章并无提到吴英患足疾及僧人之事，读来让人莫明其妙，摸不着头脑。仔细检阅，原来第 6 篇《普庵化示祭禳》记吴英 11 岁时往水头姑家回来，浑身暴热。忽患足疾，后经一僧授以祭禳之法而愈。可见"佛力负逃急难"所叙述的乃是发生在《普庵化示祭禳》三天之后的事情，毫无疑问，第 3 篇《佛力负逃急难》应该排在第 6 篇《普庵化示祭禳》之后。

《吴英事略》不少篇文章中都有具体的时间记载，如第 25 篇《驾单船救四船》叙述的是乙卯年三四月间发生的事，而第 21 篇《修毛坪取凉坪》讲的是乙卯年十月间发生的事。而且，第 25 篇的最后一句为"见贝子王，温谕曰：'此遭着实亏汝。'即赐袍帽，令予移守台州东门外蔡岭，与贼对垒焉。"而第 21 篇的首句为"予之防守蔡岭，贼方狂。时衢、处二府对垒二载，我师不能寸进。"

---

① 刘良璧：《重修福建台湾府志》卷 19 载：郑成功起兵荼毒滨海，民间患之。有问善知识云：此何孽肆毒若是？答曰："乃东海大鲸也。"问何时而灭？曰"归东即逝"。凡成功所犯之处，如南京、温、台并及台湾，舟至海水为之暴涨。顺治辛丑攻台湾，红毛先望见一人冠带骑鲸，从鹿耳而入；随后成功将舟由是港进。癸卯成功未疾时，辖下梦见前导称成功至，视之，乃鲸冠冠带乘马，由鲲身东入于外海。未几，成功病卒，正符"归东即逝"之语。施德馨《襄壮公传》载施琅"将诞，母太夫人洪有神授宝光之梦，觉而异之，遂生公。……里有神宇曰定光庵，公垂髫诣神稽首，彷佛见神随之拜起，公亦默以自昇。"又称施琅"尝统偏师入贼巢，而忌者后军不继，虽势极仓皇，公故示镇定。薄暮，迫贼垒而营，贼畏惮未敢犯，因乘夜从间道旋。师迷失途，彷徨榛莽中，有群虎随军行止，委蛇导引，得达于大道，与诸军合"云云（《靖海纪事》，福州：福建人民出版社，1983 年，第 32—33 页）。周凯《厦门志》卷 16 载：靖海侯施琅，初依郑成功，以事见忤将索杀之，奔匿草仔坨石穴，复走仙洞。见绝顶二老对弈，须眉皓古。一叟曰："山下有生人气何"？一叟曰："金豹逃难耳"。语毕失所在。然则侯固豹精耶？

所以，无论是从时间上，还是从两篇文章上下文字的关系上看，第 21 篇《修毛坪取凉坪》应该排在第 25 篇《驾单船救四船》之后。

此外，在平台之役的诸篇文章中，排序也有明显的错误。如第 38 篇《铜山誓戒三事》讲的是施琅与吴英率各将领于康熙二十二年六月初一日在铜山当天立誓之事。而紧接着的第 39 篇《医遣俘贼回台》却说"六月廿三日，余领陆师登岸扎营，与施提督公议，将所获之贼，医治给粮，遣回台湾去后，各贼相传我师仁德，台地兵民，皆望王师速至。刘国轩见势瓦解，遣员到澎湖议降……"。而其间施琅的水师在铜山尚未出发，澎湖海战还没有开打，何来战俘？且郑军尚未被歼，又何来刘国轩见势瓦解，遣员到澎湖议降？实际上，在平台之役诸篇文章中都有十分具体的日期，稍微留心，就会发现这一问题。正确的次序是，第 39 篇《医遣俘贼回台》应该排在第 41 篇《攻克澎湖岛屿》之后。令人觉得可笑的是，1935 年《厦门图书馆声》在刊出《吴英将军平台数则》的内容时，由于编辑人员的疏忽，竟然也未发现这一问题，而按照原来错误的排序登载出来。[①]

又，第 48 篇《蔡岭别一洞天》乃记述吴英在莆田溪上山购买坟地，甲申年（康熙四十三年）吴夫人过世后，修建坟茔安葬之事。按时间顺序应排在癸未年（康熙四十二年）《御赐作万人敌》之后，但书中却将其排在戊寅年（康熙三十七年）《带理水师获逆》之前。

对于《吴英事略》一书各篇文章排序的混乱，到底是原稿本来就存在的，还是厦门市图书馆在转抄装订时造成的，现在已难以查考。对于《吴英事略》存在的这一重大问题，曾舒怡完全没有发现，在文章中竟然称其内容"大致依时间顺序排列"。[②]究其原因，一是未对全书进行认真的阅读，二是缺乏基本的专业知识。实际上，《吴英事略》一书中文章排序错乱的还有若干处，本文限于篇幅，无法一一枚举。

# 四、结语

《吴英事略》是继《行间纪遇》之后，吴英撰写的另外一部自传体著作，《吴英事略》约有一半以上的内容系由《行间纪遇》一书改写而成，两者之间既

---

① 《厦门图书馆声》，第 3 卷，第一二期合刊。

② 曾舒怡：《〈清威略将军吴英事略〉版本考》，《福建图书馆理论与实践》2013 年第 3 期。

有一定源流关系，也存在明显的差异。《吴英事略》虽然篇幅不多，但保存了若干《行间纪遇》所没有的资料，对于了解、研究吴英的身世、成长过程以及探寻与吴英的相关史迹具有一定的参考价值。

——原载《台湾研究集刊》2014 年第 6 期

# 吴英《行间纪遇》研究

## ——版本与内容

　　《行间纪遇》是清初福建水师提督、威略将军吴英年撰写的一部自传体著作，然因种种原因该书久遭湮没。最近由笔者寻觅发掘，重见天日。该书保留了不少鲜为人知的史料，特别是作者作为施琅的副手，统领陆师，参与平台的若干史料，相当珍贵。该书正在点校整理，拟交出版社正式出版，本文对吴英《行间纪遇》一书的湮没、寻获，该书的版本及相关内容作一介绍，以飨读者。

## 一、《行间纪遇》的湮没与寻觅

　　吴英，字为高，号愧能。原籍泉州府晋江县。康熙二年，以平金、厦功，授都司。康熙十三年，耿精忠叛，英为浙江提标左营游击，参与平乱。水陆数十战，身先士卒，战功卓著，累迁提标中军参将、处州副将。十七年，随浙江提督石调声统兵入闽援剿，屡出奇兵，败明郑军队于陈三坝、观音山、江东桥。十八年，擢同安总兵，随率师复平金、厦，寻移镇兴化。二十二年，施琅率师平台，英统陆师为副，在澎湖海战中，立下赫赫战功。郑克塽投降后，施琅班师，吴英留台镇守一年有余，平定明郑残余势力动乱，为台湾顺利收归大清版图做出了贡献。二十四年，擢四川提督，凡十一年。后又调任福建陆路提督、水师提督。四十二年至四十六年间，康熙皇帝阅视河工，数度南巡，吴英三赴江南接驾随扈。康熙帝御书"作万人敌"匾额以赐，复加授"威略将军"。五十一年，卒于任，赠太子少保。

吴英所撰自传体著作，目前所见共有二种。一种是《清威略将军吴英事略》，为一抄本，现收藏于厦门市图书馆，笔者曾于去年撰文，对其作了比较详细的介绍。① 《行间纪遇》则是吴英所撰的另外一种自传体著作，李光地在为该书所作的序言中称，吴英参与平台之后，"天子嘉悦公功，昼接殷优，赐赉重迭。以东南既靖，俾帅于西。控驭巴峦，夷民帖服。既又以滨海重任，非公不可。水陆二阃，公歴专之。恭遇山海清谧，九重以江淮氓庶为忧，间岁南巡，察视河务。公与南服制、抚朝觐行宫，恩礼便蕃，弥加于昔。公于是感眷顾之隆，循平生之迹，以暇日记忆成编，题曰：《行间纪遇》。"② 吴英去世后，李光地在由李绂为其代撰的《威略将军福建水师提督吴公英墓志铭》中也说：吴英"持身宽厚谨恪，官于家门，不纵不苛，乡人久安焉。待族姻朋好，有恩礼。虽勋高爵大，异于古名将怙侈骄暴者；故能以功名终。著《行间纪遇》一编，所录皆实；余尝序而行之。"③ 另，乾隆年间成书的《泉州府志》也提到："英少孤，家极贫。母有贤德，训之至严。容貌丰伟，长眼美髯。经数十战，未尝被创。著有《行间纪遇》一部。"④ 然而，令人遗憾的是《行间纪遇》一书久遭湮没，不见踪迹。直到 20 世纪 90 年代，中国人民大学清史研究所李鸿彬教授才看到《行间纪遇》的手抄本，其中有篇《施琅进攻台湾事》，全文约 6000 字。李鸿彬教授据此撰写了《施琅与吴英——兼论澎湖海战》的论文，分《两督不和，三邀吴英》《分析形势，出谋献策》《澎湖海战、清胜郑败》及《禁开杀戒，争取郑氏》等四个部分，对该篇的内容作了介绍与评论。该论文收在北京大学出版社出版的《商鸿逵教授逝世十周年纪念论文集》中。⑤ 可惜此后不久，《行间纪遇》一书又遭湮没，多位学者遍寻而不可得。据泉州市历史研究会副会长吴幼雄教授介绍，在 1995 至 1996 年间，厦门大学历史系的施伟青教授为了寻找《行间纪遇》，"曾三次赴北京，先找人民大学李鸿彬教授，可惜李教授已仙逝；又三次赴北京图书馆，要求借阅《行間纪遇》一书，遗憾的是均被婉言谢绝。而全国图书馆

---

① 李祖基：《〈清威略将军吴英事略〉研究——版本、内容与问题》，《台湾研究集刊》2014年第 6 期。

② 李光地：《吴将军行间纪遇后序》，《榕村集》卷十三，见《文渊阁四库全书》，上海：上海古籍出版社，2003 年，第 1324 册，第 705—706 页。

③ 李绂：《威略将军福建水师吴公英墓志铭》（代李安溪），台湾文献丛刊第 220 种《碑传选集》，第 270—274 页。

④ 乾隆：《泉州府志》卷五十六，《勋绩·国朝勋绩》。

⑤ 李鸿彬：《施琅与吴英——兼论澎湖海战》，论文集编委会编：《商鸿逵教授逝世十周年纪念论文集》，北京：北京大学出版社，1995 年，第 225—230 页。

只有北京图书馆存有吴英著作——《行間纪遇》。[1]

2009年初，莆田定庄吴英后裔到泉州、晋江、厦门、成都等地进行寻亲活动。民革福建省委、莆田市政协等开展"吴英涉台文物保护与文化研究"；民革莆田市委举办"定庄文化暨吴英涉台文化联谊会"。同年10月，菲律宾延陵吴氏宗亲总会和晋江市历史文化研究总会联合出版章回文学作品《威略将军传》一书（由中国国民党名誉主席吴伯雄题写书名），用意是弥补志书之不足。这样，"一场由海峡两岸、海外华侨、华人广泛参与的吴英文化研究与文物保护活动正式拉开序幕"。[2] 伴随着上述一系列活动的开展，对吴英这一历史人物的研究，似乎也渐渐开始热络起来。

2010年10月，泉州社会科学联合会、泉州历史研究会以及泉州吴氏大祠堂管理委员会在泉州联合举办"吴英研究学术研讨会"，而对于吴英所著《行间纪遇》一书的寻觅，理所当然也再次被提上议事日程。会议主办单位"经多方努力，拟求得《行間纪遇》，以［餉］飨学者，以增胜吴英学术研讨会"。[3] 为此，吴幼雄教授还专程再赴北京，但最终仍困难重重，无功而返。所以，当年出席"吴英研究学术研讨会"的所有学者中，竟无一人看过吴英的《行间纪遇》。尽管如此，作为研讨会主要筹办人员之一的吴幼雄教授仍表示"不会放弃努力，更希望能以'附录'形式把吴英著《行間纪遇》载入本论文集里，以实现泉州，乃至闽南、福建和台湾学者的夙愿"。[4] 虽然，其后在吴幼雄教授主编、由香港风雅图书出版有限公司出版的《吴英研究》论文集中，我们并未见到《行间纪遇》的踪迹，闽台学者的夙愿最终也未能实现，但吴幼雄教授等人对学术研究的执着精神与付出，仍然令人敬佩！

## 二、《行间纪遇》的寻获及其版本

新史料的发掘和利用是史学研究创新的主要内容之一。笔者长期从事台湾史的研究，近年来也兼做一些台湾地方历史文献的发掘与整理工作，对于吴英所著《行间纪遇》一书的寻觅也一直关注，只不过与施伟青和吴幼雄两位教授

---

① 吴幼雄主编:《吴英研究》, 香港: 香港风雅图书出版有限公司, 2010年, 第2页。
② 同上。
③ 吴幼雄:《编后记》,《吴英研究》, 香港: 香港风雅图书出版有限公司, 2010年, 第208页。
④ 同上。

相比，我的运气比较好一点罢了。通过全国高校古文献数据库检索系统，我比较顺利找到了吴英《行间纪遇》的馆藏地，并在北京文津街国家图书馆古籍馆如愿以偿看到这部令许多学者魂牵梦绕的所谓"存世孤本"。

国家图书馆古籍馆所藏的《行间纪遇》为抄本，登录题名为《行闲纪遇》，一册，线装。书高 32.6 厘米，宽 20 厘米，白纸楷书抄写，封面无书名题签。在古籍馆的计算机上还可以查到《行闲纪遇》一书的更详细的登录信息："9 行 19 字双行同，抄自道光二十六年（1846）重刻本，有朱笔校字。"① 虽然该抄本字迹极为工整，且有经过校对，但浏览之下，仍发现有不少错字。② 所以，要进行该书的整理，最好先要找到原刻本。我继续查阅该抄本，发现李光地序文第一页右下方钤有"国立北平图书馆珍藏"篆字朱文方章一枚以及用黑笔描画的"莆田刘氏韵石藏书记"篆字方章一枚。陈迁鹤的序文第一页右下方也有用黑笔描画的"刘鸣玱字韵石"篆字方章一枚，吴英自序的第一页右下方亦有用黑笔描画的"刘鸣玱印"及"韵石"篆字方章各一枚。以上信息说明该书原来是入藏于北平图书馆的，时间应在民国年间（1912—1949）；而且，该书是抄自福建省莆田人刘鸣玱所藏的刻本的。莆田为笔者故乡，或许循"刘鸣玱字韵石"这条线索可以找到《行间纪遇》的刻本，想到此处，心情不觉为之一振。之后，我请教了莆田文史界的相关人士与朋友，最近承蒙莆田学院刘福铸教授告知，刘韵石为莆田白沙人，清光绪秀才，后迁居城内，民国时任省立十中（今莆田市第一中学前身）教员，曾参加壶社诗社。可是由于年代已久，世事变迁，刘氏后人已难寻找，且又经过"文化大革命""破四旧"的浩劫，该书存世的可能性也是微乎其微。

"山重水复疑无路，柳暗花明又一村"，正当我为这一宝贵的线索中断而一筹莫展之时，幸运之神又再次眷顾。一次偶然的机会，我在另一个地方——北京大学图书馆古文献数据库找到了寻觅已久的《行间纪遇》刻本。该刻本为线装，书高 25.4 厘米，宽 16.1 厘米；版高 21 厘米，宽 13 厘米，封面上的书名题签已经脱落，仅留痕迹，旁边有毛笔竖写"威略将军吴"字样。扉页中间竖排"行闲纪遇"四个大字，右上有"道光丙午重镌"六个小字，左下有"燕翼诒谋

---

① 这里"9 行 19 字"，乃指每页 9 行，每行 19 字。经笔者计算，每行只有 18 字，所谓 19 字是错的。

② 如原刻本卷之二第十六页下双行小字中"久闻中军吴英谙练之名臣特启亲王贝子"，该抄本就误为"久闻中军吴英谙练之各臣特启亲子贝子"。

堂藏版"七个小字。丙午为道光二十六年，即 1846 年。该刻本共有四册，第一册为序文，正文六卷分装三册。每册首页的右下方均钤有"燕京大学图书馆珍藏"篆字朱文方章一枚，可知该书原来是入藏于燕京大学图书馆的，时间应在1916 至 1952 年之间。由上可知，该书是道光年间的重刻本，而不是康熙年间的初刻本（但与国家图书馆古籍馆抄本据以抄录的莆田人刘鸣珑所藏的刻本不是同一部书），书末附有吴英元孙孺珍于道光乙巳夏六月所撰写的重刻说明：

先少保公起家军旅，奋迹偏裨。当耿藩叛乱之日，由闽趋浙，势极猖獗。出九死一生之计，捣其无备，攻其必救。不避险阻，屡濒于危。用能摧曾养性十数万犷悍无前之众，释台、处二郡之围，平浙东门庭之寇。迨耿逆既降，郑孽犹炽。复随大军入闽，恢复金、厦二岛。后乃佐施将军乘夏令南风，用舟师破澎湖，遂受台湾降。海波安贴，勋绩赫奕。膺圣祖仁皇帝宠眷，三任总兵。用为四川提督，复用为福建水师提督，先后凡二十八年。晚岁扈驾苏门，授"威略将军"。恩遇之隆，在汉人中为罕觌。

是书其纪遇之作也。日久版蠹书佚，先府君心岘在日搜求，不获见。孺珍亦屡寻之。今孺珍年八十矣，始闻水南拔贡生陈君陶亭得于残书之中，急修柬往求，久乃见寄，宛然全帙，惟字画间有残缺。急为校对，重抄付梓，爰识颠末，俾世世子孙之知所宝贵云。

北京大学图书馆古文献数据库对该书的登录信息为：

《行间纪遇》六卷，（清）吴英撰
道光二十五年（1845），晋江吴氏刻本
4 册一函
典藏号：Y2278/2343.4

"燕翼诒谋"是康熙皇帝赐予吴英祖父祠堂的御书匾额。吴英后来虽然入籍莆田，但其原籍为泉州晋江，其祖父祠堂在晋江是毋庸置疑的，所以北京大学图书馆登录该书的出版信息为"晋江吴氏刻本"是正确的。至于，北大图书馆登录时为何会将该书的付梓时间误登录为"道光二十五年（1825）"，则很可能是登录者只注意到书末孺珍重刻说明中的落款时间"道光乙巳夏六月"，而忽略了扉页中的"道光丙午重镌"的缘故。

北京大学图书馆藏《行间纪遇》扉页

## 三、《行间纪遇》内容之介绍

　　《行间纪遇》一书不论是国家图书馆古籍馆的抄本，还是北京大学图书馆古籍部道光丙午年的重刻本，封面上都没有书名，而扉页上的书名均为"行閒纪遇"。"閒"字，主要有两种意思，一为"闲"的异体字，作"空闲""安闲"等解，读音为"xián"；另一种意思为"间"，读音为"jiān"，表示"两者的当中或其相互的关系。如天地之间，同志之间"；或者表示"在一定的空间或时间内"。①所以，"閒"字到底是读"jiān"，还是读"xián"，不仅仅是读音的问题，

---

　　① 《辞海》，上海：上海辞书出版社，1989 年版缩印本，第 989 页。

而且还关系到对书名意思的理解。其实，此问题之前已有学者作过讨论。吴幼雄教授在《吴英研究》一文的"余论"中就曾经谈道："吴英著作是《行閒纪遇》，或是《行间纪遇》呢？除乾隆《泉州府志》作《行閒纪遇》，其他著作皆作《行间纪遇》。大学士李光地在《吴将军行閒纪遇·后序》里，对该书命名的缘起，作详细的诠释。他说：'昔公（吴英）于是感眷顾之隆，循平生之迹，以暇日记忆成编，题曰：《行閒纪遇》。'这里李光地以'感眷顾之隆'，点出吴英着《行閒纪遇》的报恩动机，又以'以暇日记忆成编'，点出'暇日'凭记忆成书。所谓'暇日'，即'閒日'。是故，应作《行閒纪遇》。"① 国家图书馆古籍馆所登录该书题名即为"行閒纪遇"，与吴幼雄教授的观点可谓不谋而合。

　　吴幼雄教授的这一观点引用李光地的序文中"以暇日记忆成编"作为依据，看似有一定的道理，然而，实际上似是而非。其一，吴幼雄对李光地的《吴将军行閒纪遇·后序》所注的出处是"《四库全书》，李光地《榕村全集》卷十三，序四"，然而，经笔者查对《四库全书》，发现李光地序文中的《行间纪遇》均是作"间"字，而非如吴幼雄所说作"閒"字；其二，《行閒纪遇》书名中，"行閒"二字是连在一起的，假如《行閒纪遇》中的"閒"字真的如吴幼雄教授所说的应该作"'暇日'即'閒日'"，那么"行閒"二字又该作何解释呢？

　　笔者认为《行閒纪遇》中的"行"，应读作"háng"，而不读作"xíng"，"閒"应读作"jiān"，作"间"解，而不能作"閑"解。考古代军队编制，以五人为伍，二十五人为行。"行间"即"军中"的意思。其实在清代相关的历史文献中，"行间"一词极为常见。如施琅《密陈专征疏》中称："臣之鳃鳃，谓督臣宜驻厦门，居中节制，别有调遣，臣得专统前进。行间将士知有督臣后趱粮运策应，则粮无匮乏之患，兵有争先之勇。壮志胜于数万甲兵"；在《飞报大捷疏》中又称："臣奉有钦颁功罪格例，赏罚期必严明。行间将士，首先冲锋破敌，自当题叙。如逡巡不前，法岂容宽，必宜分别依格究处……"；李光地在《威略将军福建水师提督吴公英墓志铭》中也称："公在行间，或间公闽人，不可信；提督塞公独深契之，授公左营游击"；康熙皇帝在谕旨中曾多次提到"吴英效力行间年久，沿海水师营务，极其谙练"；② 吴英"行间宣力四十余年，所至累建功绩"，③ 等等。证诸上引资料，吴幼雄将《行閒纪遇》中的"閒"字，作

① 吴幼雄主编：《吴英研究》，香港：香港风雅国图书出版有限公司，2010年，第20页。

② 吴英：《行间纪遇》，卷之六。

③ 同上。

"暇日"，即闲暇来理解，显然是错误的。实际上，在道光26年的重刻本中，除了扉页中作"行閒紀遇"外，在内文中其他地方均写作《行间紀遇》。国家图书馆古籍馆不察，在登录中又进一步将《行閒紀遇》讹误为《行閑紀遇》，更是一个低级的错误。

如前所述，《行间紀遇》共四册，六卷。第一册收有文渊阁大学士兼吏部尚书李光地、左春坊左庶子掌坊事兼翰林院侍读陈迁鹤以及福建泉州府海防同知黄㵽所撰写的三篇序文。卷之一前有吴英自撰的序文一篇，署名为"威略将军仍管福建水师提督事务世袭阿达哈哈番吴英"，落款时间为"康熙四十七年"，与前面三篇序文的落款时间"康熙戊子"为同一年，这应该就是《行间紀遇》初刻的时间了。

《行间紀遇》的正文共分六卷，[①] 按其内容可分作四个部分。

第一部分的内容主要为在浙江参与平定耿精忠叛乱，时间约自康熙十三年三月至十七年五月。康熙十二年吴三桂起兵叛清，次年耿精忠踞闽响应，派兵攻入浙江。吴英时在浙江提标效力，参与平乱，智勇兼具，为浙江提督塞白理所赏识，题授为提标左营游击。并向镶蓝旗贝子富喇塔力荐，用为先锋，在宁波、台州、温州、处州等地冲锋陷阵，屡立战功，先后升任提标中军参将和处协副将。

第二部分内容为随军赴闽援剿及参与平台之役，时间约自康熙十七年六月至二十四年三月。三藩之乱平定之后，郑经仍占据金门、厦门等沿海岛屿，并于康熙十七年夏攻陷海澄县，又发兵围困泉州。是年六月，吴英随浙江提督石调声奉命率兵赴闽援剿。时洛阳桥为郑军所断，清军无路可进。吴英献计由仙游白鸽岭、永春县等间道出奇兵，直趋敌后。刘国轩见清军援兵数路齐到，连夜撤兵，泉州之围遂解。时福建布政使姚启圣升任福建总督视师漳州府，到任后即具疏题授吴英为督标中军副将，命吴英统兵防守江东，在江东、同安一带与刘国轩展开攻防大战。十八年底，经姚启圣题请，吴英升授同安总兵。十九年二月，福建水师提督万正色自闽安率舟师南下，进征海坛，郑军水师节节败退。吴英与宁海将军拉哈达、福建巡抚吴兴祚乘势分兵三路由同安港渡海进克厦门，郑经势穷遁回台湾。四月间，沿海州郡大饥，百姓饿死甚多。吴英请于总督姚启圣，以便宜许百姓出界采捕，全活甚众。二十年五月间，姚启圣亲到

---

① 以往志书中多误载为四卷。

同安与吴英商议攻台之计，并命英拟议《赏罚条目》，由姚启圣具疏题请，奉旨准行。七月间，朝廷复任施琅为福建水师提督，到任后与姚启圣意议不合，疏请只用吴英为副，可破台湾，不必总督出师。部议以进取台湾，是总督先发其议，必须亲行。二十一年，吴英移镇兴化，而施琅与姚启圣议终不合，题请专征，并亲至同安浔尾，与吴英商议同征。吴英见督、提未甚和睦，不敢许。至十月间，朝廷终于同意施琅专征台湾的要求。二十二年三月间，施琅以"攻澎湖宜用水兵，破台湾则当用陆兵"，咨请将所调各陆师委令吴英专统，同往进剿，最终得到吴英的首肯和姚启圣的支持。铜山进兵之前，吴英又告施琅说，公与海上有父弟子侄之仇，今日进攻台湾，全仗天意扶助。尔我为国出力，为民除害，一则不可挟私报仇；二则不许杀降；三则严禁抢掠奸淫。施琅依言，传集将士，告诫三章，当天立誓。六月十四日，兵发铜山。十五日，取八罩。十六日，入澎湖，前军蓝理为郑军所围，英单船拔出之。吴英经观察认为郑船虽多，但真正凶猛者，仅有大熕船二三十只，建议施琅挑选精锐官兵，集中优势兵力，或二船或三船，攻烧一船。待敌之前锋大船烧尽，余船无不就擒。并建议各船篷上俱书姓名，各镇当头领先，众将不敢不进。二十二日，澎湖海战，郑军水师被歼殆尽，郑克塽见事势瓦解，派人赴澎议降。正在酌议之间，有郑军镇将二百余名列名遣人前来，请给令牌旗号，擒渠魁以献。琅将从之。吴英对琅说，贼之强梁善战者，前已覆没殆尽。台湾余寇，不过釜底游魂，旦晚可定。汝我未出师时，已当天立誓，阵擒之贼，尚且不杀。今若轻听妄动，残害生灵，是汝我有欺天之罪也。此事断断不可！如轻听小人之言，内中岂无受海上之恩者，恐一允许，人多易泄。设有一二走漏风声，郑家兄弟子侄，登舟飘遁别国而去，我等欲从何处追寻？纵得台湾，亦难班师矣。施琅认为吴英所言甚是，随不允许，即公议准其投降。郑氏投降之后，施琅于十月班师回厦，留吴英在台镇守，其间平息了明郑残余势力及蔡机功等人动乱，为台湾顺利收归大清版图及地方政权的平稳过渡奠定了基础。二十三年十一月，首任台湾总兵杨文魁到任，吴英将地方交接清楚之后，即领兵回汛。二十四年入京觐见，三月二十二日，康熙皇帝赐宴景山，询问台湾情形，吴英上疏奏请台湾减船省费及戍台兵士屯田二事。

　　第三部分内容为吴英在川、闽提督任上之政绩。时间约自康熙二十五年四月至四十一年。康熙二十五年四月初一日，吴英到四川提督任，先后剿灭谭宏、吴三桂余党杨善、帅九经等，同时严塘汛，缉捕多年积盗，改善地方治安。并与四川巡抚噶尔图合捐俸金，修复由川往陕古道，湖广、陕西二省来川经商、开垦者络绎不绝，为清初四川经济的恢复和发展做出贡献。三十五年，吴英奉旨调补福建陆路提督，苍任后，闻漳属地方多有匪类潜藏，欲抚之不敢来，欲剿之又无定所。吴英与督、抚相商，建议一概宽免前罪，准其改过自新。并传伊伙各亲人，执牌往山路各处召唤，时有江孝、赖立、李复等出山归伏，党羽分散，无复山中啸聚者。三十七年四月，吴英带理福建水师提督，经过严密侦探，在漳州擒获蒋钦、洪辂、陈敬等谋反奸徒，并搜出牌札、封条、印信等数百余件。随即咨报督、抚，依法惩处。八月内，吴英正式奉旨调补福建水师提督。因见拨归台、澎鸟船十只，历年大小修动费公帑多金，民间亦苦科派。其船重大，巡哨不便于用。又沿海水师一十四营将备等官，率多不谙水性。营中并无马匹，兵丁拔补把总，考射马箭甚难。乃疏题条陈"水师提拔把总，免其骑射；选调邻省谙练水务、才技优长之员，充实水师将备及将鸟船改为赶缯船"等三事，后经兵部及福建督、抚、提等详复议奏，奉旨依议。

第四部分的内容为康熙皇帝南巡，吴英三赴江南接驾随扈，时间约自康熙四十二年至四十六年。康熙四十二年，圣驾南幸。吴英于正月初三日自厦起身，至二月十一日到苏州迎接。十五日，到杭州。皇上亲临教场令将军、提镇、都统演射弓箭。吴英连中三箭，龙颜喜悦。吴英除了获赐五爪绿龙袍、貂帽、外套，人参及哈密瓜、乳子酒等各样食物外，还蒙御笔亲书"作万人敌"之匾额以赐。回署之后，吴英将所赐匾额，摹仿刻石，悬挂于牌坊之上。[1] 四十四年二月间，圣驾阅河，巡幸江浙，吴英同闽省督、抚、陆路提督星驰到江南接驾。除获赐古文渊鉴法帖、皇舆表、宝石、大小砚、玻璃各样玩器、宝墨、绵羊、乳酒诸色品物外，并赐吴英祖父祠堂匾额，御书"燕翼诒谋"四字。又赐七字联一对："但使虎貔常赫濯，不教山海有烟尘"。四十六年，康熙皇帝巡阅河工，南幸江浙，吴英第三次赴江南接驾。关于此次接驾随扈，《行间纪遇》记载十分详细，其中有不少对话，体现了君臣两人之间那一份暖暖的情意，十分难得，兹将部分内容摘录如下：

> 三月初八日，康熙亲临教场，传吴英到御前。
> 上问："你多少年纪了？"

---

[1] 该匾额长 226 厘米，宽 79 厘米，厚 10 厘米，字径 26×42 厘米，目前仍保存于莆田定庄吴英后裔家中。

回奏："臣今年七十一岁。"

上又问："你的须有染没有？"

回奏："臣须没有染。"

上云："你今年七十一岁，怎么样养得须发都是黑的？"

回奏："受皇上福庇。"

上又问："你一身有多少伤痕？"

回奏："蒙皇上天威洪福，臣水陆身经百战，从来不带伤。"

上云："我们满洲当初亦有一将，各处用兵，总不带伤。人问他：'你到处杀贼，如何不带伤？'他说：'我若带伤，就了不得了，天下的贼就无人杀了。'像你一样，都是你们自己带来的造化。不然，你一人经过许多征战，岂有不带伤之理？"

……

又四月二十一日早，到苏州行宫伺候，康熙皇帝传旨宣进。

……

皇上大悦，问："你有几个儿子？"

回奏："臣有九子。"

上问："都做什么？"

回奏："长子原是贵西道，后升开归道。因贵州土司的事，与布政司孟世泰、按察司何显祖一齐诖累。后皇上天恩，复还原职，现在京中候补。第二的刑部郎中。第三的是壬午科举人，候补主事。第四的，臣令在营中操练，习营务，学弓马，后来好承臣的世袭，替臣与皇上看守门户。第五的在家读书。其余的尚小。"

上问："你是什么世袭？"

回奏："是阿达哈哈番。"

上又问："你的女人是结发的么？"

回奏："是结发的。"

上问："这九子都是他生的么？"

回奏："二、三、四是臣正妻生的，其余者是妾生的。"

上问："你的女人还在么？"

回奏："大前年六十四岁没有了。"

上云："六十四岁，也罢了。看起来你是一个福人。多子多孙，又夫妻到老。

身经多少征战，九死一生，不带伤。年纪七十多岁，还是这样结实。当年天下好汉也多，也有建过许多劳绩，才放他一个大些的官儿，就没有了。亦有受过多少劳苦，才放他一个大些的官儿，不能善保功名。这都是没福的。似你这样，谁不要？但是人所不能及的。"

……

皇上又问："你在四川做几年提督？"

回奏："臣在四川做了十二年，经过五个总督、三个巡抚。臣只仰遵皇上教诲，文武和衷，兵民相安。凡事与督、抚商量，大事化小，小事化无，不敢致烦皇上天心。赖皇上洪福，十二年四川都是太平的。"

上又问："经你管过的官，做提督的有几个？"

回奏："有八个了。"

上问："是哪八个？"

随逐一奏明。

上屈指计算，笑曰："管过的人，做提督的有了八个，封你将军是该的。"①

正是在此次赴江南接驾随扈之时，康熙皇帝加授吴英为"威略将军"。

# 四、结语

《行间纪遇》，顾名思义，为吴英军旅生涯的回忆录。记载吴英自康熙二年以将才领兵，随大师克平金、厦，功授都司起，至四十七年，接奉谕旨命照旧供职水师提督止，共约 45 年间所经历之事。与施琅的《靖海纪事》一样，虽然《行间纪遇》也存在某些自我溢美之词，但书中的所载的诸多史实都可以从《清实录》《康熙起居注》、相关官员的奏折（如李之芳的《李文襄公奏折》）、文集（如杨捷的《平闽记》）以及史书（如江日升的《台湾外记》）中得到印证。李光地《威略将军福建水师提督吴公英墓志铭》称"《行间纪遇》一编，所录皆实，

---

① 关于康熙皇帝与吴英的对话，《大清圣祖仁皇帝实录》卷二百二十九，康熙四十六年四月庚戌条记道："朕召福建提督吴英入语良久，见其为人笃实，深得大体，而心中明达。朕语及海寇，吴英奏云：海寇断不至蔓延，苟至蔓延，则任臣等何用？然亦不能不使小寇不为小寇也。海中与城郭不同，城郭有里甲易查，寇盗无所栖止；海乃汪洋之水，贼乘一小舟，到处藏匿，难以缉获。然而为盗者，大都皆系商贩，本利亏折，不得已而为之者，多此，可谓之海寇乎？所奏之言，深中窾要。且效力年久，著加授将军衔。"

余尝序而行之",就是对《行间纪遇》一书的最好评价。尤其是该书中保存了吴英作为施琅副手,统领陆师,参与平台战役的若干鲜为人知的资料,具有较高的价值。将这些资料与施琅所著《靖海纪事》中的相关记载进行比对、映证,有助于我们从不同的角度,不同的视野,更加全面、更加客观的来认识和了解这段历史,从而将这段历史的研究进一步推向深入,这也是我们今天发掘整理出版《行间纪遇》另一层意义。

——原载《台湾研究集刊》2015 年第 5 期

卷六　附　录

# 论《三国演义》与关帝信仰的形成

关帝，姓关名羽字云长，河东解州，即今山西省运城市解州镇人。原为三国时蜀国大将，与张飞一道辅佐刘备，匡扶汉室。刘备与二人"寝则同床，恩若兄弟"。[1] 建安二十四年（219年），刘备为汉中王，"拜羽为前将军"，[2] 这是关羽生前最高的军衔。后荆州为吴将吕蒙袭破，羽及子平为孙权所获，被斩于临沮。[3]

关羽死后，在三国两晋六朝以迄隋唐这漫长的几百年中，灵异无多，除了在荆州等个别地区之外，民间的影响不大。唐时或有记载，称为关三郎，尚属人鬼之流，但在明清的民间信仰中，关帝竟成为一等大神，地位崇高，灵异昭著。清人赵翼在《陔余丛考》卷三十五中云："今且南极岭表，北极寒垣，凡儿童妇女，无有不震其威灵者，香火之盛，将与天地同不朽，何其寂寞于前，而显烁于后，岂鬼神之衰旺亦有数耶？"大凡人死后被奉为神灵的，在若干长时期内，"灵异"较著，人们虔诚地信仰、奉事之，以后随着时间的推移，往往就不再那么"灵异"，也就渐渐被人们冷落、淡忘。然而，关羽被奉为神灵，其遭遇则与这种情况恰恰相反，原因何在呢？笔者认为这当与《三国演义》有极大的关系。本文试从《三国演义》与关帝的神格特征、《三国演义》与关帝的造型及《三国演义》与关帝信仰的形成和传播等三个方面展开论述。

## 一、《三国演义》与关帝的神格特征

据《三国志》等史书记载，历史上的关羽与张飞、马超、黄忠及赵云等人

---

① 《关张马黄赵传第六》，《三国志》卷三十六，北京：中华书局，1959年，第939页。

② 同上。

③ 同上书，第941页。

相比并无明显的突出之处。而《蜀记》及《魏氏春秋》在述及曹操与刘备围吕布于下邳之际，均记载关羽曾屡向曹操提出求娶吕布部下秦宜录前妻杜氏为妻的事情。[①] 关羽死后，在相当长的一段时间里是以一种状甚可畏的凶神形象流传于民间的。唐末范摅《云溪友议》载：（荆州玉泉）"祠曰三郎神，三郎即关三郎也。允敬者则仿佛似目睹之，绷侣居者，外户不闭，财帛纵横，莫敢盗者。厨中或先尝食者，顷刻大掌痕其面，历旬愈明。侮慢者，则长蛇毒兽随其后，所以惧神之灵如履冰谷，非戒斋持静，莫得居之"。[②] 五代孙光宪在《北梦琐言》中所记载的关羽也有相似的形象，卷十一云："唐咸通离乱后，坊巷讹言关三郎鬼兵入城，家家恐惊。摧其患者，令人寒热战栗，亦无大苦。弘农杨玭挈家自骆谷路入洋源，行及秦岭，回望京师，乃曰：'此处应免关三郎相随也。'语未终，一时股栗。"[③] 有的学者认为唐代民间多将关羽视为与鬼有联系的凶神，当与历史上关羽勇武的形象及被东吴擒杀的经历有关，[④] 此说不无道理。

在宋元的《说三分》《三国志平话》及一些与"三国"有关的杂剧中，关羽的形象有所改变，由一个令人敬畏的凶神变成为社会大众广为接受的正面人物，其地位也有所上升。其后，罗贯中又在前人的基础上经过精心的创作写成了千古名著《三国演义》。他在书中通过桃园结义、温酒斩华雄、诛颜良、斩文丑、过五关斩六将、单刀赴会、刮骨疗毒、水淹七军、擒于禁、斩庞德等一系列故事将关羽塑造成了一位盖世英雄。他不仅武艺超群，而且还熟读《春秋》，兼通经史，儒雅绝伦，义薄云天。当下邳城失陷，关羽被困土山，进退无路，欲为忠义赴死时，被张辽"三罪"之说所动，立下"三约"，然后下山投降。途中曹操欲乱其君臣之礼，使关羽与二嫂共处一室，他无越轨之举，而是秉烛立于户外，自夜达旦，毫无倦色；美女前来侍奉，关羽使其转侍嫂夫人；曹操累送美女金帛，关羽未曾下拜，而得赠赤兔马，则喜而再拜，得赠锦袍而不脱旧衣等等，皆为念兄长，思旧主之故。曹操新恩虽厚，但桃园旧义难忘。当他得到刘备的消息之后，便挂印封金，强辞曹操，过关斩将遍寻旧主。然而，关羽恩怨分明，信义素著，对于曹操新恩，并非不报。先是斩颜良、诛文丑，替曹操解了白马之围，后又在华容道上义释曹操。关羽生性傲上而不忍下，斗强而不凌

---

① 《关张马黄赵传第六》，《三国志》卷三十六，北京：中华书局，1959 年，第 940 页。

② 俞樾：《关三郎》，《茶香室丛钞》卷十五，笔记小说大观，第 4 页，上下。

③ 孙光宪：《关三郎入关》，《北梦琐言》卷十一，丛书集成初编本，第 96 页。

④ 刘永华：《关羽崇拜的塑成与民间文化传统》，《厦门大学学报》1995 年第 2 期。

弱。与黄忠初战，斗一百余合而不分胜负，再战，使拖刀计，正欲砍去时，却见黄忠马失前蹄，被掀在地上，就刀下留情，要他换马再战；在败走麦城之前，东吴曾派诸葛瑾前来劝降，此时虽已不同于下邳告陷之时，关羽仍正色答道："玉可碎而不可改其白，竹可焚而不可毁其节"，①最终被俘遇害。在罗贯中的笔下，关羽神威凛凛，忠义刚烈，报国报主报恩，财贿不能改其气，爵禄不能移其志，美色不能动其心，死神不能撼其义，成为集忠勇孝悌，仁义礼智廉耻信等传统美德于一身的英雄人物，而为后世奉为神明加以崇拜。关帝那超人的品德性格，虽然有其历史原型的某些成分，但大部分还是来源于罗贯中在《三国演义》中那枝生花妙笔的描绘。换言之，后世所崇奉的关羽已不是原来历史上的关羽，而是罗贯中按照儒家传统的政治理想和道德理想以及独特的文学审美观精心塑造出来的艺术形象。关羽的神格形象通过《三国演义》广为流传，并为社会各阶层人士所接受。清人曾叹道："士大夫且据《演义》而为之文，直不知有陈寿者，可胜慨叹！"②即是指此而言。

## 二、《三国演义》与关帝造型

关帝的造型在中国所有的神明形象中可以说是最独特的，那就是：卧蚕眉，丹凤眼，赤面长须，手提青龙偃月刀，坐跨赤兔马，左有关平，右有周仓，显得神威凛凛，正气勃发。《三国志》载诸葛亮之语：马超虽"兼资文武，雄烈过人，……犹未及髯之绝伦逸群也。"③罗贯中即以此为据，在《三国演义》中描写曹操以锦作囊，送与关羽护髯，汉献帝亦曾令关羽当殿披佛，过于其腹，故称其为"美髯公"等情节。但除此之外，历史文献并未为关帝的造型提供更多的东西。如那匹日行千里的赤兔马，据考证，实际上与关羽并没有什么联系。④在《三国志》卷三十六《蜀书·关羽传》中见不到赤兔马的任何蛛丝马迹，而该书卷七《魏书·吕布传》中关于赤兔马的资料则触目皆是。如该传中云："布有良马曰'赤兔'。"裴松之注引《曹瞒传》曰："时人语曰：'人中有吕布，马中有

①　《三国演义》第76回，北京：同心出版社，1995年，第1017页；并参见秦弓：《关云长为何气运恒长》，《光明日报》，1997年2月8日。

②　王侃：《江州笔谈》卷下，转引自朱一玄编《明清小说资料选编》；上册，济南：齐鲁出版社，1989年，第9页。

③　《关张马黄赵传第六》，《三国志》卷三十六，北京：中华书局，1959年，第941页。

④　参见黄典权：《关公赤兔马与台南祭典》，《台湾风物》第18卷第2期。

赤兔'"。范晔的《后汉书》对赤兔马的描绘更是精彩传神："布常御良马，号曰'赤兔'，能驰城飞堑。"赤兔马作为良马的代名词直至唐代仍然脍炙人口，李贺在《李长吉诗歌》里有两处提到赤兔马的，其一为："赤兔无人用，当须吕布骑"；另一为："吕将军，骑赤兔，独携大胆出秦门……"上述资料说明自三国以迄晚唐，"赤兔"为吕布所属，这自然也从另一方面说明赤兔马与关羽没有什么关系。宋代吴淑的《马赋》也说："始教则车在马前，任力则人能胜骥，赤兔乃比于吕公，白额爱兴于李氏……"。[①] 可见，晚至宋代，关羽与赤兔马的关系还没有建立起来。直到《三国演义》中，赤兔马才被罗贯中牵至关羽的胯下。该书第二十五回写吕布被杀后，赤兔马为曹操所得。后操转赠关羽，羽喜而再拜称谢曰："吾知此马日行千里，今幸得之，若知兄长下落，可一日见面矣。"从此赤兔马伴随着关羽冲锋陷阵，出生入死。关羽败走麦城被害后，赤兔马为吴将马忠所获，忠献于孙权，权即赠予马忠坐骑，然马数日不食草料而死，甚为灵异。

传说中关羽所使兵器为大刀，许多关庙中例有大刀。此刀形如才匾月，刀面有青龙纹，故名"青龙偃月刀"，又称"关刀"。据说，关羽所用的那把长柄大刀至明末仍被保存着。包汝揖《南中纪闻》云："荆州南十五里，地名掇刀石，有关帝庙一所。帝所用大刀插石窍上，摇之亦动，提之则不能拔，……碑文称帝过襄樊，掇刀于石。后人因山为祠，塑像供奉。"[②] 然而，在《三国志·蜀书·关羽张飞传》中明确记载张飞打仗时用矛，但对关羽所用的兵器则未曾提及。不过该书有关羽于白马坡"策马刺良于万众之中"的记载，良即袁绍大将颜良。从这一"刺"字来看，关羽所使的似乎并不是大刀。陶弘景《刀剑录》云，关羽"为先主所重，不惜身命，自采都山铁为二刀，铭曰万人，及败，投之水中"。[③] 唐人郎士元咏关羽诗中也说："走马百战场，一剑万人敌"，[④] 关羽临阵所用的似乎是剑。只有《三国演义》中说关羽用的是青龙偃月刀。毫无疑问，后世所传关羽用长柄大刀之说即源于此。至于关帝的完整造型首次出现是在《三国演义》第七十七回，关羽遇害后，一魂不散，荡荡悠悠，来到荆门州当阳

---

① 宋吴淑：《马赋》，《古今图书集成·博物汇编·禽虫典》第94卷《马部艺文三》，北京：中华书局，1934年影印本，第五二二册，第50页。。

② 转引自赵杏根：《中国百神全书》，海口：南海出版公司，1994年，第287页。

③ 同上书，第286页。

④ 郎士元：《关羽祠送高员外还荆州》，《全唐诗》卷248，北京：中华书局，1960年，第2782页。

县玉泉山。老僧普净在庵中默坐，忽闻空中有人大呼曰："还我头来！"普净仰面谛视，"只见空中一人，骑赤兔马，提青龙刀，左有一白面将军，右有一黑脸虬髯之人相随"。左边白面将军是关平，右边黑脸虬髯者即是周仓。后来关帝的神像均按《三国演义》中所描述的这一形象来塑造或绘制。

## 三、《三国演义》与关帝信仰的形成和传播

关帝信仰虽说是起源于唐，但当时尚属人鬼之流，且仅限于荆州等局部地区，影响不大。建中三年（公元 782 年），关羽虽一度与范蠡、孙膑及廉颇等64 位古代名将被朝廷一同列为武成王庙（主祀姜太公）的配享者，但到北宋初年，因"关羽曾为敌国所擒"，又将其撤出武成王庙的陪祀行列。[①] 直到北宋中叶以后，关羽才迈出了由鬼向神转化的第一步。据李焘《续资治通鉴长编》载，宣和五年，正月己卯，礼部奏请以侯爵关羽，敕封义勇武安王，并恢复了从祀武成王庙的资格，但其地位甚不稳固。陆游的《入蜀记》记道："富池昭勇庙，吴大帝时折冲将军甘兴霸也。兴霸尝为西陵太守，故庙食于此。庑下有关云长像。云长不应祀于兴霸之庙。岂各忠所事，神灵共食，可以无愧邪？"[②] 在这里，关羽又成为甘兴霸的配祀。以上资料说明，在宋代关羽虽然已被封为王，但在官方祀典中的地位无足轻重，与后日的关帝相比，不啻有霄壤之别。

元代张宪有"张侯生冀北，关帝出河东"的诗句。[③] 有人据此认为元代曾封关羽帝号，然而，在古籍中并未能找到关羽在元代被封为帝的记载。实际上，关羽之交隆运，以及关帝信仰的真正形成和广泛传播是在明清时期。此时罗贯中的《三国演义》已成书刊行，关羽的故事作为《三国演义》的重要组成部分开始在民间广泛流传，影响极大。有关关羽的事迹，如桃园结义，温酒斩华雄，诛颜良、文丑，过五关斩六将，华容道义释曹操，单刀赴会，刮骨疗毒乃至败走麦城等已成为万口传诵、妇孺皆知的典故。清王侃云："《三国演义》可以通之妇孺，令天下莫不知有关忠义者，《演义》之功也。"[④] 随着《三国演义》传播愈益广泛，根据演义改编的戏剧也越来越多，其中讴歌关羽的剧目又占了很大

---

① 郭松义：《论明清时期的关帝崇拜》，《中国史研究》1990 年第 3 期。
② 俞樾：《关三郎》，《茶香室丛钞》卷十五，笔记小说大观，第 4 页，上下。
③ 吴仰贤：《小鲍庵三钞》引，转引自赵размер根前揭书，第 283 页。
④ 王侃：《江州笔谈》卷下，转引自朱一玄编《明清小说资料选编》；上册，济南：齐鲁出版社，1989 年，第 9 页。

的比重，关羽的形象日渐深入人心。通过《三国演义》的刻画和宣扬，关羽由历史上一员普通的战将变成了忠义盖世、勇猛超人、集仁义礼智信孝悌于一体的封建纲常伦理及社会道德准则的化身。如此一来，关羽就有能力降妖伏魔，护国佑民，就有资格来维护封建的纲常伦理与社会秩序，因而也开始为封建统治阶级所看中。明洪武中，朝廷恢复关羽汉寿亭侯原封。永乐皇帝迁都北京后，又庙祭于京师。万历十八年（1590年），关羽被正式晋爵为帝，四十二年（1614年）又被敕封为三界伏魔大帝神威远镇天尊关圣帝君，封夫人为九灵靓德武肃英皇后，子平为竭忠王，兴为显忠王，周仓为威灵惠勇公，并赐左丞相一员，为宋陆秀夫；右丞相一员，为张世杰。

清代，朝廷除了沿袭明代岁祭关庙之例外，加封更加频繁。顺治九年敕封关羽为忠义神武关圣大帝，后历朝屡有加封，到光绪时其封号已达26个字：忠义神武灵佑仁勇威显护国保民精诚绥靖诩赞宣德关圣大帝。关庙也被崇为武庙，与孔庙并祀，关羽成为中国历史上唯一能与大成至圣先师孔子分庭抗礼的神祇。

关羽神格最突出的特征是"忠"和"义"。封建统治者看中的主要是关羽的"忠"，他们敕封关羽的目的是为臣民树立忠效王朝的样板，而在神化关羽的同时，实际上也在神化他们自己的统治。所以他们也就不吝惜对关羽进行封敕，关羽因此由王而帝，由帝而大帝，达于至极。就民间社会大众而言，看中的则是关羽的"义"，他们盼望有一个聪明正直威武之神来主持人间与冥界的公道。而关羽的"义"也为社会上三教九流、江湖帮派找到了维系宗派的精神纽带。在朝野交相推崇之下，关帝成了万能之神，除了降妖伏虎、护国佑民、司命禄、佑科举、除强暴、致财宝之外，就连大旱求雨、生病讨方、诉讼公断、驱鬼避邪都可求救于他。佛、道两家也争相把关羽拉入自己的教门充当护法神，以壮声势。在清代，关帝的信仰达到了顶峰。

随着《三国演义》的流传，关帝的信仰也传播到了汉族以外的蒙、满、藏等少数民族之中。如蒙古人早在17世纪就认识了关公，到18世纪，关公崇拜在蒙古族中很流行，不少蒙古人写了各种关帝祭典的书。当时东蒙古的huric（拉胡琴讲唱故事的说书人）讲唱《三国演义》，也讲唱关公的故事。因为蒙古人是骑马的民族，马在他们的生活中有着非常重要的作用，所以蒙古的说书人特别仔细描述关公的坐骑赤兔马。[①]满族人也很早读到了《三国演义》的满文译

---

① 俄罗斯科学院通讯院士 B·RIFTIN（李福清）：《关帝传说与关帝信仰——关帝研究的新探索》，1997年"海峡两岸关帝文化学术研讨会"论文（未刊稿）。

作，清太祖努尔哈赤和太宗皇太极都是通过《三国演义》了解关羽的形象，并且钦佩有加。[①]18 世纪上半叶编写的《钦定满洲祭神祭天典礼》中将关圣帝君与释迦牟尼、观世音等一同祭拜。除了关帝祭典之外，还有取材于《三国演义》用满文编写的歌，其中有满文的《关老爷过五关歌》《单刀赴会歌》及一些歌颂关公老爷的短歌。这些歌在东北西部以及新疆伊犁地区居住的锡伯族那儿也有流行。[②] 关帝庙也遍布大江南北，长城内外，成为全国寺庙中数量最多的庙宇。以北京为例，当时城内外共有关帝庙 20 来座，占庙宇总数的十分之一，位居第一。据郭松义先生对山东潍县、直隶通州、河南鹿邑、福建浦城、广东兴宁、浙江兰溪等 7 座关帝庙的考证，发现其中绝大部分是在明清时期创建的，也就是都创建于《三国演义》刊行之后。[③]

随着《三国演义》的流传，外国人士对关羽的形象也有了较多的认识，再加上国际经济文化交流的日渐频繁，关帝的崇拜和信仰也越过国界在朝鲜、日本、越南、缅甸等周边国家传播开来，[④] 甚至远在大洋彼岸的美洲和大洋洲也有不少殿宇宏丽的关帝庙。[⑤] 时至今日，关帝在民间信仰中仍有着重要的地位。

## 四、结语

综上所述可以看出，不论是关帝的神格品德、关帝的造型，还是关帝信仰的形成和传播，都与《三国演义》有十分密切的关系。《三国演义》是我国四大古典名著中流传最广的一部，在这部小说中，罗贯中在塑造关羽这一文学典型的同时，也成功地塑造了一位中国的万能之神——关圣帝君。关帝信仰的最终形成和广泛传播，罗贯中及其《三国演义》功不可没。

——原载《厦门大学学报》（哲社版）1998 年第 4 期

---

① 参见郭松义前揭文，第 129 页；刘永华前揭文，第 79 页。

② 俄罗斯科学院通讯院士 B·RIFTIN（李福清）：《关帝传说与关帝信仰——关帝研究的新探索》，1997 年"海峡两岸关帝文化学术研讨会"论文（未刊稿）。

③ 参见郭松义前揭文，第 131—132 页。

④ 俄罗斯科学院通讯院士 B·RIFTIN（李福清）：《关帝传说与关帝信仰——关帝研究的新探索》，1997 年"海峡两岸关帝文化学术研讨会"论文（未刊稿）。

⑤ 参见郭松义前揭文，第 133 页。

# 论闽南地区的重商倾向与海外贸易

## ——一个区域文化历史的考察

闽南地区自古就有浓厚的重商倾向，当地人民出海经商也有悠久的历史。早在宋、元时期，泉州就已是闻名世界的大港口、东方贸易的中心。在明代，闽南的海上贸易中心转移到了漳州海澄的月港。17世纪上半叶，以郑芝龙为首的郑氏海商集团迅速崛起，闽南地区海商势力和海外贸易的发展达到一个新的高峰。本文根据相关的历史文献，论述闽南地区浓厚的重商倾向及繁盛的海外贸易，探讨闽南民间舍本逐末与重商倾向形成的原因，并从历史文化的角度对闽南地区的重商倾向作一番考察，不当之处，请批评指教。

## 一、闽南地区重商倾向之浓厚与海外贸易之兴盛

与中原相比，闽南地区的开发虽然相对较晚，但民间经商贸易，特别是出国经商贸易，则开展得较早。宋代惠安人谢履的《泉南歌》云："州南有海浩无穷，每岁造舟通异域"。① 洪迈的《夷坚丁志》记道："泉州杨客，为海贾十余年，致赀二万万"。《宋史》也记载福建建溪大商毛旭曾数往阇婆贸易。北宋崇宁元年（1102）和四年（1105），泉州商人李充曾两次赴日本贸易。南宁绍兴八年立的福建莆田祥应庙碑记："泉州纲首朱纺，舟往三佛齐国，……往返曾不期年，获利百倍"。② 当时闽南地区民间商人经营海外贸易的不仅数量相当多，而且有的规模也很大。南宋周密在《癸辛杂识》中说："泉州有巨贾南蕃回回佛莲

---

① 怀荫布等：《泉州府志》，第20卷"风俗志"。
② 刘尚文：《莆阳金石初稿》，第一卷。

者，蒲氏之婿也。其家甚富，凡发海舶八十艘"；汪大渊《岛夷志略》"古里地闷"条称："昔泉之吴宅，发舶梢众百有余人，到彼贸易"。①

上述资料说明闽南地区民间经营海外贸易在宋元时期已相当普遍了。当时闽南对外贸易的中心在泉州，与泉州有贸易关系的国家和地区除了日本、高丽、东南亚、印度，还有波斯、阿拉伯、东非等。除了泉州人出海经商外，大量的外国商人也来到泉州做生意，当时寓居泉州的李邴有"涨海声中万国商"的诗句。大旅行家马可·波罗在其游记中称刺桐港（即泉州港）为当时世界两个最大的良港之一，"假如有一艘载胡椒的船去到亚历山大港（Alexandria）或到奉基督教诸国之别地者，比例起来，必有一百只船来到这刺桐港"。②从南安九日山宋代"祈风"石刻、后渚港出土的航海古船、泉州市区的清净寺和摩尼教寺以及附近数以百计的伊斯兰教、古基督教、摩尼教和婆罗门教的墓碑和石刻等历史遗迹，我们不难想见当时泉州港这一梯航万国、舶商云集的东方第一大港的繁盛以及对外贸易的发达。

入明之后，由于倭患与海禁等原因，泉州港渐渐衰落，但闽南民间出海经商的风气并未就此中止，只是贸易的中心南移到漳州海澄的月港而已。在成化、弘治以前，当地的走私贸易已日趋活跃。"成、弘之际，豪门巨室，间有乘巨舰贸易海外者"。③到正德、嘉靖年间（1506—1566），当地民间私贩外国，特别是南洋诸国的风气更盛。《海澄县志》载："澄在郡东南五十里，本龙溪八九都地，旧名月港。……明正德年间，豪民私造巨舶，扬帆外国，交易射利，因而诱寇内讧，法绳不能止"。④顾炎武《天下郡国利病书》载嘉靖时，"漳州月港家造过洋大船，往来暹罗、佛郎机诸国，通易货物"。⑤闽人通番，皆自漳州月港出洋，当时"福建的海商大贾通番巨寇，如阮其宝、李大用、谢和、王清溪、严山老、许西池、张维以及二十四将、二十八宿等，差不多都为漳州月港人"。⑥

1548年巡抚朱纨《奏请增设县治以安地方事》疏中云："漳州府龙溪县月港地方距府城四十里，负山枕海，民居数万家，方物之珍，家子户寺，而东连日

①　《岛夷志略校释》，元·汪大渊原著，苏继庼校释，北京：中华书局，1981年，第209页。
②　王云五主编：《万有文库》第二集七百种《马可孛罗游记》，张星烺译，上海：上海商务印书馆，1936年，第337页。
③　张燮：《东西洋考》，第七卷《饷税考》，北京：中华书局，1981年。
④　邓廷祚等：《海澄县志》，第一五卷《风土志·风俗考》。
⑤　顾炎武：《天下郡国利病书》，原编第二六册，福建版，第118页。
⑥　傅衣凌：《明代福建海商》，载《明清时代商人及商业资本》，北京：人民出版社，1956年，1980年第二次印刷，第110页。

本，西连暹球，南通佛郎、彭亨诸国"。① 隆庆年间，海禁废除之后，更是"五方之贾，熙熙水国，刳艅艎，分市东西两路，……而所贸易金钱，岁无虑数十万"。② 当时漳州的海澄县成了一个"农贾杂半，走洋如适市，朝夕之皆海供，酬酢之皆夷产"的通商城市。时人称"澄人习夷，什家而七"，③ 靠海外贸易为生的占人口的大半。实际上，海澄县本身就是政府为了适应当地发达的海外贸易而设立的。当然，当时闽南地区出海经商的绝不仅限于海澄一地。1592 年左右，福建巡抚许孚远《疏通海禁疏》中就提到："同安、海澄、漳浦、诏安等处奸徒，每年于四五月间，告给文引，驾驶鸟船，称往福宁卸载，海港捕鱼及贩鸡笼、淡水者往往私装铅、硝等货潜去倭国"。④

实际上，自 16 世纪下半叶至 17 世纪初，掌控东、西两洋贸易网络的华商继续发展形成了以漳州河两岸的海澄、龙溪以及同安、厦门为主的漳州帮。荷兰人最初进入东南亚时遇到的汉人，就是这些地方的商人。他们与荷兰人进行商业往来，并在荷兰人与中国的最初交涉中扮演了重要的角色。如巴达维亚有名的商人兼侨领苏鸣岗是同安人；1604 年从泰国大泥（北大年）带领韦麻郎来华的富商李锦是海澄人，另外两名"奸商"潘秀与郭震亦为久居大泥的澄商。还有 1622—1624 年在明、荷交涉中占举足轻重地位的黄明佐（Wansan）是漳州诏安人。此外，还有大名鼎鼎的许心素、颜思齐、李旦、欧华宇、张敬泉等都是属于以厦门为中心的漳州帮势力。⑤

到了 17 世纪 30 年代，形势又发生了变化，"漳州河流域主导势力开始衰退，晋江流域三邑帮代之而兴起"，⑥ 其标志就是以郑芝龙为首的郑氏海商集团的崛起。郑芝龙依靠其个人的才能与交涉手段，周旋于明政府和西方殖民势力之间，取得了极大的成功，最终获得海上贸易霸主的地位。"海舶不得郑氏令旗不能往来。每一舶，例入三千金，岁以千万计，以此其富敌国"。⑦ 在郑芝龙、郑成功父子时期，闽南地区的海商势力和海外贸易的发展达到一个新的高峰。

① 《甔余杂集》第三卷三章疏《增县治以安地方事》，转引自翁佳音：《十七世纪的福佬海商》，载汤熙勇主编：《中国海洋发展史论文集》第七集上册。
② 张燮：《东西洋考》，周起元序，中华书局，1981 年。
③ 高克正：《折吕宋采金议》，张燮：《东西洋考》第一一卷引，北京：中华书局，1981 年。
④ 许孚远：《疏通海禁疏》，《明经世文编选录》，台湾文献丛刊第 289 种，第 176—180 页。
⑤ 翁佳音先生曾根据闽南语发音对 17 世纪荷兰文等资料所载福佬海商的籍贯进行考证，参见翁佳音：《十七世纪的福佬海商》，载汤熙勇主编：《中国海洋发展史论文集》第七集上册。
⑥ 翁佳音：《十七世纪的福佬海商》，载汤熙勇主编：《中国海洋发展史论文集》第七集上册。
⑦ 《台湾郑氏纪事》，台湾文献丛刊第 5 种，第 14 页。

后来由于郑芝龙降清,郑成功抗清失利入台,加上清政府实行海禁、迁界,闽南海商的势力受到打击。到康熙二十二年台湾郑氏集团投降之后,清廷解除了海禁,我国对外贸易的中心虽然转移到广州,但由于台湾的开发,有重商传统的闽南人又成为海峡两岸贸易的主力军,他们根据贸易地点的远近以及贩运货物的不同组成了具有同业行会性质的郊商。到 1860 年台湾开港前,海峡两岸的贸易基本上都控制在以闽南人为主的郊商手中。泉州天后宫现存的由郊商捐铸的大铁钟,以及厦门大学上弦场边上记述嘉庆年间为抗击海盗蔡牵而捐款之事的碑刻等实物资料,都是清代郊商活跃的历史见证。

19 世纪 40 年代,厦门作为最早的五个通商口岸之一对外开放,成千上万的闽南人从这里出洋,移居东南亚等地,闽南地区成为我国主要的侨乡之一。出国的华侨发扬先辈的重商传统,在当地或经商,或创办实业,不少人发家致富。

到 20 世纪 80 年代改革开放之后,闽南人的重商传统得到了最大的发挥,以厦门为中心的厦门、泉州、漳州闽南金三角地区,不仅是福建省经济最有活力的地方,同时也是全国经济最有活力的地方之一。当然,现在重商的表现,不仅是单纯的经商贸易,随着时代的变迁,它已被赋予更多、更广、更丰富的内涵。

## 二、闽南民间舍本逐末与重商倾向形成的原因

谈及闽南文化倾向,或民间重商倾向,或海外贸易传统的形成原因时,研究者往往强调海洋因素的影响。[1] 尽管笔者不是自然地理决定论者,也不一概认为陆地就是封闭的,海洋就一定是开放的,但在以前的历史条件下,与陆路相比,海上交通的确有其优越之处。闽南地区濒临大海,海岸线曲折绵长,良港海澳星罗棋布,为民间的海上贸易提供了很大的便利,这是毋庸置疑的,但是与闽南地区毗邻且同属一省的莆田地区、福州地区、闽东地区,也具备这些有利条件,为什么就没有发展出这种重商倾向及海上贸易的传统来呢?所以,单单强调海洋的影响还不足以解释这一问题。笔者认为闽南地区历史上所以会形

---

[1] 有关论文,如李熙泰:《闽南文化的海洋特色》、陈耕:《略论海洋对闽南文化的影响》、徐学:《闽南文化的海洋性格》等等,参见厦门市社会科学界联合会编:《迈向 21 世纪海洋新时代》("厦门海洋社会经济文化发展国际学术研讨会"论文选),厦门:厦门大学出版社,2000 年。

成比较明显的重商倾向及海外贸易的传统，除了海洋因素的影响之外，还有以下几个方面的原因：

## （一）地少人多，迫使人们"以海为田"，发展海上贸易

泉、漳两地，山地多平原少，加上沿海斥卤，可耕面积十分有限。方志记载：

> 泉州为郡三百余里，然而，西北逊于山，东南让于海，地几齐楚之大国，而田不及吴越一小县。[1]
>
> 泉负山跨海，硗确之地，钱镈难施，斥卤之区，冲压不常，为腴田者仅矣。[2]
>
> 泉封疆甚狭，物产硗瘠，桑蚕不登于筐茧，田亩不足于耕耘。[3]
>
> 惠安……襟负之区，强半山海间，所为比庐而处者，又仅十之三四耳。[4]
>
> 南安多深山峻岭……地可耕者不能三之一。[5]
>
> 同（安）之地，山海居其七，可耕之田无几耳。[6]
>
> 晋（江）所概，尤啬于他县。邑东十里属惠，其隶晋者巨浸耳，邑西五里为南安，正南多滨海堘田，未旱而涸。[7]
>
> 安溪，泉岩邑也……居山谷中……坊居里之一，余十六里皆崇冈牙错，垅坂缘亘。[8]
>
> 清漳（漳州府）奥窔之区，千峰万峰雄跨绵亘，岩壑既邃，流派愈繁……大抵可室庐而居、耕耰而食者十二三耳。[9]
>
> 闽土素称下下，而漳以海隅介居闽粤，依山陟阜，林意荒焉，杂以海壖斥卤，溪润流潦，决塞靡常，称平野可田者十之二三而已。[10]

---

[1] 怀荫布等：《泉州府志》，第三卷《建置沿革》。
[2] 怀荫布等：《泉州府志》，第二一卷《田赋》。
[3] 怀荫布等：《泉州府志》，第二〇卷《风俗志》。
[4] 曾熙丙等：《惠安县志》，第一卷《又序》。
[5] 《南安续志》，第八卷《风俗志》。
[6] 吴锡璜等：《同安县志》，第四二卷《旧志小引》。
[7] 怀荫布等：《泉州府志》，第二〇卷《风俗志》。
[8] 《安溪县志》，第一一卷《艺文》上。
[9] 沈定均等：《漳州府志·旧序》。
[10] 沈定均等：《漳州府志》，第一四卷《赋役》上。

统计十邑陆地，为山者十之七，为田园、[ 成 ]城郭、庐舍者十之三。人多地狭，丰年犹苦不赡，……①

（龙溪县）邑地瘠卤，恒仰食于他郡，火耕水耨之夫，终岁勤劬，尤苦食。②

由于闽南地区山多田少，生齿日繁，单纯依靠传统的农业经济，已难以自给自足，所以在生存压力之下，闽南人不得不走上舍本逐末之路，通过海外贸易，懋迁有无，来满足本地的需求。上引宋代惠安人谢履《泉南歌》"泉州人稠山谷瘠，虽欲就耕无地辟。州南有海浩无穷，每岁造舟通夷域"，真实而形象地描述了这种情况。明代漳州龙溪举人张燮也说道："顾海滨一带，田尽斥卤，耕者无所望岁，只有视渊若陵，久成习惯，富家徵货，固得捆载归来；贫者为佣，亦博升米自给。"③海外贸易的兴盛，确实给闽南地区带来了丰厚的回报，有效地缓解了地狭人稠造成的生活压力。《海澄县志》说得十分清楚："地多斥卤，筑堤障潮，寻源导润，有千门共举之绪，无百年不坏之程；岁再熟，获少满篝，霜洼夏畦，个中良苦。于是饶心计者，视波涛为阡陌，倚帆樯为耒耜，盖富家以财，贫人以躯，输中华之产，驰异域之邦，易其方物，利可十倍。故民乐轻生，鼓枻相续，亦既习惯，谓生涯无逾此耳。"④

## （二）泉州市舶司设立的影响

北宋泉州港的对外贸易已日趋活跃。在地方官员的奏请下，政府于元祐二年（1087）正式在泉州设立管理海上贸易的市舶司，与广州、明州合称三路市舶司。南宋偏安东南，泉州因接近都城临安（杭州），所以对外贸易更加繁荣，三路市舶司亦改称"广泉市舶司"，其繁荣已与广州并驾齐驱。南宋末，蒲寿庚任职泉州市舶司，不但积极鼓励海上贸易，而且在元兵南下时降元，为泉州保存了原有的海上势力。入元之后，泉州很快地发展为我国最大的商埠，来往南海的商人、官吏多以泉州为出入门户。关于泉州港的繁华，《马可波罗游记》中还有一段生动的描述："所有印度的船皆来到这里，载着极值钱的商品，许多顶贵重的宝石和许多又大又美丽的珍珠。他也是四邻蛮子国商人所群聚的一个商

---

① 蓝鼎元：《漳州府图说》，《鹿洲全集》（上），蒋炳钊、王钿点校，厦门：厦门大学出版社，1995 年，第 243 页。

② 《龙溪县志》，第一〇卷《风俗》。

③ 张燮：《东西洋考》，谢方点校，第七卷《税饷考》，北京：中华书局，1981 年。

④ 邓廷祚等：《海澄县志》，第一五卷《风土志》。

埠，一言以蔽之，在这个商埠，商品宝石、珍珠的贸易之盛，的确是可惊的。"①

贸易的发展，商品的流通，财富的积累，城市的繁华，人们的生活水平也有了显著的提高。那些因贸易而致富的"商贾胥役之徒，美服食，仆妾舆马，置良田好宅，履丝曳缟，掷雉呼卢，以相夸燿，比比而然"。②如此这般，必然对广大民众的文化心理、行为观念、价值取向等产生重大而深刻的影响，闽南民间形成的"逐末风胜，而敦本意衰"的风气，自然也就在情理之中了。

### （三）地方官员的鼓励与扶植

北宋初年，由于国家的统一，社会经济进入了一个新的发展阶段，朝廷开始在沿海诸港设立提举市舶司。北宋开宝四年（971）最先在广州设市舶司。端拱二年（989）、咸平二年（999）又先后于杭州、明州置市舶司。如上所述，到北宋中期，泉州地区的对外贸易已日趋活跃，泉州转运使薛向鉴于海商须往返广州办理完税手而深感不便，乃向朝廷提出在泉州设立市舶司的建议，可惜未获批准。元丰五年（1082），泉州太守陈偁再次奏请置市舶司于泉州，终于得到朝廷的批准，于元祐二年（1087）在泉州正式设立了市舶司。市舶司的设立，对推动闽南地区海外贸易的发展起了很大作用，地方官员功不可没。

地方吏治清明、税收适当、市舶管理得法与否，与对外贸易的发展也有密切的关系。庆元（1195—1200）以后，由于海寇猖獗、政府苛征，及宗室仗势侵夺等，一度导致泉州对外贸易中衰。嘉定十年（1217），真德秀任泉州知府后，与提举市舶司赵崇度一起整顿市舶，革除弊政，减轻舶税，严禁借"和买"之名变相掠夺，得到中外商民的欢迎，第二年泉州的对外贸易便有明显的恢复。③

宋末元初，蒲寿庚主持泉州市舶司时，采取积极鼓励的政策，海外贸易比以前更加自由，他并颁布"官船官本商贩之法"实行"官自具船给本，送人入番，贸易诸货。其所获之息，以十分为率，官取其七，所易人得其三"的政策。④元代泉州港能迅速超过广州等地，而发展成为全国第一大港，与泉州地方官员和市舶司的鼓励、扶持有很大关系。

---

① 王云五主编：《万有文库》第二集七百种《马可孛罗游记》，张星烺译，上海：上海商务印书馆，1936年，第336—337页。

② 怀荫布等：《泉州府志》，第二〇卷《风俗志》。

③ 怀荫布等：《泉州府志》，第二九卷《名宦》一。又参见《泉州港与古代海外交通》，北京：文物出版社，1982年，第59页。

④ 《元史》食货志·市舶。

明代漳州月港的地方官，对海外贸易的鼓励与扶植，比泉州地区更主动积极，这可以从以下两件事中看出：

其一，自隆庆元年（1567）开放海禁以后，月港由一个走私贸易的中心，一变而成为合法的对外贸易港口，闽南沿海洋商、洋船聚集于此，每次出口船只常达六七十艘，乃至百艘之多，盛况不下于宋元时的泉州港。"这里的地方官非常重视发展海外贸易"。[①] 为了使沿海商民对海外各国的历史、地理情况有一个比较全面的了解，确保海上贸易的正常进行，漳州府督饷别驾王起宗、署郡司萧基、龙溪县令吴奕、海澄县令陶镕、傅櫆等地方官员，礼聘博学多才的龙溪举人张燮编写一部具有海外贸易通商指南性质的书籍，该书内容丰富，包括了明代后期有关海外贸易和交通的历史、地理、经济、航海等各方面的知识，十分实用。书于万历四十五年（1617）完稿后，即由漳州地方官主持刻印出版，这就是我们今天看到的中外关系史名著《东西洋考》。

其二，万历年间朝廷派宦官高寀为福建税监，高寀无恶不作，横征暴敛，鱼肉商民。"税额必漳、澄之贾舶为巨，躬自巡历……每岁辄至，既建委官署于港口，又更设于圭屿；既开税府于邑中，又更建于三都，要以阑出入，广搜捕。稍不如意，并船货没之。得一异宝，辄携去，曰'吾以供上'。"[②] 对高寀的横征暴敛和巧夺豪取，漳州地方官员予以有力的抵制，如海澄县令"龙国禄者，强项吏也。分庭入见寀，不为屈。严约所部不得为寀驱使，每事掣肘，不令飞而食人"。[③] 地方官员的暗中撑腰，大大地增强了商人们与税监高寀斗争的勇气。"诸商嗷嗷，因鼓噪为变，声言欲杀寀，缚其参随，至海中沉之。寀为宵遁，盖自是不敢复至澄"。[④] 最后，在福建地方官商的共同努力之下，万历四十二年九月终于将高寀驱逐出福建。在驱高事件中，"漳州地方官完全站在商人的立场上，为商人说话"，[⑤] 维护了海商的合法权益和对外贸易的正常发展。

## 三、对闽南地区重商倾向的历史文化考察

历史上的闽南人舍本逐末，发展海外贸易，积累了大量的财富，促进了地

---

① 张燮：《东西洋考》，谢方点校，"前言"，北京：中华书局，1981 年，第 8 页。
② 张燮：《东西洋考》，谢方点校，第八卷《税珰考》，北京：中华书局，1981 年。
③ 同上。
④ 同上。
⑤ 张燮：《东西洋考》，谢方点校，"前言"，北京：中华书局，1981 年，第 10 页。

方经济的繁荣，社会的进步，也创造了光辉灿烂、富有特色的闽南文化。海外贸易的开展，与世界的接触，开阔了闽南人的国际视野；与大海的搏斗，练就了闽南人吃苦耐劳的秉性与坚强的意志，也培育了闽南人积极进取的理念和敢于冒险的精神。郑成功率领由闽南人组成的大军赶走荷兰殖民者，收复我国神圣领土台湾，以及清初以后大量闽南籍移民冲破政府的偷渡禁令，漂洋过海，开发台湾，就是这种精神的发挥与写照。

然而，任何事物都有其两面性。商人经营的基本法则就是贱买贵卖，追求利润的最大化，力图以最小的投入，争取最大的产出。过度的逐利心理，往往导致海商罔顾国家的法律、政府的禁令，进行走私贸易。历史上闽南地区一直是走私贸易最为猖獗的地方之一。前引《海澄县志》云："明正德年间，豪民私造巨舶，扬帆外国，交易射利，因而诱寇内讧，法绳不能止。"明中叶以后百余年间史不绝书的倭患，就是与沿海的那些与海上走私贸易有密切关系的豪门世家的勾引有关。更有甚者，海商有时为了达到通番贸易、与外国互市的私人目的，竟到了置国家、民族利益于不顾的地步。1604 年旅居大泥（北大年）的海澄商人李锦、潘秀、郭震等，诱导荷兰殖民者韦麻郎舰队入泊澎湖，并充任信使，企图重贿福建税监高寀，为荷兰人要求互市，就是一个非常典型的例子。

海商们当自己的利益与政府的律令发生矛盾、冲突时，甚至不惜以武力与官府相抗。以漳州海澄为例，嘉靖三十五年（1556）后，海寇倭寇相继为乱，不仅"顽民乘机构逆，结巢盘踞，殆同化外"，而且"近年以二十四将之徒、二十八宿之党，蔓延接踵，充斥于闽广之交，而福建罹毒最甚。十年之内破卫者一，破所者二，破府者一，破县者六，破城堡者不下二十余处。屠城则百里无烟，焚舍而穷年烽火，人号鬼哭，星月无光，草野呻吟，……生民涂炭"。[①]

闽南地区海上私人武装走私活动，在明末天启年间达到了登峰造极的地步。颜思齐、刘香老、许心素、李魁奇、郑芝龙等，都是最著名的海上私人武装走私集团的头子。他们"亦商亦盗""半商半盗"，以至于这方面的研究者创造了一个有意思的辩证性名词："海寇商人"。[②]台湾学者翁佳音在《十七世纪的福佬海商》一文中，也声称自己文章中"所指涉的'海商'，不妨可说是'海寇商

---

① 李英：《请设县治疏》，载邓廷祚等：《海澄县志》，第二一卷《艺文志》。并参见施添福：《清代在台汉人的祖籍分布和原乡生活方式》，台湾师范大学地理系，1987 年，第 137 页。

② 李金明：《明代海外贸易史》，北京：中国社会科学出版社，1990 年，第 90—91 页。

人'的缩写"。<sup>①</sup>后来，郑芝龙打败漳州的许心素，清除了惠安人李魁奇，最后消灭了漳州海澄人刘香老等对手，成为名副其实独霸海上的走私集团头子。对于这个势力强大、富可敌国的海上武装走私集团，明朝政府也无可奈何，最后只好采取收编的办法，将其"招安"了事。

时至今日，时间的长河虽然已经流逝了四百年左右，但闽南地区走私的暗潮并未退去。改革开放后，闽南沿海的走私贸易有所抬头。有独无偶，近年来地处闽南地区的厦门发生了我国有史以来最大的走私案——远华集因走私案，主角赖昌星与郑芝龙是闽南泉州同乡，这不仅仅是种历史的巧合。虽然郑艺龙和赖昌星所处的时代不同，使用的手段各异，但他们的最终目的是一样的。从郑芝龙到赖昌星，这其中到底有没有一种文化上的联系，是值得研究者去思考的。

——原载陈支平主编
《第九届明史国际学术研讨会暨傅衣凌教授诞辰九十周年纪念论文集》，
厦门大学出版社 2003 年

---

① 翁佳音：《十七世纪的福佬海商》，载汤熙勇主编：《中国海洋发展史论文集》第七集上册。

# 大陆台湾史研究 30 年的回顾与感想

伴随着我国改革开放的历程，台湾史的研究也走过了将近 30 年的岁月。俗话说"人生三十而立"，在此纪念改革开放 30 周年之际，我们对进入"而立之年"的台湾史研究作一番回顾，总结成绩与经验，分析存在的问题，认清未来发展的道路和方向，乃是一件十分有意义的事情。

## 一、大陆台湾史研究 30 年之回顾

福建与台湾在地理上仅一水之隔，历史上台湾曾隶属福建管辖达二百余年之久，且台湾的先民大部分系由福建，主要是闽南地区迁移过去的，闽台之间的关系极为密切，福建人来做台湾历史的研究实占有天时、地利、人和之优势。在早年虽然也有学者作过郑成功等与台湾历史有关的研究，但真正对台湾史进行有系统、全面深入的研究还是在改革开放之后。尤其是 1979 年元旦，全国人大常委会发表《告台湾同胞书》之后，海峡两岸关系发生了重大变化，为了适应形势发展的需要，教育部批准在厦门大学设立台湾研究所，同时厦大历史系也在本科生中开设"台湾史"的选修课，台湾史的研究开始进入一个新的阶段。

### （一）专著出版与论文发表

在早期研究条件较差，办公设备简陋，手段落后，信息不灵，经费与资料尤感缺乏，但大家的研究的热情、兴趣和积极性都很高，克服了种种困难，工作十分的努力、勤奋，当然成果也相当丰硕。由于条件所限，当时的研究重点主要集中在郑成功，包括明郑历史以及清代台湾历史的研究上，出版的专著如陈孔立的《台湾历史故事》反侵略篇（1980）、陈碧笙的《台湾地方史》（1982）、陈在正、孔立、邓孔昭等的《清代台湾史研究》（1986）、李祖基的《近代台湾

地方对外贸易》（1986）等等。另外还有数量不少的台湾史研究论文发表各种学术刊物上。

大陆学者的台湾史研究引起了台湾学术界同行乃至日本学者的关注，对于取得的学术成果及学术水平予以一定的肯定。当时台北"中央研究院"近代史研究所副研究员许雪姬博士撰文称厦门是大陆研究台湾历史的"重镇"；陈碧笙的《台湾地方史》是"中共政权成立以后，对台湾历史脉络，解释最清楚的一部著作"；吴密察教授在与日本学者若林正丈的谈话中也提到李祖基的《近代台湾地方对外贸易》是一本"少见的力作"；并说在其"看到的台湾史论文集当中，厦大台湾研究所《清代台湾史研究》（厦门大学出版社，1986），算是比较好的"。①《清代台湾史研究》一书收入了十七位作者的二十八篇论文，涉及康熙统一台湾、清初台湾的经济发展、汉番关系、起义与械斗、晚清台湾的外贸与海关税收、台湾建省、"台湾民主国"、台湾与辛亥革命以及郑成功、施琅、姚启圣等多个研究主题，一定程度上代表了初创时期台湾史研究的水平。

随着时间的推移，投入台湾史研究的学者也在增加，研究的主题也在前一阶段的基础上有所拓展，研究的水平也有所提高。进入 19 世纪 90 年代，又有一批台湾史的研究专著相继推出，如陈孔立的《清代台湾移民社会研究》、邓孔昭的《〈台湾通史〉辨误》、李祖基的《战后台湾四十年》、黄福才的《台湾商业史》、杨友庭的《明郑四世兴衰史》、林仁川的《大陆与台湾的历史渊源》以及杨彦杰的《荷据时代台湾史》等等，引起了海内外学术界的重视。其中邓孔昭的《〈台湾通史〉辨误》和杨彦杰的《荷据时代台湾史》还先后在台湾出版，进一步扩大了影响。陈在正则根据自己收集的族谱资料，撰写并发表了台湾移民史研究的系列论文。

1993 年 11 月，中国史学会和全国台湾研究会在北京联合举办了"台湾史学术研讨会"。厦大台湾研究所历史研究室的全体同仁出席了这次研讨会，并提交了论文。这次会议既是对以往大陆台湾史研究成果的一次检阅，同时也是对此后台湾史研究的一个促进。与会的专家学者除了对台湾史多方面的问题进行认真深入的研讨之外，还一致认为台湾历史是中国历史不可分割的重要组成部分，对台湾历史的研究是中国历史研究的重要课题。同时也深感实事求是地以科学的态度研究台湾历史的迫切性和重要性，认为在台湾史研究日益受到关

---

① 吴密察、若林正丈：《台湾对话录》，台北：台湾自立晚报出版部，1989 年，第 139 页。

注的情况下，有必要编写一部简明扼要的台湾史。会后，由中国史学会、全国台湾研究会发起，并得到国台办、国家教委、中国社科院的支持，决定编写一部《台湾历史纲要》。1994 年 3 月成立了《台湾历史纲要》编委会，由戴逸先生任编委会主任委员，陈孔立、姜殿铭、王汝丰三位先生任副主任委员。全书的撰写任务主要由中国社会科学院台湾研究所和厦门大学台湾研究所两个单位的专家承担，由陈孔立先生任主编。该书于 1996 年由九洲图书出版社出版，并于当年 4 月 15 日在北京人民大会堂举行首发式。《台湾历史纲要》是台湾史研究方面重要的阶段性成果，得到学术界的普遍肯定。此后又有林仁川、黄福才的《闽台文化交融史》、邓孔昭的《郑成功与明郑台湾史研究》、陈碧笙的《郑成功研究》（遗作）、陈在正的《台湾海疆史研究》、林仁川、黄福才的《台湾社会经济史研究》等专著出版。2005 年在中国社会科学院中日历史研究中心的资助之下，陈小冲的《日本殖民统治台湾五十年史》作为该中心重点课题研究的成果正式出版，这是大陆第一部较为全面深入研究日本殖民统治台湾历史的专著。

进入 21 世纪后，随着国家"211"工程的实施以及教育部人文社会科学重点研究基地厦门大学台湾研究中心的成立，台湾史研究的条件得到很大的改善。福建师范大学也成立了"闽台区域研究中心"，开展相关的研究，硕果累累，其中不少与台湾史的研究有关。经过二十余年学术研究的沉淀与积累，作为教育部的重大研究课题，一部六卷本的《台湾通史》目前正由相关的学者编纂之中，我们期待这一标志性成果能早日问世。

### （二）史料的发掘、整理与出版

俗语云"巧妇难为无米之炊"。史料是历史研究的基础，新史料的发掘、整理是史学研究创新的重要内容。厦门大学台湾史研究者很早就注意到这一问题，在开展台湾史研究的同时，也致力于台湾文献资料，特别是那些湮没已久的、珍贵的台湾文献、档案史料的发掘、整理与出版工作。

早在 20 世纪 80 年代初，陈碧笙先生就开展了对郑成功史料的整理，相继校注出版了《先王实录》（1981）和《台湾外记》（1983）两种郑成功生平的第一手资料。其中《先王实录》系根据 1961 年在南安石井发现的另一传抄残本整理，比 1931 年中央研究院历史语言研究所出版的影印本增加了不少文字。

厦门大学台湾研究所还与中国第一历史档案馆合作，以中国第一历史档案馆所藏台湾地区的历史档案和具有档案性质的资料为主，并适当选辑各省公私所藏有关的台湾历史档案资料，主要是未公布的史料，编成"清代台湾档案史料丛刊"。由厦门大学台湾研究所的陈在正、陈孔立二位先生和第一历史档案馆的朱金甫先生负责主编，经过双方的共同努力，克服了重重困难，共陆续编辑了《康熙统一台湾档案史料选辑》《郑成功档案史料选辑》和《郑成功满文档案史料选译》等三种资料，先后由福建人民出版社出版。此外庄为玑、王连茂还根据所收集的大量族谱资料，编成《闽台关系族谱资料选编》，于 1984 年出版，为研究台湾移民史提供了很大的方便。

　　特别值得一提的是对大陆馆藏早期台湾方志，如第一部《台湾府志》和尹士俍《台湾志略》的发掘和整理。第一部《台湾府志》修于康熙二十四年，主持者为首任台湾知府蒋毓英，参与者有首任诸罗县令季麒光、凤山县令杨芳声等，"书成，上之方伯，贡之史馆"，[①] 但不久之后此书即遭湮没。日据时期日人铃木让编的《台湾全志》、20 世纪五六十年代周宪文编的《台湾文献丛刊》、方豪编的《台湾丛书·台湾方志汇编》、成文出版社有限公司印行的中国方志丛书台湾地区部分等均无蒋修《台湾府志》。而且陈汉光编《台湾地方志汇目》、台"中央图书馆"编《台湾公藏方志联合目录》以及朱士嘉编《中国地方志综录》（1958 年版）也未见提到蒋修《台湾府志》。但是，1978 年由中国科学院北京天文台主编的《中国地方志联合目录》（初稿）油印本在台湾省方志中增了蒋修《台湾府志》一种，其著录为："台湾府志十卷　清蒋毓英纂修　清康熙年间刻本（记事至清康熙二十四年），藏上海图书馆"。这一信息马上引起了学者们的广泛关注和浓厚兴趣，纷纷撰文对这部突然出现的蒋修《台湾府志》进行各种研究和探讨。1983 年冬，笔者利用撰写硕士学位论文，外出查阅资料的机会，前往上海图书馆复印蒋修《台湾府志》全书，带回交由陈碧笙先生点校、注释，于 1985 年由厦门大学出版社正式出版发行，湮没三百年之久的存世孤本终于重见天日，为海峡两岸学者的研究与利用提供了便利。原台湾大学历史系主任陈捷先教授在其所著《清代台湾方志研究》一书中称："陈碧笙著蒋毓英《台湾府志校注》一书用活字排印出版，卷首有〈前言〉，篇末附录季麒光〈台湾志书前序〉、〈台湾志序〉二文，此书流传极广，对蒋志之研究贡献亦多"。[②]

　　尹士俍《台湾志略》是一部私人编纂的台湾府志，尹氏为山东济宁人，雍

---

　　① 《台湾志书前序》（代周又文宪副），季麒光：《蓉洲诗文稿选辑·东宁政事集》，李祖基点校，香港：香港人民出版社，2006 年，第 82 页。

　　② 陈捷先：《清代台湾方志研究》，台北：台湾学生书局，1996 年，第 21 页。

正七年（1729）莅台任职，由同知而知府，由知府而道台，十年之间编成《台湾志略》，然该书刊行后不过十几年就散佚湮没，再也见不到踪影，给后世学者留下了一个难解的谜团。台湾学者有的断言尹著《台湾志略》"久已散佚"；[①]有的甚至认为该书"系属未刊稿本"，对其是否付梓表示怀疑。[②]1997 年笔者在查阅资料时发现了尹著《台湾志略》的一些蛛丝马迹，之后经过长达 5 年不懈的努力和多方求觅，终于在北京国家图书馆古籍善本部中找到了这部尘封湮没达二百五十载之久的存世孤本，经点校整理后于 2003 年 3 月由九州出版社出版。同年 5 月笔者应台北"中央研究院"台湾史研究所筹备处的邀请，参加该所主办的"台湾社会经济史国际学术研讨会"，在会上发表了《论尹士俍〈台湾志略〉的史料价值——社会经济史层面》的论文，[③]首次披露了尹著《台湾志略》的寻获以及点校出版等消息，引起了台湾史研究者的浓厚兴趣和热烈关注。早年曾关注过尹著《台湾志略》并撰写过研究文章的台北市文献会委员、现已退休的郑喜夫先生致函笔者，对尹志的寻获表达了"多年梦想，不期成真"的意外之喜；台湾学者、台湾文献馆约聘研究员林文龙认为："本书的发现与点校问世，其贡献学界，是值得大书特书的"。[④]台湾著名的学术刊物《台湾文献》于 2003 年第四期刊出"尹士俍《台湾志略》专辑"，发表了许毓良、郑喜夫、林文龙以及笔者的四篇文章，对尹士俍《台湾志略》的寻获、史料价值以及点校整理等问题进行了专门的讨论。继《台湾志略》之后，我们又陆续发掘整理出版了张嗣昌的《巡台录》、季麒光的《东宁政事集》《蓉洲诗文稿》等尘封湮没达二三百年之久的台湾珍贵史料。

　　"二·二八"事件是台湾史研究中的一个重要课题，厦门大学台湾研究所在成立之初就开始着手"二·二八"事件相关资料的收集工作。1981 年 10 月，由邓孔昭编成的《"二二八"起义资料集》上、下册，作为《台湾资料丛刊》之三印行，这是海峡两岸最早编成的一部"二·二八"事件资料集。20 世纪 80 年代末，台湾解严之后，"二·二八"事件一时之间成为学术界研究的大热点。1999 年，稻乡出版社又将该书改名为《"二·二八"事件资料集》，在台湾用繁体字版正式出版发行。近年来，笔者又根据大陆馆藏的 1949 年前相关报刊资料，编

　　① 陈捷先：《清代台湾方志研究》，台北：台湾学生书局，1996 年，第 98 页。
　　② 陈汉光：《清初台湾府志修纂史略》，台北市文献委员会编：《台北文物》第二卷第四期。
　　③ 笔者当时已办妥了赴台手续，后因受"非典"疫情的影响，未能成行，论文由台北"中研院"台湾史研究所的詹素娟教授代为宣读。
　　④ 林文龙：《〈台湾志略〉点校本的若干商榷》，《台湾文献》第五十四卷第四期。

成《"二·二八"事件报刊资料汇编》一书,于"二·二八"事件 60 周年之际,由海峡学术出版社出版发行。

最近几年大陆又相继出版了不少大型的台湾史资料丛书,如厦门大学陈支平主编的《台湾文献汇编》和中国第二历史档案馆编的《馆藏民国台湾档案汇编》等等,这些新史料的发掘、整理出版对于台湾史研究的促进作用是不言而喻的。

## (三)学术交流

20 世纪 80 年代大陆方面台湾史研究的兴起,也引起了台湾同行的密切关注,1986 年台北"中央研究院"近代史研究所副研究员许雪姬博士在《台湾风物》上发表长篇文章,对近年来大陆对台湾史的研究进行介绍与评估。[①] 由于台湾当局坚持"不接触、不谈判、不妥协"的"三不政策",当时海峡两岸基本上还处于隔绝状态,台湾史研究的学术交流自然也无法展开。两岸学者最初不得不借助在第三地,如美国和香港等地出席台湾问题国际研讨会的机会,进行有限的学术交流

1987 年 3 月 15 日,王晓波教授等发起在台湾成立"台湾史研究会",1988年 1 月举办"台湾史研讨会"并发函邀请厦门大学台湾研究所所长陈孔立教授和中国社会科学院台湾研究所特约研究员徐博东副教授参加。然而,由于未能得到台湾当局的准许,陈孔立教授抵达香港后竟无法入境莅会,只好将论文寄往台湾,由别人在会上代为宣读。尽管这次"文到人未到"的学术交流留下了一些遗憾,但毕竟是海峡两岸将近 40 年来破天荒的第一次。

1987 年 10 月台当局开放大陆探亲后,台湾史研究会于 1988 年 6 月组成"大陆台湾史研究现况考察团",拟于 7 月 29 日由台北启程赴大陆进行学术交流。临行前,台湾"境管局"以考察团准备前往大陆从事探亲以外的活动为由,禁止其出境。"大陆台湾史研究现况考察团"被迫于 7 月月 30 日宣布解散,化整为零,以个人名义前来大陆。8 月 2 日,厦门大学台湾研究所的学者与到访的"考察团"19 位成员在厦门举行了"台湾研究学术交流会",双方共提交了16 篇论文,其中厦大台湾研究所的学者提交了 10 篇,台湾学者提交了 6 篇。

---

① 许雪姬:《近年来大陆对台湾史的研究——介绍与评估》,(上)(下),《台湾风物》第36卷第1、2期。

这是海峡两岸首次真正意义上的学术交流，气氛"严肃、认真而热烈"。[①] 当时，王晓波教授对大陆学者的研究作了这样的评论："由于大陆学者不得访台做实地研究，及两岸隔阻而资讯不足，大陆学者的台湾研究，尤其是当代史方面，自有其不足之处。但他们在研究困难的条件之下，以有限的资料，钻研之深，及其敬业的精神，不能不令我们尊敬，也是我们应该学习的"。[②] 会后，厦门大学台湾研究所台湾历史研究室将双方学者的论文编为《海海峡两岸首次台湾史学术交流论文集》，由厦门大学出版社出版。1990 年王晓波教授再次率团来访，进行台湾史研究的学术交流。

20 世纪 90 年代后，随着两岸关系的和缓，双方之间的学术交流和人员互访逐渐正常化，大陆学者开始经常应邀赴台访问并出席台湾研究的学术会议。1995 年夏，厦门大学台湾研究所与中国社科院台湾研究所等单位合作在江西庐山举办了"台湾史学术研讨会"。此后，厦门大学台湾研究所与闽台交流协会、福建省社会科学院、福建省历史学会等单位合作先后于 1999 年和 2001 年举办了"海峡两岸台湾移民史学术研讨会"和"海峡两岸台湾交通史学术研讨会"。2004 年夏，厦大台湾研究中心、厦大台湾研究院在厦门举办了"海峡两岸台湾史研讨会"。历次研讨会均邀请海峡彼岸多位从事台湾史研究的一流专家参加，两岸学者共聚一堂，就共同关心和感兴的问题，认真探讨，深入切磋，对于提升大陆台湾史研究的学术水准无疑具有积极的意义。

## （四）对"台独"史观和"去中国化"倾向的批判

历史研究本来是一个单纯的学术问题，然而，20 世纪五六十年代开始，在某些外国势力的暗中支持之下，一小部分"台独"分子，如史明等人欺世盗名，以马克思主义者自诩，打着"站在台湾人劳苦大众的立场"的旗号，利用研究台湾历史之名，行肆意篡改、歪曲台湾历史之实，推出 100 余万字的《台湾人四百年史》，蒙骗读者，为"台独理论"和"台独运动"制造历史根据。对此国台办于 1993 年前后组织厦门大学等台湾史研究的专家撰文，针对史明《台湾人四百年史》一书中炮制的所谓"台湾人论""台湾民族论""荷据以来台湾就脱离中国经济圈""郑，清及民国时期的台湾是中国的'殖民地'""清朝对台湾施行'重赋苛敛的殖民地剥削'"等谬论，从学术上予以批

---

① 王晓波：《前言》，台湾史研究会主编：《台湾史研究会论文集第二集》，1990 年。

② 同上。

判。这些文章后来编成《史明台湾史论的虚构》一书，由台湾人间出版社于1994年出版。

李登辉上台后，其主张"台独"的面目逐渐显露。为了达到割断台湾与中国历史、文化联系之目的，台湾当局于1997年推出了中学教科书《认识台湾》（历史篇）、（社会篇）、（地理篇），该教科书充斥着强烈的"去中国化"倾向，肆意抹杀、篡改史实，刻意回避、淡化历史上台湾与祖国大陆源远流长的关系，把"明郑时期"改为"郑氏治台"，"清治"改为"清领"，"日据"改为"日治"，"光复"改为"战后"等等，书中避而不提"中国人""中华民族"，而强调所谓"台湾人""台湾魂"，且美化日本在台50年的殖民统治，刻意为其歌功颂德。这种做法引起了海峡两岸学者的极大不满和愤慨，纷纷撰文，对台湾当局借"认识台湾"之名，行"去中国化"之实，想利用割断台湾与祖国大陆历史、文化联系的办法来达到将台湾分裂出去的图谋进行无情的揭露和有力的批判。1999年九洲图书出版社将大陆学者的相关论文汇集成书，题为《〈认识台湾〉教科书评析》正式出版。

## 二、关于台湾史研究的体会与感想

光阴似箭，日月如飞。往事历历在目，30年弹指一挥间。在回顾台湾史研究30年的同时，笔者也想谈几点体会与感想，与大家共勉。

### （一）应将学科建设与人才培养放在重要位置

台湾历史研究30年所取得的成就，是老一辈专家学者长期努力、艰苦创业留下的成果。老一辈专家学者为了台湾史的研究付出自己大半生的心血，他们淡泊名利，严谨治学，以身作则，是我们学习的楷模与典范。他们提携后进，诲人不倦，为台湾史研究培养了一批又一批人才，这些人才中相当一部分已经成为大陆台湾历史研究的骨干和主力。要使台湾史研究的薪火代代相传下去，我们还需要不断培养更多的人才。与政治、经济和两岸关系研究的热闹场面相比，近年来台湾历史的研究的确有点冷清。但唯有淡泊才能明志，唯有宁静才能致远。我们应保持和继承老一辈学者的优良传统，力戒浮躁的学风和急功近利的做法，牢记"板凳须坐十年冷，文章不写一字空"的名训，潜下心来，踏实工作，为推动台湾历史研究在百尺竿头更进一步做出自己的贡献。

### （二）必须坚持台湾历史是中国历史的一部分的原则

台湾是中国土不可分割的一部分，台湾人民也是中国人民的一部分，其所创造的台湾历史当然也是中国历史的一部分，这是我们研究台湾历史时必须坚持的基本原则与立场。2008 年 5 月台湾的政局发生了较大变化，海峡两岸关系也有了较大的改善和发展，但是，一小部分主张"台独"的人还在，心不死，台湾历史研究方面的"统""独"之争，还会继续下去，海峡两岸争夺台湾历史诠释权的斗争，还会继续下去，对此我们应该保持清醒的头脑和足够的认识，努力提高台湾历史研究的水平，与那些"台独"史观进行长期的不懈的斗争。

### （三）正确对待台湾历史研究中的普遍性与特殊性

台湾历史作为中国历史的一部分，其必然有着与中国历史共同的方面，即共性，但由于台湾特殊的地理位置，开发时间较晚以及 17 世纪以来受到荷兰、西班牙、日本的殖民侵略与占领，尤其是近 100 多年来和祖国大陆较长时间处于分离状态（仅在光复后有过短暂的统一），所以台湾的历史不可避免地又有其特殊的地方，对此，我们在学术研究的过程中应该正确对待，认真分析，妥善处理，既不能对其视而不见，又不能将其无限夸大。

### （四）加强台湾文献史料的发掘与整理工作

与海峡彼岸研究台湾历史的同行相比，大陆学者在客观条件上不占优势，但大陆地方广大，官方与民间藏有不少台湾的文献资料。而以前有人赴台为官，返回后又将资料带回大陆，反而台湾所无。所以，台湾文献史料的发掘、整理是一项可以有所作为而且十分有意义的工作，我们以前在此方面取得过一些成绩，今后应当继续加强这方面的努力。

### （五）继续办好《台湾研究集刊》《台湾研究》等学术刊物

《台湾研究集刊》和《台湾研究》是研究台湾历史和台湾问题，出人才、出成果的重要阵地，是老一辈领导留下的学术财富。历史已经证明，当时创办《台湾研究集刊》和《台湾研究》是一个非常有远见的决定。我们要充分利用这两个阵地，继续办好《台湾研究集刊》和《台湾研究》，进一步扩大其学术影响。

——原载《台湾研究》2009 年第 1 期

# 参考文献

史料：

施琅：《靖海纪事》，福州：福建人民出版社，1984 年版。

张燮：《东西洋考》，北京：中华书局，1981 年版。

《明经世文编选录》，台北：台湾大通书局，1984 年版。

周婴：《东番记》，《远游篇》卷十二，厦门大学图书馆古籍室藏抄本。

董应举：《崇相集选录》，台北：台湾大通书局，1987 年版。

《诏安县志》康熙版。

蓝鼎元：《鹿洲全集》，蒋炳钊等点校，厦门：厦门大学出版社，1995 年版。

张伟仁主编：《明清档案》第 71 辑，台北："中央研究院"历史语言研究所，1987 年版。

沈葆桢：《福建台湾奏折》，台北：台湾大通书局，1987 年版。

《同治甲戌日兵侵台始末》，台北：台湾大通书局，1987 年版。

左宗棠：《左文襄公奏牍》，台北：台湾大通书局，1987 年版。

《台湾府志三种》，北京：中华书局出版，1985 年版。

《台湾关系文献集零》，台北：台湾大通书局，1987 年版。

赵尔巽等：《清史稿》第二册，北京：中华书局，1976 年版。

厦门大学台湾研究所、中国第一历史档案馆编辑部编：《康熙统一台湾档案史料选辑》，福州：福建人民出版社，1983 年版。

阮旻锡：《海上见闻录定本》，福州：福建人民出版社，1982 年版。

《清圣祖实录选辑》，台北：台湾大通书局，1987 年版。

厦门大学郑成功历史调查研究组编：《郑成功收复台湾史料选编》，福州：福建人民出版社，1982 年版。

高拱乾:《台湾府志》,台北:台湾大通书局,1984 年版。

郁永河:《裨海纪游》,台北:台湾大通书局,1984 年版。

黄叔璥:《台海使槎录》,台北:台湾大通书局,1984 年版。

国学文献馆主编:《台湾研究资料汇编》第一辑,台北:联经出版事业公司,1993 年版。

《台案汇录丙集》,台北:台湾大通书局,1984 年版。

陈淑均:《噶玛兰厅志》,台北:台湾大通书局,1984 年版。

周凯:《厦门志》,厦门:鹭江出版社,1996 年版。

季麒光:《蓉洲诗文稿选辑·东宁政事集》,李祖基点校,香港:香港人民出版社,2006 年版。

陈璸:《陈清端公文选》,台北:台湾大通书局,1987 年版。

中国第一历史档案馆编:《清代查勘台湾官庄民地佃租史料》,《历史档案》,1987 年第 1 期。

王瑛曾:《重修凤山县志》,台北:台湾大通书局,1984 年版。

刘良璧:《重修福建台湾府志》,台北:台湾大通书局,1984 年版。

周钟瑄:《诸罗县志》,台北:台湾大通书局,1984 年版。

丁绍仪《东瀛识略》,台北:台湾大通书局,1987 年版。

台北故宫博物院编:《宫中档乾隆朝奏折》第十四辑,台北:台北故宫博物院印行,1984 年版。

中国第一历史档案馆、海峡两岸出版交流中心编:《明清宫藏台湾档案汇编》,第 20 册、第 21 册、第 189 册,北京:九州出版社,2009 年版。

台湾史料集成编辑委员会编:《清代台湾关系谕旨档案汇编》第一册,台北:"行政院文化建设委员会"、远流出版事业股份有限公司,2004 年版。

林金悔主编:《靖海侯施琅督垦文献辑》,台南:台南县政府文化局、台南县将军乡公所出版,2002 年版。

临时台湾旧惯调查会第一部调查第三回报告书:《台湾私法》第一卷,陈金田译,台湾省文献委员会编印,1997 年版。

薛光前、朱建民主编:《近代的台湾》,台北:正中书局,1977 年版。

《雍正硃批奏折选辑》,台北:台湾大通书局,1984 年版。

连横:《台湾通史》,北京:商务印书馆,1983 年版。

台北:"中央研究院"历史语言研究所编:《明清史料》戊编上、下册,北京：中华书局1987版。

尹士俍：《台湾志略》，李祖基点校，北京：九州出版社，2003年版。

中国第一历史档案馆编：《康熙朝汉文朱批奏折汇编》第六册，北京：档案出版社，1985年版。

《十通·清朝通典》，卷44，"礼吉·耤田"，台北：新兴书局，1965年版。

中国人民大学清史研究所编：《清史编年》第四卷雍正朝，北京：中国人民大学出版社，1991年版。

《清会典台湾事例》，台北：台湾大通书局，1984年版。

《清奏疏选汇》，台北：台湾大通书局，1984年版。蒋毓英：《台湾府志》，陈碧笙校注，厦门：厦门大学出版社，1985年版。

《钦定福建省外海战船则例》，台北：台湾大通书局，1987年版。

《台湾采访册》，台北：台湾大通书局，1984年版。

《福建通志台湾府》，台北：台湾大通书局，1984年版。

《清仁宗实录选辑》，台北：台湾大通书局，1984年版。

李元春：《台湾志略》，台北：台湾大通书局，1984年版。

周元文：《重修台湾府志》，台北：台湾大通书局，1984年版。

谢金銮：《续修台湾县志》，台北：台湾大通书局，1984年版。

《台案汇录戊集》，台北：台湾大通书局，1987年版。

王必昌：《重修台湾县志》，台北：台湾大通书局，1984年版。

蒋元枢：《重修台郡各建筑图说》，台北：台湾大通书局，1987年版。

《清会典台湾事例》，台北：台湾大通书局，1984年版。

庄为玑、王连茂编：《闽台关系族谱资料选编》，福州：福建人民出版社，1984年版。

中国第一历史档案馆编：《乾嘉时期科举冒籍史料》，《历史档案》，2000年第4期。

尹章义：《台湾鉴湖张氏族谱》，张士箱家族拓展史研纂委员会印行，1985年版。

陈文达：《台湾县志》，台北：台湾大通书局，1984年版。

朱仕玠：《小琉球漫记》，台北：台湾大通书局，1984年版。

夏之芳：《奏疏稿略》，乾隆丁丑年刻本。

余文仪：《续修台湾府志》，台北：台湾大通书局，1984年版。

《台湾南部碑文集成》,台北:台湾大通书局,1984年版。

《台湾私法物权编》,台北:台湾大通书局,1984年版。

尹章义:《张士箱家族移民发展史(一七O二——一九八三)》,南投:台湾省文献委员会,2001年版。

王连茂、叶恩典整理:《泉州·台湾张士箱家族文件汇编》,福州:福建人民出版社,1999年版。

沈葆桢:《福建台湾奏折》,台北:台湾大通书局,1984年版。

王文径编:《漳浦历代碑刻》,闽新出(漳)内书刊第90号,1994年版。

周跃红主编:《台湾人的漳州祖祠》,厦门:国际华文出版社,2002年版。

丁曰健:《治台必告录》,台北:台湾大通书局,1984年版。

《台湾杂咏合刻》,台北:台湾大通书局,1984年版。

李汝和主修:《台湾省通志》卷九革命志,南投:台湾省文献委员会,1970年版。

吴德功:《戴施两案纪略》,台北:台湾大通书局,1987年版。

林豪:《东瀛纪事》,台北:台湾大通书局,1987年版。

蔡青筠:《戴案纪略》,台北:台湾大通书局,1987年版。

《清穆宗实录选辑》,台北:台湾大通书局,1984年版。

王元稚:《甲戌公牍钞存》,台北:台湾大通书局,1987年版。

李汝和主修:《台湾省通志》卷三政事志外事篇,南投:台湾省文献委员会,1971年版。

牡丹社事件史料专题翻译(二)《处蕃提要》,黄得峰,王学新译,南投:"国史馆"台湾文献馆,2005年版。

李鸿章:《李文忠公选集》,台北:台湾大通书局,1987年版。

中国第一历史档案馆藏,外务部档,第2155号。

《清德宗实录选辑》,台北:台湾大通书局,1984年版。

《道咸同光四朝奏议选辑》,台北:台湾大通书局,1984年版。

台湾史料集成编辑委员会编:《明清台湾档案汇编》第四辑第七十六册、第七十八册、第七十九册,台北:远流出版事业股份有限公司,2008年版。

《清季台湾洋务史料》,台北:台湾大通书局,1987年版。

邮电史编辑室编:《中国近代邮电史》,北京:人民邮电出版社,1984年版。

中国史学会主编:《洋务运动》(八),上海:上海人民出版社,1961年版。

《清光绪朝中日交涉史料选辑》，台北：台湾大通书局，1987 年版。

丁日昌：《丁禹生政书》，范海泉、刘治安点校，香港：香港志濠印刷公司，1987 年版。

《刘铭传抚台前后档案》，台北：台湾大通书局，1987 年版。

《台湾私法物权编》，台北：台湾大通书局，1987 年版。

《清季申报台湾纪事辑录》，台北：台湾大通书局，1984 年版。

胡传：《台东州采访册》，台北：台湾大通书局，1984 年版。

《台湾海防档》，台北：台湾大通书局，1987 年版。

沈云龙主编：《李文忠公（鸿章）朋僚函稿》第十七卷，台北：文海出版社，1966—1973 年版。

陈鸣钟、陈兴唐主编：《台湾光复和台湾光复后五年省情》上、下，南京：南京出版社，1989 年版。

中国国民党中央委员会党史委员会编：《光复台湾之筹划与受降接收》，台北：1990 年版。

厦门大学台湾研究所编：《二.二八起义资料集》，厦门：厦门大学台湾研究所，1981 年版。

陈芳明编：《台湾战后史资料选，二.二八事件专辑》，台北：二二八和平日促进会，1991 年版。

全国政协、浙江省政协、福建省政协文史资料研究委员会编辑组编：《陈仪生平及被害内幕》，北京：中国文史出版社，1987 年版。

中国第二历史档案馆编：《台湾二.二八事件档案史料》，北京：档案出版社，1991 年版。

赖泽涵总主笔：《二二八事件研究报告》，台北：时报文化出版企业有限公司，1994 年版。

《长官公署时期之台湾经济》，（统计）之 (14)，物价之变动，《台湾银行季刊》第 1 卷第 2 期。

《长官公署时期之台湾经济》，（统计）之 (4)，米谷供需概况，《台湾银行季刊》第 1 卷第 2 期。

朱汇森主编：《中华民国史事纪要》，台北"国史馆"，1990 年版。

李祖基编：《"二·二八"事件报刊资料汇编》，台北：海峡学术出版社，2007 年版。

杨肇嘉:《杨肇嘉回忆录》上、下,台北:三民书局有限公司,1967年版。

《台湾舆地汇钞》,台北:台湾大通书局,1987年版。

范咸:《重修台湾府志》,台北:台湾大通书局,1984年版。

乾隆《海澄县志》影印本,香港:蝠池书院出版有限公司,2006年版。

李汝和主修:《台湾省通志》,卷三政事志卫生篇,南投:台湾省文献会,1972年版。

《风港营所杂记》,王学新译,南投:"国史馆"台湾文献馆,2003年版。

佐仓孙三:《台风杂记》,台北:台湾大通书局,1987年版。

阮旻锡:《海上见闻录》定本,福州:福建人民出版社,1982年版。

江日昇:《台湾外记》,福州:福建人民出版社,1983年版。

姚莹:《东槎纪略》,台北:台湾大通书局,1984年版。

《蠡测汇钞·问俗录》标点本,北京:书目文献出版社,1983年版。

中国第一历史档案馆、湄洲妈祖祖庙董事会等合编:《清代妈祖档案史料汇编》,北京:中国档案出版社,2003年版。

《景印文渊阁四库全书》,第481册、第620册、第622册,台北:台湾商务印书馆,1983年版。

《天后显圣录》,原书藏福建省师范大学图书馆,莆田:湄洲妈祖祖庙董事会、湄洲妈祖文化研究中心,2001年重印。

林清标辑:《敕封天后志》,乾隆戊戌年版。

蒋维锬、周金琰辑纂:《妈祖文献史料汇编》(第一辑)档案卷,北京:中国档案出版社,2007年版。

蒋维锬、刘福涛辑纂:《妈祖文献史料汇编》(第一辑)诗词卷,北京:中国档案出版社,2007年版。

蒋维锬、郑丽航辑纂:《妈祖文献史料汇编》(第二辑)史摘卷,北京:中国档案出版社,2009年版。

中国第一历史档案馆整理:《康熙起居注》第二册,北京:中华书局,1984年版。

《清实录》第九册,北京:中华书局,1985年影印本。

周煌:《琉球国志略》,台北:台湾大通书局,1984年版。

《钦定平定台湾纪略》,台北:台湾大通书局,1987年版。

《厦门图书馆声》,1935年第三卷第一二期合刊、第五六期合刊。

《清威略将军吴英事略》，厦门市图书馆藏抄本。

《莆田县志》，中国方志丛书第 81 号，台北：成文出版社，1968 年版。

李光地：《吴将军行间纪遇后序》，《榕村集》卷十三，《文渊阁四库全书》，第 1324 册，上海：上海古籍出版社，2003 年版。

《碑传选集》，台北：台湾大通书局，1984 年版。

陈寿：《三国志》，北京：中华书局，1959 年版。

罗贯中：《三国演义》，北京：同心出版社，1995 年版。

朱一玄编：《明清小说资料选编》上册，济南：齐鲁出版社，1989 年版。

《全唐诗》卷 248，北京：中华书局，1960 年版。

怀荫布修：乾隆《泉州府志》，上海：上海书店 2000 年版。

刘尚文：《莆阳金石初稿》第一卷。

《岛夷志略校释》，元·汪大渊原著，苏继庼校释，北京：中华书局，1981 年版。

王云五主编：《万有文库》第二集七百种《马可孛罗游记》，张星烺译，上海：上海商务印书馆，1936 年版。

张燮：《东西洋考》，北京：中华书局，1981 年版。

顾炎武：《天下郡国利病书》，上海：上海古籍出版社，2012 年。

《台湾郑氏纪事》，台北：台湾大通书局，1987 年版。

吴裕仁：嘉庆《惠安县志》，上海：上海书店，2000 年版。

陈纂、李汉青：《南安续志》，台北：东亚，1974 年版。

吴锡璜等：《同安县志》，北京：方志出版社，2007 年版。

庄成主修：《安溪县志》，厦门：厦门大学出版社，1988 年版。

沈定均等：光绪《漳州府志》，上海：上海书店，2000 年版。

吴宜燮：乾隆《龙溪县志》，上海：上海书店 ，2000 年版。

宋濂：《元史》食货志，北京：中华书局，1976 年版。

沈有容：《仗剑录》，《台湾研究集刊》1986 年第 4 期。

专著：

李祖基：《台湾历史研究》，北京：台海出版社，2005 年版。

邓孔昭：《郑成功与明郑在台湾》，厦门：厦门大学出版社，2013 年版。

林嘉书：《南靖与台湾》，香港：华星出版社，1993 年版。

陈在正：《台湾海疆史》，台北：扬志文化事业股份有限公司，2003 年版。

彭明敏：《自由的滋味》，台北：台湾文艺出版社，1987 年版。

史明：《台湾不是中国的一部分》，台北：前卫出版社，1992 年版。

［日］伊能嘉矩：《台湾文化志》（中译本）（下），台湾省文献委员会编译，1991 年版。

［美］爱德华·豪士（Edward H.House）：《征台纪事：武士刀下的牡丹花》，陈政三译述，台北：原民文化事业有限公司，2003 年版。

陈孔立主编：《台湾历史纲要》，北京：九洲图书出版社，1996 年版。

黄嘉谟：《美国与台湾—— 一七八四至一八九五》，台北："中央研究院"近代史研究所，1979 年版。

黄通等编：《日据时期台湾之财政》，台北：联经出版事业公司，1987 年版。

赖泽涵、马若孟、魏萼：《悲剧的开端，台湾二二八事变》，台北：时报文化出版事业有限公司，1993 年版。

［美］戴维森（Jame W.Davidson）：《台湾之过去与现在》，蔡启恒译，台湾研究丛刊第 107 种，台北：台湾银行经济研究室，1972 年版。

王世庆：《清代台湾社会经济》，台北：联经出版事业公司，1994 年版。

陈捷先：《清代台湾方志研究》，台北：台湾学生书局，1996 年版。

方豪：《方豪六十自定稿》，上册，台北：方豪，1969 年版。

方豪：《方豪教授台湾史论文选集》，台北：捷幼出版社，1999 年版。

吴幼雄主编：《吴英研究》，香港：香港风雅图书出版有限公司，2010 年版。

赵杏根：《中国百神全书》，海口：南海出版公司，1994 年版。

傅衣凌：《明清时代商人及商业资本》，北京：人民出版社，1956 年版，1980 年第二次印刷。

施添福：《清代在台汉人的祖籍分布和原乡生活方式》，台北：台湾师范大学地理系，1987 年版。

李金明：《明代海外贸易史》，北京：中国社会科学出版社，1990 年版。

吕实强：《丁日昌与自强运动》，台北："中央研究院"近代史研究所，1987 年版。

吴密察、若林正丈：《台湾对话录》，台北：自立晚报文化出版部，1989 年版。

台湾史研究会主编：《台湾史研究会论文集第二集》，1990 年版。

论文：

石万寿《台湾弃留议新探》，《台湾文献》第 53 卷第 4 期。

林登顺：《施琅弃留台湾议探索》，《南师学报》第 38 卷第 1 期。

赖永祥：《清荷征郑始末》，《台湾风物》第 4 卷第 4 期。

李祖基：《清代台湾之官庄》（上、下），《台湾研究集刊》1992 年第 3、4 期。

李祖基：《清代前期台湾的田园赋则》，《台湾研究集刊》1991 年第 2 期。

许毓良：《张嗣昌〈巡台录〉的史料价值》，《台湾文献》第 55 卷第 3 期。

李祖基：《论尹士俍〈台湾志略〉的史料价值——以社会经济史为例》，《台湾文献》第 54 卷第 4 期。

郑喜夫：《尹士俍〈台湾志略〉之体例与史料价值举隅》，《台湾文献》第 54 卷第 4 期。

林文龙：《〈台湾志略〉点校本的若干商榷》，《台湾文献》第 54 卷第 4 期。

李祖基：《尹士俍与〈台湾志略〉》，《台湾研究》2003 年第 3 期。

陈支平：《从碑刻、民间文书等资料看福建与台湾的乡族关系》，《台湾研究集刊》2004 年第 1 期。

刘大可：《闽西客家人迁台与定光古佛信仰》，《台湾研究》2003 年第 1 期。

林嘉书：《南靖县向台湾移民的谱牒文献调查研究》，厦门大学台湾研究所台湾历史研究室编：《海峡两岸首次台湾史学术交流论文集》，厦门：厦门大学出版社，1990 年版。

邓孔昭：《台湾八卦会和戴潮春起义》，《台湾研究集刊》1984 年第 4 期。

梁华璜：《甲午战争前日本并吞台湾的酝酿及其动机》，《台湾文献》第 26 卷第 2 期。

林子侯：《牡丹社之役及其影响》，《台湾文献》第 27 卷第 3 期。

杨彦杰：《清末台湾东部山地的开发》，《台湾研究集刊》1996 年第 2 期。

藤井志津枝：《甲午战争前与日本大陆浪人的思想与行动》，台湾师范大学历史研究所历史学系编印：《甲午战争一百周年纪念学术研讨会论文集》，1995 年版。

李理：《李仙得为日本政府提出的"攻台计划"》，中国社会科学院台湾史研究中心主编：《割让与回归——台湾光复六十周年暨海峡两岸关系学术研讨会论文集》，北京：台海出版社，2008 年版。

连战:《台湾在中国对外关系中的地位(一六八三年——一八七四年)》,薛光前、朱建民主编:《近代的台湾》,台北:正中书局,1977 年版。

林呈蓉:《1874 年日本的"征台之役"——以从军纪录为中心》,《台湾风物》,第 53 卷第 1 期。

庄司万太郎:《一八七四年日本出师台湾时 Le Gendre 将军之活跃》,薛余译,《台湾银行季刊》第 10 卷第 3 期。

松浦章:《台湾海底通信线之创始》,《台北文献》直字第 151 期,2005 年 3 月。

铃木正夫:《关于陈仪之备忘录——与鲁迅、许寿裳、郁达夫之间的关系》,陈俐甫、夏荣和合译,《台湾风物》第 42 卷第 1 期。

朱文影:《行政长官公署时期台湾经济之探讨(一九四五～一九四七)》,《台湾风物》42 卷第 1 期。

李祖基:《清代台湾边疆移民社会之特点与妈祖信仰》,《台湾研究集刊》1990 年 2/3 期合刊。

秦美婷、汤书昆:《1895-1898 年日本售台言论的形成与舆论的影响》,《台湾研究集刊》2006 年第 1 期。

林美容:《由祭祀圈到信仰圈》,张炎宪主编:《中国海洋发展史论文集》,第三辑,台北:"中央研究院"中山人文社会科学研究所,1990 年版。

陈其南:《土著化与内地化:论清代台湾汉人社会的发展模式》,台北:中国海洋发展史论文集编辑委员会主编:《中国海洋发展史论文集》,第一辑,台北:"中央研究院"中山人文社会科学研究所,1984 年版。

洪丽完:《清代台中地方福客关系初探》,《台湾文献》第 42 卷 2 期。

林美容:《彰化妈祖的信仰圈》,台北:"中央研究院"民族学研究所编:《民族学研究所集刊》,第 68 期。

李世伟:《〈妈祖加封天后〉新探》,《海洋文化学刊》2005 年第 12 月(创刊号)

徐晓望:《清初赐封妈祖天后问题新探》,《福建师范大学学报》(哲学社会科学版)2007 年第 2 期。

苏健、黄国华:《乾隆皇帝与妈祖文化》,《中华妈祖》2009 年第 3 期。

潘君祥:《蒋毓英修〈台湾府志〉》,上海社会科学院《社会科学》月刊 1982 年第 2 期。

许仲凯：《清代的台湾府志·省志》,《福建省图书馆学会通讯》1982 年 1 期。

陈秉仁：《第一部台湾府志考辨》, 上海图书馆学会编印：《图书馆杂志》1983 年第 1 期。

毛一波：《第一部〈台湾府志〉——蒋毓英纂修》,《东方杂志》复刊第 18 卷第 4 期。

陈汉光：《台湾地方志汇目》, 台湾省文献委员会编：《文献专刊》第 3 卷第 2 期。

陈汉光：《清初台湾府志修纂史略》, 台北市文献委员会编：《台北文物》第 2 卷第 4 期。

郑喜夫：《关于清代两种〈台湾志略〉》,《台湾文献》第 33 卷第 1 期。

曾舒怡：《〈清威略将军吴英事略〉版本考》,《福建图书馆理论与实践》2013 年第 3 期。

刘晓聪：《清威略将军吴英年谱考略与其他》, 吴幼雄主编：《吴英研究》, 香港：风雅图书出版有限公司, 2010 年版。

李祖基：《〈清威略将军吴英事略〉研究——版本、内容与问题》,《台湾研究集刊》2014 年第 6 期。

李鸿彬：《施琅与吴英——兼论澎湖海战》, 论文集编委会编：《商鸿逵教授逝世十周年纪念论文集》, 北京：北京大学出版社, 1995 年版。

翁佳音：《十七世纪的福佬海商》, 台北：汤熙勇主编：《中国海洋发展史论文集》第七辑上册, 台北："中央研究院"中山人文社会科学研究所, 1999 年版。

刘永华：《关羽崇拜的塑成与民间文化传统》,《厦门大学学报》1995 年第 2 期。

黄典权：《关公赤兔马与台南祭典》,《台湾风物》第 18 卷第 2 期。

郭松义：《论明清时期的关帝崇拜》,《中国史研究》1990 年第 3 期。

俄罗斯科学院通讯院士 B.RIFTIN( 李福清 )：《关帝传说与关帝信仰——关帝研究的新探索》, 1997 年 "海峡两岸关帝文化学术研讨会" 论文 ( 未刊稿 )。

许雪姬：《近年来大陆对台湾史的研究——介绍与评估》, 上、下,《台湾风物》第 36 卷第 1、2 期。

报刊文章：

传瑛：《台湾——明代中国的海防要地》,《光明日报》理论版, 2000 年 9 月

1 日。

杨风:《台湾归来》,上海《文汇报》,1947 年 3 月 4 日。

路荻:《台湾煤矿业近貌》,《南靖新报》,1947 年 1 月 20 日。

杨风:《冬初话台湾》,上海《文汇报》,1946 年 11 月 21 日。

王克生:《地域之见在台湾》,上海《侨声报》,1946 年 11 月 26 日。

王国用:《与君共诉台湾苦》,上海《大公报》,1946 年 11 月 7 日。

上海《侨声报》社论:《答台湾新生报》,1946 年 8 月 4 日。

北庚:《台湾——中国的爱尔兰?》,上海《文汇报》,1946 年 11 月 1 日。

《台湾勿特殊化:立即撤废行政公署改设省府,开放民营应取消专卖和省营,闽台建设会成立通过七要案》,上海《侨声报》,1946 年 7 月 1 日。

《乱后台湾视察观感》,上海《大公报》,1947 年 4 月 12 日。

中央社记者寇冰华:《台湾新旧之间》,上海《东南日报》,1947 年 6 月 7 日。

杨奎章:《念祖国,看台湾》,上海《大公报》,1946 年 11 月 17 日。

《台中市有钱无米买,警局总动员,调查存粮》,上海《益世报》,1947 年 3 月 6 日。

《随时可以发生暴动的台湾》,《观察周刊》特约台湾通讯,1947 年 2 月 20 日寄自台北。

《台湾十小时》,上海《文汇报》,1947 年 3 月 19 日。

佚史:《蒋毓英编〈台湾府志〉》香港《大公报》,1982 年 3 月 5、6 日。

秦弓:《关云长为何气运恒长》,《光明日报》,1997 年 2 月 8 日。